安徽古籍叢書

黃山書社

李宗棠文集之一

東游紀念

〔清〕李宗棠／撰　李興武／校點

圖書在版編目(CIP)數據

東游紀念/(清)李宗棠著. -合肥:
黄山書社,2016.1
(安徽古籍叢書第二十九輯/安徽古籍叢書編審委員會編纂)
ISBN 978-7-5461-5386-5
Ⅰ.①東… Ⅱ.①李… Ⅲ.①日本-概況-1901~1908 Ⅳ.①K931.3

中國版本圖書館 CIP 數據核字(2015)第 304422 號

安徽省古籍整理出版辦公室資助項目

出 品 人　任耕耘
選題策劃　彭君華
責任編輯　李霜琴
裝幀設計　馬　芳
出版發行　時代出版傳媒股份有限公司(http://www.press-mart.com)
　　　　　黄山書社(http://www.hspress.cn)
地址郵編　安徽省合肥市蜀山區翡翠路 1118 號出版傳媒廣場 7 層　230071
印　　刷　合肥新南印務有限公司
版　　次　2016 年 1 月第 1 版
印　　次　2016 年 1 月第 1 次印刷
開　　本　880×1230　1/32
字　　數　403 千
印　　張　22.375
書　　號　ISBN 978-7-5461-5386-5
定　　價　66.00 圓

服務熱綫　0551-63533706
銷售熱綫　0551-63533761
官方直營書店(http://hsssbook.taobao.com)

安徽古籍叢書編印緣起

我國歷史悠久，典籍豐富。我省地處南北之交，學術尤擅其盛。數千年來，哲學、史學、文學、藝術、語言、科技，作者輩出，著述如林，或自名一家，或蔚然成派，多爲中華民族文化之菁華，有裨於社會主義文化之建設。允宜及時整理，以廣流傳。

粤自明清，以至近世，南北郡邑已有涇川叢書、龍眠叢書、貴池先哲遺書、南陵先哲遺書諸刻。一九三一年，復有安徽叢書之編刊，所收皆皖人著作，分期影印。出至第六期，以抗戰軍興而中止。盛業未竟，論者惜之。

今者，中央倡導整理古籍，我省領導對此尤爲關心。省古籍整理出版規劃委員會幾經商討，決定編纂安徽古籍叢書。編纂宗旨是在歷史唯物主義指導下，批判繼承，古爲今用，弘揚民族優秀傳統文化，爲建設中國特色社會主義服務。最其體例，約有數端：

一、所收皆爲歷代皖人著作，時間一般以辛亥革命之前爲限，内容以文、史、哲爲主，分類成輯。尤其注意稿本、稀見本之搜輯與傳布。

二、整理方式包括輯、校、標點和注釋、今譯。校勘，力求採用善本爲底本，校以他書，或加補輯、編次。標點，採用新式標點。注釋，務求精確，但不作煩瑣考證。整理中，儘量吸收國内外研究的新成果。

三、先秦、兩漢著作及語言、文字之類，皆用繁體字，其餘則酌用簡體字。版皆竪排，以期一律。

四、凡熱心於本叢書編印及捐貲助刊者，得於書内題名。

安徽古籍叢書編審委員會

李宗棠小像

大人閣下敬肅者叩别
慈顔時深孺慕北京所發安禀計早邀
覽職道於七月二十八日率領學生由津沽登
舟次日抵煙台又越日入黄海風濤大作竟
顛簸四晝夜同人非常驚恐初四日過長崎
皆欲改乘火車適鐵道為風雨所毁初七日
始起程初九日到東京先是職道在長崎
時發電来京旅館學堂預為商定並囑

李宗棠手迹

千倉舊主屬題

東游紀念

長岡護美

《東游紀念》光緒刊本扉頁

東游紀念第四

商辦游學日記

山西省特派委員學務處督辦李宗棠

光緒甲辰年夏六月奉 晉撫張曉颿中丞曾敭奏派前往日本商辦游學事宜捧檄後十八日由太原起程越三日抵壽陽泥涔載道輿馬艱行平定以下井陘獲鹿雨已成災汪洋一片繞道頗覺崎嶇賴有山村父老導引迷津始得僥倖出險二十五日甫抵正定住會豐棧二十六日乘火車至保定住泰昌棧晉省留學將弁諸生先後來謁詢問學課情形該學堂總教習係日本人多賀君現奉袁宮保命改名賀忠良副教習二員亦日本人學堂學營操練皆三公所教授云二十七日抵天津住佛照樓次日謁慰帥後往日本領事館伊集院君暨高尾君皆往營口晤小村俊三郎又訪郵船會社社長中村克己正金銀行副辦工藤金三郎面託一切並爲監督吳令春康介紹七月初二日移寓津海

《東游紀念》光緒刊本

東游紀念目次

東游紀念第九

礦夫監督法

校點説明

作爲晚清著名的教育家、外交家和社會活動家，李宗棠曾於一九〇一年至一九〇八年間，九次去日本考察學務、辦理留學事務、護送官紳游學、處理留學生事件，兼及警務考察、礦務考察、勸募皖賑、送兒婦赴日留學等。每次他都詳細記録出使的時間和任務、與日本朝野上下各界的往來、事情的辦理經過以及自己的感受和見解，包括介紹日本明治維新以來經濟社會發展的巨大進步，介紹西方文明與日本文明的特點和不同，關注世界風雲變幻，如東北亞局勢、日俄關係和日俄戰爭、日朝關係等。他把這些日記整理後分别付印，共成書九種，分别爲：考察學務日記（光緒間刊，活字版，一册半）、查辦學生案日記（光緒間刊，活字版，一册半）、考察警務日記（光緒間刊，活字版，一册半）、商辦游學日記（光緒間刊，活字版，一册半）、護送游學官紳學生日記（光緒間刊，活字版，一册半）、送兒婦行日記、勸導留學生日記（光緒間刊，活字版，一册半）、勸募皖賑日記、考察礦務日記（光緒間刊，活字版，一册半）。宣統二年（一九一〇）秋，東游紀念九卷加上他一九〇八年最後一次赴日本考察礦務時翻譯的礦夫監督法共十卷合集付梓。爲此，李宗棠作七律東游紀念九卷付梓題詠：『草編不必細論文，十稔忽忽述舊聞。視學觀兵專紀載，酬詩題畫各區分。深山採石曾行險，同學登瀛更樂羣。踏遍蓬萊山下路，果然消散似浮雲。』

（李宗棠千倉詩史，壬子冬刊）

東游紀念，由日本友人長岡護美子爵題寫書名，并注：『千倉舊主囑題。』長岡護美，時任日本東京同文會會長，熱心儒學，在李宗棠赴日期間給予了不少幫助，尤其在調查處理留學生罷課歸國風波和吴稚暉勒令退學案件中，處事公允，深得李宗棠及中國留學生信任，因而倆人結爲好友。李宗棠曾因長岡護美招飲而即席賦贈：『與君初握手，如見平生親。今朝共談笑，美酒滌風塵。坐上無二客，唯有主與賓。主人山海量，客亦江湖身。主醉客復飲，忘却憶鱸蒓。』

近代以來，中國雖然也開展了對日本社會的研究，但廣度與深度仍嫌不足，尤其是對百年以前的日本明治維新後崛起的研究，視野亦有待拓展。晚近時期，阜陽李宗棠以及稍早前阜陽士紳程恩培兄弟等，都是較早開眼看日本的有識之士。他們不僅負笈東渡，親莅日本考察，而且專題研究日本的法律法規、軍事警務以及近代工業社會的文明，觸角遍及日本經濟社會各個方面，留下豐富的著述譯本。僅就李宗棠而言，除東游紀念外，他還著有考察日本學校記、東渡觀兵記，編輯日本學校章程，譯有炮兵工廠述略、日本造幣規則、海軍造船大要，等等，不下十數種。他們這種爲國家、爲民族甘於奔波，默默奉獻的精神值得今人學習和敬佩！

因工作關係，李宗棠等阜陽先賢人物的事迹和著述，於十年前便進入整理者視野。整理者以業餘之精力，廣爲搜羅、博納舊聞，拾起當年大學時期練就的史學專功，連篇累牘，甘於寂寞，深夜坐冷，爬梳斟酌。終於，功夫不負有心人，十年一劍，苦盡甘來。尤其值得一提的是，這項工作得到安徽省古籍辦諸位的悉心指點和大力支持，竟使先賢著作，得以校點整理、付梓重印，傳承於後，流布天下。實在是作者幸甚，整理者幸甚，研究者幸甚的一件美事。值此事蒇竟功之際，特致謝忱，以表敬意！

值得一提的是，李宗棠一生筆耕不輟，勤於著述，除旅日游記和相關譯著外，他還編著了有關經、史、子、集方面的著作二十餘部，二百餘卷，可惜適逢事變，多數毁於民初兵燹。此次整理出版的李宗棠文集共收録了目前發現的他的六種傳世著作，分别是：東游紀念、攷察日本學校記、奏議輯覽初編、光緒徵要録、學詩堂經解、千倉詩史。此後將陸續推出，以饗讀者。

李興武

二〇一四年十月十日

東游紀念第一　攷察學務日記

安徽省特派官二品頂戴按察使銜湖北候補道李宗棠

光緒辛丑年秋八月，奉皖省大府命，游歷日本，攷察學務。捧檄後，爲兒子潤官呈請給咨，隨赴彼國留學。旋往金陵，謁劉峴莊制軍，條陳變法十款，備蒙采納。惟整頓鹾綱一節，恐有窒礙，作毋庸議。是月既望，抵滬上，拜晤日本總領事小田切萬壽之助，精通華文；副領事岩崎三雄，能諳英語；繙譯井原真澄，熟悉中國情形。往返交游，極形敦睦。駐滬四旬之久，在東和洋行、旭館兩處，皆日本之旅店，起居飲食頗覺適宜。託小田切君代延繙譯篠原邦威，世操儒業，品行端方，以日人而清裝，漢學素所嫻習。遂約之，朝夕過從，口授筆述，獲益良多。又賴有引置莊嶽一法，且嘗與彼國賢士大夫游閲匝月，問學應酬語，足敷目前問對，斯亦臨時抱佛脚之計。然較從前讀英文時，不啻事半功倍矣。日人旅居滬上者，如菊池謙二郎、井手三郎，均列東亞同文會，正金銀行總辦長鋒郎、三井物産會社總辦小室三吉、繙譯御幡雅文、御酒本德松，郵船會社總辦林民雄、大阪朝日新聞社堀扶桑、西村時宴諸君，俱識荆於此。日井手君，字素行，向精華語。九月中澣，邀往高昌廟同文書院，由總教習菊池君導觀講堂、宿舍、自習室、公會所等處。學生七十八名，均日本人，年在十六歲以上，形貌壯健，體力堅强，絕無委靡之氣。適講師、農學士根岩君，授經濟學，即中國理財事。講授間，生徒隨時筆記，東文間以英文，功課甚爲認真。旋命學生輩試擊劍法，請觀。其院中，有一方亭，亭内地板光滑，兩人赤足露體，各持竹劍互鬬，面繫鐵架竹邊頭套，圍至頸下，胸前縛以竹墊，手著布套，襯有綿絮，彼此祇擊胸面等處，不致受傷，略分勝負即止。乍視之，幾同兒戲，其實運動經絡，裨益衛生，亦體操法之一種，但非幼童所宜耳。九月二十三日，爲日本天皇萬壽之期。予適因事到蘇，蘇州領事二口美九，柬請晚宴，並晤參贊橋本豐太郎、繙譯鈴木恭堅、郵便局長岡值孝、大東公司海津駒治，其他商客、游歷學生十餘人，良宵聚飲，相見甚懽。二十五日回滬，仍寓東和洋行。

十月初五日，即東曆明治三十四年十一月十五日，午初，攜兒子潤官登西京丸輪船。先期，託上海日本領事府代向郵船會社購定艙票。頭等艙位，由上海至横濱五十四元，准帶僕人一名，坐三等艙，不另給資。二等三十三元，三等十二元，附送粘貼行李票紙數十張，與蔡和圃星使鈞同舟東渡。偕行者：銓燕平林、王省山豐鎬觀察、吳瀚濤廣霈、劉子衡思鑑、卞薇閣綍昌、黎枚臣廷輔太守、李右丞盛鑾內翰、袁遜初思永司馬、王雷夏宗炎、施畬孫濟晉、張季深子默明府、張祝秋金鑑、蕭子文湛恩貳尹、李季畬司馬經湘。又，陳敬如函託兩學生劉楷民崇澍、鄭絳生禮融，自備資斧，往東京肄業者。午後，拜客十餘家即辭行。晚宿舟次，船上有閱書室，預備筆墨信箋，陳設琴棋圖畫，以供船客之需。有吃煙室，向來火禁最嚴，是以特設別室，案上置每日新聞報紙，隨意溜覽。該船一千九百墩，一等室客五十四人，二等室客二十四人，三等室客百六十人。

初六人〔一〕，晴煖。晨，往日本總領事府郵船會社辭行。岩崎三雄〔二〕、井原真澄、菊池謙二郎、篠原邦威、小室三吉、御幡雅文、御酒本德松、林民雄、長鋒郎、堀扶桑諸君，暨滬上官紳、親友三十餘位，均來送行。候開船後，始各揖別。井原、菊池、井手、小室、筠亭、明齋履安徽莊交信四十餘件，帶投東京、橫濱、神户、長崎、大浦、尾州、名古屋、門司口之津港，大坂、中島、福岡縣、築後國、三地郡等處，託人關照。上月，小田切君回國時，業經知會外務省，情誼諄諄，令人可感。船主英國人克布特、幹事岩谷定次郎未諳華語，晤時操日、英語參半問答。同舟又有谷口加籐商會遠山靜爾，會習英文，現回東京。未初二刻，鼓輪出吳淞口東南行五六十里許，至鴨烏沙略停片刻，領港人由此返滬。酉正，望大戢山，羅針轉正東行。夜子過花腦山，遂轉東向兼北，一字泛大東洋，風平浪静，舟行甚穩。

初七日，晴煖。晨起，至浴堂，吸海水沐浴週身，暢適。早餐後，憑欄遠眺，海天如鏡，一望無涯，頗得心曠神怡之趣。據船主言，東行海程，由上海至長崎，由神户至横濱，波濤素所不免；由長崎至神户，則如履平地。此次幸未遇風，且又有此好天氣，洵屬難得。午後，同人聚談，幾忘置身海上。晚餐後，又與星使諸公暢話，亥正始眠。

初八日，晴。寅初二刻，抵長崎港。譯言那鑫沙克，停泊口外，候官醫查驗搭客中有無疾病，始准進口，緣恐他處瘟疫傳染内地之故。醫來時已辰初。驗畢，船即駛入港内下椗。港口寬不滿十丈，左右小山對峙，絶似金、焦兩點。入内則羣峯迤邐，形勝天然。詢之東人，指示嶼谷、高鉾、鼠島諸峯，其他不能悉數。王菱造船所即在港内飽浦山下。由上海至長崎四百六十英里，長門距此一百九十英里，門司距此一百四十八英里。港内停泊兵輪七八艘，英、法各一，本國五六艘。貨船，甯波釣船甚多。往來舢板，與華式略有不同，率皆平頂淺底，粉飾潔淨。午初，挈潤官坐郵船會社小火輪登岸，往附近街市一遊，沽酒而歸。申正三十分開行，仍出長崎口。

遥望西南諸山，濃煙密布，即煤鐵各礦産地。晚餐後，同席有中村六三郎者，年五十餘，皇家教育部長，現已引退。最嗜遊歷，能詩善飲。談論間，有泉石風。居住静岡縣駿東郡沿津町城内七十三番地，取贈中村氏邸宅圖，以誌不忘。又，三菱合資會社社員鑛山師大木良直，現在長崎港外高島炭坑，自稱前在東京大學，七年卒業後到高島炭坑，今擔當其一切業務。飯後，與二公暨岩谷君談，夜半微浪，酣臥，竟不知覺。

初九日，陰冷，有風。巳午，微露日光。下午，微雨。寅正，抵門司港外譯言莫基停泊。辰初，醫來驗畢。辰正，進口。兩岸皆山，左門司是南岸，屬福岡縣，向産煤鐵，居民約三千户，漸次增多。長崎鐵道至此渡海。右馬關是北岸，屬山口縣。岸上有塞門德廠，遥見機筒十餘座。該處人煙稠密，約五千户。沿岸下帆船甚夥。未初刻，展輪由瀨户内海過周防洋，一望數百里外，層巒聳疊，宛若畫圖。從前，日本未與各國通商時，祇有本國帆船來往其間，外國船一概不准擅自駛入。近三十年，門户洞開，久已弛禁，商輪因之較便。由門司至神户，計水程二百四十英里。由長崎至神户，二百四十八英里。由神户至横濱，二百五十英里。由上海至横濱，統計一千二百零七英里，約合華里三千九百八十三里。有附舟至東京者南部球吾，現爲三菱會社鑛山部長，原係帝國大學工科博士，熟悉鑛學。相與握談，出示製鐵廠、煉鋼廠各國説據。言東洋産鐵以新瀉縣赤谷、磐平縣釜谷二處爲最佳，磐平仙人山鐵礦尤最，乞予到京一訪，住東京市八重洲町。晚與岩谷大木暨南部君談。遥見萬家燈火，盡是漁舟。據言，東洋操水産業者，大半聚處於此。

初十日，晴，大風。寒暑表六十度。辰初刻抵神户譯言科碑，醫來驗畢，進泊港内。巳刻挈潤官登岸，至正金、道勝兩銀行，晤葉鶴林，廣東人；袁子壯，甯波人。因滬友有信，託其關照。又至下山通六丁目中國領事府，拜黄伯愚太守以霖、蔡詠南司馬薰、繙譯馮越甫貳尹閲模。午刻設席於諏訪山中華會館，星使暨參隨各員同座。飯畢，時已申初。與星使同乘馬車，周遊街市。元町街最熱鬧。遊楠公社，從前名將楠木真誠，立功甚偉，敕建專祠。祠内兩旁有勸工場、勸商場，售賣應用各物。六下鐘時，三江南北各帮商董吳錦堂作鏌、浙江慈谿人等公宴，仍在會館。演放焰火，奇巧玲瓏，光華奪目。第一架現出『恭迓行旌』、『指日高陞』等字。第二架萬民傘。第三架九連燈。第四架龍鳳齊飛。第五架一人登高臺上，手持雨蓋，流星燃起，金玉迴環。種種變幻，非華人所能及。門外觀者如堵，莫不鼓掌稱快。看畢，復張盛筵、泰西樂，賓主聯歡，各致頌祠〔三〕。今日，爲我慈禧皇太后萬壽良辰，海外臣民同呼萬歲。席散，已將亥正，各董復邀至商話别所閒覽，夜子歸舟。錦堂言三江幫商人約二百餘家，北幫山東、天津等處約八十餘家，徽幫衹十餘家，華商共約二千餘户，現合資立一學校，中文教習四人，東文二人，英文一人，學生約二百名，每年經費約七千元。早間，教習帶領學生到船，見其大半商家子弟，自二十以下至八九歲，行列整齊，可愛可幸。在領事署時，適有報館訪事人希瑪沙達來謁，乞一片去。登岸時，遇横濱旅館山崎屋啓二，殷懃款接，並告以由電話達知前途云。

十一日，晴煖，無風。巳正展輪，午正過淡路紀伊水道。遠望口門内，有礮臺五六座，扼其要隘。沿路帆墻林立〔四〕，上下如梭，暮樹晴雲，水天一色。入夜長行，則月白山青，遥相輝映。此情此景，非有輞川妙筆，無以紀之。寅初，微風。稍覺顛簸，該處暗礁最多，素稱危險。黎明，駛近熊野峽屬境，漸入坦途。

十二日，晴煖。卯初，停輪。因有德國貨船昨夜觸礁，十數人輩乘小艇攜太平袋出險，攀附此舟，得全生命。早餐後，海面平静。有俄國婦人出首，代向同舟廣募恤資，頃刻勸集四五百金，可謂勇於無善〔四〕。巳正抵相摸灘，距觀音崎約二十海里。過此以往，逕入内洋，扁舟盪漾，絡繹不絶。午初二刻，抵横濱譯言約科哈嗎，候潮水入口。俄頃，醫來復驗。未初二刻，泊近海岸，東京使館參贊黎覺人觀察經誥來接，登岸偕歐陽立齋觀察述、夏第三水部偕復同坐馬車，拜領事鄒小村大令振清。申初，同坐火車至東京，並晤子爵長岡護美，面交滬函，兼述來事。彼能略操英語，談次意頗殷殷。閱五十分鐘，抵新橋下車，經過車站六處，神奈川、鶴見、崎川、大森、品川、東京海灣，或依山澗，或臨海灘，鐵軌循環，各由定轍，行止均有准時，決無翻撞之慮。所惜軌道稍窄，從前創製，未能盡善，目今難於變更。通國鐵道，官商合辦，山陽道價額最廉。馬關、門司等處，汽船社與鐵道社聯絡一氣，可由長崎購票至東京、西京，換船處不另給資。隨身囊篋，每人至多不過兩三件，其他當交運送荷物車，每件發給銅牌一枚，到埠照取。如有遺失，每件賠償五十圓，向有定例。此鐵道之大概情形。由濱至京，所過村落，農田與華土無異。惟山坡隴畔間，多置商店，招牌圖字，大而丈餘，小而數尺，直桿高至五六丈許。其停輪時，路旁有賣新聞紙及煙酒、茶食、水果等物者。新橋停車場待合室區別一二三等，另有婦人一等待合室。各室中，商店招字金碧輝煌，或挂屏式，或圖鏡式，惟三井吳服店尤爲華麗。三層樓上，有西洋料理。晚至使館便飯，晤馮孔懷、李少軒、曾榮川諸公。覺人導至麴町區平河町四丁目三橋旅館，板檐矮屋，絕無幾塵。其楹几間之陳設物品，亦各楚楚有致。但以席地坐臥，殊覺不慣。主人殷懃款接，特置棹椅於室中。館中設有電話即德律風。嚮晚，行李未到。問横濱山崎屋，答以明午送來。電話之設，東京、横濱、神户、長崎等處，官府、會社而外，即尋常商店，及住家者中户以上，十有六七。每年所費，不過五六十元。外埠另給電費，本處各區，設電話局並交换所。遞話時，電告該局發某處。該局即將綫接某處，俄頃即可對話，千里一堂，非常便捷。上海安設德律風，不敵日本百分之一。綫愈少，費愈昂。又非國家倡辦，所以不能徧設。此項利權，實足爲電報之輔，是我國所亟宜仿行者。

十三日，晴，有風。上晝和煖，下晝寒冷。巳初，拜晤李木齋星使盛鐸，略談近事，允即照會外務省。惟聞外務大臣現請病假，容再訂期往謁。又與立齋、覺人、孔懷、弟三談，回寓午餐。午後至淺草區今户町廿八番地，訪長岡子爵，不值。東京街市廣闊，滿布砂鑠，殊不可解其意。然其寬狹有定制，由東京至鎮守府，由鎮守府至師團所在地，是爲國道，寬二十四尺至二十八尺，接續各縣。及由各師團至分營，或由各府縣本廳至支廳及開港各場，是爲縣道，寬十六尺至二十尺，達貫村落。由村落至田野、河流、鑛山、工廠、神社、佛閣之道，是爲里道，其寬狹則無定制。

大街甬路安置鐵軌，新橋淺草一帶，馬車嘗相往來，搭客甚多。其價最廉，每客不過數十錢。尋常人力車，零雇時無定價。住店包天，每日一元五角；包月每月三十元；住家每月至多十七八元。雙馬車住店，包天每日八元，午飯四角，晚飯八角照加；包月每月一百二十元。馬夫、車夫，人人識字；地名、人名，即有言語不通處，儘可筆述。酉初回寓晚飯，米酒與紹興竹葉清髣髴。前在蘇、滬時，曾嘗風味，食物以魚、蝦兩種爲常用之品，牛肉不如神户之美，湯菜有鹽無油，醬油、豆腐等類，皆仿中國製作。日人性最嗜甜，我輩不盡適口。其餘膾炙，大致相同。肉片、熱食、魚參、冷食，每日三餐乾飯，每人每食尋常不過一湯二簋。三橋旅館晚餐另增西洋料理，上等每宿一元八角。

十四日，晴冷。辰起，檢理行裝。午後謁李星使，又至厚生館，在瀚濤、季畬處坐。適朱惠之觀察滋澤、黄小琴太守邦俊、存壽泉太守壽聯翩而至，多年舊雨，海外相逢，聚談兩時之久。回寓晚餐後，往本町相撲屋旅館，訪惠之、小琴、壽泉，並晤糟谷好助，及專門學校法學博士高田早苗、高等師範學校講師青柳篤恆，互易名刺，略話寒暄。亥初歸寓，覺人、立齋、第三偕稻村篤太郎〔六〕、蔣楙熙、王惕齋來訪，在此坐候良久。李星使、朱觀察及黄、存諸公，均來拜，不值。

十五日。巳刻，帶同繙譯並覺人陪往外務省，適大臣未進署，晤繙譯官小林光太郎，華語、華文均稱嫻熟。引謁大臣官房秘書官吉田要作暨本多熊太郎，備道來意，詞色俱懽。回寓午飯。飯後，拜晤三井洋行總辦實垣君暨正金銀行支配人川島忠之助、高道竹雄、高等師範學校校長嘉納治五郎，餘皆不值。東京市内麴町區三十六丁、神田區百丁、日本橋區九十二丁、京橋區八十九丁、芝區百零五丁、麻布區四十一丁、赤阪區二十二丁、四谷區三十一丁、牛込區六十八丁、若川區六十一丁、本鄉區三十丁、下谷區五十八丁、淺草區八十七丁、本所區六十一丁、深川區九十三丁。一丁中，三五丁目至十數丁目不等。每丁目六十間，每間六尺。每里三十六丁目，每里合二英里、六華里，官衙共七十三所。内閣、樞密院、宫内省、外務省、大藏省、陸軍省、海軍省、農商務省、遞信省、文部省、司法省、貴族院、衆議院、會計檢查、參謀本部、警視廳、憲兵本部、鐵道局、印刷局、行政裁判所、大審院、東京控訴院、東京地方裁判所、東京區裁判所、東京衛生試驗所、東京集治監千住製紙所、東京衛戍監獄署、礮兵工廠、第一師團水路部、海軍造兵廠、海軍火藥工廠、近衛師團、陸軍監軍部、東京府廳、東京市區役所、十六所警察署、二十所著名官公私立學校、七十四校病院、四十六所新聞報社、三十七家各種彙報社會、八十一家銀行、七十九家株式會社，鐵道十、汽船六、鑛業五、紡績七、織物五、製紙三、保險二十二、運送十五，共七十三家。電信、電話、郵便、交通局二十五所，著名辯護士五百餘人。皇城門牆與我北京禁城相似，但無外垣。西式樓屋、公廨，一律改良學校。十分之五六官宅，十分之二三民居，悉仍舊制。

十六日。巳刻，帶同繙譯往貴族院官舍，拜晤議長公爵近衛篤磨。公爵少時曾至歐美游學，又歷中俄内地，足迹幾半天下，抱負不凡，談論間頗有英偉氣。攷日本議院之制，貴族議員分爲四等：首皇族，次五爵公、侯、伯、子、男，次派選即特用人員，次納税多者最多之數約一萬二千圓以上。至衆議院議員，則不甚拘定職業，無論官員、醫師、辯護士及新聞記者、銀行會社社員，曁農、工、商、鑛各業與無職者，皆得與其列焉。其年齡則自三十以上，六十以下，方爲合格。午刻歸寓，適有巖崎董君來，持長岡子爵片來見，代道失迓歉忱，並約後日至華族會館一聚。鄒小村過訪，黄小琴來辭。午後至公使館，晤覺人、立齋、孔懷、詠南。傍晚，挈兒至丸善書局，購書數種，並在博文館購明治三十年史及現行憲法等類。晚，覺人、惕齋來。

十七日。清晨，拜賀蔡星使，受篆。午初，外務大臣小村壽太郎率同通譯官小林光太郎來答。蔡星使約晚餐，紹周、仁宇、立齋、覺人、瀚濤同席。戌初回寓，讀日本新史。明治初元，今皇率公卿諸侯以相誓曰：一宜廣開議會，萬事聽之公論；一宜上下同心，擴張經綸；一宜文武並重，即庶人亦務使各遂其志，俾得民志不怠；一宜革除從前陋習，開闢後來文明；一宜推求智識於現在世界，庶大振起厥皇基。觀此五誓，是即明治立國精神之基礎。又選派勳舊及大藩參政，往歐美各國游歷，遣嘉新親王、博經親王赴歐洲留學。是時，國中學校多守舊法，而風氣之隔閡，與人情之散漫，較我今日之中國，殆有甚焉。

十八日。辰刻，至惠之、小琴處，送行。正金銀行晤川島 忠之助、高道 竹雄，過使館。偕胡君雨卿送潤官至同文書院。與監督水谷 彬 商訂入塾，現有中國學生二十一人，鄭、劉兩生亦與焉。午後，外務秘書官吉田 要作、本多 熊太郎、岡恆 次郎、書記官山座 圓次郎、石井 菊次郎、大地 退藏、西村 賤夫、國甫 寺新作、蔡星使暨馮孔懷均來答拜。未刻，赴華族會館長岡子爵之約，款以西式茶點。出示中國顯貴書，贈詩字並持送南清游草。暢談兩時，皆關繫政治、文學語，並傳諭同文會事務員成田 與作，囑令書院預備宿舍，明日潤官入校。

十九日。巳初，送潤官入校。適近衛公爵遣事務員恆屋 盛服 至，即代爲紹介，晤水谷 彬 及教習園田 竹熊。午後，訪惕齋。又過使館略坐。晚與東人閒話，詢問國俗。據言，前三十年，人情鄙陋，文明遠遜中國。明治變法，大都取效歐美。現在服色，士大夫胥從西制。婦人之改易者，仕宦家僅有十分一二；惟女校生徒，腰下外罩百折裙，全國率用紫色，間用灰色，内服仍舊；婦人年在四十以上，猶多染齒，實不足爲雅觀。近歲，此風稍絶。商賈半多吴服，寬領大袖，冬衣皆著絲綿，向無褻褲，而有寢衣。今以本國絨織價廉，穿緊身褂褲者亦多。夏令仍喜赤體，緣洋服之與吴服價值貴賤迥相懸殊云。

二十日。早間，嚴露堅冰。午前，步行街市，過楠公社銅像臺。由吾妻橋坐小汽船渡隅田川，經馬橋至兩國橋，計水程十三丁。换坐鐵軌馬車至日本橋，仍坐人力車而回。購酒精數瓶即火酒，係日本製，四十二度，較西洋製力量約遜十度，向由藥店出售。未初，至上野公園遊覽。公園左近有彰義隊義士墓，彰義隊義士乃德川氏之忠臣，因從南洲而殉死節者。墓前，建有西鄉南洲銅像。公園内有博物館，須買遊券而入。館中陳列精品衆多，目不暇給，古刀、古劍及陶冶器種類最夥。正遊覽間，陰雲密布，將有雨勢，遂未能盡興而返。動物園祗距咫尺，相傳有西鄉隆盛犬、福島安正馬，皆未得一見，爲憾。燕平來，同至仁宇處談，晤陸軍步兵大尉井户川辰三暨參謀本部通譯官末吉保馬。晚間潤官歸宿。

二十一日。午初，送潤官入校，即回寓檢閱學校沿革史及教育圖經。蓋教育學爲專門學，英、美國各大學皆有此專科，實昉自德意志云。近二十年中，日本學校除官立外，公立、私立男女學校，較前十餘年驟增至一萬七千餘所。可見教育成效，即國家文明進步。查文部省第二十七年報告書，載明治三十二年，全國學校計二萬八千七百十七所，教員十萬一千零零六人，學生生徒四百五十一萬三千三百三十四人，其卒業生六十六萬四千七百六十七人。文部省所屬：爲東京大學、爲農業教員養成所、爲京都大學、爲高等師範學校、爲女子高等師範學校、爲札幌農學校、爲高等商業學校、爲商業教員養成所、爲高等學校第一第二第三第四第五第六第七山口、爲東京工業學校、爲工業教員養成所、爲東京外國語學校、爲東京美術學校、爲東京音樂學校、爲大阪工業學校、爲東京盲啞學校、爲小學校。宮内省所屬：爲學習院、爲華族女學校。陸軍省所屬：爲大學校、爲士官學校、爲中央幼年學校、爲地方幼年學校、爲礮工學校、爲户山學校、爲騎兵實施學校、爲野戰礮兵射擊學校、爲要塞礮兵射擊學校、爲軍醫學校、爲獸醫學校、爲經理學校、爲礮兵工科學校、爲軍樂學校、爲陸地測量部修技所，另立教導團。海軍省所屬：爲大學校、爲兵學校、爲機關學校、爲軍醫學校、爲主計官練習所、爲造船工練習所。遞信省所屬：

爲東京商船學校、爲大阪商船學校、爲函館商船學校、爲東京郵便電信學校。以上所列諸校外，皆公立、私立者。

二十二日。讀教育史。於各項教育外，更有盲人教育、啞人教育、廢人教育、貧人教育、罪人教育、幼稚教育。盲人教育，係西曆一千七百八十三年創自德意志；啞人教育，係一千八百十八年創自偕委開；廢人教育，係一千八百四十一年創自瑞斯國顧孔標；貧人及罪人教育，係一千八百零四年創自佛連貝斯，初設學校於威而阿夫；幼稚園爲保兒院，係一千七百八十一年創自奥柏靈，現在英、美、德、佛各國均已仿行；幼稚園之名，自一千八百四十一年，有斐里愛伯者始易此名。晚，偕覺人至小林光太郎家，商訂視察學校事。小林，號霞塘，洞悉時務，尤善外交。囑開擬看各校名單，送外務省。

二十三日，嚴霜，晴冷，大風。晨間，至文光書肆、善鄰書院，覓購譯本書籍。讀日本新史。明治五年創建鐵路，始則由東京至横濱一線；繼則直達神户而西京而長崎，推之九州、北海；不數年而全國通行。又立郵船會社，以與鐵路相聯絡。設遞信省，統攝郵便、電信之權。更編置電話，以輔郵便、電信所不及。此通國中緊要機關也。現已逐漸交通，幾於無微不達。近又修造電氣鐵路及馬車鐵路今惟東京與西京有之。凡國家經營之事業，擴張正無已時，三十年幾與泰西文明諸國並衡。説者謂其立國本原，非教育之道不至此。然其交通機關，實先於教育一著。午後，巖崎董來，備道長岡子爵意，勸租屋，較旅館爲便云。晚致書外務省，附開擬看各校名單。

二十四日。巳刻，往同文塾視潤官，晤水谷。午後，拜答數客即歸寓。閱陸軍、海軍各章程。陸軍之制，兵種有二：曰近衛兵，曰戍兵。近衛師團，分駐東京，專爲拱衛皇室。戍兵設十二師團，分駐内國要衝，專爲保衛地方。陸軍之人，列爲五科，爲步兵、爲礮兵、爲騎兵、爲工兵、爲輜重兵。國家定制：凡男子年滿二十歲爲及歲，須服兵役。分爲四種：曰常備兵，曰後備兵，曰補充兵，曰國民軍。又分常備爲現役、爲豫備。現役兵三年，豫備兵四年零四個月，後備兵五年。但有曾入中等學校者，准邀徵兵猶豫之特典。其軍制，則大半仿德意志。另立憲兵及警視部，以節制陸軍。此陸軍之大概。海軍之制，設鎮守府五處：第一在横須賀，第二在吳，第三在佐世保，第四在舞鶴，第五在室蘭。海軍現設軍人二萬八千三百零八人，豫備軍人二千九百九十五人，後備軍人一千六百七十八人。現在軍艦一百零三艘較前八年增至七十餘艘之多，海軍軍人有事時則分遣防禦並護送陸軍，無事時則保衛海外商民暨國内漁獵者。凡海島各地海軍有管理權，至測量灣港、巡察沿海之事，尤爲海軍專責。此海軍之大概。擬俟外務省排日分看各學校畢，再看陸軍、海軍各校及聯隊。緣陸軍各校屬參謀本部及陸軍省，海軍各校屬海軍省，統由外務省照會亦可。

二十五日。繕寄蘇、滬、甯、皖各信。午後，巖崎約同往看住屋。覺人送酒食來。晚讀女子教育論，盛稱美國女子教育爲地球萬國之冠，師範生大半皆女子爲之。日本女子教育尚有未盡完善之處。所論極是。日本婚姻定例：大約男子三十而娶，女子二十而嫁，猶古制也。

二十六日。編輯教科書目。巳刻，稻村篤太郎過談。晚，覺人來辭行。

二十七日。辰，往文部省拜謁總務長官岡田良平，將菊池君致書面交並談教育事。又至文部大臣菊池大麓官舍暨參謀本部。午初，偕平若道知往看成城學校，由校長岡平則録、中國留學生監督奥山三郎、幹事田村松之介引觀教堂分授之所、講堂羣聚之所，各學生皆起立致敬。本國學生五百餘人，每室五六十人不等。功課分五年級，學科科目：曰修身，曰國語，曰歷史，曰地理，曰博物，曰圖畫，曰化學，曰算術，曰生理，曰物理，兼授英文。分門别類，各聘專師，循序釐班，均有定制。中國留學生四十二人，另編教育課目，區爲甲、乙、丙、丁四班。最淺者，語言外兼習圖畫、算術，體操則爲同例。博物標本室，羅陳儀器及動物、植物、人身生理種種真行，悉各具體而微。生徒自習室，四人共坐一案，每室只一兩案，多則四案，專爲預備功課而設，有暇亦可習他書。寢室每室多則八人，日課未畢，不准擅自私入。每晚監督點名一次，不得出外留宿。大致規約嚴明，飲食居處，亦甚安適。該校初係私立，現在參謀本部竭力贊成，准爲陸軍預備校。近年聲望頗著，與官立實無異。午後，客來如織。參謀總務長官、陸軍少將伊地知幸介等來答拜，小林光太郎親送外務省商訂視察各學校日期單來，並談及外務大臣小村壽太郎意欲創一大學校，專爲支那遊學起見，不久定可舉辦云。酉初二刻，至新橋火車棧，送李木齋星使及黎覺人、歐陽立齋歸國。晤蔡星使暨瀚濤、燕平諸公。

二十八日。辰間，往同文校，潤官已回，道途相左，當即返寓。午餐有市川徹彌者，曾充參謀繙譯，投刺請見，略諳華語，情意纏綿。下午六時，燕平邀赴上野精養軒西洋御料理。北京警務學堂監督川島浪速暨平岩道知、仁宇、瀚濤、越甫同席。晚，武川君來謁。

二十九日。清晨，小林光太郎來，備述前由。外務省專派繙譯官堺隅三吉陪看學校。已刻，同往神田區一ツ橋通町高等師範學校附屬小學校，晤主事。教授森本清藏引觀各教室及講堂。課程約分三部：第一部，尋常高等，併作六年。現今改正，適在試辦。一曰修身，綜道德之要旨；二曰國語，由發音迄普通文字；三曰算術，自乘、除、加、減始，小數、分數及簡易之比例；四曰歷史，先以庶物直觀教授暨淺近標本，第五、六年授以本國綱要；五曰地理，首本邦，次外國；六曰理科，動、植、鑛物各種現象，及人身生理衛生之要；七曰圖畫，首繪單形，次簡易之形體；八曰唱歌，始平易，繼單音，國歌而外，則用洋琴，大半取法泰西，所以怡悦性情，活潑心地；九曰體操，由遊戲而普通，由普通而兵式，第五、六年並行不悖，男習體操，女習跳舞，同一運動之法，是衛生所最重；十曰英語，第五、六年人人兼習。第二部，尋常高等，合計八年。課程大致與第一部相同，惟前四年增以簡易手工；後四年加分數、比例、百分算、珠算加減、地理，兼習外國理科，推及化術、圖畫，則有諸般形體，暨簡易之幾何畫；男習工藝，女習裁縫。第三部課程與第二部亦相等。前後八年，小學始能卒業。學生定額，第一部尋常科，一百六十人，高等科八十人。其編制之法，以四十人爲一級。第二部尋常高等二科，各百二十人，其編制之法，尋常第一、二學年均三十人爲一級，第三、四年合六十人爲一級。高等科第一、二年及第三、四年，均合六十人爲一級。凡十二歲以内者，男女同一學級。尋常教習即高等卒業生，高等教習即中學卒業生。講授時間，有高等教師及中學教師從旁監察。附屬之益，洵非淺鮮。教師出示男、女生徒字畫及竹木紙線各手工成迹，物品楚楚可觀。教室凡十有一：曰第一部尋常科一年生教室，曰二年生教室，曰三年生教室；曰第二部尋常一年生教室，曰二年生教室，曰三、四年生教室；曰高等第一、二年生教室，曰第三年生教室。又別有手工教室、裁縫教室、器械標本室、體操器械置場、雨中體操場、應接所、職員室、會議室，一切布置，井然有條。該校明治初元，就昌平校遺趾創設師範學校，六年增設附屬。所定規則，歷歲改正，現已漸臻美善。蓋自維新以後，臣民無論貧富，男丁六歲必入小學。如不願入中學，亦須小學六年卒業，方准他適。否則，每年罰金若干。女子則稍岐異。定例如此，雖不能通國遵行，若目不識丁者，絶無萬分之一。然其片假名，較中文之難易，不啻霄壤。日本所習漢文，多取古奥假名，與我國現在時文，本已殊致，又以片假名混雜其間，顛倒字法。同文之文，又有不同。是不獨方音有別也。往往與彼國人交遊，雖士大夫素通漢學者，竟不能以時文筆談，職此之故。閱畢，時已過午。堺君約赴多賀羅亭西洋御料理午餐，並告以昨奉外務大臣命，隨時隨地開支公費。此後，各處參觀，均已預備供張。再三婉辭，不容推讓。其鄭重邦交如此，令人可感。午後，復至中學校晤主事大瀨甚太郎。週歷教室、唱室、操場、球場，其課程較小學增漢文、博物、法制、經濟、算術、地文均加深，圖書配當亦加多，三年卒業。兵式體操，尤覺認真。現在生徒三百餘人云。酉刻回寓。巖崎董來，述長岡子爵意，訂期遊宴，辭以連日視學，實無暇晷。

三十日。巳刻，堺隅三吉來，同往本鄉區湯島三丁目女子高等師範學校。晤校長高嶺秀夫、主事町田則文、庶務掛富岡龜門，引觀附屬小學校。分三部：第一部尋常四年，高等二年，計六學年。第二、三部尋常、高等各以四年。其課程，則修身、國語、算術、日本歷史、地理、理科、圖畫、唱歌、體操，女以裁縫，男以手工，並外國語隨時配當。又，附屬幼稚園，爲本校生徒練習保育幼兒方法。其教程如遊戲、唱歌、談話、手技之類。幼兒定員，凡百二十名。另有附屬幼稚園分室，專養貧民子女，教法更較淺近。均三歲入園，閱三年入小學校，或六年，或八年，畢業後入中學，中學畢業再入高等。高等師範本科，自十七八至二十一二歲不等。課目約分三科：一曰文科，倫理、教育學、國語、漢文、外國語、歷史、地理、家事、體操、習字、圖畫、音樂；一曰理科，較文科增以數學、物理、化學、博物，均有實驗；一曰技藝科，手工、裁縫等事，餘亦配當同前第二、三年學期，於附屬學校暨幼稚園試驗實地練習。迨畢業後之二年內，由文部省派充外屬學校教師，官給糈俸，不准規避推諉。再三年後始准自由，年已二十六七矣。另有植物園一所，以備試驗植物。講堂外，有圖書閱覽室，歷史、地理、博物、標本各所，音樂教室、裁縫室、剖烹室、作法室、習字室、教室，皆極詳備。寄宿舍、食堂、浴室、理裝室亦甚浄潔，自習室尤軒敞，可容二三百人。該校規模闊大，創自明治七年。皇后臨御觀成，頒賜内帑，且紀之以詠歌，於今傳誦。其中，卒業生分别高等師範學科、研究科、專修科、撰科、小學師範學科、保姆練習科。常年經費皆有豫算，視人數以定用款之多寡。寄宿各生飲食服御，皆由官備，每月每人另給零用費一元五角。此較優於他校者。閱畢，時已申正。午間，外務省預備酒食，攜至校中，與校長、譯官共酌。晚，巖崎來告，租定麴町區土手三番町廿四番地住宅。當即付給賃金。

十一月初一日。巳初，堺（隅三吉）來，同往高等師範學校，閲本科暨單級小學博物館等處。教授、主事大瀨（甚太郎）導觀。博物館内，有大成殿供孔子像及四配像。原係昌平校舊址，門内置玻璃櫃，内儲昌平學模形[七]，並英國小學校模形。大殿左右陳列場，物理學、數學、星學、化學、動物學、人身生理學各圖形。植物學、圖畫學、音樂學、體操學教授各用具，實業教育用具，各國學校生徒並幼稚園幼兒成迹品褒，賞畫品類，翫具類，歷史、地理、手工、算術及實物示教用具，教室及生徒用具，家庭幼稚園用具，動、植、鑛物標本及掲圖，物理、化學器械及掲圖，菜園教授用具，幻燈用映畫，政教科書暨新製各物室中現象，及安政地震幻燈映畫，保護鳥圖，英、德、法名人像片，暹羅寄贈品，較他校博物室爲精詳。第一陳列場入口正中，懸孔子像，似油印畫。旁懸二十四像。上杉沿憲、本房宣長、態譯蕃山、伊藤仁齊、加茂真淵、新井白石、德川光圀、藤原惺窩、林羅山、菅原道真、中江藤樹、貝原益軒、德國九人、法國一人、瑞國一人、墺國一人，又有軍艦模形，陳設其中。兩閱時始看畢。至單級小學校，主事引觀教室，講師一人，約授五十生徒。尋常四學級列四班，同處一堂。教科課程與附屬小學校單級略同。又至一室，係合尋常高等爲一班，教法同前，統計六年卒業。該校多係貧户子女。單級之法，因撙節經費起見，輕而易舉，簡而易行。其講師仍在中學卒業生内選派。申初，閲高等師範本科，分四學部。第一學部課目：曰實踐道德，曰倫理史，曰教授練習法，曰應用心理學，曰文學史，曰漢文學史，曰英文學，曰德語，曰法語，曰歷史，曰哲學，曰博言學大意，曰生物學，曰生理學，曰體操兵式訓練。其隨意科，則爲法制及經濟、音樂。第二學部課目：曰法制及經濟，曰歷史，曰地理，餘略同前。其隨意科，則爲國語及漢文、德語、音樂。第三學部課目：曰數學，曰化學，曰圖畫，曰手工，餘亦同前，其隨意科則爲國語、生物學、音樂學，第二學年以後增英語。第四學部課目：曰動物學，曰植物學、鑛物學，曰動力學，曰農學，餘亦同前，其隨意科則爲化學、德語、音樂，第二學年以後增英語。校長命講師預備實驗，請觀於物理機械室内。另有暗室，燃起電燈，驗視人身，骨髓畢現，惟鐵木不能透，綢布紙皮則皆透過。於化學標本室，試五金化分化合法。又周歷各室，閱畢，時已申正。至公使署，與瀚濤談。

初二日。巳初，堺隅三吉來，同往東京市赤阪區青山北町五丁日東京府師範學校〔八〕。校長瀧澤菊太郎陪觀教室、講堂、實驗室、標本室、器械室、藥品室、理化實驗室、金工場、木工場、圖書閲覽室、歷史地理參攷室、體操場、銃器室。此外，食堂、宿舍、自修室、談話室、盥濯室、履物置場、診察室、調劑室、養病室、集會所均無不備，規模宏闊。敷地一萬二千三十坪五合貳勺，建物二千八百八坪貳合五勺。敷地買收費六萬五千元，校舍建築費貳拾萬六千六百九十二元十六錢二釐，水道及電燈布設工費四千一百二十四元六十三錢，据付體操器械等費一千八百二十五元七十錢，敷地交換差金賠償並家屋移轉費一千三百十四元四十五錢，校舍内部備費七千一百三十三元，統計貳拾八萬六千一百八十九元九十四錢二釐。常年經費預算約五萬四千元。本校現在生徒約千二百人。本科分四年級：第一級遊就館，第三學期農業博物館，同帝國博物館，同理科大學人類學教室。同第二級藤新宿御料地，第二學期農科大學，同千住製絨所，同日本繪畫協會，同美術協會，同陸軍户山學校，同帝國博物館。第三學期礮兵工廠，同鐘ケ淵紡績會社，同農商務省商品陳列館。同第三級日本繪畫協會，第一學期美術協會，同西ケ原農事試驗場同。又，第二學期天文臺，同氣象臺，同瓦斯會，同芝浦製作所，同品川玻璃製作所，同陸軍士官學校，同王子抄紙部。第三學期衛生試驗所，同本所區古河鎔銅所，同馬氣淺草精行社製造所，同帝國博物館。同第四級本校卒業生，六週間現役，從事之師團。第一學期東京盲啞學校，同帽子製造會社，同印刷局。第二學期鈴木製造所，同人造肥料製造會社，同火止石碱製造所，同帝國大學。第三學期高等師範學校，及女子高等師範學校附屬，同小學校幷幼稚園。第二及第三學期，東京市内小學校，同學習院，同東京工業學校手工科。第二及第三學期，其課目則修身、教育、國語、漢文、歷史、地理、數學、物理、化學、博物、習字、圖畫、音樂、體操、英語、農業、手工，實地授業。各類年末成績，攷驗後平均順番統計分數，始予證書。以上生徒均准寄宿，費由公籌。另設預備科，係在外宿，自備資斧。該校由地方政府籌建，並非國家政府庫帑。又至附屬小學校，主事大户榮吉導觀教室及器械標本室等處。尋常學科，修身、國語、算術男習筆算，女習珠算、體操、圖畫、唱歌，男習手工，女習裁縫。高等學科增以歷史、地理、理科英語，餘則較深。修業均各四年。閱畢，時已申初，往同文校視潤官，並與張、尹兩生談。

初三日。午刻，堺隅三吉來，同至淺草區藏前高等工業學校，拜晤校長、工學博士手島精八，談工藝事。旋由各科主事分别導觀。學科有六：一曰染織科，二曰窑業科，三曰應用化學科，四曰機械科，五曰電氣科，六曰工業圖案科。其染織科有色染分科：爲機織，大體爲木綿麻、毛絹、精練、漂白、浸染、捺染、藍建、色染諸種。實驗有機械分科：爲色染，大體爲機織練習，綜絖篇爲織物解剖、組織新案等類。其窑業科爲淘磁器、爲玻璃、煉瓦等類。其應用化學科，爲顔料、藥品之製造，糖、石油及製草等類。其機械科爲蒸汽、瓦斯、石油、水刀、發動機、紡績機織、機械及其他各種機械類。其電氣科有機械分科，爲電力之分配，爲電氣、鐵道、電燈等類。有化學分科，爲電鑄、電鍍、電氣、冶金等類。其工業圖案科爲木工、金工、製版、漆工、窑業、染織業等。圖案除專修工業科目外，其平日學科課目，則倫理、算數、物理、化學等科，爲必修科。修業之期，均以三年。又至工業教員養成所，眠察一切。學科有二：曰本科，曰速成科。修業之期，本科三年，速成一年。其本科分爲六科：曰金工，曰木工，曰染織，曰窑業，曰化學，曰圖案。其速成科亦分六科：曰金工，曰木工，曰染色，曰機織，曰陶器，曰漆工。最終學年分别於附屬工業補習學校、東京高等工業學校暨附屬職工徒弟學校練習實地授業。工業補習學校及附屬職工徒弟學校之生徒修業之期，均以三年。該核係明治十四年文部省所創建〔九〕，初名東京職工學校，以後幾經更改，二十三年改稱東京工業學校，二十四年始改今名。其工業補習學校及附屬職工徒弟學校，皆三十二年所增設也。各廠置備機械，英、美製造居多，間有德、法及他國之製造。舉凡電化、機械、染織、顔料等類，亦多購自西洋，添補零件，本國可以自行製造，惟木工、漆工、陶器本國較多。該校後門即隅田川，置有水門，以機器汲水入内者。閱四時許，僅看校中大略。又至寫真室，演電氣照像、石印法，並贈所製圖紙數頁。酉初始歸。

初四日，月曜。無事，閲日本史。明治二年，改昌平學校爲大學。尋改大學校爲大學。置南校、東校。四年，廢大學，置文部省。五年，始設小學師範學校。於東京頒立學校規則。是年八月，頒布學制。分全國爲八大學區，後改爲七大學區。以東京、愛知、大阪、廣島、長崎、新瀉、宮城爲大學本部。六年二月，定小學校辦法，男、女六歲以上悉就學。七年三月，設女子師範學校於東京。十月，天皇、皇后幸華族學校即學習院，視開業典。此皆建置新學之嚆矢。歷歲改良，乃有今日。可見創制之不易。晚約川島小林、平岩及堺君、瀚濤、燕平、越甫、仁宇聚飲，亥正始散。

初五日。因日曜日停校，不能閲看學堂。平岩、韻笙來，午後移至新居。署門首爲蓬瀛別墅。屋後即火車棧，通牛込區飯田町，可不換車。至新橋往横濱等處，須換車行，鐵道直接，只要算准時刻，卻亦無甚稽遲，出入甚爲方便。晚，市川君與糟谷好助過談。

初六日。巳初，堺隅三吉來，偕往小石川區指ケ谷町東京盲啞學校。校長小西信八陪觀各教室。學科有二，分尋常科與技藝科。其訓盲字母，依照法國巴黎訓盲院卒業生羅意孛來猶原案，及本國助教諭石川倉次翻案結點，爲之大概。以六點相聯貫，與打電法相似。用銅板夾紙片板孔，每孔六點，以鐵筆點畫其間，或滿或否，皆按所製字母配合，心領神會，即可背誦。尋常科課目：曰國語，曰算術，曰講談，曰地理，用凸凹形地圖，暗摸指授。技藝科課目：曰鍼治法，曰按摩法，均五年卒業。其訓啞法，或以手畫，或以筆談，或以音樂代言。尋常科課目：曰讀方，曰習字，曰作文，曰算術。技藝科課目：曰圖畫，曰雕刻，曰指物，曰裁縫，均五年畢業。體操、音樂，盲啞同例。正視察間，有一女啞生，年未及笄，貌亦粗可，竟能口述字母三十餘字，聲音響亮，洵爲奇事。據講師言，訓啞之法，難於訓盲多矣。所謂十啞九聾，十瞎九靈，殆非虛語，然實有强致之功效耳。又至機械室，有美國、德國所製印字機器數種，校長親試二種。一係用洋鐵片置機器上，手捺字母釘印訓盲字之點畫，再將此片另置一機上，無論印若干紙，瞬息可成。印訓盲書，最爲便捷。此其一種，專備訓盲之用。又有一種印東文者くロ八順，板上襯以油墨紙，手指捺字母釘，每印可透三十餘紙。又有一種印西文愛畢西順，每印一張，均甚神速。以上三種，試印某年某月某日某國某官某人來觀數字，六七分鐘已印成數十紙，傳示諸生。該校生徒現在一百餘人。校長出示盲啞學校比例表，東京則爲官立。從前，岸田吟香諸君倡議，始建此校。外埠則西京、長崎、大阪、横濱、福島、東海、高田、豐橋、歧阜、札幌、長野、函館、鹿兒島等處，私立共有三十三校。外國則英、美、德、法、意、澳、西班牙、瑞典、荷蘭、瑞西、西抹安耳全丁共和國、諾威、西印度、加奈陀、阿非利加、濠斯太利、露西亞、白耳義、葡萄牙、墨西哥等國。中國則於煙台有之，係英國人所設云。閱畢，堺君偕至精養軒午餐。午後，至下谷區上野公園内舊函四軒寺美術學校，校長正木直彥導觀雕金、鍛金、鑄金、漆工等科，乃專習繪畫、圖案、雕刻、工藝之學者，均以四年畢業。豫備科則分甲、乙兩種。甲種曰繪畫，曰圖技，曰漆工。乙種曰雕刻，曰雕金，曰鍛金，曰鑄金。一年畢業，始入專科。該校敷地面積一萬二千八百五十四坪六合四勺，建物一千五百十二坪九合二勺，明治二十一年創設。其雕繪法，或摹本，或臨真，或造型，或寫生，金工、木工皆然。最足異者，有一室參攷人身生理，泥塑女型，雇一少女，裸體坐立，教師測量其身體尺寸，指示生徒，按形作模。此室不准外人擅入。鑄金室分別蠟形、泥形、牙雕，間有臨真蒔繪標本，成迹均各陳列其間。漆工尤覺精細，初模加至三十二次，始成玻璃光，其三、五、六次者，皆有斜文，比較始見純疵，圖案原委極其詳備。實習之業，惟剖解爲獨深。現在生徒三百二十餘人，每年經費八萬圓，創置儀器各項，則更鉅矣。閱畢，戊初，始歸寓。

初七日。丑初三刻，地震，有聲，寢席動蕩。據日本人言，火山洩力所致，並非災異，此間恆見。惟地震後必有火患。入亥後，牛込區果報警。辰刻，堺君偕往麴町區大手町二丁目三番地印刷局，局長得能通昌率同各部部長佐田清次等，引觀官報編輯所庶務課、會計課、調查課、雕刻課、顏料室及印刷各機器工廠。該局由官創立，觀其第二十七次報告書所載，圖定資本四項：土地七十二萬九千七百一元五十一錢三釐，建物四十五萬七千九百七十九元三十四錢三釐，機械四十九萬百二十二元二錢六釐，重要器具四千四百七十四元九十二錢六釐，總共一百六十八萬二千一百七十七元八十錢八釐。運轉資本三十七萬元。兩資本共二百五萬二千二百七十七元八十錢八釐。常年經費，除應用支銷外，溢利約得三十餘萬元。敕任、奏任、判任各員，皆係多年熟手，並無更易。印刷種目如官書、官報、銀券、證書、電紙、郵便、公牘、雜種及製品，費拂代計。各類造版片法，分別蠟模、鉛模、電氣，再鍍銅、鋼，繪畫、花紋亦用機器，嵌以金剛鑽，纖微畢達。此等機器，購自美利堅居多。又有簿紙、畫線及釘書、切紙各器，貼金雖用手工，仍置壓機一過。又有一種大機器，一次可印四十張，連切斷橫豎處，每分鐘可印千餘張。印幾次，共若干張，機上有對錶，數目相符，一望而知，毫無舛錯。又有一連環印刷機器，係德國所製造，兩頭並刷，可印二紙，其法尤奇。雜色印油，本局配合，皆用機器蒸磨，顔色鮮明。另有修整機器室，工手人人能之。出入運用大件紙張，置成鐵軌，甚爲便捷。本局工手男女一千零九十九人，皆由領班約束。入廠須更制服，以昭一律，藉防弊端。做摸、折紙、釘捻、核數諸雜務，多用女工。所有蒸氣機械，自六馬力至五百馬力不等，蒸氣罐自四馬力至百馬力不等。蒸氣力運轉部，印刷機械七十九臺，雕刻、製練、摩擦、電氣各種百九十二。人力使用部，印刷機械六十九臺，雕刻十臺，壓榨、鑄造、乾燥、斷截各種三百二十九。水力使用部，鐵製水車一臺。雜部，溶解爐二組，西洋形吹子一臺，書籍釘綴機械五臺，電氣銅板裏付機械一組。近來擴張事業，歷年尚有增置云。閲畢，時已過午。局長預備西洋茶點，款待殷懃。適有前天津領事鄭永昌來遊，同座者本局部長四員。廳前壁上高懸維新首領三條實美、木户孝允、大久保利通諸公遺像。歷言廠務辦法，并出示分色拍印各圖及鈔紙製式，又命本廠試行救火法。號令一聲，全廠前後，大樓上下之工徒，蜂擁而至。藥車皮袋限十五分鐘聚齊施放，水力甚猛。執役之人，班次整齊。其他工徒等則各由領班帶同鵠立。俄頃傳令止息，仍各按其原來班次回廠，毫無紊亂。凡各室内鈔幣要件，一物不遺。平時如此，驗習臨警，不致荒張。據譯官言，匠手以工計賬，曠功則必賠錢。此法不輕試演，是乃局長格外優待之意。午後，局長親陪至上野，同坐火車，往王子地方看附屬造紙廠。紙料常用之品，以桑皮、二椏兩種爲最多，無論何種，均用白礬。其紙料標本處有數百種，凡樹皮、草皮，可製紙者甚夥，以次攷驗，美不勝收。松榆之皮，亦各適用。其驗質，以顯微鏡視其絲縷疏密；其試力，則以測量錶，一試直力，一試四圍力，最爲精細。尋常所用造紙機器，與上海綸章廠髣髴，大都購自泰西，惟置備較多。另有修理機器室，匠手均能配當耳。本國製有兩具，現不適用。又有新購美國鉅製輪軸，比舊式寬至一倍，現正添建儲料之室，工竣即擬試造云。閱畢，時已薄暮。復陳殽饌，啜酒茗。戌初，始乘火車回東京。來往車費，一切皆由局長供給，情誼肫摯，殊可感篆。今日申酉間，狂風驟起，至夜半尚未息。

初八日，陰冷。昨晚略受感冒，今日不克踐東京帝國大學之約。堺君來，送閱章程，並略詢其大概。工科總目學科有九：一土木工，二機械工，三造船學，四造兵學，五電氣工，六建築學，七應用化學，八火藥學，九採鑛及治金學。理科總目學科有八：一數學，二星學，三理論物理學，四實驗物理學，五化學，六動物，七植物，八地質學。法科分法律與政治。法律學科授業，曰憲法，曰民法，曰商法，曰民事訴訟法，曰破産法，曰刑法，曰刑事訴訟法，曰行政法，曰國際公法及私法，曰法制史，曰比較法制史，曰羅馬法，曰英法德三國國法，曰法理學，曰經濟學。政治學科，曰憲法，曰經濟學，曰經濟學史，曰經濟史，曰財政學，曰統計學，曰國法學，曰政治學，曰政治史，曰行政法，曰國際公法及私法，曰法制史，曰比較法制史，曰法理學，曰民法，曰商法，曰刑法總論。文科總目學科有九：一哲學，二史，三漢學，四國史，五史學，六言語，七英文，八德文，九法文。分科大學皆國文，國學之規模，教科圖書具有定本，學科資格具有定程，較公立、私立各專門校則加深矣。

初九日，大雪。午初，微露日光。午後，又落小雨數陣。巳刻，偕堺君往帝國大學，專看醫科。其學級分四週年，各按學級分授。第一年，解剖及其實習，組織及其實習，生理、病理，病理解剖實習。第二年，解剖實習胎生學，局處解剖藥物及其實習，醫化實習，處方學，病理總論，病理解剖及其實習，病理組織實習，診斷學，外科，婦科，眼科，内科，外科各論。第三年，局所解剖内、外科各論及臨牀講義，並外來患者臨牀講義，繃帶實習、産科學及其模型演習，眼科，衛生，法醫。第四年，内外科臨牀講義及其外來患者臨牀講義，外科手術，實習産科、婦人科臨牀講義及其外來患者臨牀講義，眼科學及其臨牀講義並外來患者臨牀講義，檢眼鏡，實習皮膚病學、黴毒學及其臨牀講義，精神病學及其臨牀講義，衛生學、黴菌學、實習法醫學、小兒科及其外來患者臨牀講義。凡實地試驗時，認明何點。平均點數在六十點以上者，始有成績。試驗解剖及生理學、外科及眼科學、内科及産科學三大科目，再區別各門類。書記官丸山熊男導觀解剖學、病理學、内科、外科、眼科、小兒科、婦科、産科及分娩室、胎形室，生理學、皮膚病學、癬疥、腫爛、疹痘、瘡痍，各項標本實驗之室，暨病院各所，大半全用泰西醫法，尤宗德意志諸名家，醫具亦多購自外國。蓋無論内、外科，悉重解剖。解剖之學，凡病根之所在，莫不纖微必辨。但解剖時，須用麻藥，使人無所知覺，方能割裂或滌除其積滯，或洗濯其汙穢，然後用藥線穿縫，噴以藥水醒之，其病乃愈。至外科醫室，適見有一童男，約六七齡，臍上生一小瘡，置鐵牀架上，用麻藥灌去，牀下熱氣薰蒸。旁置温度表，有四醫生在其側，一人持鏡照幼兒面，並手試其呼吸，兩人持刀具刮患處，一以藥水洗滌之。洗滌既盡，即用藥線穿縫，時不逾十分鐘。另有僕婦二人，承醫師之手術，取攜甚捷，身皆衣白布衣，絶無纖塵。室中亦净潔非常。據醫師言，此乃最輕瘡症，即在醫室中診治。如有奇異病，必須大解剖者，須在實驗室，令衆生徒參觀研究。另有一室，先將病人用藥水週身洗净，送至解剖實驗室，始用麻藥灌下。醫師解剖時，衆生列坐兩旁，天氣稍熱，即須赤體室中。中間設鐵牀高架一具，置病體於其上，左右高坐七八層，皆衆生列坐處。又至産婦分娩室，室内中間設牀架一具。産婦臥其上，飲以催生藥水，醫生手持機管，冲濯一切汙血。倘有難産者，或用鐵鈎挖出，或用鑽鋸，將兒腹刨破，先取臟肺，再取全身。母體自輕，易於墜落。其意以爲，難産之兒，必不能生。是以顧子體，不如顧母體。且稍緩則必無濟，不得不用鈎鋸等物云。又至眼科室，適見有一年約四旬之人，眼下生一小核。刨去核子，即於孔内用一象皮管插入二寸許，取净水洗滌後，敷以生肌藥。據言，不用麻藥，患處並不知痛。又有壯年男子，眼常流淚，即漢醫所謂風火疾者，端坐椅上。醫生持軟鋼絲兩條，從兩眼脚下插入二三寸，如搔癢狀。據言，此係通鼻孔處有積塞，只要打通關節即愈。尋常從鼻中流出者，謂之鼻洟。鼻塞則從眼脚下流出，是爲眼淚。其實本一物也。患者初治時，尚覺微痛。閱二三次，非此不能暢適，殆與華人挖耳同。又至胎形室，閱視各種胎形。自結胎至三月成形以及十月之胎體，均以藥水儲之玻璃瓶内。十月以外，即爲奇胎。奇胎共有十數種，如葡萄胎、鬼胎、石胎、毛胎等類，雙胎亦列奇品。據醫師言，近年本邦奇胎，較前二十年，已減三四倍。未嘗非衛生教育之功。該醫生盡是男子，看護多係婦人。閲畢，時已申正。午餐由外務省預備，即在校内會議廳與同人共食。歸寓已晚，聞麴町區有火警。過仁宇處，晤四川延聘之教習菅真海。

初十日。丑正，雷聲隆隆。地震約三分鐘，較前夜略輕。午前，往拜堺君，住芝區愛宕山下對陽館。又至正金銀行，晤高道竹雄談。午後拜晤蔡星使並答平岩君。

十一日。辰刻，偕堺君往麴町區永田町華族女學校，拜晤校長細川潤次郎、女學監下田歌子教授兼幹事淺田，款以茶點，導觀中學、小學、初等、高等各教室及附屬幼稚園。其學科課目：曰修身，曰國文，曰算術，曰實物，曰習字，曰音樂，曰體操，是爲公共之學。圖畫、歐語則爲撰科。地理、歷史，自高等小學始，以次加深；化學、物理、漢文、歐語、外國地理，自初等中學始，以次加深；家政則至高等中學時講授。人身、生理、博物、繪圖，均有標本儀器室。點茶、插花、烹炙、裁縫等事，無人不習。體操運動之法，較男子則有異。約舉數端：一曰疾徐步驟，一曰伸縮肢體，一曰連環唱歌，一曰球彈，一曰纖竿。所謂小，普通門居多，有游戲而無兵式，變化形容，筆難盡述。圖畫則分別鉛筆、墨筆、毛筆、水筆。教科所用圖書，除遵照文部省、宫内省頒定之本外，參用近時新本，按級列表。其中學與小學、高等尋常修業之期，均各三年。該校創自明治初年，欽奉皇后令旨特建，屬宮内省管轄。其教育之宗旨，務使華族女子能盡婦道職分，將來勉爲賢母賢妻，以作國人之矜式耳。現在生徒，中學與小學共二百餘人。

十二日。日曜日，無事。蔡星使偕燕平、越甫來賀新居，登樓縱覽，備話寒暄。適潤兒亦假歸。檢閲日本近世歷史。明治元年，即我國同治七年。改江户爲東京。奥羽鎖定，幸東京，分奥羽爲七屬，詔蝦夷爲北海道。始定刑法，廢礫、烙二刑。大將軍德川慶喜至是歸政柄，立藤原氏爲皇后。二年，易封建爲郡縣。除東都、東京、大阪三府外，改府爲縣。廢公卿、諸侯之稱，總稱華族。遂都東京，改定官制位階。討平箱館官軍及蝦夷，始設電線。當時全國人口三千三百六十二萬餘人。改定女官，官位相當。三年，頒布徵兵規則及新律綱領，禁華族涅齒、點眉。始用人力車、馬車，開皇城西北五門，便衆庶往來。頒布販賣鴉片煙律。大阪、神户間電線始成。廢墨刑，廢按察使。置工部省，定制服，定親王賜姓制。四年，廢藩置縣，始設郵便於東京、京都、大阪之間，以便文書往復，後乃施行全國。大阪造幣廠成，始以蒸氣機械製金銀幣。傭英人以測量北海道。始置鎮臺於東山、西海二道。設傳信機，東京至長崎遂接續海底線，通丁抹會社，後施行全國諸道。五年，廢兵部省，置陸軍省、海軍省。頒陸軍刑律，定海上里法。一度六十分爲一里，當陸路十六町九分七釐五毫。置教導職，分級爲十四，一級准二等官。頒教則三條，許僧侶食肉、娶妻、蓄髮。創立國立銀行。廢僧官，使僧侶稱姓氏。東京至横濱鐵道始竣工，車駕臨停車場，行開業式，日本用汽車是爲始。是日，許民庶彙觀。詔廢太陰曆，用太陽曆，以明治五年十二月三日，爲六年一月一日。尋頒太陽曆，改晝夜十二時爲二十四時。以神武天皇即位年爲紀元，以即位日名紀元節。詔設全國徵兵制，點丁壯悉編入兵籍。大別陸軍爲常備、後備、國民三軍。分兵丁爲礮、騎、兵、工、輜重五兵，因頒告諭書及徵兵令，定一人一名之制。始設博覽會。六年廢五節人日、上巳、端午、七夕、重陽，以紀元節、天長節爲祝日。置鎮台於名古屋、廣島。定六鎮台軍營，以東京、名古屋、大阪、廣島、熊本、仙台爲本營。擇各地勝境名區置公園。許邦人與外國人爲婚姻，定其條規。天皇斷髮，皇太后、皇后落黛。剥鐵漿，定土地，名稱爲八種。皇宫地、神地、官廳地、官用地、官有地、公有地、私有地、除税地。始發行洋式權衡。頒歲計預算表。詔改全國地租，廢舊法。新設地券，以本價百分之三爲租。禁火葬。七年，置東京警視廳，尋置巡查。改正六鎮台職制。八年，解火葬禁。頒讒謗律及新聞紙條例並出版條例。定煙酒税。始製洋紙。始立郵船會社，渡上海。九年，改定國道及諸道廣狹制度。詳見於前。定地方官任期例日，府知事及縣令任十二年，每三年爲一期，始先試之。權官三年，其稱職者升爲正官。每三年增月俸五十圓，以爲敕任。經一期任正官者，定籍於其縣，及十二年任滿而辭職者，賞賜十月俸。其參事以下無任期，按攷課殿最賞之。製陰陽兩曆對照表頒府縣。十年，西鄉隆盛反，官軍討之，平。八月，始開内國勸業博覽會。十一年，始定士族功臣列於華族之制，始定郡區町村編制之法。十二年，廢琉球藩，置沖繩縣。黜梟刑。十三年，建横濱正金銀行。十四年，始營皇居，設憲兵於陸軍部内。斯時，諸國政黨起。三月，開第二次内國勸業博覽會，車駕臨幸。設農商務省。十五年，詔行新法。始試點電氣燈。十六年，始發行官報。建設日本銀行，以制銀利之低昂，矯正諸銀行之弊害。始建鐵道、馬車。始設高等法院。始開水産會。十七年，國製軍艦始航歐洲。詔設公、侯、伯、子、男五爵。十八年，置遞信省。十九年，置大學院。當時全國人口三千八百五十萬七千一百餘人。二十年，皇居成。始冊立皇太子。二十一年，置樞密院。二十二年，東海道鐵道全通。二十三年，始開國會並第三次内國勸業博覽會。始立電話交換所及火災保險會社。二十四年，美濃大地震，死傷無算。詔解帝國議會。二十五年，選舉國會議員。二十六年，火山炸裂，人畜死傷甚多。

二十七年，行大婚禮。二十八年，開第四次内國勸業博覽會。二十九年三月，募集軍事公債三千五百萬圓，擴張陸軍，增設師團。皇后倡建赤十字社大會，近來社員已增至五十七萬之多。三十年，皇太后崩。頒定新貨幣形式。改正農商務省官制。發布新聞紙條例及改正法律。三十一年，置元帥府。頒行户籍法。組織憲政黨。三十二年，始行商法實施。三十三年，内務省開地方官會議。今乃三十四年，觀於維新以後之政略，而知其强盛所由來。當必自振興教育始，其次則便利交通最關緊要。至若擴充工業，尤見立國之精神。所以進步日良，正有未可限量者。

十三日。晨起，嚴霜，奇冷。巳初，偕堺君往東京府下駒場大學。農科書記官堀（忠橋）等導觀四學部及試驗各場室。初至獸醫科標本室，陳列各種標本，内有毛球，言得之牛胃中者；又有圓石，言得自馬腸中者；又有一種壓榨馬糧，分量輕減，預備戰陣時便於搬運者。室旁有隙地數畝，種藥草與煨料以備攷驗。次至林學科標本林，種植各國樹木，松樹甚多。其美國種，松毛有長至一尺二三寸者。次至農藝化學科標本室，觀其試種之麥十六七種，皆儲於玻璃瓶内，而盛之以水。各瓶水中培養不同，生長因有肥瘠。又至農學實習場，試種之物不勝枚舉。或植盆内，或植地下；亦分别肥料之多寡，以試其生質之繁枯。有稍加藥品者，有全用肥料者。遇陰雨時，盆中所種則移置玻璃室內。是日，諸生因有考課，暫停實習。其農學科課目，第一年，地質、土壤、氣象、動植物之生理病理實驗、昆蟲、肥料、農藝、物理、化學實驗、經濟、農場實習。第二年，作物、土地改良論、園藝蓄産學、家畜飼養論、酪農養蠶及法學通論、農業經濟、動植物及農學實驗。第三年，作物、農産製造、農業經濟、獸醫學及林學大意、養魚論、農政、財政學、昆蟲生理、農學實驗、卒業論文。其農藝化學科課目，第一年，有機化學、分析化學、地質、土壤、氣象、動植物之生理、肥料農藝、物理、經濟農藝、化學實驗。第二年，作物、土地改良、生理化學、醱酵化學、家畜飼養論、酪農論、養蠶論、農業經濟及各實驗。第三年，化學原論、作物、農産製造學、食物及嗜好品、農業經濟、農政學、實驗法、卒業論文。其林學科課目，第一年，森林、數學、測量、地質、土壤、物理、最小二乘法及力學、森林、動植物及植物生理、林學通論、造林、經濟、動植物實驗、森林測量實習、造林實習及各實地演習。第二年，森林、數學、化學、利用學、造林學、保護經理、法律各學、樹病學、林政學、管理法、財政學、法學通論、理水及砂防工、林學總論、化學實驗、造林學及道路實習。第三年，森林利用學、造林學、經理學、法律學、林政學、養魚論、農學大意、狩獵術、實地演習、卒業論文。其獸醫學科課目，第一年，解剖生理組織各學通理通論、外科手術學、蹄鐵法、解剖組織蹄鐵各實習。第二年，解剖、生理兩學、家畜飼養論、酪農論、病理通論、内外科及藥物學、病體解剖學、寄生動物學、蹄病論、乳肉檢查法、調劑法、解剖法、外科手術、蹄鐵法、家畜病院各實習、内外科診斷法。第三年，畜産學、病體解剖學、寄生動物學、皮膚病論、馬學、動物疫論、産科、眼科、衛生胎生法醫黴菌各學、獸醫、警察法、各學實習及内外科診斷法。修業之期，各以三年。本科外有教員養成所，乃以養成農業補習學科教員爲目的。但須有師範學校、中學校卒業之資格者，始准入學。修業一年，免徵學費，且給助金，蓋師範生大率皆然。閲畢，至校長室午餐。該校校舍並試驗場之基址，地廣十六萬九千七百八十餘坪，寄宿舍有三處，現在生徒三百餘人，分别特待奬費〔一〇〕、貸費等類。内有中國留學八人。攷日本農産之大宗，爲米，爲麥，爲大小豆，爲稗，爲黍，爲蕎麥，爲甘薯，爲馬鈴薯，爲棉，爲大麻，爲藍，爲煙草，爲桑，爲茶，爲蔬。查明治三十三年米、麥産額，出米四千一百四十六萬五千石，出麥二千零三十八萬六千石。按照日本斗斛。米價每石約十元，大麥每石約四元餘，小麥每石約七元餘。至若蠶絲之業，分輸出與輸入。從前，中國絲繭輸入最多，其輸出品則爲絲織各物。近年，本邦産絲已足供織物之用。閲東京案内所載，明治三十二年，織物售價一億七千四百九十六萬七千八百五十五元。此近年之進步。森林所植，分國有與民有：國有者，爲官家之山地，皆官種之樹木；民有者，民間私種之樹木。閲農商務省明治三十三年報告書，國有林野收入之數一百三十五萬七千八百八十四元云。晚，潤兒自校中放年假歸寓宿。

十四日。拜晤蔡星使，商留學生建立會館事。過燕平處，晤瀚濤。午初，往參謀本部，訪福島少將安正，並晤末吉保馬。又至外務省道謝並晤小林光太郎。晚，讀泰西教育史，而知印刷器之發明，創於荷蘭人洛稜司蘭斯脱，時一千四百四十五年。一千四百五十年頃，與其弟子葛登培格攜此器入德意志，業書家大便利之。厥後二十年間，其器遂通行全歐矣。説者謂中國印刷器實始於宋之末葉，當在西曆一千二百六七十年間，但有印字形模，而無印字機關。其説確鑿可據，當録記以俟參攷。又前閲小學校、幼稚園章程内載『恩物』二字不甚得解，今乃恍然於其意。『恩物』者，即天然生物之義。一千八百五六年間，德國人佛羅卜爾氏曰腓列達利僖，創爲兒童練習之物，造體數端，名曰『恩物』，有五種：一曰毬；二曰球體與立方體；三曰均，爲八方之立方體；四曰八分，爲勾股形、平方形之立方體，而其形爲煉瓦狀，使兒童用於造物之材料；五曰分，爲二十七個之立方體，以其三者小分爲二個稜柱，餘三者小分爲四個稜柱，復以小棒、薄木片造種種之形，又附紙片，使爲折疊焉。此『恩物』所由來云。

十五日。午前，至使館，催詢留學生會館事。公使意尚游移。晚至偕樂園，赴川島浪速之約，同座者陸軍礮兵中佐柴五郎、高等師範學校校長嘉納治五郎、警視廳總監大浦兼武、中國警務留學生監佐藤長次郎、小平總治、內藤順太郎、稻田穰、本田增次郎、善鄰書院宮島諸君，並銓燕、平周、孝懷、李仁宇、馮越、甫羣。客入座，主人起，致頌詞。表揚去年助勦拳匪之事。現在仿辦警察，最爲中國急務。今夕之宴，某等將赴北京，兩國士夫，萍蹤歡聚，欣幸無極云。余居首席，婉答數言。歸來時已夜半，寒熱大作。

十六日，陰雨天氣，甚冷。偃臥竟日，讀明治三十年史，而知變化時代之風俗，及建設時代之關頭，其中大有可觀。洋房、洋物、洋菜、電報、電話、電燈，以及火車、馬車等類，久已風行當世。男子禮服，改從西制，亦非一日。自舞蹈會、婦人慈善會大興，男女交際日盛，婦人應有禮服，間或採用西式。於是女子束髮而洋裝，大抵出於縉紳仕族。最足異者，森有禮掌文部時，竟倡英語可作國語之議，明治天皇不允所請，書生聚論，動曰『西洋西洋』，猶中國漢儒之習稱『子曰子曰』。維新伊始，全國士民傾心於歐美之勢如此。其滔滔汩汩若決江河，漢學大家幾將廢絶。近來稍復舊俗，然仍主男女平權、自由結婚等説較多。現在演説會、紀念會暨各種議會，相繼興起，極事擴張。其後來建設之狀況，正有未能懸測者。

十七日，晴和。今覺小愈。午前偕馮越甫至參謀本部，拜晤第二部部長福島少將安吉，暢談一切，並託以兒子潤官，擬入成城學校。當即傳諭屬官，知照該校，約訂明年開學時入校。又過使館，晤瀚濤、燕平、薇閣、季龠、右丞、枚臣談。歸寓，繕寄蘇、滬、東友賀信。

十八日。巳刻，至公使館，並往三橋旅館訪友。又至正金銀行，晤川島忠之助、高道竹雄。午後，王惕齋偕遊新橋勸工場。場屋高樓，上下數十椽。屋由官造，各户分賃，陳設衣服綢布、應用器物及各項玩具，價值均有定碼。現值新年伊邇，每購一物，必附贈以小品。他場之例，大率相同。略購數物而歸。晚間，寒熱復作。

十九日，大風。未出門。休息之餘，閲明治史。晚間有日本教育家澀江保者來訪，談教育事，議論頗中肯綮。持贈簡易體操法，披閲一過。其總論爲體操之準備，曰集合，曰用意，曰運動，曰行進。體操之法，約分八種，循序遞推：一徒手，二啞鈴，三球竿，四水平桿，五並行桿，六木馬，七鞦韆機，八梯乘及繩乘、棒乘等，計一百零六圖。其中，教練各有次第。先教以頭臂胸脚之運動，再教以全身之運動，推及各種運動。是書通俗教育全書之一種也。澀君別號幸福散史，夙通英文，著書甚富。惜未得窺其全豹，容當於書肆中覓之。

二十日。即西曆小除夕。蓋自明治五年改正朔、廢太陰曆、用太陽曆，並不用正月元日、朔日等稱。凡大都會，地方官商悉遵此例，鄉村尚有用舊曆者。新年裝飾，家家門外種雙松樹，夾以綠竹。楣首懸挂稻草結，有果品。復繫白紙數片，此日本之古俗也。午前，至使館。過平河町、永田町一帶，街市甚形熱鬧。聞晚間將有張燈之舉。

二十一日。讀明治產業史。農業之大宗，曰米，曰麥，曰蠶桑，曰茶，曰牛馬，曰農業。公司製造業之大宗，曰蠶絲及蠶種，曰花紗，曰織造，曰工業。公司及各工場商業之大宗，曰公司，曰取引所，曰銀行，曰銀根，曰外國貿易。鑛務則分別金、銀、銅、鐵、鉛、煤，曰官辦鑛山，曰民辦鑛山。森林亦分二種：曰官有森林，曰民有森林。水產之業，曰製鹽產，曰漁業及采藻業。觀其歷歲比較表，大概自十年至二十八九年，計之物價，日見昂貴，出產漸臻富饒，適足見其擴張事業之進步。午後，至神田區今川小路俎橋際北上屋商店，購真筆版兩副。歸寓，試印數種。

二十二日。即太陽曆元旦，明治三十五年也。溯自東洋、西洋紀元之始，日本神武天皇紀元第二千五百六十二年，泰西紀元第一千九百二年。是日，天氣晴和。午前，乘雙馬車往政府及各王公大臣邸拜賀。市間年景，與我中國相似。兒童嬉戲，率以放風箏、踢皮毬爲樂。近衛公爵、長岡子爵、小村外相諸君來答。

二十三日。讀明治三十年史畢，惜無譯本。是書分十二編：第一、學術思想史，第二、政治史，第三、軍政史，第四、外交史，第五、財政史，第六、司法史，第七、宗教史，第八、教育史，第九、文學史，第十、交通史，第十一、産業史，第十二、風俗史。附以三十年間國勢進步表，約十一部：曰人口，曰政治，曰軍事，曰財政，曰司法，曰教育，曰文學，曰宗教，曰交通，曰産業，曰人羣。比較統計，瞭如指掌。午後，有錦城學校講師若生國榮者來謁，能通漢文。縱談史事，並備述其游歷臺灣情形，紀之以詩。水谷彬、銓燕平先後過訪。

二十四日。午前，至牛込區相馬屋購紙、簿等物。午後，至神田區北上屋晤吉田源五郎，看各種真筆版，並考究印刷法。歸寓，倩市川屬稿作東文信，致東京各學校事務所，偏索規則，先行郵寄市川處。晤和田純，曾充聯軍繙譯，兼通英語，貌頗雅秀。

二十五日。卯正一刻，地震約三分鐘。印刷致各學校書二百餘紙。明日，補繕封發。

二十六日。晨起，看書數册。午後，挈潤官乘火車往飯田町，塗遇葉生基楨，同遊神田區東明館勸工場。陳設售賣物品，與新橋大致相同，惟衣履較多。酉初，地震約兩分鐘。晚飯。早眠。

二十七日。午後大風。往謁參謀總長、元帥、侯爵大山巖。歸寓後，各學校已有覆函二十餘件，並寄規則。

二十八日。拜晤蔡星使並越甫。至參謀本部，與福島少將談學校事。午後，挈潤官乘火車至牛込區，游静岡館勸工場。各學校有覆函，並寄規則。

二十九日。清晨微雪。午後，訪惕齋。過神田區明治軒勸業場一遊，新年陳設，較尋常物品稍多。

三十日。巳刻，往平岩處，不值，見其老翁。據稱，平岩已隨福島少將至成城學校，今日開學。午初，余亦至焉。晤奥山三郎、田村松之介，長談。留飯，菜品與華食同。飯畢，復導觀潤官寢室及自習室，均已預備整潔。與劉學城問芻公子、姚鴻法石泉公子、馬肇裡（軍門公子）同寢室，與周嗣培、江爾鶚、龔秉權等（皆四川省學生）共八人同自習室。申初回寓，各學校覆函愈多。

十二月初一日。清晨，送潤官至成城學校。晤田村君，略談。午初，拜蔡星使，復述創辦留學生會館事。並晤小林（光太郎）暨燕平、越甫、遜初、季畬諸人，湖北游歷官周太史（渤）來拜。

初二日。巳正三十分，偕市川君乘火車至横濱，過新宿、品川换車兩次。午正三刻抵濱，住停車場前山崎屋旅館。飯後，至領事館。王省山出外，與施畬孫談。適曾榮川亦至。

初三日。午初，偕市川周游街市，在野毛町三丁目百十四番地福田寫真館同照小相。該館寫真之法，較他處尤精善。每相連拍兩片，擇良印刷。至領事館，訪王省山。留便餐。晤繙譯余雲龍。市川晚回東京，惕齋、紫水皆由東京來訪，並帶信物。

初四日。午前，往公園一帶遊覽，並在書肆中購閲圖書。攷横濱市，約分五區：第一區，曰本町，曰海岸通，曰元濱町，曰北仲通，曰南仲町，曰辨天通，曰境町，曰太田町，曰相生町，曰住吉町，曰常盤町，曰尾上町，曰真砂町，曰港町，曰瓦町，曰山下町。第二區，曰吉田町，曰柳町，曰福富町，曰伊勢佐木町，曰姿見町，曰羽衣町，曰蓬萊町，曰松ケ枝町，曰梅ケ枝町，曰讓花町，曰長者町，曰末吉町，曰若葉町，曰賑町，曰久方町，曰足曳町，曰雲井町，曰長島町，曰吉岡町，曰駿河町，曰山吹町，曰富士見町，曰山田町，曰千歲町，曰三吉町，曰永樂町，曰真金町，曰若竹町，曰封町，曰松影町，曰吉濱町，曰扇町，曰不老町，曰方代町，曰翁町，曰石川町，曰石川神町，曰南吉田町。第三區，曰野毛町，曰宮川町，曰花柳町，曰福島町，曰櫻木町，曰内田町，曰長佐町，曰緑町，曰橘町，曰戶部町，曰伊勢町，曰宮崎町，曰老松町，曰月岡町，曰日出町，曰黄金町，曰初音町，曰三春町，曰英町，曰霞町，曰清水町，曰西戶部町，曰南太田町，曰久保町。第四區，曰高島町，曰裏高島町，曰平沼町，曰村木町，曰仲町，曰神奈川町，曰青木町，曰岡野町，曰淺間町，曰尾張屋町，曰西平沼町。第五區，曰山手町，曰山元町，曰千代崎町，曰上野町，曰諏訪町，曰中村町，曰根岸町，曰本牧町，曰北方町。自安政六年開港以來，於今四十有三載，風俗漸極繁華，物産日益饒富。查本年戶口册，男丁十四萬九千零十六人，女丁十二萬七千一百十五人。較明治五年增至二十一萬一千五百二十九人之多。居留外國人戶口總數五千五百二十九人，内中國人男丁二千四百六十九人，女丁八百六十二人；英、美、法、德等十九國共男、女丁二千一百九十八人。該港輸出重要貨物之品，以生絲、絹布、棉織、海味、荒銅爲大宗，漆器、磁器附焉。輸入重要貨物之品，綿花、綿絲、天鵝絨、羅紗、羊毛、毛絲、苎麻、米、豆、砂糖、麥粉、鋼鐵、機械、靴底皮、熟皮、石油、洋紙、鐘錶等類。著名銀行十七家。其公廳、學校及病院洋房居多，如神奈川縣廳明治初元改稱是名、横濱港務局、横濱税關、横濱地方裁判所、横濱區裁判所、生絲檢查所、郵便電信局、電話交换局、横濱税務管理局税務支局、横濱海務署、海港檢疫所、横濱專賣支局管理專利事宜，以煙草爲大宗、衛生試驗所、航路標識管理所、鐵道作業局、横濱驛第一師團、第二旅團、横濱聯隊區司令部、横濱市憲兵屯所、神奈川縣農事試驗所、測候所、監獄署區裁判所、神奈川出張所即支店之小者、横濱市役所、水道事務所、瓦斯局即自來火公司、商業會議所、警察署凡七所、郵便電信支局凡三所、税關監視署凡二所、横濱市役所、出張所凡三所、神奈川縣立第一中學校及高等女學校各一所、商業學校、商業補習學校及神奈川縣第一尋常中學校各一所、公立小學校凡六所、私立小學校凡十四所、病院凡四所、市内著名神社佛閣約二十餘處。此横濱市之大略也。傍晚，至横濱館、帝國品物館兩勸工場一遊。屋宇雖寬，貨物較東京已減色多矣。

初五日。省山來訪。午後，至領事館偕余雲龍至正金銀行，晤宮川文次郎，開示絲商、茶商各商會。絲商如原合名會社、茂木商店、若屋商店、小野商店、木村商店、同伸合資會社數家。茶商則大谷商店爲最著名。此外，有衆商店製茶及綿布，時計賣込麻雜穀肥料，取引荒木工商店製石版、美術、印刷各種及製造酒類，鈴木屋專製毛織，真川商店專製謄寫版，石川商會内外貿易合資會社、村井商店、丸星商店皆製雜物，並經理外國貿易也。又至三井物産會社，拜横濱行支配人北村七郎，人極謙和，囑該行同事大木信次郎，即刻陪往辨天通原合名會社，晤原富太郎，款以茶點，並擬訂期邀飲。原君乃濱中紳士，詩酒自娱，素好風雅，且喜與華人遊，接待頗覺殷懃。酉初刻，歸旅館。

初六日。午後，至領事館略坐。閒步街市，由中國街過野毛町、宮川町、花笑町、福島町、櫻木町、内田町、伊勢町、神奈川町、尾張屋町、龜橋、港橋一帶，直抵山下。傍晚始回。惕齋來。

初七日。巳刻，至領事館。今日爲東曆新春既望，各商店皆休業，無可游覽。

初八日。寅正二刻，地震。午初，至領事館。適見南洋公學遣來生徒，由滬到濱。飯後，偕省山、畬孫、雲龍走訪萬泰錢店内三江董事孔姓，不值，遂由辨天通、大田町、住吉町、尾上町各商會、商店游覽，絲、茶、海味是産貨之大宗。此外，美術、磁器、木器、竹器、漆器等類玩物較多，古銅、玉石陳列不少。過真川商店，購謄寫版，較東京所購真筆版、複寫紙，用法各有不同。真筆版係用藥水寫字於油紙面，再用印油塗摸版上，可傳真迹。複寫紙係用油墨紙夾於素紙内，再用硬筆直寫，可省印油。然只便於留稿，恐易模糊。謄寫版係用鋼筆寫字於油紙上，下襯石版，字迹頗清。但取便於印刷之件，若楷字求工，則難出色。晚間，新聞報館電話探問，意欲請見，允之。有坂口乙磨者來訪，乞一名片而去。

初九日。巳刻，至新報社，與社長佐藤虎次郎等暢談東亞時事約一鐘餘。佐藤盛稱孔孟而駁泰西，同座二十餘人，無一能通華語者。又至三江公所訪孔雲生，引觀樓上起坐，房屋甚少，部置尚精，月租極廉。據言，六幢洋樓，每月僅三十三圓。公所經費，每年進款只千餘圓。三江商户，約三百五六十人。雜貨幫如海味、綿花等類，同源泰、興泰、協泰、源東、安記、興記皆大號家。錢莊有五六家，萬泰、新泰、源泰、駿發、恒大等店。此外，洋服鋪大小十餘家，生意頗好云。至領事館午飯。飯後，偕省山、畬孫往西洋各商店眡察。此間貿易，情形不如滬上遠矣。戌初二十一分，乘火車回東京。山崎屋派人送至新橋。返寓時，已亥初一刻。今晚有友人約往橫濱會館，聽演劍舞術及薩馬琵琶，因將回京，婉辭卻之。

初十日。昨接近衛公爵、長岡子爵來柬。今日，同文書院移居開校，請往觀禮。午初至校，入門各以握手相見，客皆立談。其開閉式詳列於下：一、號鐘同着席，二、幹事開式，三、奏樂，一同起立致敬，四、創立委員報告，述新校起工以來之經歷，五、會長祝辭，六、院長演説，七、來賓祝辭演説，八、生徒總代答辭並祝辭，九、奏樂依開院式，十、幹事閉式。賓主師生合照一相，約五十餘人。禮畢赴宴，自取殽品，各就位次。蔡星使率同參隨及錢監督均與焉。並晤小田切萬壽之助、嘉納治五郎、恆屋盛服、伊澤修二。午正，席散。又至成城學校，晤田村松之介。適有留學生近衛野戰礮兵聯隊第五中隊，附見習士官文華，號秀峯，荊州駐防，接談數語。

十一日。午前，至四谷區日進館勸工場一遊。晚間，有錦城學校教員永井尚行過訪。能操英語，兼通漢學。

十二日。午後，往芝區訪錢念劬，長談，薄暮始歸。東京數學院院長真山良來訪。晚間，留學生章宗祥等十九人同來，議捐建會館事。夜半，大雪。

十三日。大雪，不能出門。編譯各學校章程。申初，潤官回寓。

十四日。午前，至正金銀行，晤高道（竹雄）。過京橋、南谷等處勸業場游覽。申刻，小田切（萬壽之助）來訪。晚，與市川君縱飲。因伊將往神户，藉以話別。

十五日。編書，臨帖。外務省總務長官以書來邀，翌酉赴紅葉館宴會。當即作復，以服制不便婉謝之。晚，偕紫水往吉野屋小酌。爲市川餞別也。

十六日。午前，拜蔡星使，談會館事。長岡子爵函約，今晚在爵邸聚話。酉初，乘車往，與之暢談。交涉國勢，並出示王灼堂中丞所贈釋奠禮樂記粤省栞本。詢原書之顛末，並持贈影宋本尚書正義二十卷。特設盛饌，座無他客，款待意頗殷懃。邸宅臨隅田川，又有櫻花繞屋，登樓憑眺，不啻身在桃園。公固風雅人也。戌亥間，始歸寓。

十七日。午初二刻，地微震。潤官回寓。飯後，偕往神田區井谷店照相。又至丸善會社及博文館購書。晚間，客來如織。議留學生會館事。

十八日。稻村（篤太郎）來。午後，訪下田（歌子）。下田，日本之女教育家也。現任宫内女官。前相識於華族女學校，彼自述其少年游歷歐美，四載後始回國，遂專注意女子教育，創立實踐女學校及工藝女學校。近年，頗著成效。並言深願助我中國倡興女學，最爲現時急務云云。今午，函招至其家，所談皆關係女教事。約坐一時許，尚覺言不盡意，仍約土曜日再往談。

十九日。午前，至惕齋處，詢問學校標本各物價值，並晤松山堂。書塵人贈閱圖書目録。據言，照碼可照九折代購。聞海軍省今日派兵隊往臺灣。申初，乘火車至橫濱，觀其登舟。行過海岸時，軍容壯麗，步武整齊，共約三百餘人。晚，宿高野屋。竹田三郎來，夜談。

二十日。午初，乘火車回東京。編書，臨帖。夜子初刻，地震，約七分鐘。

二十一日。爲孝明天皇祭日。各學校皆放假。潤官回寓。喚寫真匠來，拍喬梓登瀛圖及戎馬書生小影。午間，偕往西洋御料理便餐。繕發蘇、皖賀信。往訪小林光太郎，適在臥病，席地略談。過平岩處，不值。留學生洪竹蓀等均來，詢會館事。

二十二日。午初刻，地震，約二分鐘。至使館，晤瀚濤、遜初諸公。午後，偕紫水往神田區錦町錦城中學校。校長阪元盛德導觀各處，生徒起立致敬。教室共十七所，無寄宿舍。教師三十餘位，學生八百餘人，年齡皆在十二歲以上，而有高等小學第二年級同等之學力。學科課程即公共之程度：曰修身，曰國語及漢文，曰英語，曰歷史，曰地理，曰數學，曰博物，曰物理及化學，曰法制及經濟，曰圖畫，曰唱歌，曰體操。學級均以五年，並有特別生不徵學費，係在本校業經畢業者。但闕標本、器械室。該校創自明治十三年，屢經改良。從前矢野文雄曾掌此校云。並晤永井尚行、若生國榮二君。

二十三日。川島、平岩二君來訪。午前，往同文書院查閲、改正課程。校長杉浦重剛、幹事田鍋安之助引觀。教場三處，自習室、寢室較舊，校舍寬敞。該校本係專課中國學生，現在僅有學生十七人。其日課時限，除午餐外，自八時至三時，分别甲、乙兩組：曰讀方，曰文法，曰會話，曰體操，曰數學，曰英語；别課曰英語，曰會話，曰算術，曰物理，曰化學；其他科目尚未增定。廖世綸嘉定人爲特班生，從前開校時即入學者。又至佐佐木旅館，訪井手三郎不值。午後，往下田歌子家談。

二十四日。作書致蔡星使，催辦會館事。申刻，訪小林。霞塘君病少愈。參謀本部送閲看陸軍學校及各聯隊排日單來。

二十五日。至愓齋處看報，較使館爲捷便。晤念劬，又往銀座勸工場，一遊麻布區簞笥町，答稻村君。午後，伊澤修二來訪，擬請商助泰東同文局事。

二十六日。參謀本部大元帥派譯官末吉保馬來寓。巳初，偕往陸軍幼年學校，並派步兵大尉田中新助先期往校等候。地方、中央兩校同在一處，拜晤地方校長、步兵少佐桑波田景光暨講師、步兵中尉田中岡次郎，另有隊長四人輪流照料。校長引觀教場、食堂、自習室、寄宿舍，生徒均各起立致敬，指點極爲詳細。其課目，曰倫理，曰國語及漢文，曰外國語，曰算術，曰地理，曰歷史，曰動植物生理，曰衛生，曰理化示教，曰畫圖，曰習字。分三學年，每週授業時數，各科約三十時，唱歌、體操、遊戲約十八時。每年卒業額五十名，挨次遞推。現在生徒一百六十人，年齡皆在十二歲以上，而有高等小學卒業、同等之學力，或由府縣立之中學校及成城學校豫備科修業一年者，准入地方幼年學校。其召募之區域，東京、仙臺、名古屋、大阪、廣島、熊本六校，每校每年卒業皆五十額，均入中央學校。中央二年卒業後，作爲士官候補生。步兵、騎兵、野戰、礮兵等科，隊附六個月；要塞礮兵、工兵、輜重兵等科，隊附一年，始准入士官學校。其由府縣立中學校及成城學校豫備科五年畢業者，准逕入士官學校。修業一年，准充見習士官，隊附六個月以上，擢爲士官；再隊附一年以上，分授大尉、中尉、少尉。倘有進取之志願，須由陸軍大臣試驗審定，分遣騎兵實施礮兵户山經理等校及大學校。此陸軍學校之進級，均有定制。當以地方幼年爲基礎，該校學生中，有稔彦親王、鳩彦親王、久成親王，亦列其中。功課與衆生同，起居稍示優異，以崇體制。閱畢，時已向午。校長預備西餐。飯後，偕訪中央校長、步兵大佐伊崎良熙。兩校生徒共六百餘人，合演體操，請觀。始以游戲，繼以普通，更以劍術，又有柔道場。客歲九月，新增此法。室内滿鋪地蓆，兩人赤足、短衣，牽手跌蕩。據言，練習軟力，最著奇效。中央校則有馬術及器械、體操，年齡均在十六歲以上。兩校同時演習，自一時至四時始息。復至校長室略坐。酉初，回寓。

二十七日。參謀本部大元帥派譯官平岩道知來寓，與末吉君輪流值換。辰刻，偕往陸軍中央幼年學校，田中新助已先期在彼等候。昨日僅看體操、馬術，其餘教程未及細閱。校長伊崎良熙暨值日官、步兵大尉山下五三郎，另有隊長二人，輪流照料。校長陪觀各教場及標本室，較地方校規模漸廣，學科課目亦略加深，並增重學、地質學、解析學、測量學。外國語尤認真，延有德、法兩國人，專教語言，俄文係本國人教習。據言，現擬增支那語。近年，陸軍各校除語學外，久已不聘外國人充當教習，慎重軍事之意也。該校屬教育總監部，明治三年創設，二十九年改稱是名。現在校員二百四十四人，馬四百十一頭，生徒第一學年二百七十六名，第二學年二百五十三名。内計華族六人。貴族則有北白川宮、恆久王，與地方校同例。又將尉佐官同相當官兒子共七十九人，陸海軍人之孤兒四十一人，修膳悉出官費，其他皆由自費。從前已經卒業者共有一千六百二十人，如大將桂太郎，中將貞愛親王、大久保春野，少將石本新六、伊他知幸介等，皆由此校出身云。校長留午餐，並約飯後往觀野外演習。因有他約，遂不果往。未初，偕紫水至明治義會中學校，是民間醵資公立者，生徒約四百名，教員二十餘人，學科課程及其規模與錦城中學校可相頡頏，動植標本略有具體，校舍則亟待修整耳。晚間，繕寄親友各信。

二十八日。辰刻，末吉君來。偕往陸軍士官學校，田中大尉已在彼處等候，延入大客廳略坐。值日官、步兵大尉兒王象郎接待殷懃。俄頃，校長、步兵中佐本鄉房太郎來，略道寒暄，即傳諭中國留學監教官兼將校生徒試驗常置委員、礮兵大尉間宮春四郎，並派隊長二人輪流照料。導觀教室、寢室、標本室、自習室，較中央之設備愈廣，學科課程亦漸加深。中國留學生二十五人同處一堂，適在講授理化學科。詢其課程，據言，因其言語未能暢達，課程只可隨時編定，與彼國學生階級不同，是以另開一班。過將校室略坐，與地形築城學教官、工兵大尉田口祥次郎暨諸講師共談。出示測量圖畫、試驗問題，皆中國留學生之功課。又至其本國生徒教室，閱看地形測量、算學諸課。英、德、法三國語言文字，均延外國教習，支那語係本國教習。尋常體操及擊劍外，又有一種擊鎗法，兩人手持木式洋鎗，互鬭勝負，其法與擊劍相似。觀其生徒演畢，隊長命兩教官之素稱善技者互擊，請觀。又看馬術、戰術，各奏爾能。該校地據高山，基址寬闊。其操場内，岡阜林立。操演時，登高越遠，最得形勢。各隊循環奔走，如臨大敵。標本室内，礮臺、營壘、鐵道、車軌、山川、樹木等類，均以木形製成。標本不下千數百種，可謂備矣。

日本陸軍士官學校章程，略譯如左：

第一章　總　則

第一條　陸軍士官學校，選拔願由陸軍士官出身者爲生徒，教之陸軍要用學術。

第二條　分生徒爲士官生徒、幼年生徒二種。其士官生徒，授以各兵科步、騎、礮、工士官切要之學術；其幼年生徒，教授將來爲士官生徒豫備科之學術。

第三條　編生徒爲步兵科四中隊，騎兵科一隊，生徒少尉及礮、工、兵科一隊，特科生徒隊。併幼年生徒一隊。其名稱如下：步兵生徒隊、騎兵生徒隊、特科生徒隊、幼年生徒隊。

第四條　士官生徒，分爲官費生及自費生二種。其可充生徒者如下：其一、幼年生徒，課程學術卒業者；其二、陸軍下士卒，年齡二十四年以下者；其三、教導團生徒，年齡二十四年以下者；其四、華士族平民，年齡十八年以上、二十三年以下者。

第五條　士官生徒，名爲志願兵。自入學之日，編入常備兵籍，遵陸軍一定規則，服役軍務。晢在服役軍務期限中，必使從事陸軍，勿有他志。

第六條　士官生徒修學之期：步騎兵科，以三年爲滿；礮工兵科，以五年爲滿。其礮工兵科生徒，於五年内後二年任少尉官，稱生徒少尉，仍在校中修學。

第七條　士官生徒於修學期限中，因疾病或不得已事故，不能講修豫定學術者，仍請延期若干年月，以畢其業。

第八條　士官生徒入學之初，不定何兵科，先編入步兵生徒隊，學習步兵科學術。而騎兵於初年學期，礮兵、工兵於二年學期，考業細察下所列三項，然後定其兵科：第一、考業之得失；第二、該人體格强弱，可適騎、工、礮否；第三、該人志望何科兵。

第九條　士官生徒，雖依前條定兵科，而該人學術不能達該科者，須由官命轉就他兵科。

第十條　士官生徒修學中，不許以該人情願歸省父母或私行退校。

第十一條　士官生徒修學中，犯下列事項者，因其行狀、才能及學業程度，降等爲下士或飭使退黌，送交鎮臺諸隊以爲常兵，畢定規服役年限或飭使退校，以免議揆量其宜而行之。但飭送鎮臺爲常兵者，其服役年限，須自入士官黌日起算。第一項，該人品行不正，若紊軍紀或屢犯黌内法則者；第二項，該人過怠或才質鈍魯，不能卒業者；第三項，以病患不能奉職軍務者。

第十二條　生徒少尉修學中，品行不正，乖爲將校之正操者，須照陸軍將校免黜條例，以處其罪。

第十三條　士官生徒修學中，每年行二回學術大考試，以定其優劣等級。

第十四條　士官生徒修學中，經第二年學期大考之後，就該生徒中選拔雋者爲領隊。下士須加其綬章，以光其譽。

第十五條　士官生徒，經第三年學期大考試之後，須升任少尉官，皆以考業好否定其升降。若於大考試學術劣等或修學中屢受懲罰者，時命少尉試補，以示懲勸。

第十六條　生徒少尉學術優等，品行方正，特爲衆人標準者，於卒業之時，察攷試驗優等，擇若干名超遷中尉，以示風勵。

第十七條　生徒少尉名簿順序，於卒業時，從試攷優劣，定其前後。

第十八條　士官生徒自費生，經第一年學期大攷，學術優等，品行方正，或超補從來官費生欠員，或加於新募官費生定員以爲官費生，其仍不得爲官費生者，須經第二年學期大攷之後，照前回以升於官費生。

第十九條　士官生徒官費生修學費用，其他被服、食料等一切皆係官給，且另給若干金。自費生除修學費用及寢具外，被服、食料等費用皆須償納於官。但生徒少尉賜本俸三分二，故除修學費用外，一切食料、被服須自代辦。

第二十條　幼年生徒，選拔華士族平民中陸軍出身志願者，定限年齡十四年以上，十七年以下者。

第二十一條　幼年生徒，誓自入學之日，從事陸軍，決無他志云云，須遵守陸軍一定規則。故修學中，不許歸省父母及私行退校。然病患不能卒業者，又修學中怠慢學術，若品行不正等者，須由官命敕令退校。但官給費生徒，因怠慢學術，若品行不正，敕令退校者，須將在校中費用，償納於官。

第二十二條　幼年生徒，修學期限爲三年。其期限中，因疾病或不得已事故不能講習，豫定學科者，仍得延若干年月，以畢其業。

第二十三條　幼年生徒修學中，每年行兩回學術大考，以定其等級列敘。

第二十四條　幼年生徒修學中，經第二年學期大試驗後，就該生徒中選拔雋者，命爲幼年生徒幹事。

第二十五條　幼年生徒官給費之法，限於戰死陸軍將校，並同等官之孤子。修學費用及被服、食料等一切皆係官給，且另給若干金。其他生徒，在初年學期中，除修學費用及寢具外，被服、食料等費用皆勒令償納。而至第二年及第三年學期中，被服加恩爲官給，食料費用勒令償納。但在第二年及第三年學期中，擇學術優等者若干名，併被服、食料皆爲官給，以示勸勵。然於爾後大試驗考科表劣等者，即止食料官給。

第二十六條　生徒召募檢查官及檢查醫官，以陸軍將校並陸軍醫官若干名任之。又，檢查官、隨員、書記以下士，若文官若干名任之。

第二十七條　將召募之生徒人員及檢查格例，每年擇宜定奪。

第二章　職　制

第一條　士官學校長以陸軍中少將一名任之，直隸陸軍卿，以總理校中一切事務、生徒教育方法及定釁内規，維持軍紀、風紀，統轄校中官僚，監視其勤惰能否，而於其管掌事務，對陸軍卿任擔保之責。

第二條　校長掌擇士官生徒雋者任領隊、下士職，及擇幼年生徒，命之幹事。

第三條　校長掌定每日會報時限，使次長受領學科提理及各隊長報告。而就軍紀及教育緊重須會議者，得依校長意見，臨時開議。

第四條　校長於一年二回，由次長所呈一般生徒考科表詳閱之下，附記自己之意見，一面上於陸軍卿，一面抄録之，頒之生徒保人。

第五條　士官學校次長，以大中佐一名任之。司補佐校長，整理校中一切事務。

第六條　次長司受領每日報告。又，自校長已經蒙委任事件，及日常瑣末事件，直以己見處其是非，而後具申其狀況於校長。

第七條　次長司經一年二回大試驗後，受領自學科提理及各隊長所呈校長之各生徒考試表，更製各生徒考科表，附記以自己意見，然後交呈校長。

第八條　庶務課長，以少佐一名任之。司整理學校本部庶務。次長不在之時，時爲代理。

第九條　課僚以士官若文官任之，書記以文官任之。分文書、文庫、武庫等各務，各從其事。而武庫吏下附屬火工下長一名，以聽吏令。

第十條　繙譯課不置課長，擇譯官中高級者一名，主司整理課務。譯官以文官任之，專司繙譯。

第十一條　學科提理，以礮工兵大中佐一名任之。主司擔保學科部一般事務，監督所屬官僚，使生徒勸勵，適法勉修諸學科。

第十二條　提理管理諸學科一般教授方法，常考察得失，苟有意見，直具申之於校長。

第十三條　提理須常時巡視講堂、學習所等，檢察學科教授法良否。或會教官，咨議教授法等。務令廣思集論，以使生徒各就其學，駸駸有所成就，是爲至要焉。

第十四條　提理每年二回大試驗之後，使諸教官報生徒學業進步景況，附記以自己意見，以呈校長。

第十五條　學科副提理以少佐一名任之，主司補佐提理監任學科部一切事務。

第十六條　學科部監事以大尉任之，主司監查生徒學術如何及分掌該部庶務。但監事每一名輪次常直校内。

第十七條　學科部書記以文官任之，分掌該部中文書往復記録等事務。

第十八條　教官以少佐及士官若文官任之，主司各學科教授及編纂教程。而每各學科置高級教官一名，以擔保科中一切事。但礮工兵學教官兼任教授其本科礮工藝科。

第十九條　步兵生徒隊長，以步兵中少佐一名任之，擔保本科學術一般教授方法，以使生徒養成沈毅愨實之性質爲主要。

第二十條　騎兵生徒隊長，以騎兵中少佐一名任之，擔保騎兵科生徒本科學術並諸生徒馭馬術教授方法，兼以使生徒養成沈實性質爲主務，且督所屬教官、助教及蹄鐵工等畜飼馬匹，儲藏馬具一切。

第二十一條　特科生徒隊長以礮工兵少佐大尉一名，幼年生徒隊長以步兵大尉一名任之。擔保學術一般教授方法，兼以使生徒養成沈實性質爲主要。

第二十二條　各隊長主司統轄部下士官、下士，嚴遵諸法則，維持軍紀、風紀，使生徒學術駸駸有進焉。

第二十三條　各隊長須具申部下生徒學術進步如何於校長。又就教授之事，有己意見，須時稟申。且於經每年二回大試後，細審生徒學術及容儀品行如何，製爲表，呈之校長，以便檢閱。

第二十四條　步兵生徒隊中隊長以步兵大尉，小隊長及中隊附屬以步兵中尉；騎兵生徒隊中隊長以騎兵大尉，同小隊長以騎兵中尉；特科生徒隊副長以礮工兵中尉；幼年生徒隊副長以步兵中少尉任之。皆主司該隊生徒學術、一般教授之事，使生徒嚴遵諸規則爲要。

第二十五條　步兵生徒隊鍊體主事，掌司教授諸生鍊體之法。

第二十六條　領隊大尉一名及下副官一名，須每日直宿。

第二十七條　騎兵生徒隊領隊諸官之外，别置騎兵科教官及助教，專掌教授該科學術及諸生徒馭馬術之事，兼任蓄飼馬匹、鍊習馬性等務。但教官須一名輪番當直校内。

第二十八條　校中會計部以會計一等副監督，若二等副監督主司會計；以會計一等軍吏，或會計官二、三等軍吏任副計官，及設會計書記及卒，以掌會計一切事務，且兼掌各隊給與及炊爨之事。

第二十九條　醫官以一等軍醫正或二等軍醫正一名任之，主司校中一般衛生攝養事務，兼定日講論衛生學，使生徒聽講。副醫官以一、二、三等軍醫任之，司補佐醫官，而設看護長及看護卒，以供醫官驅使。

第三十條　馬醫官以一、二等馬醫一名任之，主司檢察校中馬匹健全否及芻秣良否，而設馬醫生以隸屬馬醫官。

第三十一條　計官、副計官、醫官、副醫官及馬醫官等，會行生徒野外演習，行軍演習，其他緊要之時，須屬生徒隊同行。

第三十二條　軍紀會議及教育會議，在校長認定必要之時須開會議，而校長須任議長。校長不在，若有事故，次長代之可也。使議員各竭其慮，徹底討論，而議長須決是非。

第三十三條　軍紀會議及教育會議列議員者如下：次長、學科提理、各隊長。但教育會議時，須加學科副提理。又因時宜，不論軍紀教育會議，使庶務課長、學科部監事、步兵生徒隊中隊長、騎兵生徒隊中隊長及諸教官皆列議員之中。

第三十四條　在軍紀會議，須議事項概如下：其一、改正維持校中軍紀、風紀至要各規律，或係創定各項規律等。其二、檢察生徒品行不正，若紊軍紀或屢犯法度者，或檢察生徒將來不能卒業者，命之退校等。其三、校内官制等緊要之事，校長不能自決，須由衆議者。

第三十五條　在教育會議，須議事項概如下：其一、改正教育一切學課方法，及每日學課等。其二、就諸學術品等優劣而定點數。其三、製造或改造係教育要件物具，或刷印書籍等。其四、檢察生徒怠惰學業者，或由不得已事故致學業遲滯者，或察事宜延生徒學期使之卒業，或命之擯斥退黌等，須由會議定奪。

第三章　召募定則

第一條　召募士官生徒、幼年生徒時，由陸軍卿頒令。陸軍部内及各府縣，分遣檢查官及檢查醫官，於各軍管準據格例，以檢查就募者，就其中擇若干名，以充召募之數。而士官學校長至召募生徒之期，須豫申之陸軍卿，以便頒令。但在東京，須在士官學校檢查就募者格例。

第二條　陸軍卿已頒召募生徒之令，在陸軍部使各官廨，須察其志願者，製名簿附以志願者攷試表，送致之士官學校。在各府縣，轉頒陸軍卿令於管下，收志願者稟狀，遵第三條所載，行送致士官學校。

第三條　華士族平民，志願入士官學校者，須於頒令之時，速呈稟狀併履歷書，呈之府縣廳。府縣廳於稟狀後，署府縣地方官名，以證該人確實，而後轉呈稟狀併履歷於士官學校。

第四條　在府縣，已行檢查應合入黌者，仍使之抵都，在士官黌，再攷學術如何，及檢身體健否。

第五條　欲行再攷，命使上都者，待其抵京，量遠近另給旅費。若不第再試，行歸鄉者，仍賜旅費。而在志願士官自費者，不給上都旅費，而給歸鄉旅費。但在上京途中，由自己失攝生道，發病而行歸鄉者，不給往復旅費。

第六條　行再攷之後，就合入黌者，擇學術優等之士，隨黌内生徒定員逐漸補用。但幼年生徒志願者中，係戰死陸軍將校並同等官孤子者，已中考試之後，不論次第，補充生徒。

第七條　士官學校長，於前條所揭，已中考試合格者，直使之入黌，詳記其所管隊號及族籍，一面具申之陸軍卿，一面通報之其所管若管轄廳。但自下士蒙命入學者，於士官學校先罷該官，而後令之入校；又，自下副官蒙命入黌者，由士官學校長申之陸軍部，先行罷官，而後令之入校。

第八條　入學者，須以父兄親族或户主確正者二名以爲保人，而呈入黌憑據。但保人二名内，一名須用在都人。又，保人由事辭退保時，必索另保，且經府縣官署名，而稟呈之士官學校也。

第九條　士官生徒、幼年生徒，已經入學者，須給憑符以爲據。

入學憑符：

入學番號　府　縣　何族　平民

姓　名

陸軍士

官學校　蒙民士官幼年生徒

印

年號月日　陸軍士官學校

第十條　士官生徒、幼年生徒入學之時，須遵第一章第五條及第二十一條所載，呈左式誓文，使該人署名捺印，以明其志操之確實不渝。

誓文：

某志願陸軍出身，今蒙恩入學士官幼年生徒，當嚴遵黌規，從事陸軍。且在學中，不論家事一切，雖至疾患等，決不萌退黌意念。今呈誓文，以明其志。

年號月日　姓　名　印

同

以下從略。另詳學校章程。

二十九日。寅初刻，地微震。辰刻，平岩君來，偕往陸軍騎兵實施學校及獸醫學校，兩校同在一處。田中大尉已在彼處等候。拜晤校長、騎兵中佐河野政次郎，款以茶點。略坐，引至操場，觀古馬演習及新馬調教等術。或以疾馳，或以徐行，或跳溝，或越檻，或循坡而上下，步驟井然。各隊科長來見，握手爲禮。旋又至一教室，延坐堂上，聽講師演説圖上戰術。實施約一時許，又至一教場，登樓入坐，在東半首。據校長言：中間預備，每次天皇御臨座位，觀其先演。甲、乙特種馬皆購自外國者，澳州居多，最高不過英量七尺。印度馬性拙，内有德意志馬一頭，去年拳匪之亂，購自北京者，此馬最良。又觀其演輕躍乘法，尤爲絶技。或練軟力，或練跳力，或則縱馬流走，輾轉上下，跳躍自如。約一時許，始演畢。又至廄舍，蓄馬四百餘匹。各置木栅，栅上懸有木牌三層。一書馬名，下注某國産，某年置，幾尺高。一書每日食料若干。一書馬丁名。最可笑者，有馬數十頭，以山海關、保定、韃靼等名命之。該校費由官備。教官皆少佐、大尉等職。現在學生一百六十餘人。未初刻，地微震。蔡星使函邀晚宴，婉辭卻之。潤官回寓度歲。

壬寅正月元旦。中東官紳來賀。辰刻，譯官來。偕往陸軍户山學校，田中大尉已在彼處等候。守門兵舉鎗致敬，拜晤校長山田忠三郎。值日官鵜澤總司陪坐，款以茶點。出示預定演習巡覽順序表，專爲來觀而設。旋即導至操場，該校依山爲壘，操場據最上層，基址亦甚寬闊。大抵陸軍學校及聯隊駐紮處，多在山上，有自然之形勝。該校教官，類皆大尉、中尉，相見行握手禮，各隊亦舉手加額。演習約分三種：一爲中隊，教練教導大隊，演洋鎗陣，散合起伏，進退緩急，不啻大敵當前。司令官持刀居中央，各教師則奔走指授之。一爲教練射擊，即所謂打靶子。此次教練新手，只用二百密律。一爲體操劍術，其中最奇險者，有三層高臺，一座高約三四丈許。又有一高臺，計十六級，須自最高處躍落平地，挺身直立。又一高架，中繫繩索，下有鐵圈，手執鐵圈，作鞦韆戲，須立空中躍下。此等體操，非淺學者所能。其劍術，則或鎗擊，或劍擊，或以刀鎗互擊，皆木質所製者。校長復命教官暨高等教師，互相演習請觀。又有練習自行車者，歸入體操課内。順行、逆行、疾行、徐行，以及轉身之際，種種奇技，層出不窮。閲畢後，校長復問尚欲再觀何術，惟命是聽，只得婉言謝之。旋至會議室，調閲册表各項。該校費由官備，學生皆由各聯隊挑選送入，現在戰術科學生五十三名，射擊科學生五十六名，均四個月爲畢業之期。體操、劍術學生士官四十五名，下士一百十五名。士官每日歸隊，下士均各宿校。閲畢回寓，時已申初。

初二日。乘火車往横濱賀歲，即晚歸來。

初三日。辰刻，譯官來，偕往青山近衛步兵第四聯隊，田中大尉已先在彼處等候。該隊守門兵掣鎗列隊，以示敬拜。晤總隊長、步兵大佐梅澤道治，值日官、步兵大尉石浦謙三郎陪坐。詢問軍制及教練日課一切情形，出示中國留學生現充見習士官陳其采等試驗成績各圖説，傳諭諸生來見。南洋派遣五名，湖北派遣一名，隊附六個月即畢業。總隊長各官偕臨操場，狂風撲面，寒氣逼人。立觀約二三時，先看其本國士官教練新兵，旋命陳其采爲指揮，帶隊操演。又命其本國士官及陳其采等四人，分四小隊、一中隊合操，進退頗能合度。閲畢，時已向午。校内預備西餐，杯酒間，暢論時局及現在東亞之邦交、遼東一役。如梅澤、山田、河野諸君皆與其列，備述往事，歷歷如繪。飯後，導觀兵士寢室，均在三層樓之上，兩層牀鋪，衣櫃與他校中相同。其樓下係隊長、士官、下士所居，樓屋悉仿西式。另有將校會集所、士官會集所。備有書笥、圍棋，暇時可往聚談，或有議事之舉，亦在此所。營中基址廣闊，有縫工室，專做軍衣，須預製七年敷用者。有靴工室，專做皮靴。有錻工室，專修鎗礮。此等工匠，其入隊時皆是充當兵丁，俟將教練一半年後，略知軍事，各取所長，畀以專工。臨戰時，可應徵補營内。又有售物處，如煙酒、食品及各種應用之物。凡隊中人，均准購取。廚房有總理人及買辦，派下士官充之。每週間每日三餐菜品，皆有預定表，由總理人派值事兵隨時購取。另立票簿，某日、某處、幾人皆各票記。每日統算，一目瞭然。各學校中，亦大率類此。庖丁則於每週間派兵輪流更換。亦有常留值事之人，但無所謂伙夫、長夫者。守門兵，則於每日一時間一輪替云。又看體操中之擊劍。擊劍各法，短兵相接，嫻熟非常，較地方、中央等校，更進而愈上矣。閲畢歸寓，時已酉初。

初四日。爲紀元節。文武百官暨各國使臣均詣皇宫慶賀。學校放假，潤官回寓。午前，偕往神田區鈴木寫真館。皖省同鄉、留學生羅會垣等十三人，亦後先至，同照小影，聊誌萍蹤。潤兒昨日與諸公預約也。吾皖留學共十五人，除由江鄂派遣外，即自備資斧者，羅會垣 履平，黟縣人，程家檉 韻孫，休甯人，均隸農科大學。洪鎔 竹孫，蕪湖人，隸高等工業學校。金邦平 伯屏，黟縣人，隸東京專門學校。吕烈煌 星如，旌德人，隸明治法律大學校。杜淮川 蔣青，合肥人，隸近衛步兵第三聯隊。見習士官吴茂節 元概，休甯人，隸近衛步兵第四聯隊。見習士官單啓鵬 翼民，滁州人，隸近衛野戰礮兵聯隊見習士官。程垚章 述起，阜陽人，隸成城學校。高逸 曠生，合肥人，吴啓孫辟疆，桐城人，戴祺定之、戴贊襄甫，均天長人，均隸東京同文書院。孫培澤蕃，桐城人，預備入校。是日，吕、杜兩君有事他出，遂不果到。午後，微雪一陣，即露日光。往公使署賀年即歸寓，末吉君來，言礮兵聯隊距伊住宅最近，乞予明早過其門。

初五日。辰刻，往世田ケ谷，過青山南町時，末吉君已在道旁立候。田中大尉先行，至近衛礮兵聯隊，守門兵舉鎗致敬，野戰礮兵聯隊亦同在一處。延入將校會議室，值日官兩員陪坐。俄頃，總隊長、礮兵大佐隈元政次，帶同中國留學生盧静遠來，各話寒暄。出示留學見習士官教育預定課程大概學術科目表，詢以欲看何種操練，以便預定順序巡覽。旋即同臨操場，留學四人亦隨行。操場較步兵第四聯隊稍寬。先觀輪運礮車之法，本國陸軍現用鎗礮，皆明治三十一二年所造式。輪運之法，並無異能。再觀馬術、戰術，教練亦尋常法。又觀萬廷獻等帶領新兵，教練馬術。營房約十餘所，縫工、靴工、録工外，有鍛工、木工、鞍工、蹄鐵工。其會集室及寢室、廠舍、廚房並一切，檢查之令與他隊同。又有營倉一所，類似班房，犯罪者置於此室。至平日兵丁、親友往來訪訊，另有面謁所。閒人不准混入隊中也。該隊地處鄉僻，人煙稀少，氣候寒冷，往返將三十里，幸未遇雪，歸來甚倦。

初六日，大雪。辰刻，平岩君來。巳初二十分，由市谷區乘坐火車，過四谷信濃町，至新宿換車，又過月白、板橋一帶，盡是農田。民居半多茅屋，無異中土。造火藥廠並監獄署，以及各製造會社，均在鄉間。巳正十分抵赤羽，田中大尉策騎先往，已在營門等候。拜晤近衛工兵大隊總隊長、工兵大佐田村義一，道寒暄後，先述留學見習士官教育預定課程，並出示試驗各圖案，意謂學期太促，學力難精。能再寬限，則可見功。洵爲至論。傳諭章遹聲等來見。又詢其本國兵隊二、三年兵教育學科，課程分術科與學科二種。其術科以演習、行軍、應用各術；其學科則圖書、算術爲最重。該隊全隊七百餘人，今日適有野外演習，出九成隊，現在營中只有新兵二三十人，教練對壕坑道等術。總隊長率各官冒雪陪觀挖溝、堆土諸法。又至土工、木工應用材料所，刀、鏟、錘、鋸各品，大致同中國。惟有通氣機兩具係挖地坑所用，坑道過深，必須用此器貫達。又有引燃地雷、電匣、電條數件。其備裝器械之鐵箱，向皆歸輜重隊。又至電信材料所，電桿、電條、電池、電斗、打電機及德律風，無所不備。行軍時，在野外隨處攀接，便可通信云。再觀電術修技科，適其教授兵士演習打電法及鈔碼法。又至寢室，閱視一週。榻旁懸置隨身攜帶器械，預備做工之用。如鉗、鏟、斧、鑽、刀、剪等類，均有皮套包裹。另有手燈一具，亦有皮套，大都繫於腰背之間也。歸來時已薄暮。

初七日。辰刻，末吉君來，同坐火車，往飯田町小石川礮兵工廠，田中大尉已先在彼處等候。該廠長西村君有病不能出見，總務長官、礮兵中佐島川文八郎、礮兵少佐本莊會全之接談。片刻，先由小銃製造所所長、礮兵中佐南部茂時引觀製器廠。是廠專製造鎗器具並各種花刀樣板。鉸刀車內，計雙汽缸一部，一百四十匹馬力，與第一打鐵廠公用。廠中工長一名，技手二名，助役四名，助手四名，工匠二百九十二名。又至鎗筒廠，是廠專造鎗筒，共分三十九行。內計電汽車一部，三十匹馬力。雙汽缸馬力一付〔二〕，一百四十匹馬力，與造表尺處公用。廠中工長一名，技手二名，助役五名，助手六名，工匠一百六十四名。車牀二百零二部，每日成鎗筒二百四十枝。鑽眼機器三十六部現用二十一部，工匠十四名，每名管鑽頭三根，每人每日鑽鎗筒十八根。每百根合工銀三圓四角六分。鎗筒敲直，只分四次即成。工匠二十一名，每日敲直鎗筒二百四十枝，每百枝工銀五圓五角八分。第一次敲直外面不算。第二次每一工能敲直七十五枝，每百枝合工銀七角五分。第三次每人每日六十五枝，每百枝合工銀九角。第四次每人每日五十枝，每百枝合工銀一圓八角。第五次每人每日五十枝，每百枝合工銀二圓一角。光鎗筒眼工匠二十五名，車牀三十二部現用二十五部，每百根合工銀四圓三角。其表尺所技手二名，助役五名，助手七名，工匠一百十三名。車床一百五十四部。閱兩三廠，時已向午。幸有中國留學生鄧志敏、程勉二人奉所長諭，隨至各廠譯説頗詳，尚得略知梗概。然爲時若太促，仍同走馬觀花，目不暇給。當與該廠總務長官商酌，擬明後日再來，分期詳細眂察，蒙其概允。午刻，田村、末吉二公偕往本鄉區真砂町彌生樓西餐。未初，復回工廠，看各廠電車，比較機器馬力。據言，製造之法，步鎗、馬鎗做法相同，不過銃身分別長短。現在所造鎗式，按照明治三十年式居多。鎗彈統歸一律，金工、木工，大半全用機器。每鎗費工九百三十六道。管理機器，工匠一人可管兩架。本廠現用匠手二千五百餘人，每日出鎗二百枝。各匠多係包工，如不足數，須扣工資。如能多做，另加獎費。一物一技，俱有專司，各匠手工，另立簿記，以便檢查云。酉初，仍坐火車回寓。

初八日。巳初，乘火車至砲兵工廠。仍由總務長官接待，並令邱、程兩生同行，看打鐵廠。第一廠，大號自來鎚五部，小號自來鎚三十一部，汽頂鎚六部，彈鐵鎚三部，壓灰五部。並理毛批、刀殼、機槽、鎗筒、零件及回火等事，專派工匠十三名料理回火。第二廠，專爲鎗上各零件鑽火。第三廠，自來鎚四部，汽鎚三部，電機一部，三十匹馬力，專爲修配各零件。廠中工長一名，技手三名，助役四名，助手四名，工匠三百二十八名。又至機關廠。是廠專造機槽、機筒各種零件。内計機器九百八十六部，雙汽缸一部，三百五十四馬力。電氣車一部，八十匹馬力。帶電燈約四百盞。廠中工長一名，技手三名，助役二十名，助手二十八名，工匠五百十八名。又至劍頭廠，内計機器一百九十二部，電汽車二部，共一百匹馬力。廠中工長一名，技手二名，工匠二百五十八名。又至修理工廠。是廠兼造機關礮並小手鎗、機器礮。初造時無定數，小手鎗每日約造三十枝。又至木殼廠，機工、人工各半。廠中工長一名，技手一名，工匠二百一十四名。打磨裝配工廠，人工較多，每日裝成之鎗約二百枝。廠中工長一名，技手八名，工匠七百三十七名。閲畢，時已申正，各廠停工。其餘各廠，俟諸明日。

初九日。爲日曜期，不能往看工廠。中國留學生假坐神田區錦町錦煇館，開新年會，公議會館章程。予因事未克前往。

初十日。巳初，乘火車至礮兵工廠，仍由總務長官接待，看鎔銅廠。鎔銅爐共四十三具，專鎔黄銅板、白銅板、紫銅板三種。軋銅廠有新廠，有老廠。其新廠之第一廠，馬力帶共十一副。軋銅棍子，大號二副，小號九副。第二廠馬力帶共八副，軋銅棍子大號四副，小號五副。第三廠電汽馬力機器一副，刨白銅板車七副，又元車兩副，拉子帶機器五副，壓子帶耳機器五副，刨牀二副，剪牀大、小六副，元車牀兩副，鑽牀兩副，洗牀一副，燒銅板爐兩張。其老廠之第一廠，馬力帶六副，軋銅棍子大號四副，小號二副，剪銅板機器二副，元車四副，專碑黃白銅板〔一二〕。第二廠馬力帶九副，軋銅棍子大號三副，小號四副，元車五副，專碑黃白銅板。機器二副，燒銅板爐四具。第三廠，馬力帶專磨軋銅棍子、元車六副。第四廠小馬力專帶打水機器一部。鎔銅、軋銅兩廠，上等工長一名所謂匠目，一等工長一名，技手二名即副匠目，書記二名，助役十一名即副領手，工匠、小工等三百九十七名。又至銅壳廠，内計大馬力磙銅壳、磙銅機器二十副，燒銅壳爐四具。其檢查銅條之處凡十一所。第一所，春牀機器十二副。第二所，又十一副。第三所，又十一副。第四所，又十一副。第五所，壓圓凹機器十副。第六所，春牀機器十副。第七所，切口機器十一副。第八所，壓底機器十二副。第九所，收銅壳口機器十二副。第十所，碑銅底並碑銅壳口機器二十七副。第十一所，鑽火門眼機器十八副。其自來火燒銅壳口機器共八副。修整銅壳、小銅帽室並凹子高底機器四副。檢查銅壳凹子高底，並外徑機器八副。鉸銅壳内外毛口，並鉸銅壳小銅帽室毛口機器四十六副。上銅壳藥室膠水機器五副。掃除銅壳内室汙滯機械二十副。檢查銅壳底至大小底溝深淺，檢查銅壳長短、彈子室之大小，及火眼之大小各法俱備。廠中上等工長一名，一等工長一名，技手二名，書記三名，助役十名，工匠、小工等共五百二十九名。又，女工一百六十一名，檢查工匠一百九十一名。又，女工一百六十一名。閲畢，時已過午，歸寓午飯。未刻，往外務省，商定看海軍學校及造船廠日期。申初，赴下田歌子之約，論女子教育，首重衛生，次及游藝，無非從學問中得來功夫。日本維新以前，婦人足不出户，與中國情形相似。自弛閨禁而習體操，衛生學日臻進益，是乃女教最要關鍵。歐美束腰，支那纏足，胥有損於天和。日本無此積習，即女子不著耳環，亦深恐傷及元體，是以效法泰西，轉移甚速。勸我中國速興女學，俾使教育普及，女子能知自立；斯亦富强之一大轉機等語。予韙其言，歷溯古代名媛以告之。當今中國非無女教，但非普及；往往淑德多出於華族，通才罕見於平民。此等情形，各國諒有同然。但處今日，而欲女教之普及，宜必從小學始。不十年後，我國必大有變革，可拭目以俟之者。彼此議論，頗覺暢洽。託延工藝圖算等科女教師，彼亦慨然允諾，出贈華族女學校學生鉛筆著色人物圖畫二紙，精緻絶倫，洵不多覯。

十一日。巳初，乘火車至礮兵工廠，看元車廠。是廠專硨鎗子、舂頭模子各種樣板。內計大小元車機器七十四副，洗車牀四副，刨車牀五副，鑽車牀三副，砂盤車六副，磨刀車二副，老虎鉗三十六副，打鐵爐五具，碎火爐兩具，造子袋機器二十六副。廠中上等工長一名，一等工長一名，技手二名，書記二名，助役五名，工匠、小工等共約百餘名。又至彈子廠，專造彈子。內計大馬力機器一副，舂彈子機器六十副，開口機器十三副，舂尖頭機器十二副，裝鉛彈子機器六副，裝頭道口機器六副，裝二道口機器七副，收口定寸機器七副，定徑寸機器九副，秤彈子重機器十副，壓鉛條機器四副，舂鉛子機器八副，磙彈子線機器四副，磙筒子機器八副。又至白藥廠，是廠專造白藥。內計舂小銅帽機器八副，裝錫片機器三副，壓小銅帽機器四副。廠中上等工長一名，技手一名，助役一名，男工二十八名，檢查處女工二十五名。又至裝藥廠，是廠專管裝藥。內計裝藥機器八副，檢查外徑大小機器九副，彈子裝上收銅壳口機器八副，裝小銅帽機器十一副，秤裝上藥鎗子重機器二十副。裝好彈子，檢查長短，檢查小銅帽子高低。廠中上等工長一名，技手二名，書記二名，助役六名，工匠、小工等共三百八十六名。又至火工廠，是廠每年火工軍人派學生約九十餘人來學鎗礮用法、裝配開花礮彈藥工課，一年卒業。一造紙彈子頭，一造電氣信管，男女工共一百五十八人。一造藥線，一造鎗子紙合，女工一百四十二人。一裝操演各樣礮藥，一造化成白藥。廠中上等工長一名，技手一名，書記一名，助役四名。此外，雕刻部、精密工場、鞍工材料所及試驗室、實驗室，閱歷一週。其風車帶多係用綿花帶，據言較皮帶價稍廉。鍛工場做模子，皆用自來鎚。回火處用炭不用煤，所費較昂。其硨羅絲用自動機器，上有鐵盤，置鐵釘於盤内，開動機器，由斜管内落於盤下之機口，自相磨錯十幾轉即鑄成羅絲，墜於最下層之盤内矣。各廠今日特將所製之器全數陳列，如銃牀木、被彈、倉彈、鎖子等類，不下七八百種。自原形至成器，無所弗備，一時書不勝書，過目輒忘，有不能記憶其名者。至鑽火廠時，所長告以此地最爲秘密，外國人來參觀，從未許可。中東邦交，格外從優看待云。查該工廠所用機器，實有不及我上海、漢陽兩廠所用之機器。其反能勝我製造者，各項有各項之責任，一項有一項之檢查，此項之人斷不容混入他項，如有不合用者，隨時提出。其木殼材料，多取材於本國東海道山内所産，且必採用八十年以上一百五十年以下之木，方能合用。木料只用四邊，因中心木性太硬之故。考究一切，具見精詳。閱畢工廠，本莊君偕遊後樂園。該園現屬於礮兵工廠，從前幕府勝迹，明代朱舜水東來時所倡建，高山曲澗，悉出天然，古木斑斕，皆舜水所攜種。有梅林，有荷沼，亦有扁舟。惜以樓閣稀疏，遊人頗少。駐足處有茅亭五六椽，向無宴會之所。別有沙室，内置竹桌，勾心鬭角，組織而成。清水觀音堂供佛像，得仁堂供伯夷、叔齊像，八卦堂供德川幕府像。又有蓬萊島、蜈蚣山等形勝，登臨遠眺，一覽無遺。回寓午餐。申初，至貴族院，拜晤近衛公爵，商訂日期，往學習院參觀。該院與華族女學校專爲華族貴族而設。男兒入學習院，女子入華族女學校，現在推廣章程，紳富子弟亦可入學云。近衛處遇佐藤處次郎。

十二日。午初，拜蔡公使，尚未起，回寓午餐。又偕紫水至日本橋區兜町二番地印刷株式會社。該社幹事再三邀往深川區東大工町十八番地印刷機器廠參觀。廠長星野鶴引看各廠，印刷機器現有八種，鉛模一，石印二，活字五，另有雕刻器、做字器、鑄模器、寫真器、磨印泥、配顏料皆本廠所自製。閲畢，請在本廠照相留贈，啜茗閒談。出，贈印畫數十種，並面試所鑄之鉛模、紙板等類。詢其印刷價目，較上海似稍廉。並晤該廠監督齋藤章達，暨泰東同文局執事人阿多廣介。適見有滬人寄閲新編蒙學課本，伊等駁斥其參用耶穌教語，殊失孔孟之道。其持論與横濱新報社佐藤君同。

十三日。午後，往神田區和泉町東京衛生試驗所，拜晤所長、藥學博士田原良純。該所隸内務省，專爲試驗藥品而設。無論内外國，所産藥品須經該所試驗，加封後始准藥店出售，恐滋流毒之故。牛肉、牛乳亦間有試驗，而後准用者。導觀驗化各室，均置機器、玻璃管，與大學校醫科相仿。另有自來水管數處，警察署嘗有人到此察視，稍見汙濁，電語知會該總廠隨時整理。又，一室專製鴉片煙，治病所用。其製法：先捻碎末，復做成餅，再上蒸籠若干度，備治頭痛等疾云。又與論及醫道。據言，現在本邦大都會地方，自維新後多信西法，其内地與各鄉村間，信漢醫者亦尚不少。若東京漢醫家僅淺田恭悦一人恪守古法，其餘概失真傳矣。傍晚，訪田中少尉暨末吉君，均不值。接外務省函稱：『尊處擬觀海軍各學校，及造船工廠一事，頃接海軍大臣照覆，後開日期准觀。即祈閣下如期前往。但某日幾點鐘抵橫須賀，必須由本衙門預先電告該處鎮守府，望將擬搭火車時刻預示爲盼。至於往觀他校時日，請由尊處自行預報各學校可也』等語。當即作覆，商訂一一。巳初，往築地海軍省迹海軍大學校〔一三〕，

十四日。早間，正擬出門，念劬來，忽忽一談。由本校副官兼軍醫少監鈴木倚象等引觀醫科教室，及實驗標本機械各室。較帝國大學，約備十分之三四。人身熱疾，惟蚊毒考驗最詳。近由英、佛得來新法，收羅各蚊種類，用顯微鏡試觀其色，纖微無不畢現。午飯後，校長坂木俊篤來，引觀大學

講堂，及理化學實驗、軍艦型模、機關、計畫等教室，並藏書室、自習室、教官室、庶務室、會計室。現在學生三十人，皆官少尉、大尉，由各軍隊派遣來學者。講師延請各高等學校教員，分期來教其課目。甲種學生科則爲帥兵術，曰軍政學：一經濟，二經理。曰用兵學：一海軍戰術，二海軍圖上戰術，三海軍兵棋，四陸軍戰術，五陸軍圖上戰術，六戰史。曰法學：一國法，二國際公法，三航海法。乙種學生學科則爲專科，曰航海術：一造船，二機關，三築城，四航海天文，五羅針修正，六海上氣學，七海岸測量學。曰礮術：一造船，二機關，三築城，四彈道，五造兵。曰水雷術：一造船，二機關，三築城，四海岸測量，五攻擊水雷，六防禦水雷。機關科、學生學科則爲本科。第一部：一蒸汽機關，二實地機關，三機關計畫，四造船學，五造兵學。第二部：一蒸汽機關理論，二機械運動動力學，三材料搆造之强弱，四水力學及水力機，五電力學及電力機，六船體抵抗推進。凡豫科各十餘種，由淺及深，循序而進。其隨意科，科目有三：曰海軍刑法治罪法，曰外國語學，曰寫真術。又有印字室三處，一製石版，一用真筆版本。校務最關秘要，較陸軍爲尤密，即尋常講義與刊行之條規，皆由本校印刷，不假外人之手。如此慎重，深恐洩漏。海軍各校，向無外國留學見習之人，即欲往校參觀，無論内外國人，非經海軍大臣許可，亦不得擅入也。閱畢，校長持贈本校校章及照相片兩張，鄭重而別。

日本海軍大學堂章程譯之如左：

第一條　海軍大學堂，爲教授高等學術於海軍武員而設。

第二條　大學堂置各職員、總理、副總理、教頭、教習、主計長。

第三條　總理隸屬海部大臣，綜核堂内事務。

第四條　副總理承命總理，掌庶務。

第五條　教頭承命總理，監督教務。

第六條　教習承命教頭，教授各學課。

第七條　主計長承命總理，管理一切度支事。

第八條　本學堂除第二條所列舉各員外，另置判任文官若干員，承命上官，辦理庶務。

第九條　入堂武員，一律稱海軍大學堂學生。

第十條　區別學生爲四等：將校科甲種學生、將校科乙種學生、機關科學生、選科學生。

第十一條　教授將校科甲種學生以高等兵學暨他藝術，爲將來充樞要武員，及任高級司令官之用。

第十二條　教授將校科乙種學生以礮術、水雷術、航海術諸課。

第十三條　教授機關學生以關機器一切學術。

第十四條　選科學生各任意選擇功課而修習之。

第十五條　將校科甲種學生，拔擢才學德行出羣者如下二式，經本堂學生銓衡員鑑定，海軍大臣命入堂：一官秩至大尉而海上服務過二年者；一及第招考者。

第十六條　將校科乙種學生如下三式，海軍大臣命入堂：一官秩至大尉而海上服務過一年者；一素給廪食使研究礮術、水雷術、航海術者；一及第招考者。

第十七條　機關學生如下二式，海軍大臣命入堂：一官秩至大機關士，而海上服務過一年者，皆少機關士而兼備才學者；一及第招考者。

第十八條　選科學生選舉自佐官、機關監，若大尉而服務三年以上者，或大機關士海軍大臣命入堂。

第十九條　本學堂學生銓衡員將校會議，本學堂總理暨海軍大臣協同商議，選舉自佐官以上武員、特命之員中置員長一名，先進將校充之。

第二十條　入堂招考程式，海軍大臣定之。

第二十一條　學堂畢業者，給以證書。

第二十二條　將校科甲種學生畢業者，自證書外，更給徽章以表明其及第。

第二十三條　將校科乙種學生畢業後，從其術技所長，或入海軍礮術訓練所，或入水雷術訓練所，更研究奥義。

第二十四條　學生有不勝其任者，總理稟請海軍大臣，海軍大臣即行斥退。甲種學生之不勝其任者，先經銓衡員鑑定，而後總理稟請海軍大臣。

第二十五條　學生在學中，有進升官秩者，仍可留學，以俟畢業。

第二十六條　本學堂定員，於別表定之。

又過國光社印刷局，踐阿多廣介之約，到社一遊。該社活字版機器三十餘架，專印報紙書籍，價廉工省，亦頗獲利。贈以本社所印女鑑一本，阿多君著，列論説甚夥。

十五日。午初，具禮服，往參謀本部道謝派員優待等情。晤福島少將、田中大尉暨平岩、末吉君。又至陸軍省道謝，晤秘書官菊次郎。下午六時，假座偕樂園，邀請成城學校奥山、田村二公，外務省堺公，參謀本部田中、平岩、末吉諸公便飲。入座後，起讀頌詞，相聚甚歡。亥正始歸。

十六日。午後，偕紫水至本鄉區本鄉五丁目十番地美滿津商店看標本部、體操部及雜種部各物品。動物學之標本部：一、原生動物，曰根足蟲類，曰鞭毛蟲類，曰胞子蟲類，曰纖毛蟲類。二、海綿動物，曰膠質海綿類，曰角質海綿類，曰磕角海綿類，曰石灰海綿類，曰玻璃海綿類。三、腔腸動物，曰波利水母類，曰珊瑚蟲類，曰櫛水母類。四、蠕形動物，曰扁蟲類，曰紐蟲類，曰圓蟲類，曰環蟲類，曰前尻類，曰輪蟲類。五、節足動物，曰甲殼類，曰蜘蛛類，曰多足類，曰昆蟲類。六、軟體動物，曰瓣鰓類，曰堀足類，曰腹足類，曰頭足類。七、棘皮動物，曰海百合類，曰海盤車類，曰海膽類，曰沙噀類。八、脊索動物，曰半索動物。九、尾索動物，曰海鞘類，曰沙魯怕類。十、頭索物。十一、脊椎動物，曰圓口類，曰魚類，曰兩棲類，曰爬蟲類，曰鳥類，曰哺乳類。十二、脊椎動物，骨骼類。十三、解剖標本。十四、模型類。十五、發育順序及比較標本。十六、解體類。十七、普立怕喇託類。十八、普立怕喇託一組標本。植物學之標本部，凡植物學標本，及放大解剖之模型俱全。鑛物學之標本部，鑛物學之各種標本俱全。博物學實驗用諸器材料部：一、舶來顯微鏡。二、解剖器械。三、採蟲用具。四、剥製用義眼。五、動

物火酒漬用壜各種。六、植物採集用及其他物。七、鑛物採集用具及其他物。〔一四〕

人體解剖模型部：一、蒸汽礶、蒸汽車、汽船、車艦、水雷、電車等類。二、電機用具類。三、地球儀器類。四、美術動物模型。五、石膏模型。體操部所用器具，如弓矢、棍棒、球鈴等類，以及諸遊技品、運動會競爭用具、户外運動器械、室内體操器械、兵式體操器械、治力計器、水上運動用具、體操各種用具俱全外，有端艇自轉車、體操及運動用書類。其雜種之物品：一、裝圖用器具，附水彩畫用具。二、度量衡器。三、樂器及蓄音機。四、幻燈及映畫。五、雜種。六、寫真器械。該店係帝國大學分科畢業學生所創設。製造標本、體操雜種器具外，博物圖畫種類甚多，專供各學校所購用也。閱畢，略購礦質鐵軌汽車數種而歸。田中大尉來訪，持贈陸軍政要類聚一部。

十七日。卯初，往新橋。七時二十分，乘火車至横須賀，過品川、大森川、崎鶴，見神奈川程谷户塚、大磯鎌倉逗子。九時二十分，抵賀。拜晤鎮守府參謀長、海軍大佐向山慎吉、海軍大尉齋藤半六。略話寒暄，傳請造船廠造機科主幹、海軍技師箕田亥三治，引觀製造各廠。門側有防火隊，後面即蒸汽唧筒格納所，門皆鎖閉。旋至畫圖室，各人分畫製器之圖。樓上畫全船形式於地板上，至大者不過三十餘丈。又至煉鋼廠、鑄鐵廠、製罐廠、造銅廠、修理機器工廠，所用機器，大件購從西洋，小件皆能自製。斷鐵用純鋼鋸，鐵之厚五六寸許，可切斷。其法與斷木無異。木工廠造型模，及應用各件製造之法，始以木模，繼加泥質，再鑄鐵形，現造千五百墩水雷船二隻。該廠所造之船，至大容四千墩。港内地勢甚窄，從前闢山成港，較江島、廣島形勢，則藐乎，則小矣。閲畢，齋藤大尉延至水交支社即將校俱樂部接待貴顯室，啜茗後，至大餐房午膳，殽酒甚豐。陪坐者爲機關學校副官、少監馬場惟夫及箕田、齋藤二公。午後，預備人力車，齋藤、馬場二公陪赴機關學校。總監湯池定監，相見甚懽，款以茶點、酒食。略坐，即率同教頭田邊男外鐵暨副官、監事等數人，導觀講堂、教場、自習室、寄宿舍、浴室、醫室、病室，較他校爲廣闊。新造樓房，地臨海岸，軒敞非常。理化礦電各種標本亦各略備。教場共十所，現在生徒二百三十六人，除教頭外，教官二十一人，教授囑託三人，監事長一人，監事九人，教員十二人，兼務教員十二人，雇英國教師一人，專授語學。該校去年移建於此，鑿山闢土，填塞海灘，工程甚爲浩大云。其學校程度，分三年級。曰工業，曰英語及英文，曰三角幾何，曰畫法，曰微積分，曰製圖，曰應用力學，曰蒸汽論，曰製造冶金，曰機關計畫，曰見取圖，曰造船學，曰物理及化學，曰汽罐機械，曰電機，曰衛生學，曰機關實驗法。閱畢，時已申初。齋藤君陪坐小火船，至朝日丸兵艦察視一週。晤副官、海軍大佐内田善太郎，引觀將佐尉士各官閱書室及寢室、病室、飯廳等處。體制各有區別，髣髴學校規模。其礮位之布置，與我國南、北洋兵艦無異。特燃放時，皆用電氣引火，極其敏捷。該船英廠所造，容一萬墩，置礮十二尊。桅桿上有兩層礮臺，樓梯甚狹。閱畢，在大餐房啜茗小憩。仍坐小輪登岸，該船列隊擎鎗，致送如儀。申正十五分，仍乘火車回東京。齋藤君送至車旁，候開車後始告別。橫須賀以上、户塚以下之車道，多係穿鑿山洞，黑暗非常。車行至此，須燃電燈。酉正二十三分，抵新橋，偕譯員吳禄貞在停車場三層樓上西餐。戌正歸寓。由橫須賀同車來京者，有海軍大佐松本和、海軍中佐宫地貞辰、造船總監工學博士佐雙左仲，握手接談。

十八日。擬赴廣島，閱海軍及船廠。因昨日微感風寒，遂不果往，當即電告外務省及海軍省。閱統計年鑑。近年製造之業，種類繁多，撮其大要，約十數種：曰蠶絲及蠶種，曰花紗，曰織造，曰陶器，曰磁器，曰漆器，曰銅器，曰紙類，曰蓆類，曰酒類，曰菜子油，曰生蠟，曰火柴，曰醬油，曰餅食，曰煙草是也。其公司及各工場，明治元年約四百家，二十五年已增至七千數百家，近十年來當可增至萬家。其資本統計，自五百餘萬圓增至四千四百餘萬圓。明治初元以降，互市日繁，商務寖盛。每年輸出輸入之價，現在較初年幾增至數十倍。於此可見取法泰西之成效。

十九日。巳初，至芝公園郵便電信學校，拜晤校長湯川寬吉，拜晤幹事兼教授神田選吉、岡島光久，引觀參考室，陳設各種器械。又至閱書室，除應備郵電專門書籍外，歷史、地理等類，亦各粗備。其電氣教場，事事皆以實驗。教授課目，約分四科：曰行政科，曰財政科，曰技藝科，曰通信科。英語教授，則雇用美國人。德、佛話教授皆本國人。另設電信實踐局，遞送交換，分別由某處至某處，收發俱按實地行事。桌上又置集音函，或近或遠，學生聽機上動聲數目，記寫字碼。閱畢，即在附近三緣亭午餐。午後，偕雲生遊德川氏家廟。門額署『台德院』，每人輸洋一角，即可入觀。由住特僧人導至殿廷遊覽〔一五〕，金碧輝煌。其供品内有真金、真銀花枝，瓶上古漆精緻，楹柱嵌金，雕刻悉出名手。從前，殿上逢大祭時，拜跪各按品級。十萬石以上之諸侯，始列中級。殿旁置一戰鼓，據言曩昔征伐大阪所用。德川時代，自此一戰，列國諸侯羣相折服云。又看墓塚，係德川氏之二代祖墓。其一代祖墓在日光山，其四代、六代諸墓殿，即在台德院左側。時將薄暮，不及徧遊。此墓上有石座，砌亭閣於石座上，用銅板鑲成。窗櫺雕工精細，漆色光明，建立垂二百餘載，毫不朽敝。過芝公園勸工場一遊，該場爲東京第一商品館，銅器、磁器、木器、竹器、象牙器、雕工畫品，皆爲美術，殊足玩愛。然價值則奇昂也。

二十日。午後，往神田區鍛冶町三番地謄寫堂，及九段今川小路一丁目六番地北上商屋，購謄寫版、真筆版各種印字機器。

二十一日。巳初，至學習院、電達貴族院。近衛公爵今有他事，竟不克來。該院幹事有馬能御導觀大學、中學、小學各科教室。其課程，則午前教以文學，午後教以武備。出示本院規則，立法甚爲縝密。又至博物館，各種標本備體五六十種。圖書館所藏書籍，近衛公爵自置者，附寄於此頗多。午後，銀座購物，並至正金銀行辭行。與川島忠之助談。

二十二日。巳初，冒雨赴下田歌子之約。至麴町區女子工藝學校、實踐學校。兩校同在一處，是下田所創立者。引觀各教室，屋宇窄狹，生徒衆多，功課亦甚認真。有讀書者，有習字者，有唱歌者，大半以縫工、繡工、絲工、花工爲專技。預備手藝數十種，陳設廳事以待參觀。諸女師爭相晉謁，各遞職名：時任竹、木村芳、上村百代、山中京、田島秀、時任多計、井原茂、田副俊、太田富、田中龜加、前木之芽等十一人。幹事三員：青木文造、武田太郎、稻垣吉慎。會計一員：大藪久雄。

閲畢，贈以綢織相鏡，並通草花生頭，亦附贈花蕊數十朵。殷殷致意，以誌不忘。

今日未初刻，春雷發聲。

二十三日。午前，拜晤蔡星使。午後，檢點行篋。

二十四日。巳初，往遞信省，看試驗無線電。信湯川寬吉爲之介紹，由執事人引入試驗無線電機室，有衆議院議員野尻岩次郎、村瀨虎次二君同時參觀。技師演説用法，即刻實施其法，以圓鉛筒二，一爲空氣，一爲真空氣，長約四五尺，繫之以繩，懸於室中。另有赶電機，柱高二尺許，置於桌上，兩室機器相同。赶電機柱針指某處，即達某處。其受電機電火，約距四五分遠，能相擊接彼處，電機自動，即可遥達矣。通電之法，要以鉛筒、空氣爲關鍵。所畫字碼，與尋常電報同。據言，海程相隔百數十里，只要能繫空筒，通消息甚易易。前於横須賀至廣島，曾經試驗，確乎能行。閲畢電機，又導觀郵便沿革標本室，凡外國與本邦自創辦時至現用各物品，薈萃七百餘種。内有印度所製之品，印度土人馬遞，手持軍械，以防野獸。其最苦者，冬天赤體，騎一氣袋上，匍匐踏雪而行。各局遞送情形，均各製成標本，寄贈於此。又有本邦所製之品，其郵路模型，或由鐵道，或由輪舟，凡經過之處，山川草木並負荷人形狀，以及所用車馬，無所弗備，惟妙惟肖。據言，前次法國大博覽會，此品亦曾出賽。又有山陽鐵道直行郵車標本。此車沿路不停，路傍置有一柱，車邊亦置一柱，各繫鉤環，郵車來時，摩肩而過，郵包信件，自挂自落，有人隨時檢收，最稱靈捷。此類郵車，共有三種，大同小異。閲畢，索贈沿革史及歷年報告書，允以明日送去。

二十五日。接外務省來函，明晚在紅葉館餞別，婉辭謝之。午初，赴外務省辭行，並道謝忱。晤外務大臣小村壽太郎及秘書官吉田要作、本多熊太郎、繙譯官堺與三吉。小村外相臨別贈言，於學務尤三致意，且言以後如有委商事件，但可通函，無不竭誠報命云云。坐談一時許，情意殷殷，鄭重而別。傍晚，往隼町商店，參考避雷針建設方法。地中板埋伏於下，直接導線，樹立鐵柱，上有突針。普通法是單線，改良式用雙線，隨處皆可建設，其價亦不甚昂。甲種全副約二十餘圓，乙種全副約十四五圓，運賃荷送等費在外。

二十六日。巳初，往成城學校，察看留學生新改正預備科課程。大概分爲三科：首重武科，一年半爲畢業，准入陸軍。次則理科，凡醫學、農學、工業等類隸之。次則文科，凡政治、法律、商業等類隸之。均以二年半爲畢業，再入專門學校。現在留學生五十餘人，區爲五班，前三班皆注願列於武科，其願列理科、文科者，僅十四人。第五班，山西新到六人，志願未定。該校校長岡本君暨奥山、田村諸君陪觀。

晚間，蔡星使邀請在署西餐。同席者法、瑞使館參贊兩人，日本陸軍福島少將等十八人，其餘參隨四人及錢念劬。亥正始散。

二十七日。外務省派繙譯官堺與三吉來，偕往小石川巢鴨監獄署察視一切，拜晤署長、警視廳典獄神野忠武，論述本國法令之沿革。據言，該獄明治二十八年倡建，費金約四十萬元。若照現在工料價值，相去幾將倍蓰。樓屋全仿西式，獄中容二千餘人。大坂監獄爲全國之最大者，此獄次之。值日官導觀各監，每室至多能容十人，矮門鎖錮，按號編聯。上懸電燈，旁設廁所。又有自來水，以便盥灌。監犯平日在此室中，准其觀書。但爲有益書籍則可，並不准看閑書。監獄洋房兩所，軒敞淨潔〔一六〕，規模大致相同。監獄内有教務所，樓上設大講堂，中座供佛。向有講師五人，以本願寺僧充之，訓育道德並讀書習字事。三層樓上，爲會議之所，監獄各官每日會議一次，將出入各案件隨時册報，絶無稽擱之弊。樓下有浴室兩所，又處罰監一所。方室孤懸，牢洞嚴錮，約有十餘屋。另有闇室兩間，不見天日，每間只容一人，不准同犯與之接談。此等犯人，因犯本監規令，置於此室，每日減食幾成尋常犯人口食本有定額，至多不過三五日間，即須開釋。又病監一所，亦係洋房，惟是蓆地坐臥。有醫務室，内監醫二人。有藥室，各種應用藥品，略備十之六七。病監有運動場，其在監各犯人，視處分之輕重，定手工之粗細，按日均須執業。工場，共計六所。各種工藝，或分作，或合作，井然有差。每廠派人專司檢查。曰鍛冶工，曰靴工，曰行囊工郵便口袋之類，曰木工，曰木錦織工(一七)，曰裁縫工，曰藁工，均官司業。曰紙工，曰簞笥工，曰麻工，曰竹箸工，曰洋傘及傘柄工，曰修整鈍礮工，准其受負。官司業者，做成之物，官買官賣，除材料價值外，所得利息，分別幾成提歸監用，幾成充賞，但須俟該犯罰滿出監之日，一併發給。其受負者即自行交易之件，不必由官買賣，所謂小貨是也。亦均有專代經理之人。又有磚窑一所，現因運費太重，業經停止。監内，掃除夫、耕耘夫、炊夫、洗濯夫、理髮夫、看護夫如病監服役人等，均由犯人中揀派。凡年在十六歲以内者，午前須至教場讀書習字，午後須做手工如織絲帶等工，傍晚尚有體操，較學堂功課稍減。另有一監，皆被告尚未裁判之犯。外門鎖禁，有人看守。亦有浴室及運動場，但每日只准出獄一時。該獄中見有福建人一名，因吸食洋煙，定罪禁錮一年。閱畢，時已過午，至牛込區西洋料理午餐後，偕堺君往鈴木館寫真。又過平岩家辭行。

二十八日。午初，至參謀本部。與福島少將、田中大尉暨平岩、末吉諸公話别。其餘各處繕寄郵片告辭，恐勞枉送之意。申刻，往蔡星使處辭行。酉正五分，至新橋上火車。即在停車場西洋料理晚餐。近衛公爵握談，東邦之友送行者二十餘人，姓名不及詳載。火車坐頭等艙，適來陸軍三人，和尚二人，座爲之傾。兼之過站時，人聲鼎沸，通宵不能成寐。

二十九日。昨酉，開車所經過之鄉村、田間多設電桿，横線頗密，竟無毀折之慮。遥見高山積雪，約有二尺餘。將近西京地方，山洞甚長，晝亦燃燈。過品川、平治、大船、國府、津松、田北、小山、御殿場、沼津岩、瀨江、尻静岡、堀丿内掛、川濱、松豐、橋岡、崎安城、大府、名古屋一丿宫木曾川歧阜、大垣、垂井關ケ、原醒ケ、井采、原彦、根能、登川八、橋野、渕丿草津、馬場、稻荷、京都、大坂、神崎三丿宫。午初三十八鐘，抵神户，住停車場前吉田旅館。卸裝，俄頃，有又新日報社訪事人佐藤 勝三郎 來謁，詢問行蹤，乞一名片而去。電話詢子壯，仍未回神。午後，拜晤領事黄伯愚太守、繙譯馮越甫貳尹。神户旅館起居、飲食與横相髣髴，不如東京遠矣。上等每人一圓五十錢，午餐另加。晚，越甫來。

三十日。午初，伯愚、越甫暨市川徹彌先後來訪。伯愚邀赴岡本探梅，適有足疾不能出門，遂不果往。閲新聞紙，登予在東京及抵神户之狀況甚詳。

二月初一日，大風。足疾少愈。巳刻，至露清銀行晤楊潤生，正金銀行晤葉鶴齡，怡生號晤吳錦堂。午後，領事館略坐。適詠南來此接領事任。詠南乃和甫星使之介弟也。又晤伯愚、越甫。傍晚回寓。市川來，晚共飲。

初二日。晨刻，偕市川君乘火車至大坂，坐人力車至造幣局。御者較東京、横濱、神户皆健足，五分鐘可行華里三四里許。拜晤造幣局長長谷川為治，黄領事有書介紹也。略話寒暄，導觀陳列貨幣沿革室。本邦製造，自始創以迄今制，無一弗備。外國製造，亦搜羅十之四五，若銅幣則自秦、漢以逮有明，十具七八。金銀勳章、奬牌及紀念牌，亦附列焉。各國幣制不同，其通用之銀錢亦各别。英國錢幣十一種：大金錢重市平二錢二分者，名曰色伍崙，每枚值中國銀三兩三錢五分六釐八絲。易小金錢重一錢二分者名曰哈夫色伍崙二枚，每枚值中國銀一兩六錢七分八釐二絲。易大銀錢重七錢者一枚，名曰克老恩，每枚值中國銀八錢三分九釐二絲。易小銀錢重一錢四分者五枚，名曰先令，每枚值中國一錢六分七釐零八毫四忽。易次小銀錢重七分者二枚，名曰西本士，每枚值中國銀八分三釐九毫二忽。易再次小銀錢重三分五釐者二枚，名曰色本士，每枚值中國銀四分一釐九毫五絲一忽。易大銅錢重二錢七分者三枚，名曰邊士，每枚值中國銀一分三釐九毫八絲。易中銅錢重一錢五分者二枚，名曰海邊士，每枚值中國銀六釐九毫九絲。易小銅錢二枚，名曰發爾英，每枚值中國銀三釐四毫九絲五忽。又，中銀錢重三錢三分，名曰哈夫克老恩，每枚值中國銀四錢一分九釐五毫一絲。又，上中銀錢重二錢八分者，名曰福老倫，每枚值中國銀三錢二分五釐六毫六絲，易先令二枚。德國通用之銀錢：一曰打拉，每枚值英銀三先令。另，雷門銀行所鑄打拉，每枚值三先令四辨士。二曰福禄林，每枚值英銀一先令八辨士。三曰馬克，每枚值英銀一先令三辨士。另，突倍克銀行所鑄馬克，每枚值一先令六辨士。四曰新行馬克，用赤金鑄成，約一百三十九枚半合英金一磅。法國通用之銀錢，名曰佛郎脱，每枚值鷹洋一角九分之譜，可分爲一百勝丁。美國通用之銀錢，名曰秘瑣。每枚值英銀四先令。近年又另造金銀錢通行國內，其輕重未詳。俄國通用之銀錢，名曰羅布，每枚值英銀二先令七辨士。每七羅布合英銀一磅。又，一百銀夸般合一羅布。俄國雖以羅布爲通用之銀，然民間率用紙幣。以紙幣一百張，易羅布八十枚至九十枚不等。意國通用之銀錢，名曰賴爾。計二十五枚合英銀一磅。荷蘭國通用之銀錢，名曰結利特，每枚合英銀一先令八辨士，十二枚合英銀一磅。葡國通用之銀錢，名曰密敕，每四枚半合英銀一磅。比國通用之銀錢，名曰福蘭格，每二十五枚可換英銀一磅。丹國通用之銀錢，名曰列斯打拉，每九枚合英銀一磅。埃及國通用之銀錢，名曰塞京，每枚合英銀五先令四辨士。又曰批阿斯得，每枚合英銀二辨士。又曰記斯，每枚約英銀五磅。各國分兩不同，總以英權計之。

又觀文書課、地金課、用度課、庶務課，鎔解場、伸延場、極印場、雕刻場、製作場、試驗場、精製場、精煉場及各分室。其檢查場最爲嚴密，凡工匠出門，其身畔皆須搜檢。外人來此參觀，去後須承局長給以門票，守門人始准照出。適在前場縱覽時，有印度人來觀。守門人若將拒之，辭色頗覺游移，彼竟怏怏而去〔一八〕。該局創自明治三年，近年製造貨幣總額約在兩千萬圓左右。其市面通行者，金幣十圓，銀幣五十錢、二十錢及十錢，白銅幣五錢，青銅幣一錢、二錢及半錢，其金幣之一圓、二圓、五圓及二十圓，銀幣之一圓，青銅幣之一釐、五釐等，已停鑄。鑄造各法，全用機器。惟雕刻模型，尚用人工。至於製煉之細，試驗之精，悉由電學、化學研究得來，固非尋常工匠所能語。此貨幣之製造及發行，其權屬於政府。貨幣爲四大宗：曰金貨幣，曰銀貨幣，曰白銅貨幣，曰青銅貨幣。貨幣品位，各有定分。金貨幣純金九百分，參和銅一百分。銀貨幣純銀八百分，參和銅二百分。白銅貨幣聶格耳二百五十分，參和銅七百五十分。青銅貨幣銅九百五十分，錫四十分，亞鉛十分。貨幣量目亦有準數，十圓金貨幣二錢二分二釐二毛二，五十錢。銀貨幣三錢五分九釐四毛二，二十錢。銀貨幣一錢四分三釐七毛七，十錢。銀貨幣七分一釐八毛八，五錢。白銅貨幣一錢二分四釐四毛一，一錢。青銅貨幣一錢九分八，二錢。青銅貨幣三錢八分一毛六，半錢。青銅貨幣九分三釐零毛四。其形式悉遵敕令所定，其法律按照明治三十年新令施行。一圓金貨幣等即從此時廢止云。遍覽兩時，已將過午。至大阪俱樂部西餐。該處向爲著名西洋旅館，原來三層，樓屋數十幢。前被祝融之厄，暫移對門平房二十餘間，陳設雅潔，座上客亦常滿。與市川君縱飲。飯後，至東區安土町一帶，閒步街市，在靴鞄商店購物。大阪製革廠約十數家。牛皮一項，來自中國者不少。一經製煉，精粗悉無棄材。靴鞋、鞍帶、皮箱、皮包等類，本國早已廣行，販運外國，不過百分之四五。銷中國者，居其大半。市廛購物，價值無定。外人交易，往往受其欺朦。不如東京遠矣。大阪市東、西、南、北四區，居民約萬餘家。商廛以皮革、玻璃爲大宗。此外，如兒童要貨及日用食品，多用販至他處者。戌初，仍乘火車回寓。過往吉町，遇探梅客十數輩，聯袂登車，均有醉態。

初三日。辰正四十五分，偕市川乘火車往西京，過大阪、吹田、茨本、高槻、山崎古之戰場，據全國之險要、向日町。沿途所過地方，其從事農畝者，與中國無異情。有編插旗幟處，因是鄉將唱戲，以此廣告鄉閭。塚墓類皆聚葬，各樹石碑於其上。詢之市川，據言鄉人仍用古法，有棺有槨。市人仍有火化，儲於磁甕，年久可免腐朽。聚葬之法，自古皆然。風水爲害，從未聞有此説云。午初十五分，抵西京。即在停車場前，乘人力車。車夫有賃錢規，大約每日不逾八時。單坐車七角五分，雙坐車一元五角。遊東本願寺。門外有瀑布泉。入内，則殿宇崇宏，僧徒衆盛。該寺爲日本大叢林，是佛教最初之基。其西寺及大阪各處，皆其分院。日人好佛，實有勝於中國。每至神社前，必免冠舉手以爲禮。又至豐國神社，内有木雕半截佛像，身高三丈餘，面闊七八尺。從前本是銅佛，因遭回禄，現正募修。又至三十三間堂，主座觀音神像，兩廡間三萬三千三百三十三尊佛，香火極盛。門前有夜泣泉，不知何所取義。繞出竹林數十重，登東山，在吉野屋便餐。微醉，復遊清水寺。造極高臺，俯視都宫，宛在目前。遥望西北諸峯，松柏盡蒼蒼然。可知東方之木，果爾葱籠。又過華頂山知恩寺、祇園八坂神社等處，夕陽西下，無暇流連。至琵琶湖疏水便船碼頭，看疏水法。蓋以導湖水越三山，逾高地而灌溉農田。水道深不盈尺，即澗泉所流出者，曲折上下，約二十里。其高陂兩水斷絶處，安置鐵軌，用電力曳舟而行。另有木牀，與此鐵軌合轍，牀置水中，船入牀内，順逆交推，至有水處，則仍用篙槳。是誠陸地行舟之法，較中國過閘、過壩省力多矣。閲畢，時已酉初，至停車場前晚餐。六時五十六分，仍乘火車回神户。九時三十分，抵旅館。西京，三面皆山，南面濱海。市内上下兩區，大橋七條。東西山古寺林立，勝迹最多。惜以行色倉皇，未能徧歷。欲圖盡興，當俟重遊。

初四日。閲京都旅客重寶，第四回，内國勸業博覽會場等名所共九十七處，非兩三月間不能週遊。其花季候著名之地，尤不可不知其大略。梅花，三月：一北野，二梅之宫，三長岡，四御苑内，五神社天神，六若王子，七下加茂。櫻花，四月：一祇園，二秋垂枝櫻，三鞍馬，四知恩院，五嵐山，六清水寺，七長藥寺，八修學院，九平野神社。茶摘，五月：宇治社。若五月：一東守，二梅之宫。蓮花，七月：一西大谷，二御苑内，三日掠湖。荻花，九月：一南禪寺，二梨木神社，三高臺寺，四大佛。紅葉，十一月：一高屋，二梅尾，三槙尾，四修學院，五東福寺，六嵐山，七若王子，八永觀堂，九真如堂。京都産物：曰西洋織物，曰粟，曰燒陶器，曰清水燒陶器，曰染物，曰鹿子類刺繡，曰絲組物，曰銅器，曰金屬器，曰七寶燒，曰漆器，曰團扇，曰人形，曰金銀箔，曰茶，曰青物百種。此其産物之大宗也。他若游戲物品，不勝枚舉。午後，至領事署，晤伯愚、越甫，託購船票。晚，往商話别所閒坐，適有人作彈子戲。詢問神户出口、進口貨物，調查昨歲比較表。其進口約十一大宗：曰豆，一百零四萬七千八百六十八元。曰米，二百三十六萬五千九百二十三元。曰條鐵、桿鐵，一百十萬二千七百零五元。曰煤油，三百七十萬六千三百五十六元。曰白糖、赤糖，六百萬九千六百二十八元。曰棉花，三千一百八十五萬六千八百九十二元。曰棉紗，五百十二萬七千七百四十三元。曰斜紋羽綾，一百三十七萬一千七百八十四元。曰豆餅，一百八十萬五千二百九十八元。曰各種機器，三百六十三萬八千一百五十二元。曰各種棉布，二百六十六萬五千四百六十二元。其出口約八大宗：曰茶，六百八十萬八千六百十六元。曰米，四百萬一千六百五十二元。曰銅，四百二十萬零五百三十六元。曰棉紗，一千零零七萬五千七百零六元。曰火柴，三百八十五萬六千四百四十五元。曰草蓆，二百五十九萬二千五百九十八元。曰草帽辮，一百五十三萬六千一百四十六元。曰樟腦，二百六十二萬二千一百三十七元。此昨歲之比較也。鶴齡邀往中村地方，觀其自築之别墅。距市約華里三四里，人力車行十五分鐘。登樓遠眺，果爾幽雅。再三挽留一宿，遂秉燭作夜遊。是樓背山面海，清光大來。四壁櫻花，最宜於春夏間。附近居鄰，皆服事於農畝者。主人索題詩詞，勉賦聽濤吟四十韻，聊助酒興而已。

初五日。閱神户之花。其全市町村名，曰葺合村：一脇ノ濱，二筒井，三熊内，四中尾，五中村，六生田，七小野。曰神户部：一加納町，二北野町，三山本通，四中山手通，五下山手通，六花隈町，七北長狹通，八三ノ宮町，九元町通，十榮町通，十一海岸通，十二辨天通，十三宇治野町。曰中町部：一楠町，二荒田町，三橘通，曰福原町〔一九〕，三多聞町〔二〇〕，六仲町通，七古湊町，八相生町，九東川崎町。曰兵庫部：一中道通，二水本通，三大開通，四塚本通，五村板通，六湊町，七西出町，八東出町，九川崎町，十佐比江町，十一北宮内町，十二宮内町，十三宮前町，十四鍛冶屋町，十五松屋町，十六區町，十七小物屋町，十八户場町，十九江川町，二十永澤町，二十一算所町，二十二富屋町，二十三鹿屋町，二十四西宮内町，二十五三川口町，二十六門口町，二十七西柳原町，二十八東柳原町，二十九神明町，三十西仲町，三十一井仲町，三十二魚棚町，三十三島上町，三十四船大工町，三十五磯ノ町，三十六南仲町，三十七切户町，三十八北逆瀨川町，三十九濱崎通，四十入江通，四十一小川通，四十二須佐通，四十三松原通，四十四蘆原通，四十五住吉通，四十六今出通，四十七南逆瀨川通，四十八關屋町，四十九新町，五十一新在家町，五十二出在家町，五十三今出在家町，五十四和田崎町。曰湊町：一奥平野村，二石井村，三烏原村。曰夢野村。曰林田村：一長田村，二東尻池村，三西尻池村，曰御崎村〔二二〕，五今和田新。曰六吉田新。曰七池田村須磨村内。學校約分六種：曰尋常師範，曰尋常中學，曰商業，曰尋常高等小學，曰女學院，曰幼稚園。病院約有六所。商業會社十七處。工業會社十處。農業及屠畜會社三處。燐寸會社十三處。各種製造所不計其數。銀行六十五，國立銀行外。十五家神社。佛閣最著名者，約二十處。其舊迹名勝之地，則不勝屈指矣。午後，市川來，同遊楠公社。凱旋門内，有勸工場。又在元町一帶閒覽。廣幫衆商麥少彭等晚間設席，於商話别所再三面邀領事、繙譯，同座二十八人，西餐，甚爲豐盛，戌初始散。留市川宿，夜飲話别。黄伯愚至東京，託帶留學生會館捐款，交呈蔡星使處，餘詳另函。

初六日，天朗氣清。巳初，偕市川至郵船會社一過，即登弘濟丸船。先期託領事府代購頭等艙票，並派巡捕照料行李。警察廳水巡捕來乞名片而去。麥少彭、葉鶴齡、馮越甫等均到船送行。市川握别後，俟展輪已良久，仍立海岸，免冠遥送。該船幹事岩谷定次郎暨買辦諸人，皆由西京丸調來者，彼船停修之故。舊識重逢，頗形親密。已正展輪，風平浪静，一路山光奇麗，春色葱籠。午餐，座客十七人，泰西居其大半。日本外務省派往中國改訂通商航海條約委員日置益君能操英語，接談最多。又有田口常德往天津，陸軍步兵中尉金子新太郎往貴州，高山公通往四川者，均同舟。晚與岩谷談。

初七日，晴和。寅初，停輪。辰初，抵門司。上煤下貨，約停五時。此處達長崎之鐵路，至今未能改良。由神户至長崎，走内海，向無風濤，與我長江相似，是以乘舟者多而陸行者少。弘濟丸計二千六百三十五噸，一等室容四十九人，二等室容二十四人，三等室容一百七十三人。船長長尾惇作，略通英語，善於周旋。據言，此船與伊豫丸同式，但彼船更有特别，三等室飲食一切，俱與二等無異。由神户至上海，行三晝夜，價僅十五元。長崎不停，係專走香港者。午前，在閲書室觀畫。壁上懸有横濱海務署外國航路表，歐洲線二週一回，孟買線四週一回，濠洲線每月一回，美國線二週一回，横濱、上海線每週一回，神户、高麗、北清線，神户、天津線，神户、牛莊線，神户、浦鹽線均二週一回。大概總算如此。上海開禮拜六，横濱開禮拜四，此本國會社輪船正班之定期也。外國公司輪船，日期又有不同。閲長崎名所案内，其市街，四方八十七町、十一鄉。北手之方二十一町、二鄉：一上築後町，二東上町，三東中町，四小川町，五内中町，六馬町，七爐粕町，八八百屋町，九勝山町，十櫻町，十一引地町，十二豐後町，十三酒屋町，十四今魚町，十五本大工町，十六紺屋町，十七桶屋町，十八古町，十九今博多町，二十火井手町，二十一出來大工町；又，西山鄉。東手之方八町、五鄉：一磨屋町，二諏訪町，三新橋町，四本紙屋町，五麴屋町，六八德町，七伊勢町，八新大工町；又海農林，又櫻花場，又中川，又夫婦川，又片淵。南手之方三十町、三鄉：一西古川町，二銀屋町，三東古川町，四本古川町，五榎津町，六萬屋町，七今鍛冶屋町，八出來鍛冶屋町，九今籠町，十八坂町，十一油屋町，十二東濱町，十三西濱町，十四銅座町，十五本石灰町，十六丸山町，十七寄合町，十八舟大工町，十九木籠町，二十新地町，二十一梅香崎町，二十二廣馬場町，二十三常盤町，二十四松枝町，二十五大浦町，二十六東山手町，二十七南山手町，二十八小曾根町，二十九浪平町，三十古河町；大小島，又高野平，又十善寺。函平之方二十八町、二鄉：一袋町，二本紺屋町，三材木町，四今下町，五本下町，六築町，七江戶町，八出島町，九萬歲町，十外浦町，十一大村町，十二平戶町，十三本博多町，十四今町，十五金屋町，十六堀町，十七新町，十八興善町，十九本興善町，二十樺島町，二十一浦五島町，二十二本五島町，二十三船津町，二十四惠美須町，二十五大黑町，二十六西中町，二十七西上町，二十八下筑後町；又船津，又岩原神社。寺院四十餘所。學校之制，與神户同。

初八日，晴暖。子初刻，即抵長崎。候醫來驗，始能進口。黎明後，領事署遣价來迎。乘小舟登岸。拜晤領事鄒小村大令。繙譯唐秀豐同至街市遊覽。過梅香崎、廣馬場及中國街一帶，勸工場規模狹隘，較兩京則大相懸殊。午間，邀赴大國亭日本料理暢飲。飯畢，時已申初。小村曁其令郎午橋復送登舟。酉初，展輪夜行，略有顛簸。日置益由長崎已下船。

初九日，晴暖。舟行甚穩。夜半，霧色迷濛，不能前駛，遂停泊於新浦濱左近。晚與高山、金子兩君談。

初十日，晴暖。清晨開行。亥初二刻，安抵上海。

此次調查學務外，兼及海軍、陸軍並製造各工廠。幸承彼國政府格外優待，派員陪觀，但以日記所載，隨地隨時，不無挂漏。歸舟餘暇，盡將篋中典籍一一彙訂成書。於學務則編輯日本學校章程一百三十六種，分七類目：曰大學部，曰陸軍部，曰海軍部，曰中學部，曰專門部，曰女學部，曰小學部。圖書館章程附列於後。另譯萬國教育源流考六卷，藉以知日本教育取法泰西之實證。於海陸軍，則著有東海觀兵記。於製造工廠，則譯有礮兵工廠述略、日本造幣規則、海軍造船大要等類，所惜行程恩促，未得盡觀，姑俟重遊再圖徧歷。是編僅就見聞所及，拉雜録存，聊以誌雪泥鴻爪之意云爾。

稟陳督憲創辦江皖師範學校節略

謹略者，竊職道於上年七月間，奉前皖撫憲王派赴日本游歷考察，獨注重於學務。留滯東京五閱月，參觀學校數十處，演速記法，作旁聽生，譯教育史而彙輯之，訪教育家而就正之。竟日奔馳，深宵編纂。原期歸國仿辦，徵諸實行，庶不負此隻身跋涉之勞，藉有以副列憲提倡之意。伏維興學一事，首貴端其蒙養，尤必賴有師資。我國學堂，教授誠不如人，管理亦未合法。是固辦學通弊，豈僅江皖爲然？果欲救正其弊，非先造就師範生不可。俟師範衆多時，務須廣設小學。能從鄉學入手，最中肯綮。三五年後，教育自然普及。彼時再籌增設中學堂、專門學堂，俾獲循序漸進，免致躐等。現在各府州屬已辦之中學堂，似可一律改爲師範傳習所，教育或可統一。然教員恐缺乏，不如暫爲停辦。節省此費，選派游學，或往日本，或送上海。其已辦之專門學堂，當亦無多，應即暫仍其舊。大概興學辦法，須有次第，方有效果。今欲籌辦師範，不得不延聘東西洋教習，雇用繙譯，需款甚鉅。倘或規模狹隘，學科何能完備？學生何能衆多？取材不敷應用，絶無披砂檢金之望。但就吾皖省籌款，款出於官，一時不易措備；款出於紳，獨力斷難支持。無論此款爲官爲紳，總期持久，方免後慮。蒙見意謂官與紳合籌，地方與府庫合籌，咄嗟可辦，事必有濟。職道經過上海，適見有合肥李府新造洋房二十餘幢，坐落車臺閣東首，離市較遠，境幽氣鮮，頗合建校之用。曾向該處經理人探詢租價，因辦公益，商請格外減讓，大約每月租金四百兩，可以租用。教員、繙譯，職道在日本與上海，亦曾訪約英、美、日本數人，皆未定局。擬參照日本高等師範學校章程，變通辦理，定名曰『江皖師範學校』，附屬小學爲師範生實習之地。考取學生六百名，以江皖人爲正額，以外省人爲附額。每人每年收學費壹百元，書籍、操衣一切在内。常年經費豫算除收費外，約須補助銀三萬二千兩之譜。開辦經費，由職道自捐銀圓貳萬元。如有不敷，再認籌墊。惟常年經費無著落，學生人數無把握，未敢決議。爲此，叩懇宫保咨商皖撫憲聶仲帥，會籌協濟，合兩省之財力，辦一師範，似尚不致爲難。究應如何分撥數目，聽候鈞酌示遵，並求宫保通飭江、安兩省各廳、州、縣，分別大、中、小縣，每處選送舉貢、生員若干名，視路程之遠近，發給川資，學費按期豫繳。此項用費，准由學租賓興書院公款等項提用。如蒙俞允，俟職道赴皖，稟謁聶仲帥，面陳辦法後，容再議訂。詳細章程，附列課表，呈請奏咨立案，謹略。

校記

〔一〕人　疑當作『日』。
〔二〕畸　疑當作『崎』。
〔三〕祠　疑當作『詞』。
〔四〕墻　疑當作『檣』。
〔五〕無　疑當作『爲』。
〔六〕第　前作『弟』。
〔七〕『學』後疑脱一『校』字。
〔八〕日　疑當作『目』。
〔九〕核　疑當作『校』。
〔一〇〕待　疑當作『等』。
〔一一〕馬力　疑當作『馬達』。
〔一二〕碑　疑當作『車』，下同。
〔一三〕迹　疑當作『及』。

〔一四〕『用』後疑脱一『具』字。
〔一五〕特　疑當作『持』。
〔一六〕敝　疑當作『敞』。
〔一七〕錦　疑當作『綿』。
〔一八〕怏怏　疑當作『怏怏』。
〔一九〕曰　疑當作『四』。
〔二〇〕三　疑當作『五』。
〔二一〕曰　疑當作『四』。

東游紀念第二　查辦學生案日記

江南省特派委員丁憂湖北候補道李宗棠

光緒壬寅年秋七月，奉兩江督憲劉峴莊宮保密札，派往日本查辦學生滋擾使館事，面諭一切。初十日，由甯至滬。十二日，乘博愛丸起程。巳正展輪。午初三刻，過吳淞出口，風色平穩。夜半，望花腦山。

十三日，晴熱。與同舟多田貞次郎、關口清夫、内籐愛子諸人閒話。又有墨爾根人，名巴蘭泰而斯者，電學頗精，談製電法及創造電氣各機械家，歷歷可證。無線電信發明者爲（馬哥尼），電話發明家爲（克剌謙俾爾）。無線電信創行於世，不滿十年。電話實始於西曆一千八百七十七年，爲美國人克剌謙俾爾所創造。先是，一千八百七十六年，華盛頓賽百年大會，克剌謙俾爾所製電話西語（得律夫愛）粗具規模，乃取以陳設會場，任人試演。各國所派大員及格物士，皆歎賞爲奇製。於是，克剌謙俾爾益加研究，愈極精良，遂漸漸通行於國内。此後，不三四年，竟輸入於歐、阿、澳三洲公署、社會、鐵道以及居民私宅，幾於無處不有。亞洲如日本，於十五年前，亦曾購自美洲，專供警察之用。彼時，民間尚未徧設。因電氣及各種器械須取給於外國，貲本較重，建置較難。厥後，有從美國游學歸者，深得製電造器之法，適有沖商會不惜重貲延聘之，特開巨廠，國家予以專利。近五六年，全國安設電話，即電信、電燈及新設之電車，及各種應用電氣，均由該廠定製。其抵制外人者固不少，其便益本國者則尤多。此我歐美人亦甚欽佩云。

十四日。卯初，抵長崎，泊口外。候醫來驗病畢，始入口。登岸，至梅香崎一帶遊覽，即回船。午後四時展輪。夜眠極酣。

十五日，晴，微風。卯正，抵門司。午後四時，開行。

十六日，晴。巳初，抵神户稅關，檢驗行李甚嚴。予祇手攜皮包兩個，亦皆檢察，恐夾帶鴉片煙及珍貴物也。投宿法蘭司飯店。

十七日，晴。午前，至正金銀行、道勝銀行略坐。午後六時，乘火車行。

十八日，晴。午前九時四十分，抵東京之新橋，投宿帝國ホテル。午後，訪江、鄂舊識諸生及長岡子爵、近衛公爵、外務省小林君。小林留飲其家。所查事件，於此數處探詢情形，已略得其大要。擬就密電，明晨送發。歸寓，已將夜午。

十九日，晴。近衛、長岡、小林暨蘇、浙、皖、鄂諸生十餘人，先後來答，諸生備述此次學界風潮之緣起。雖不能盡信其説，姑録之，以待識者。據言：吴孝廉 敬恆號稚暉，係南洋公學之教習，來東留學未久。此次因江蘇、江西、浙江三省自費學生九人，願入成城學校。吴君擬長函，反覆婉轉，百計懇求公使咨送，並聲明由在校學生五人互保一人，先在使館出具保證書，留存備案。時值京師大學堂吴摯甫京卿 汝綸 來東調查學務。吴稚暉與之相遇於會館，遂託其轉懇公使速即咨送。摯公彼即代達，此六月初九日之事。閲五日，京卿復吴稚暉書云：『五人送學堂事，蔡公使已允可。惟囑照尊議，取五人環保與名單併送。謂是使館舊章，謹奉聞，即乞賜交，以便轉達』等語。照原稿録。吴君得書，奔告入校諸人。遂由章君 宗祥 等二十餘人同簽印，繕就保證書共八紙，送小石川區第六天町伊澤邸，由吴君 振麟 轉交其一紙，由章君 宗祥 攜呈京邸寓。第二日送。數日後無消息。於二十一日傍晚，吴君復謁京卿，允爲函催。次日，吴君又往謁學生監督夏君。夏君言昨聞此事，公使已行文參謀本部矣。吴君唯唯而退，並告入校諸人。二十三日晚間，吴稚暉忽接京卿手書云：參謀本部復蔡公使書，奉呈一覽云云。原書 照來稿録 附録如下：『敬覆者，頃接來文，現由在京貴國留學生章宗祥等，保送江蘇、浙江、江西自備資斧學生九人，願入成城學校肄業等因，准此。惟向例進學，均由貴大臣保送，方准進校。今據來文，似有稍與向例不符，仍請貴大臣親行保送，以符向例，是爲至禱。再，成城學校現值歇伏之期，一俟敝曆九月初旬，再行開課。此時未便即准進學。順此附達。署理參謀本部第二部長青木宣純敬具。』吳君接閱此書後，夜半持書走訪章宗祥、吳振麟、胡爾霖、曾澤霖諸人，相約明日偕入校，諸人面謁京卿。二十四日早即陽曆七月二十八日，吳稚暉偕保證人胡爾霖、莊君達、劉勳臣，並入校之人鈕鍰、李顯謨、劉鍾英、夏士驤、顧乃珍、陳秉忠、許嘉澍，又有吳榮鬯、董瑞熙、張懋德、閔灝、陸輔、陸爽、俞亮、沈綱、段彥修、吳宗椿、吳宗傑、沈覲恆、沈覲鼎、孫揆均、朱旋同往吳京卿處。京卿知爲此事來，一見即言：『參謀本部不准，公使又不肯親行保送，我不能奈公使何』云云。同人異常悲憤，遂辭京卿，而直至使署，求謁公使。詣使署，先謁專管學務之王君宗炎。王君詰衆意，因何事來。衆具告之，並求面謁公使。王君爲之轉達，公使因事不克接見。王君致詞婉卻，衆仍堅求一見公使。王君又爲轉達，良久無復音。使館侍者入客座，下逐客令。於是決裂。俄頃，使館電話，招參謀本部篠青少佐、外務省小林譯官至。小林君周旋於其間，委曲婉轉，無微不至，終不能解，遂辭去。相持至傍晚五時，仍未得見公使。而吳京卿來，多方排釋，勢成犄虎。衆仍堅求一見公使。小林氏去而復來，又設法勸導，欲使一二人進見，其事可寢。衆云：『一二人可見，衆人有何不可見？』吴京卿與小林君出入數十次，唇焦舌敝，煞費調停。候至七時半後，忽傳公使派有警察守門，言語問答，種種牴牾（此下兩段情形未便筆述）。延至夜半，使館竟招日本警察入内，拿吴敬恆、孫揆均兩孝廉去。（以上情形，昨晚小林君面述，大致相同，故備録之。）據言，捕至警署，署長頗禮待之，願送歸寓，而吴、孫兩君，深以被捕爲辱，不肯歸寓。次日，兩君始歸（六月二十五日）。是日午後，吴君又至警署，與該署長辯論被捕事。小林君亦至，署長言捕拿非日本警察意，乃貴國公使所命，爾等何妨往問公使。吴君憤極，即欲往使館去，乃爲小林君勸阻。並言三日内禁令，不准學生入使署。約三日後再去。吴君遂歸。又言吴君在警署時，留學生輩因聞前事，有十四五人至使署，求見公使，入署與警員理論。未捕者二十餘人，仍捕至署者二十餘人，皆稍問即釋。其明日，即六月二十六日，爲皇上萬壽令節，吴君復偕二十餘人至使署。是時，警員二三十人，排列署前，不得進。吴君通意於閽人，不許。遂告明日一人獨去。二十七日午後，吴君一人獨往，又爲警員及閽人所阻。從此吴君左右，常有巡查偵察。六月三十日，范君源濂留吴君宿，巡查終夜立門外。七月初二日早六時，忽有一警員至吴君寓，約吴君敬恆、孫君揆均速至警署，並命巡查三人押解到警視廳。延入應接室，該廳主事菅井誠美，出内務大臣内海氏之命令曰：『清國留在之吳敬恆、孫揆均二人，查有妨害治安之事，即令退去本國，傳與本人知之。』並令次早六時，偕巡查乘汽車至神户，即附輪回滬。吳、孫兩君請緩行，竟不許。並言貴國公使招警員入使館，託警官捕學生，非我國之强權，爾等勿誤會，宜速行云云。於是，留學傳聞，羣情鼓噪。有學生秦毓鎏、張肇桐、吳榮鬯、胡克猷、楊我江、夏士驤、許家澍、鈕鍰、顧乃珍、沈宏豫，擬長函上公使。是七月初九日郵寄之信，初十日上書。諸生約同往謁公使，繼恐公使疑慮，不見多人，祇秦、張二人偕往使署。果有巡查詰問，告以欲見公使，閽人阻之，喝令往見王監督。秦、張二人正與閽人齟齬，適有隨員張季生出，秦、張告以見公使之故，張君允之，入内。良久，出曰：『諸君信尚未到。九人入成城事，欽差萬無不允之理。惟須待福島回來，與之商辦。至吳、孫退去事，是日本的法律。』張君肇桐聞言，怒不可遏，急與之辯。張季生曰：『欽差今日有事不見，有話日後再説。』秦、張只得辭去。十一日下午，顧、鈕二君又往使署，見王監督宗炎，所説與張季生對秦、張同。十二日下午，秦、沈、夏三人又往使館求見，不獲。閽人告之曰：『明日來領覆諭。』十三日，上書諸生偕往。秦君一人先行，遇巡查禁，不使入。旋有閽人出，詰問何事。秦君曰：『見欽差。』閽人曰：『不見。』秦君曰：『見王監督可乎？』閽人勉曳之入，又告之曰：『欽差説過，學生來，一概不見。那九個人一定不送。學生來信，没有什麽回信的。』入王監督室，王監督極意周旋。須臾間，續來之九人，亦擁入求見公使。候至掌燈時，不得見，齟齬益甚。使館召日本警察官二人，引巡查七八人入室，挾秦君出。諸君亦被擁而出。出使館門，巡查命各散歸，衆皆不肯。諸巡查遂帶秦君等至警察署，均軟禁於應接室。致米湯二壺，諸君飲之，坐良久。一警察官能操漢語者，手持一紙，命各人書姓名。旋招秦君入内，署長授以紙筆，命自述其犯事緣由。署長閲畢，有一人操漢語告之曰：『我們長官都明白這個事情的道理，諸君儘可歸去。以後如往使館，同行不得過三人。』秦君出，復召胡君入，亦如是命之，乃各釋回。時已夜十一時。此皆五日前之實在情形。近日衆怒愈熾，決不輕易干休云。又抄來秦毓鎏等上蔡公使書，附録於後：

欽使大人節下：日前迭來晉謁，未覩鈞顔。不數日間，乃日人遽來干涉，有吳、孫二君退去之命。諸生惶恐，莫知所爲，不揣冒昧，敢竭愚忠，爲左右陳之。吾國晦盲否塞，孱弱極矣。内亂外侮，環伺迭起。兵戈死喪之慘，牛馬奴隸之悲，中原四顧，爲期非遥。我生不辰，罹此巨厄，嗟乎！上下之人，亦可以知所鑑戒，急圖救死矣。今同國之人來寓斯土者，上有欽使，下有學生。爲欽使者，當如何竭誠盡忠，以稱其職；爲學生者，當如何勉强，以成其身。而欽使之與學生，當如何相勉相勸，期各致其力，以報其國家。故設欽使漠視學生，以學生爲不足恤，知己之可以爲力而不爲，或爲焉而不力，是欽使負學生，負學生即負國家也。設學生薄視欽使，以欽使爲不足恃，和欽使可以爲力而不請〔一〕，或請焉而不堅，是學生負欽使，負欽使即負國家也。欽使不願學生負國家，學生豈欲欽使負國家哉？乃知事有大謬不然者。吾國留學生，欲學陸軍，必入成城學校；欲入成城學校，必欽使咨送，是成例也。邇來有私費學生數人，求咨送未蒙允。竊謂私費留學，宜蒙獎勵，乃反遭擯斥，是何意耶？賢者用意良非下愚所知。意者，節下駐紮是邦，職重外交，故學生入學一事，可置之不問乎？然已入成城諸生，皆經咨送者也。抑官費學生，有王公大人之恃，當垂青眼；私費學生，下賤者多，宜遭白眼乎？然成城諸生，未嘗無私費者也。抑隆軍定額〔二〕，節下預有成算，成城諸生，學成而歸，已足干城之選，餘者可概置不理乎？抑後來諸生，均有宿仇，不宜輔虎以翼乎？數人均小人臆度，君子諒不出此。然可以爲力而不爲，學生等疑惑不解者，一也。吳敬恆、孫揆均等亦留學生耳，熱心愛國，不忍坐視，於是有聯名環保之議。經吳摯甫京卿之請，而承節下允准，惟不願親自保送，逕以環保諸人向參署保送，該署因與向例不符，即行駁回。而節下不圖更正，延擱至今。夫始不肯送，繼因不得已而送，乃又不自保送，致參署照例駁回，而又不思更正，種種阻抑，學生等所疑惑不解者，二也。吳、孫二君，因此入署請謁而陳衷曲，時因欽使適有要公，無暇接見。吳、孫等忍飢以待，自午至夜，無有倦容。既得賜見，坐地陳詞，未嘗失敬。至力爭辭職等語，緣節下非喜譽惡直者流，故不自居於失言之列。況父有諍子，君有諍臣，古人以爲美談，載之史册。吳、孫之言，何以異此？上足以追古人之遺風，下足以矯當今之諛習。乃節下不察，始而忿不可遏，拂衣而去；繼而電召警察，押入警署。夫學生，本國之學生；警察，外國之警察。藉外人之威力，欺本國之學生，稍有人心，當不出此。而節下竟毅然爲之，是學生等大惑不解者，三也。翌日復有學生二十餘人，相率求見。而警察林立，如臨大敵。被捕者復有數人。辱士辱國，莫此爲甚。數日前，日本政府遽命吳君、孫君二人退去。警察遮護，無異虜囚。嗚呼！吳、孫二君，辱學生，小事也。欽使與學生交涉，而日本政府强行干預，失國權，大事也。使退去之令，出於欽使之請，是欽使唯恐國權之不失，而求外人奪我權也；是唯恐學生有志，唯恐學生熱心，已無辭摧殘熱心有志之學生，假手於外人，以償私志也；是唯恐熱心有志之學生，忠君愛國，君祚長，國勢强，已不能爲貪官污吏，故挫辱之，使無所成也；是唯恐熱心有志之學生，國家必愛護之，辱士辱國之臣子，國家必懲罰之。誣以國罪，治以國法，無從爲計，故不惜失國權，而使外人治之也。嗚呼！如是者，尚得謂之人乎？賢明如節下，豈忍出此？是必外人無故而干預也。然事經數日，豈不知之？而漠不動心，一無所謀，是學生等大惑不解者，四也。要而言之，學生欲入成城學陸軍，學生未嘗自暴自棄，以負國家也。環求咨送，堅請不已，未嘗薄視欽使，以負國家也。吳、孫二君，不忍旁觀，始而懇求，繼而諫諍，終至受辱，是厚待同學、重視欽使、熱心愛國者也。而節下始則不允咨送，繼則不肯親送，是失職也，負學生、負國家也。不責己之不盡職，不咎己之不納諫，反召外國之警察，捕本國之學生。及學生受無故被逐之大辱，仍袖手緘默若不聞，是大負學生、大負國家也。前事往矣，節下忍以之待學生，學生決不忍以之待節下。來者可追，今學生請之，願節下允之。欽使職重外交，非專爲留學生一事而設。然欽使自有照料留學生之責成，留學生萬無要挾欽使之情理。若欽使不失其責成，學生何從而要挾欽使？苟失其責成，學生有懇請之實，自不得避要挾之名。此次鈕鍰等九人，尊諭本云徐圖轉圜，但徐而又徐，久之又久，吳、孫二君，既冒昧而受巨辱，諒節下必不因此而失前言，仍請照例咨送，俾遂鈕鍰等入學之願。書至此，又見第二次尊諭，因有『革斥劣生、辭退狂生在内，故礙難咨送』云云。夫無論革逐辭退，不當其罪，改過即謂無過。古聖明訓，夫人如之。即不邀寬容，而九人中，除劣狂諸生外，可不容波及，仍請照例咨送，至以爲禱。以正吳、孫等急迫之罪，以明節下愛惜撫慰之心。此毓鎏等所懇求者，一也。吳、孫等初次求見，有力爭辭職等言，是規諫，非謾罵也。尊諭稱之曰『謾罵』，盍舉其詞以服人心？伊等多名列膠庠之士，或登桂籍，或任方州，非若賈豎賤販者流左棄篋筐、右管組符之比也。況爲入學之事，特來請謁，以禮列坐，長跪謹對，毫無失敬之容。而尊諭中稱之曰『突入』、曰『闖入』、曰『索送』、曰『要勒』，非擬稿者措詞失當，即深文周納。藉曰有之，而使館爲治外法權之地，何損於日人，而日人干預之耶？至道上行走，通衢宏達，區區數十學生，豈寔不能容？而日本政府罪之曰『妨害治安』，竊所不解。即曰『妨害』，數日之内，前後趨謁節下者，不下百人。吳、孫所識者，僅居其半。而獨以『妨害』爲二人罪，是何以故？雖然，欲加之罪，何患無辭？此列强外交家之要訣也。彼日以進，我日以讓，得寸則寸，得尺則尺，涓流不息，將成江河。心所謂危，不敢不告。惟有仰求節下，具文駁詰，聲明前事，囑其收回成命。彼如不允，則力爭；力爭不允，則要挾以辭職。欽使所以盡其職者在此，所以報國恩者在此。不然，學生求見欽使，彼即下令斥逐；求見欽使者益衆，被斥逐者亦益衆；勢必盡逐而後已。學生既盡，將繼之以商人；商人既盡，將繼之以欽使。緬想前途，惄焉心傷，因循任之，勢必至此。學生等所懇求者，一也。所陳四惑，所求一事，容後趨謁台從，恭聆訓誨。當言不言，學生即爲負國之民；當爭不爭，欽使即爲負國之臣。據理而諫，以身徇道，當仁不讓，雖死無悔。嗚呼！轡拳要君，左氏美之。言論自由，文明公理。國步艱難之日，非阿諛諂媚之時矣。云云。

諸生來時，惜小林已去，未得參證。

同文會議論，有指摘參謀本部者，然亦以欽使不應借日本法權壓迫學生。長岡、近衛二君，持論甚正。晚閱報紙，亦載有使館事，姑諱言之。予奉大府命來東查辦此事，既係密查，更不得不研究詳情，未便拜晤蔡公使及吴京卿。異日當能諒我。遇訪諸生，亦未便誌其姓名。

二十日，晴。清晨往葵町，發甯電，遵擬密碼。巳初，訪小林君，備述蔡公使召警察捕學生及託日政府驅逐吳、孫二人事，並言：『貴國公使，一朝之忿，何必小題大做，驚動滿城風雨。』此言甚諷。彼固熟諳我國語言情態，且自命漢家家者〔三〕。午初，訪大隈伯爵，留午餐。談吳、孫事，極不滿意於公使。並言我國遇此等事，無此辦法。午後，過同文會事務。與長岡邸電話接談數語，渠處得北京電，我政府有簡留學生總監督之議。渠頗韙之。晚，與某某六生同飲於綠屋。

二十一日，晴。大隈君來答。午前，至正金銀行，訪川島君，又訪某某。諸生歸寓後，四時，長岡電邀晚飲於其邸。座無他客，主賓對飲，論詩。

今晨，又發一電達峴帥，爲前電之補遺。

二十二日，陰。午前，至小石川區、牛込區，訪某某生，復訪詢前事。其緊要關鍵，衆口相同。午後，接峴帥電，詳查學生姓名、籍貫，並查某某有無實迹，抑係被誣等情。傍晚，至錦輝館，詳問一切，並無影響。又至報館，購閱前兩月全分報紙。查無證據，亦幷無清國學生開會事。又訪犬羊君於横濱，同飲於法國酒店。垂問行蹤，告以游歷。閒談中，詢某某生，彼並不知姓氏，遂亦未便深究。夜半，始回東京。車中閱朝日新聞，又有『公使之威』一段。

二十三日，晴。清晨，電復峴帥，名册面呈，某某確係被誣。另繕長函，備述各事，郵寄書留。午前，長岡子爵來。午後，松本、田中偕往新富座聽戲。晚十時歸。戲爲野村中將故事，均詳日本正史。生、丑、俊、旦，與中國同。但演白話，絶少唱工。屋宇樹木，茶飯酒食，色色皆真，如履實境。其戲臺下，有羅絲活盤，戲齣畢，則遮以布幔，隨時活動變移，頗有意趣。

二十四日，晴。午後六時，乘火車行。

二十五日，晴。九時四十五分，抵神户正金銀行，訪青木、安部二君，談。投宿吉田旅館。

二十六日，晴。午前，諏訪山沐浴。晚，服部松方同飲於玉亭。購定法公司輪船票，較日本船價昂四倍。

二十七日，陰雨。午前，元町購物。午後六時，乘小輪，登大船。亥初三刻展行。

二十八日，晴。舟載一萬二千餘墩，渡洋甚穩。

二十九日，晴。辰正三刻，抵吴淞。此舟係由神户直放上海，實行三十三小時，换乘小火船。午初，抵虹口，住北春江里豐陽館。即日往甯銷差。

校記

〔一〕和　疑當作『知』。

〔二〕隆　疑當作『陸』。

〔三〕漢家家　疑當作『漢學家』。

東游紀念第三　攷察警務

山西省總理全省營務處督辦警務學堂兼辦機器火藥巡警軍裝等局李宗棠

光緒癸卯年夏五月，奉晉撫命，聘訂日本警務教習。閏五月朔，由太原起程，越六日間抵正定，換坐火車至保定，拜晤兩司，商詢各事。保定警務學堂擬將裁併天津，遂由保定至津，謁袁慰庭宫保，並訪日本總領事官伊集院彦吉、副領事官高尾亨、天津巡警總辦趙芝庵觀察秉鈞、警務學堂總辦沈叔瞻太守金鑑、總教習三浦熹傳、副教習原田、綱崗德五郎、小川勝猪、和泉正藏、繙譯中島比多吉、河崎武諸君，迭次會晤，參看學堂功課，偵察地方情形，以及教員成蹟之優劣，學生進步之緩速。保定正教習村出宜寬暫留天津，副教習鎌田彌助請假回國，即日旋華。三浦、村田兩君，皆本國警視官，學問頗有閱歷，嘗與往還討論，極言從前創設之難。教科課程，若盡照日本現行警察法，其中多有窒礙，勢必酌度目前狀況，且須與人情風俗相宜，始能見諸實施。是以教科書皆須臨時編譯，津、保皆然。十二日進京，見新撫張曉帆中丞，稟陳一切。候送起節後，復返津。北京警務學堂總監督川島浪速、提調長谷川辰之助、總教習稻田穰、副教習相蘇清五郎、潮村哲次郎、阿部精二、久松省三、繙譯淺井新太郎、大田原總次諸君，隔年舊識，相見益歡。於京、津間往返兼旬，商訂未能就緒。電稟晉撫吳贊臣中丞，請示辦理。奉電，復飭令即日東渡，并專弁齎送咨文到津。當即託天津領事官代向郵船會社購定船票。頭等艙位日鈔六十七圓，二等艙位四十七圓，三等艙位二十圓。至神户如欲馬關上岸，换坐火車至神户鐵路會社，與郵船會社相聯絡，由船給票，無庸另給車價，但寢臺飯食賞錢，皆在外云。

六月十七日，即東曆八月九號，天氣晴和。午正二十二分，由天津乘汽車起行，箱物預交通運公司代送舟次。三浦村、田中島等送至車站，篤之偕往塘沽。未正二刻，换坐小火船，至大沽口外，登高砂丸。酉正刻起椗，風平浪静，涼爽非常。該船係專爲裝運貨物，客艙不甚寬綽。積石數一千七百八十八噸有零。一等室容九人，二等室容十四人，三等室容一百五十人。晚，晤船長河原勝治、事務長石田賴茂、機關長曾我昌，均能略操英語，獨不能解支那語。同舟客有田中慶太郎，及正金銀行三輪、永野兩君，又有美國人，男婦四客，略話寒暄。夜行極穩，有月色。

十八日，晴。午初，抵芝罘即煙台，登岸一遊。沿堤馬路週圍約二里許，外國人多築室於坡上，山下洋行僅有數家。入内大街道路不平，車轎甚少，步行困乏。至日本料理瓢亭，午餐後，即歸舟。晚，三輪復邀至該處酌酒，聞日本人之居留此地者，約二三百人，絶無大商富賈。領事署在山上新建花房。現在領事爲水野君。

十九日，晴。午正，開行。酉初，望威海衛。戌正後，出山東海境。晚間，陰雲密布，夜落微雨。

二十日，陰。傍晚，大雨數陣，入朝鮮境。戌初，過木浦山。前即仁川島，海面小山錯立其中，似無人煙。谿徑險狹，最易觸礁。舟行至此，不敢急駛。戌正後，入大東洋。夜露月光。繕寄蘇信，至門司發。

二十一日，晴霽。波平如鏡。亥初，行抵六連島，距門司三邁路。晚，月色頗佳，與西人縱飲。

二十二日，晴熱。卯正刻，醫來，驗疫畢，駛入口内，時已辰初。偕田中慶太郎乘山陽鐵道之珠島丸小火船，至馬關登岸。税關檢查甚嚴。同至鐵道旅館川卯家小憩。有大坂新聞報社訪事人安齊垣一郎來訪。未正四十分，上火車，過一ノ宫長府。小月埴生厚狹以上，皆沿山臨海，鑿洞而行。有深至百餘丈者，或燃燈，或暗坐，陽氣閉塞，人頗不舒。又過小野、田舩木、阿知須、嘉川小郡、大道三田、尻富海、福川德、山下、松島、田岩、由田布施等處，至柳井津時，已傍晚。又過宮島、廣島，系崎尾道福山岡山姬路，明石夜行，快車只停十數次。沿路農疇碧茂，與中國同，惟收成較中國俱稍遲。由馬關至神户，計日里一百六十里，合華里約一千零三十六里。

二十三日，晴。卯初四十五分，抵神户，寓菊水館。閲朝日新聞，已將予在馬關登岸情形備載報端。訪領事蔡公不值，館中僅王姓一人，其餘委員皆已裁撤。廣生號略坐，唤待詔在彼處理髮。又往白洲商店，訪市川徹彌。回店午餐後，至税關，取行李，由高砂丸運來者，内有送人禮物，價值珍貴。面告關吏，請其檢驗，照章納税。緣以日本關税最爲認真，稽查外國人尤嚴，不得不據實以告。誰料關吏竟許免驗放行，此其待外交官之禮遇也。申初，市川來，偕遊街市。酉正十五分，乘火車向東京進發。遇直隸官派赴博覽會員、北洋煙草公司工場總董、河南縣丞秦煇祖，字仲雲，江蘇無錫人。去年隨吳摯甫京卿初次東渡，今奉袁慰帥派來購辦機器云。

二十四日，晴。日曜日。巳初三十分，抵新橋。行李交運送店，自賃人力車至青柳館投宿。屋宇軒敞，較三橋旅館略勝一籌。午後，拜蔡公使，以疾辭，不獲見。晤湖北學生監督查玉階雙綬暨蕭子文。又至神田區駿河臺留學生會館，執事人均他出。晤浙江官學生蔣君，取閱報告書二冊。晚，致書公使，附送晉撫咨文，並函達外務大臣小村壽太郎，及警視廳總監大浦兼武，備述來意，容再訂期往謁。

二十五日，晴。清晨，繕寄張中丞、吴方伯稟函及蘇、滬、津各信。巳刻，便衣往外務省，大臣尚未進署，小林君亦未來。堺與三吉已往煙台，晤政務局長山座圓次郎、屬官岩村成允，暢談。詳告此次延聘教習事，並晉省農林兩教習現在辦理情形，託其照會警視廳及内務省警保局，擬往各警署及警察、監獄、學校、巡查教習所等處，調查學務並現行警察章程。緣警視廳專管東京地方，若全國之警察，則隸警保局，遇有外國人往參觀，必須先行照會也。晚，商業學校學生權量，字謹堂，湖北江夏人，又，錢少雲觀察之二令郎先後來見。

二十六日，清晨，微雨一陣即晴。午前，繕寄張中丞、吴方伯稟函。午後，至麴町區下二番町二十二番地，訪小林光太郎，長談二時，詳告以來事。渠言此次博覽會，華人男女來者，賣票有九千餘張。其中，亦多重遊之客，約略計之，當不下四千人數。又言本年天長節後，又届本國大操之期，業經照會各國公使，請派員來看操。又至平河町六丁目十一番地，訪平岩道知，並見其父及其妻。外務大臣小村壽太郎來答拜。午後，訪大浦君，不值，近來常住鎌倉别所云。傍晚，遣岡村送各處禮物。

二十七日，晴。閲報紙。大浦君由鎌倉歸，當即約訂後日會晤。旋接蔡公使函，晉省公牘業經照會日本政府，外務大臣特遣岩村來道謝贈物之情。午後，至木挽町岡本館，訪北洋陸軍軍政司兵備處籌備提調王亨鑑，字子精，直隸人，大倉洋行中根齋。並晤皆川廣量及式村君，北洋留學生監督趙理泰，字康侯，合肥人。又至四谷區本村町三十四番地，答岩村並見其母，暢談許久，歷述毓將軍前與大浦總監問答數事，並言警務首重交通、電報、電話，警署皆應自備，此係最要機關，不知中國現在情形如何等語。出贈東京警視廳一覽表。酉刻，雷雨交作，冒雨而歸。

二十八日，晴。午前，繕寄滬鎮各函。近日脚氣大發，兩足徧生水泡，間有濃血，步履甚艱。皆川廣量持大倉喜八郎、高島小金治函來，邀請晚餐。外務省電話，告知小村外相明日有要事，不克來。警視廳電話，告知明日午前，大浦總監到廳，約往會晤。酉刻，皆川君復來催請，並陪往赤阪區葵町。緣山而上，至大倉君府第。入門，院落宏敞。右側建右臺，於平地塑一銅觀音像，主人信佛，不問可知。閽者引登三層樓，主人出迎。茶座略息，導觀家設博物館。屋宇高大，金碧輝煌。與德川氏家廟大殿相仿。其中，佛像最多，有二千年前印度釋迦古佛數十尊，洵屬世所罕見。室内置玻璃櫃，悉儲古器，紅雕漆之巨物不少，如坑桌、鏡臺、果合等類。此外，泉刀沿革標本以及銅磁各種舊物，並本國古時美術品，搜羅頗富，令人一縱覽間美不勝收。又登層樓上臺，遥見宫廷風景，俯視畿原，瞭如指掌。據言，此樓在東京爲極高處，大倉君乃江户富豪中之巨擘，頗有孟嘗君風。從前，赤手成家。今千數百萬貲財，皆八郎所獨創。現年六十八歲，有一子游學歐美。造博物館，將來擬輸入官府。近又創設商業學校，即在邸園附近，經營廣厦，尚未竣工，大約明春可開校云。晚餐，入座同席有華人王子精，其餘皆川、中根諸人俱門下客。杯盤交錯，在東餐中，極稱豐盛。其中魚翅、海參諸品，實爲享我華人而設。内有生鯨魚絲，頗珍貴，如中國用燕菜然。侍女滿前，彼國習爲故事。酒既酣矣，飯畢，主人猶殷殷款留，復至前廳檐下納凉。有操啜咪僧者，登臺奏曲。曲終，客亦各散。

二十九日，晴。午前，平岩道知來訪。十一時，往警視廳拜晤總監大浦兼武。俄頃，岩村亦至，並晤警視屬佐伯仲藏、黑柳重昌，談延聘教習事，並商訂查看各警署及消防署並各教習所日期。黑柳君導觀標本室，所儲關係衛生各物甚多。凡銅鐵器及瓦器如鍋壺等類，其有毒氣者，悉標注於原物上，置玻璃櫃内，以便隨時參考。又有人身全體標本一具及真胎形數具，預備檢疫之需。又有消防各器標本，又有盜犯所用刀銃等件。四壁所懸像片，本國自首創警署之初任總監始以迄今任各像。歷年官長服色，間有不同。並有德國警署贈送之像片、中國杭州警署贈送之像片。午後，蔡公使來答拜。晚，與小川談。

三十日，晴涼。午前，移居麴町區内幸町一丁目五番地旭館旅店。午後，客來如織。使館吳瀚濤、袁遜初、施畬孫、北洋委員王子精、臺灣協會學生狩野豐松、安徽留學生孫培、方時簡先後過談。外務省來函，改訂查看警署日期。有小宮山卯三郎者，前先使館僕役，今改業販賣雜貨，每遇華官至此，兜攬貨物，從中漁利，倩方鶴人介紹，持吉沼商店及造畫館等處賣物簿來謁。

七月初一日，晴。今日爲日曜日。各官署學校均休業，無可參看。午前，繕發張中丞、吳方伯稟函。午後，往銀座勸工場一遊，並與馬車會社訂明包車。晚，小宮山引造畫館人送各種圖畫來閱。

初二日，晴熱。巳初刻，往京橋區警察署參觀。適該署長有事他出，警部鮫島宗誠導觀辦事各所。入室見各員皆伏案辦公，座次俱有定位。各員起立致敬，予以鞠躬答禮。有收呈詞者，口訴居多。有管户口簿者。有管營業簿者。有專管車馬族店者，皆係隨時呈報，無論中外人等，雜居、滯留、遷徙等情[一]，及其生死年、月、日、時，並男女實在人數，或爲過客，或爲土著，或爲流寓，或爲行商，非由本人通報，即由旅店通報，不准遺漏。如有逾限不報者，罰鍰若干。有稽查功過表者，各町派出所之巡查，晝夜輪流執事，日曜日不休息。月餉自二十五元至十元不等。所轄地面，每月比較强盜竊賊、掏摸詐欺及其他罪犯之多寡，以定巡查之功過；再以本年案件比較上年之多寡，分別列表以爲年終考成。此中雖欲瞻狥，亦實無弊可作。派出所每日將有無各項案件，注表蓋印，呈於本署。本署彙呈警視廳。每月各警部及巡查，到署會議一次。又有專閱各種日報者，摘要鈔録。其中如有紕繆或於報律有礙處，可由警署諭令禁止。有檢疫所，凡住本區人家，遇有病人，應由醫生報知，本署派人往驗，輕者在家調治，重者送入病院，皆由本署主持。有訊問所，極窄狹。問官坐上階，置一方桌，一便椅，審問案情，隨時筆記，並無站堂人役左右其間。犯人坐下階，置一小桌，一小椅，犯人坐，待問話時則起立而對，或獨訴，或對質，絶不加以恫愒之狀。小事由本署判決，大事則送警視廳，或轉送裁判所定罪後，始送入監獄。有留置所共四處，每處可容六人，暫爾覊留人犯，本屬無多。此外，有休息所、應接所。閲畢，與鮫島君略談。據言，現在警視官薪水，每月六、七、八、九、十圓不等，百金以上甚少。消防夫月支工食約在三圓上下云。

本區署長警視官（署長皆警視官。）一員，分署長無（分署長皆警部。）署詰，（即警部。）巡查部長七十三人，刑事七人，其他一百三十七人，巡查計共二百十七人，警察書記十五人，派出所二十九處。又至牛込區砂土原町一丁目二番地，訪留學生總監督汪伯唐京卿（大爕）。又至藥王廟町，訪湖北學生監督查玉階太守（雙綏）。在多羅亭午餐。午後，拜晤蔡公使。言浙省所延礦師，日本政府確有津貼。並晤孔懷、遜初諸人。晚，鶴人來談。

初三日，早陰即晴，炎熱異常。巳初，往麴町區警察署。警署長村島（堅）及其屬官石井（岩治）導觀辦事各所，並檢疫所、留置所、訊問所、休息所，與京橋署大致相同，惟屋宇較寬大。東京十五區，當推此爲巨擘。各所外，又有擊劍所。村島君出示警署辦事日表及各案年月比較表，談論約一時許。本區署長警視官一員，分署長無、署詰八員，巡查部長五十人，刑事四人，其他一百二十七人，巡查共二百七十一人，警察書記九人，派出所十八處。村島君又爲紹介本區區役所。石井君陪往參觀區役所屬市役所，入門，左税務，掛經理各項營業税，如商店、宿屋、車馬、船舶、社會暨諸製造場，以及劇場、茶屋、酒樓、妓館各雜業，均遵税則隨時輸納；右庶務，掛稽查户口、册籍以及兵事課，係各有分掌。閱明治三十五年六月末調查表，本區户數八千九百八十一户，男丁二萬一千八百六十八人，女丁二萬零八百四十七人，總計四萬二千七百十五人。一時在留人六千二百八十一人，外國人一百二十四人。内有一室，專司衛生之事。凡醫師、獸醫、藥劑師、産婆、藥種商、牛乳榨取販賣業、乳牛頭數、榨取乳量及其畜舍並屠獸場、獸肉販賣業，各種關係衛生物品，皆須隨時檢驗。閲畢，又至神田區警察署，拜晤署長向田幸藏。導觀各所，與他區同。又爲電話告知本鄉區警察署長，飯後往觀。偕惕齋在西洋料理店午餐。未初刻，往本鄉署，拜晤署長永谷隆志，略談。此公前經蔡公使任上海道時，聘往上海，辦新馬路巡捕房。不及一年，蔡卸任，彼亦歸國，華語尚未粗通。又至本鄉館，訪秦、馬諸人。晚，關ケ谷佐吉來。

初四日，晴熟。巳初，往芝區警察署側巡查教習所參觀。拜晤所長、警視廳警部勳七等樋口徽泰，暢談一切。出示本所規則及其課程豫定表，教科書以法令類纂爲正宗。此外，則以警眼叢書爲初級課本。又有摘録各本，附之以表。該所現在巡查學生一百人。學生初入學時，須由各府縣挑送，皆中學校曾經卒業者。所長導觀各教室及自習室，適教師警部陣繼馬上堂講授非常報知機取扱心得。堂上置電篋二具，即警署所用電報，篋式均係自編符號，某區、某町、某丁目、某番地，某事如救火、捕盗等情，符號各異。學生熟識符號，遇事則按照符號辨認。此項電報外，仍有電話。近者常用電話，遠者電話與電報並行不悖，一呼百應，是乃警務第一緊要機關。東京十五區及各鄉間警署、駐在所、派出所，皆自設有電報、電話，無論遠近，胥聯絡爲一氣。近年來，警察明效非賴電報、電話之力，萬不能如此神速。陣君講畢，樋口君復上堂，始而演説予來東京訪察各情，作感佩狀；繼又講析警察要義一段，旋至操場演習警察操練，與他學堂及陸海軍不同。時將向午，不及多備，僅演平等相遇及遇長官相見禮節並捕盗法。樋口君講説最詳，其教法亦頗周密，從旁聽受，令人醒快。閲畢，時已過午，即在芝區西洋料理店午餐。午後，訪小林君，商酌合同條款。晚，平岩君來長談。兹將巡查教習所章程詳譯如左：

巡查教習所規程

第一條　巡查教習所，係執行採用巡查之考試，及命新任巡查爲受業生，而教以職務上必要之學科及其實務。

第二條　巡查教習所職員如左：

所長　警部　一員

教習　警部　一員

助教　巡查　五員

書記　雇員　一員

會計〔二〕　雇員　一員

第三條　所長承第一部長之命，以掌理所務，監督所員。

第四條　所長欲設立有關所務規則之時，須受第一部長之允諾。

第五條　如左之事項，所長皆宜申告第一部長：

一　有關命免、賞罰受業生之事。

二　有關受業生卒業考試成蹟之事。

第六條　如左之事項，所長隨時辦理後，須彙總申報第一部長：

一　許准助教以下休暇、看護、歸省、易地調養、掃墓之請，及命除服、出仕等事。

二　許准受業生看護、歸省、易地調養之請，及命除服、出仕等事。

第七條　如左事項，所長可以專行：

一　與警視部内部署長及郡區市町村長等相照會應答於掌管事務有關之事。

二　准駁受業生等之諸種請求。

三　禁止受業生外出。

四　招用及革除服役等人。

第八條　教習承所長之指揮，以教育及約束受業學生者，是乃責任。正教習猶宜兼任會計主席。若所長别有他故，不克任事之時，其所掌事務，亦應由正教習代理。

第九條　教習於本職之外，如採用巡查、檢定、考試等事，皆得參與。

第十條　助教承所長、教習之指揮，以補助教習之職任。此外猶宜承所長之命，以贊助書記、會計之事務。

第十一條　書記承上官之指揮，以職掌收發文書及編纂、保存、統計、記録等事。

第十二條　會計承上官之指揮，以掌理出納銀錢、調度物品及保存豫算調製等事。

第十三條　受業生規則，由第一部長審定後，呈總監認許。

巡查教習規則

第一章　學術教授

第一條　教授科目如左：

一　警察法

二　刑法

三　刑事訴訟法

四　操練

第二條　警察法者，係舉警察法規之要領、服役之方法、順序而教授之。

第三條　刑法、刑事訴訟法者，係舉於執務上緊要之條項而教授之。

第四條　操練者，係舉警察禮式及姿勢、運動之作法而教授之。

第五條　每星期教授之時刻如左：

一　警察法　十二點鐘以上

二　刑法　六點鐘以上

三　刑事訴訟法　六點鐘以上

四　操練　　六點鐘以上

第二章　實務教授

第六條　實務教授之區別如左：

一　瞭望巡回

二　非常召集

三　整列點檢

四　大巡行

第七條　前條所載，悉於教授學術時刻之外舉行。

第八條　瞭望巡回，照巡查派出所服務之法，在教習所内不時舉行。

第九條　非常召集，照非常召集規程，在教習所内不時舉行。

第十條　整列點檢，照巡查點檢規則，定期舉行。

第十一條　大巡行者，原爲熟知地理及諸官署位置起見，故可因便舉行。

第十二條　前條所述之外，可因便加學生於警察巡查部伍之内，舉實務而教授之。

第三章　學期及考試

第十三條　學生受業之期，以二月爲度，分此爲第一、第二兩學期。每學期之末，必舉行考試，以驗其成蹟。

第十四條　考試成蹟點數，以一百爲最高。各科平均點，六十以上爲合格。其不滿六十，及一科不滿二十點者，爲不合格。若平均點數九十以上者，列爲優等。

第十五條　第二學期考試不合格者，予限十五日以内，俾資温習，再行考試。

第十六條　第二學期考試合格者，給以卒業文憑。其列於優等者，特與以賞狀。

第十七條　認明具有警察官之閲歷，並素講學術之人，可不拘學期滿否，一例與以卒業文憑。

第十八條　受業生修業之成蹟，及平素之勤息、品行之良否，宜通知就職之部署。

巡查教習所受業生規則

第一章　通　規

第一條　受業生當順從所長監督、所屬教習之指揮命令。

第二條　受業生宜遵守巡查服務心得，但服實務之時，其應遵守之事項不在此例。

第三條　受業生不得互相借貸錢財、物器。

第四條　受業生於借貸之物品，必鄭重視之。倘有損汙等事，須賠償之。

第五條　受業生等受業、自習、休憩、外出、起牀、就寢、喫飯、入浴之時，皆鳴鐘以報。

第六條　受業生休暇日期，援所有官署之例。

第二章　講　堂

第七條　各講堂皆置正場長、副場長二名，以膺堂内整理之任。

第八條　講堂内之席次，須豫先指定。

第九條　所長、教習進講堂之時，由場長發令，受業生一同起立行禮。警視總監、警視以及其他長官入堂之時，由教習發令，受業生一同起立爲禮。

第十條　受業生筆記教習所講藉供自習。若欲質問，須起立而詢，不許涉於議論。

第十一條　受業生不經教習許可，不得擅自離位。

第三章　自習室

第十二條　自習室者，爲自習及休憩之處。每室各置室長一人，以當整理之任。但室長以場長及副場長兼之。

第十三條　自習室内之席次，須以豫先指定者爲據。

第十四條　自習時限之間，須温習適宜之科目，不許濫自離席。但不得已而離席之時，須經室長承認而後可。

第十五條　自習室内，所禁之事如左：

一　自習時限中喫煙。

二　狂誦雜談。

第四章　寢　室

第十六條　各室内置室長一名，以承整理之任。

第十七條　寢室内所禁事項如左：

一　使用火氣。

二　支給及借貸之被服類，與寢具混用。

三　往來他室，爲無益之談，攪人安眠。

第五章　容　裝

第十八條　受業生著定制服裝，操練及休息時著用操練服。

第十九條　非加入先任巡查學習實務，及非教習率領出隊之時，不得帶劍外出：

第二十條　受業生佩一定之徽章於左腕。

第二十一條　受業生在自習室内，惟夏期可脱上衣。

第六章　外出及外宿

第二十二條　受業生欲外出之時，必告知教習，歸所亦然。若外出而罹於病，以致逾限歸所，須稟明其事由，並附醫生診斷書爲據。

第二十三條　受業生遇有如左事項之時，皆得稟准外出：

一　祖父母、妻子、兄弟、姊妹重病或死亡之時。

二　父母祭日，應行致祭之時。

三　爲已有病，而往醫家之時。

四　前項以外，有不得已事情之時。

第二十四條　受業生遇有如左事項，可稟准旅行外宿：

一　移地療養若就醫，必須外宿之時。

二　外出後染病，不得歸所之時。

三　父母病重，須歸看護之時。

四　屬於軍籍，而奉召集之時。

五　父母死於家内之時。

第七章　疾　病

第二十五條　受業生染病之時，須受官醫診斷。

第二十六條　受業生染病而休養之例有五，分載如左：

一　外宿休養。

二　病室休養。

三　受業時限以外病室休養。

四　停止操練。

五　脱靴。

第八章　食　堂

第二十七條　受業生於喫飯時限之外，不得出入食堂，又不得在食堂外飲食一切。但特受許可之時，不在此例。

第二十八條　受業生喫飯之時，宜以肅静爲主旨，不可爲粗暴之言動。

第九章　處　罰

第二十九條　違背本則，或抗違所長、教習之指揮命令者，三星期以内，禁止外出。

受業生心得

第一章　行　狀

第一條　受業生不拘在所之内外，皆宜紀律嚴正，不可作有傷體面之行爲。

第二條　受業生尚未服習實務之時，不得對人民執行法規。

第三條　凡捕重輕匪之現行犯、救人命、防火災等及一切應爲事件，儘一己之力量，可即施行，勿須猶豫。但送有以上事件[三]，歸所後宜即速報教習。

第四條　受業生外出之時，不得至所到地方之飲食店、遊戲場以及其他猥瑣場所。

第五條　受業生在所内，不得放聲高歌，及爲喧噪之行。

第六條　受業生不得在自習室及應接所之外喫酒。

第七條　受業生在所内，無拘何等地方，概不准爲痰唾等不潔之行。

第八條　日常使用之器具勿論矣，在所内，無拘何處之書籍、器具，亦不得稍有污損。

第二章　教授時限

第九條　教授、自習、休息、外出、起牀、就寢、喫飯、入浴時限列如左表。但時限伸縮，可因時以爲變通。

事项 \ 期限		自三月一日至七月十日	自七月十一日至九月十日	自九月十一日至十月三十一日	自十一月一日至二月末日
授業	學科	（自午前九時）（至正午十二時）	（同上）	（同上）	（自午前十時）（至正午十一時）
		（自午後一時）（至同三時）		（自午後一時）（至同三時）	（同上）
	操練	（自午前八時）（至同九時）	（同上）	（同上）	（自午前九時）（至同十時）
		（自午後三時）（至同四時）		（自午後三時）（至同四時）	（自午後三時）（至同四時）
自習		（自午前七時）（至同八時）	（同上）		（自午前八時）（至同九時）
		（自午後七時）（至同十時）	（自午後九時）（至同十時）	（自午後八時）（至同十時）	（自午後七時）（至同十時）
		（自午前五時）（至同七時）	（同上）	（自午前六時）（至同八時）	（同上）

(休息)	(自正午十二時)(至午後一時)	(自正午十二時)(自午後一時)	(自正午十二時)(至午後一時)	(同上)
	(自午後四時)(至同七時)		(自午後四時)(至同八時)	(自午後四時)(至同七時)
(起牀)	(午前五時)	(同上)	(同上)	(同上)
	(熱)(午前四時)	(同上)	(午前七時)	(同上)
(喫飯)	(午餐)(正午十二時)	(同上)	(同上)	(同上)
	(夕)(午後六時)	(同上)	(午後五時)	(同上)
(外出)	(土曜)(自午後二時)(至同六時)	(同上)	(同上)	(同上)
	(平日)(自午後四時)(至同五時)	(同上)	(同上)	(同上)
	(休息)(自午前六時)(至午後六時)	(同上)	(自午前七時)(至午後六時)	(同上)
(入浴)	(自午前七時)(至午後五時)	(同上)	(同上)	(同上)
(臥牀)	(午後十時)	(同上)	(同上)	(同上)

第三章　講堂自習室寢室

第十條　受業生於授業時刻五分鐘以前，齊集講堂，以待教習。

第十一條　除受業時刻之外，不得濫行出入講堂。

第十二條　除自習及休息時刻外，不得濫行出入自習室。

第十三條　在自習室内，於火盆、燈火等，宜留心防範火警。

第十四條　受業生之佩劍、帽子、外套、長短靴、文庫、寢具以及其他物品，皆宜置於指定之場所。

第十五條　欲就牀安寢之時，必須將佩劍、帽子持至寢室，挂置於指定之場所。

第十六條　被服等宜置於臥牀内之一定場所，俾遇非常召集之時，以便速應。

第四章　外出及外宿

第十七條　受業生欲外出之時，須將在一定地方懸挂受業生人名札之裏面，反向外挂（朱書）。歸所後，再復其表面於外（墨書）。

第十八條　受業生外宿之時，須將被服以及其他之給與品、借與等品物，暫時交還，歸所後再行領取。

第五章　疾病療治

第十九條　受業生患病之時，須間日受官醫診察一次。但患重病者，急於診視之時，可臨時請求。

第二十條　患病輕者，欲臨時診視之時，可自謁醫家求診。

第二十一條　須在病室療治者，可從教習之指示，移入病室。

第二十二條　在所患有重病者，受業生應輪班看守，併可指名派人看護。

第六章　掃　除

第二十三條　受業生平日須照指定之時刻，每朝夕將室内外掃除，其區別如左：

第一區　講堂及廊下。

第二區　自習室廊下及受業生應接所。

第三區　教授室廊下及樓梯。

第四區　指定之場所。

第二十四條　前條所載掃除等事，須從教習之指示，輪班爲之掃除。既畢，須受檢查。

第二十五條　每星期第六日，所有受業生宜從教習之指示，大行掃除。講堂、自習室及廊下，皆以水滌洗，玻璃窗户等尤宜拭淨。

第七章　食　堂

第二十六條　喫飯而入食堂之時，須依豫定之次序而入。

第二十七條　往來於食堂之時，不得疾馳喧噪。

第二十八條　就桌之時，當依豫定之號次而坐。

第八章　雜　則

第二十九條　受業生不須帶貴重器並長大物件及其他無用之品來所。

第三十條　受業生接見來客，宜在豫定之應接所，且以授業時刻以外爲限。

第三十一條　受業生不得濫用小使、廚役。

第三十二條　入浴之時，須依豫定之次序。

受業生實務教習内規

第一條　教授實務，係當值之教習及助教擔任其事。

第二條　每於講堂内，使受業生假作數處派出所人員，分而教授之。

第三條　瞭望於大門值宿室外，或廊下以及其他緊要場所，設置巡回，惟夜間依豫定之線路巡回可也。

第四條　非常召集，每星期執行一次。其舉行時日，由所長因便訂定。

第五條　整列點檢，每於星期第六日教授操練之始，由所長執行。

第六條　大巡行，必設有一定之人員及區域，由所長因便指定。

一　勤務覽一表。

二　勤務日志。

第七條　瞭望時，所應辦理之事如左：

一　書狀受附。

二　指示之事項。

第八條　巡回及大巡行中，見聞之重大事項，必需申告。

第九條　前各條外，有臨時必要事項之時，由所長指定辦理。

操練規程

第一章　總　則

第一節　號　令

第一款　號令，有豫令 行書爲紀、動令 楷書爲記。之別。豫令，宜嘹喨發唱；動令，短簡醒快發唱可也。又，唱發豫令、動令之間，其音必存有適當之時刻。若號令活潑，則動作亦隨之活潑。故號令無拘若何場所，必以同一之方法，及活潑之聲音發唱爲要。

第二款　規程所載之號令，必遵用而以爲法則。若號令難盡其意，始用命令。

第二節　佩劍動作

第三款　當佩劍行進之時，必有向前之豫令。彼時即宜將劍柄握起，若停止之時，則將劍柄由左手放下。

第二章　各個教練

第一節　不動之姿勢

第四款　號令：

立　正

發此令，則宜將膝伸直靠緊，兩脚根横於一直線，其脚尖撑成矩形，稍向外開。上身安直，腰上稍向前傾，兩肩稍向後掣，雙臂自然垂下，兩掌稍向前面，整閉諸指，小指緊貼於褲縫之後，頭須抬正，則頸自挺直，兩腮遂與脛部相接，兩目不可視地，直向前視可也。

兩足立正一事甚爲緊要。蓋全體姿勢，皆賴乎此。倘兩足不正，則肩部之位置亦必因之傾斜。

第二節　休　憩

第五款　休憩之時，下如左之號令：

少　息

此令不須留意於姿勢及動容，只以片足置於原立地位而休憩，除發少息號令外，操練時不得隨意妄動。又，休息中亦禁止談話。

第三節　轉　法

第六款　號令：

向右左……轉。或半面向右左……轉。

左足尖與右足稍向上抬，以左踵向右左轉四分之一或八分之一，乃收右踵，接於左踵，列於一線上。

第四節　向背後

第七款　號　令：

向後……轉。

將右足向後，引過其脚尖，接於左脚根，稍抬兩脚尖，膕須伸直，乃以兩脚根轉向背後，再撤回右踵，與左踵相接。

第五節　速步

第八款　速步，一步之間約七十五珊知米達。珊（一珊知米達，爲三寸三分，）其速度一分鐘一百十五步。

號令：

開正步……走。

發豫令之時，即宜將體重量移於右足之上。一發動令，則將左脚向前彎抬，離地無須太高，足尖稍向外垂，膝膕伸直，上身稍向前傾，蹈落於離右足七十五珊知米達之處，乃將體重量移於其足。

左足落地之時，即將右踵離地，輕曲其膝。如前説左足之法，將右脚向前抬出，卻蹈於相當之地，繼續前行，不可兩足交叉。此時，宜正直頭頸，不摇兩肩，將兩臂自然振動可也。

第九款　號令：

全隊　立定。

將後足引接，前足立定。

第六節　退　步

第十款　退步用於稍距離之時，其速度與速步同。

號令：

退步……走。

速將左足退後伸直，膝脛置於離前足半步之處，次將右足如前動作，相繼退却。

第十一款　號令：

全隊　立定。

將前足引接，後足立定。

第十二款　跑步，一步長八十五珊知米達，其速度一分鐘約一百七十步。

號令：

跑步……走。

發豫令時，兩手作拳，與腰齊。兩肘向後，移體重於右足。

發動令時，先出左脚。其法，脚稍屈，僅抬其膝，足尖向下，蹈落於離右足八十五珊知米達之處。右足亦如左足，同法動作，常移體重於蹈落足上，再自然振動其兩肘，相繼而行進可也。

（全隊立定）令下時即停止，將兩手直向下垂。

第八節　便步行進〔四〕

第十三款　此行進法爲欲休憩，故用此法。

正步前進時，下如左之號令：

換便步……走。

發此號令時，則無用守正規步法。其速度約如速步或跑步，不可姿勢不整。（行列不宜紊亂，且宜保持劍柄免致摇動，若係排列横隊之時，相離開八十珊知米達之遠）以前進可也。

第十四款　號令：

速　步。

此令下時步法、姿勢：步法無用法注意，約用速步之速度（行伍不可紊亂）前進可也。（横隊内無此動作之法。）

第十五款　再欲復齊步法之時，則下如左號令：

速（跑）步……走。

第九節　搭　脚

第十六款　行進時，下如左之號令：

搭脚……走。

此令不行進，少屈其膝，兩足交相起落，與正步同法。

第十七款　再欲行進時，下如左之號令：

換正步……走。

第十節　換　脚

第十八款　行進時，下如左之號令：

換脚……走。

此令下時，將抬起之足，蹈落於前，引後足於蹈落一足之後，再出前足行進。

第十一節　横　步

第十九款　現除。

第十二節　行進間向左右

第二十款　號令：

向右左轉……走。

向前蹈住左（右）足，將身體轉向右（左），再將右（左）蹈出於新定之方向，繼續行進。

第十三節　斜行進

第二十一款　號令：

半面向右左轉……走。

向前蹈著左（右）足，將身體半面轉向右（左），再將右（左）足蹈出於新定之方向進行可也。

第二十二款　再欲復其直行方向時，下如左之號令：

照舊……走。

其法如斜行進同，只復正面而行進。

第十四節　進行間右轉回

第二十三款　號令：

向後轉……走。

向前蹈著左足，迴身向後，再收右足於左足，乃出左足行進。

第二十四款　於爲右轉回時，欲使停止，則下如左之令：

向後立……定。

向前蹈著左足，迴身向後，再收右足於左足，立而成不動之姿勢。

第二十五款　第十二至本節若用跑步時亦同此法。

第三章　部隊教練

第一節　通　則

第二十六款　部隊運動時，其第一列之正面，與第二列之正面，以及右翼先頭與左翼先頭，固得各不相關，而以確實正整爲要。

第二十七款　停止間，變换隊形及方向之時，用正步而進。若在行進之間，則用跑爲要。

第二節　編成部隊

第二十八款　部隊須因身幹之大小順序排成前後二列，相離六十珊知米達之遠。其前後之二人是謂一伍，各伍中如有身幹長大者，則使之立於第一列。部隊人員若成單數之時，則使單數者立於左翼之第一列，其第二列謂之缺伍。立在後列者，當與前列者同一方向，且當與前相準，不得偏斜。

各人之間，相隔三十珊知米達。

部隊各伍，由第一列正面之右，向左依次發唱號數。

部隊之第一列，置有嚮導。其在右翼者，爲右嚮導；在左翼者，爲左嚮導。又有押隊者，置於部隊第二列後部中央，離第二列二步之處。

第三節　整　頓

第二十九款　整頓完全之時，各人於整頓線上，爲制規之姿勢轉頭，於整頓本翼之時，須以右（左）眼看其右（左）之鄰人，再以他眼通視全線。就整頓線之時，上體不可突出前後，其姿勢以立正爲要。若足位不正，兩肩必不與整頓線相齊，則不獨己受其害，且必連及鄰人。

第三十款　欲知整頓之要領，必先設基礎以整頓之。故下如左之號令：

右（左）二伍（二人），向前三步……走。

右（左）嚮導及右（左）翼二伍（二人），向前進三步，其二伍（二人）因嚮導而整頓，指揮官爲之正其整頓。

次下如左之號令：

右（左）……準。

照舊。

（準）字令下，則各人向前進三步。其最後一步宜縮，稍離整頓線二十珊知米達即止。乃迴頭向右（左），叉左手於腰上，將膕伸直，用小步靜就整頓線上，嚮導由與己接近者，依次整頓，後列當與前列相重，並取準距離之度數。

（照舊）令下，則各人皆轉頭向正面，放下左手。

第三十一款　現除。

第三十二款　使嚮導前進，而行整頓之時，下如左之號令：

嚮導向……線。

左（右）……準。

照舊。

（嚮導向線）令下之時，則二名嚮導向前進三步。指揮官爲正其位置，（準）字令下之時，其左（右）嚮導各向其與己附近者之二三名，低聲屬其進退，以補助第一列之整頓。

第三十三款　不動位置，而行部隊整頓之時，下如左之號令：

右（左）……準。

照舊。

第三十四款　整頓者，乃使前後爲平行或斜行者也。

第四節　向背面

第三十五款　號令：

向後……轉。

此令下時，部隊皆轉向後面，其缺伍及嚮導出就前列。

第五節　橫隊之正面行進

第三十六款　行進之時，宜向右翼之嚮導取準。若須取準於左翼之時，則必特爲指示。指揮官示行進目標於右（左）嚮導時，下如後左之號令〔五〕：

開正步……走。

需取準於左嚮導之時，下如左之號令：

左嚮導。

部隊一齊行進之時，須與嚮導取準，向正面直角而進。嚮導無須關涉他人，但保待制規之步法速度〔六〕，直向目標而進可也。

列員固因嚮導以爲整頓，但不可轉頭覷視，只注意於鄰人爲要。然所有人員，於步法速度以及間隔之廣狹，必宜保持一律。

第三十七款　行進中而須取嚮導於他翼之時，則下左（右）嚮導之號令。

第三十八款　欲爲背面行進之時，則下第三十五款之令，以使部隊向後，再用第三十六款之令，以使前進。

第三十九款　正面行進時，列員當遵守之規則如左：

不拘嚮導在何方，列員不得轉頭顧視。

由整頓全翼擁來之時，則順之擁向反對之方。若由反對方擁來時，則抵抗之可也。

出於整頓線外或不及，以及失其間隔之度數，可漸次就於整頓線上。

若步法誤錯，速與嚮導方之鄰人取準。

第四十款　長距離之正面行進而動作良美者，皆爲部隊運動之基礎。

第六節　斜行進

第四十一款　號令：

半面向右（左）走。

斜行進之方向，較正面偏四十五度。

斜行進之時，各人之肩須與鄰人取平，且其頭如與同列之員相掩映，以定其度數。

各人須向斜行之方，常自整頓。

第四十二款　欲再復正面行進之時，下如左之號令：

照直……走。

第七節　跑　步

第四十三款　正面行進及斜行進純熟之時，以跑步而爲運動。

第八節　部隊停止

第四十四款　停止部隊時，下如左之號令：

全隊立……定。

列員皆停止前進，各向嚮導之方整頓行列，頭向正面。

第九節　行進間之背面向

第四十五款　部隊行進時，不加以停止，而執行背面進行之時，則照第二十三款及第三十五款施行。或因時而下（左嚮導）之令，如使爲背面向併停止之時，則照第二十四款及三十五款施行，列員各自向嚮導方整頓。

第十節　退步

第四十六款　退步，照第十款及第十一款施行，併因時下如左之號令[七]：

第十一節　變換方向

第四十七款　號令：

向左（右）換向……走。

停止間，則右（左）翼嚮導爲右（左）向，各人半面向右（左）伸開步度走捷路，逐次到新整頓線停止。向右（左）方整頓，若在行進之間，則右（左）翼嚮導向右（左）換向前進，各人依前項方法，用跑步達於新整頓線，向右（左）取準，繼續前行。

第四十八款　小角度換向之時，須示新目標於在應換方向處之嚮導，照第四十七款施行。

行進間變換方向，角度微小之時，下目標右（左）之號令，嚮導向新目標行進，各人伸縮步度以就新線。

第十二節　側面行

第四十九款　號令：

向右（左）……轉　右（左）。

開正步……走。

（右左）之令下，則部隊爲右（左）向，其雙數者（單數者）出於單數者（雙數者）之右，四人（二人）相並，輕接其肘，依前列整頓。

（開正步走）令下之時，則部隊起發行進，各人常向前列整頓。其在嚮導之後者，須正就其足迹前行。其他之人，依列相重，必與前列者之頭相對而行進爲要。

側面行進時，其前頭四（二）人整頓不正之時，必於各列之整頓有害，部隊不使行伍重複之時，可爲側面行進。

第十三節　側面行進間，行伍之解合

第五十款　將行伍分解之時，下如左之號令：

解伍……走。

各列中重複之員，縮其步度，返入已之位置後列者，就前列者之整頓。

第五十一款　將行伍重複之時，下如左之號令：

合伍……走。

照四十九款，以重複其行伍。

第十四節　各伍換向

第五十二款　停止或使爲行進之時，下如左之號令：

各伍向左（右）……走。

先頭伍步，成一小環形，常向旋迴軸之方整頓，以換左（右）之方向。其在進行翼者，以制規之步法前進；在旋迴軸者，先收縮數步，待各伍排齊後，再以同法換向。

第十五節　停止及向正面

第五十三款　號令：

全隊立……定。

向左（右）……轉。正面。

（立定）令下，則部隊皆停止不動。

（正面）令下，則向左（右）分解其伍，各準於嚮導整頓。

第五十四款　使部隊停止時，即向正面下如左之號令：

向左（右）立……定。

第十六節　行進間向左（左）

第五十五款　號令：

向左（右）……走。

各伍爲右（左）向，重複或分解。

使部隊復其正面前進之時，可因時下如左嚮導之號令[八]：

第五十六款　以跑步而爲側面行進之要領，如速步則亦無異。

第十七節　由側面縱隊而改爲橫隊及由橫隊改爲縱隊

第五十七款　停止或行進，由側面縱隊而編成橫隊之時，下如左之號令：

向左（右）排齊……走。

在前頭之嚮導不動或繼續行進，各人分解其伍，出右（左）肩於前，運用步法或用跑步走捷徑，逐次就於新線向右（左）整頓，或取準以行進。

第五十八款　橫隊行進間，而使照原方向變成縱隊時，下如左之號令：

向右（左）轉各伍左（右）……走。

照第四十九款及五十二款施行。

第十八節　由二列變一列及一列變二列

第五十九款　停止或行進間，使二列變一列之時，須示明基準伍（通常中央伍），下如左之號令：

成一列……走。

基準伍不動或接續行進，其他諸伍向左右用横步，或爲斜行進，取其所應間隔之度數，後列員出於前列員之左，各向基準方整頓，或取準即接續行進。

第六十款　復成二列之時，示其基準，下如左之號令：

成二列……走。

與變一列之順序相反，以變成二列。

第十九節　解列及集合

第六十一款　解散部隊之時，下如左之號令：

解列……走。

列員一齊解散。

第六十二款　集合部隊之時，下如左之號令：

合隊。

列員對指揮者之面，順次排成二列，各向右方整頓。

第二十節　環列及複列

第六十三款 於横隊停止時，示其基準伍（通常中央），下如左之號令：

成環列……走。

在基準伍之左右者，前進於適宜之處，作成環列，各向基準伍整頓。

第六十四款 復爲横隊之時，下如左之號令：

成横隊……走。

由基準伍相近者，復其原舊位置，各向基準伍整頓。

初五日，陰雨。繕寄蘇、滬各函。小松崎茂助持伊父素一君片來謁，並呈閲文武官攜帶用器具各表。又有吉沼商店店員鈴木籐太郎偕繙譯沈守善，號秀蟾，浙江鎮海人，來訪，投贈簿物，意在招徠。午後，挈小宫山往京橋區榮町沖商會、電話製造所察看一切。晤店員斯波吉郎，支配人沖馬吉出見，導觀各室分製之器，層樓上下約二十餘處。此外，則在對岸之月島地方，就河沿設有一廠，容日往觀。旋又陪往水谷町本商店内，試驗尋常電話及新製陸軍電話。臨時安置，極費周旋。陸軍電話係借綫法，電筐長方約一尺二三寸許，背負甚便，專備行軍之用。若遇消息不通處，但有電線，隨處皆可附接。該廠所製電機，與天津所用德國電機微異。手捺機關内，係用兩銅片，較銅針用爲便利，且堅固。據言，傳話清晰與否全在乎此，與綫無涉。乾電則較水電能經久遠。現在日本造電材料，悉本邦産，無庸購自外國云。該廠製造機械品共八十餘種，各種電話機、送話機、受話機、自働機、交換機、通信機、巴黎磁石發電機、試驗用磁石發電機、抵抗器、蓄電器、海底線、通信用電鍵、檢電器、自働機用鑽孔器、音響器等，俱能製造。閲畢，贈以石印機械圖式。又至吉沼店購物。晚，馮孔懷函邀，赴紅葉館之約。王子清、趙康侯、袁遜初、施畬孫、張季深諸君同席。

初六日，晴涼。清晨，小林光太郎來訪，並薦繙譯辻鐔太郎來。旋即同往外務省，拜謁外務大臣，並晤總務長官珍田捨己，備述壹是。午後，至青山南町二丁目六十一番地，訪末吉保馬不值。又至四谷谷町，訪田中新助，徧尋未得。晚，赴京橋緑屋飲。袁遜初、銓燕平、施畬孫、趙康侯、李仲臚、張祝秋、陳秀峯、余雲龍諸君公請，客惟予與孔懷、子清三人而已。

初七日，晴涼。巳刻，偕繙譯辻君往日本橋區坂本町消防第一分署。署長、消防士、正八位勳七等木籐正三陪觀，並晤消防士兼警部寺坂籐南。坐談片刻，警視廳派課長、消防機關士寶田通經亦至，預備救火報警法電報至，則捺叫鈴。機關士從鐵柱走樓下，消防夫一班十人已到齊，趕將馬車駕出，限二分鐘内備齊。另有一車備帶水管，容三十袋，皆雙馬駕之，作馳出狀。日本街道徧處皆有自來水管，取水較易。若遇無水管處，即井水亦可用。但以來源易竭，恐必迫不及待耳。試演既畢，稍坐即辭。去往細川爵邸，訪子爵長岡護美不值。又往參謀本部，拜晤少將福島安正，略談，回寓午餐。午後，至日本橋區數寄屋町一番地警眼社，購閱警察書籍。過關谷店、潛水店略坐。長岡電話，約明早會晤，皆川廣量偕小林安之助來。

初八日，晴。清晨，福島少將遣末吉君來，言新設振武學校，係專爲支那留學武備生而設，與成城稍區別，現屬參謀本部，擬新曆九月十一日開校云。巳刻，往華族會館，拜晤長岡子爵，談及留學生事。午後，偕辻君至新橋，試坐電氣車，往品川一行，過八ツ山、泉岳寺、札ノ辻、金杉橋四區。東京電車，前八日始開業。車形與鐵道馬車略同，可容四五十人。車頂樹兩桿，道旁徧設電桿，中間橫線、直線曲折交連，車頂之桿頭，係用手形緊接直線，借電力以行駛，每五分鐘約行華里一里許，較馬車稍迅速。蓋人煙稠密之處，實因道路窄狹，殊不便於急駛。據聞，鐮倉、江島一帶，即比東京較速。又見有人乘坐一種自行電車，車形與尋常馬車無異，可坐四人。前無轅轡，後置鐵箱，儲電機於其內，駛行極速。然遇小路則甚險。戌初，歸寓。

初九日，晴。辰刻，偕辻君赴新橋。九點四十分鐘，坐火車往鐮倉，由大船驛換車。十一點四十分鐘，下車。同行有島村孝三郎者，湖北高等學堂所聘教習兼仕學院講友，人頗年輕，略爲接談。到鐮倉後，至大浦總監別所，訪談許久。在三橋樓便酌。是樓聳立田間，面山背海，果然蓬瀛仙境。每當炎夏，彼都人士，多避暑於此間。高臺廣厦，絶少俗塵，不禁令人豔羨。酉刻，仍乘汽車回東京。戌初二刻，抵新橋。

初十日，晴。巳刻，岩村君來，並偕辻君同往警視廳。由屬吏佐伯仲藏引觀官房及各部課室，晤各部長暨官房諸人。第二部部長兼内務書記官松井茂，曾遊歐美，於各國警察法最爲熱悉〔九〕，並有著作。總監官房第一課：管理文書及往復事件，並電信、電話。第二課：管理保安、警察與政治上之關係，並外交事及檢閲新聞紙、雜誌、出版物、著作物、碑文、墓誌等事。第三課：管理出納、用度等事。第一部第一課：管理刑事、户口及遺失物。第二課：管理警務及特别之警衛。第二部第一課：管理營業及風俗之關係。第二課：管理交通、機關及保護災害等情。第三部第一課：管理保健、衛生法及豫防病疫之事。第二課：管理醫及獸醫並分析檢查關係衛生之物。第四部現改歸司法省消防署。第一課：專管救火事務，並調查進退、賞罰、給助等情及其他之會議。第二課：管理器械非常報知機及電話機，地利、水利之調查並修繕及其授受，消防機關手，消防調馬手。關係試驗之事，總監官房：秘書係一員，技師二員，課係長各一員。課僚：秘書屬二員，第一課十四員，第二課十一員，第三課十三員。第一部：技師一員，課係長各一員。課僚：第一課四員，第二課二十七員。第二部：技師二員，課係長各一員。課僚：第一課十一員，第二課三員。第三部：技師四員，課係長各一員。課僚：第一課三員，第二課十一員。消防署：署長一員。課係長：第一課、第二課各一員。課僚：第一課二員，第二課三員。事務各有分掌。職員分列三等：曰高等官，警視總監一員，月俸三百三十三圓。警視二十七員，月俸共二千一百三十二圓。技師五員，月俸共三百六十四圓。警察醫長一員，月俸一百六十六圓。典獄三員，月俸共二百五十七圓。合計三十七員，月俸三千二百五十二圓。曰判任官，警部一百六十四員，月俸共五千零八十圓。警視屬三十三員，月俸共一千一百二十四圓。技手二十一員，月俸共六百四十圓。消防士二十七員，月俸共八百五十圓。警察醫八員，月俸共二百七十圓。監獄書記二十四員，月俸共七百零三圓。看守長十七員，月俸共四百九十五圓。消防機關士十員，月俸共二百七十五圓。合計三百四員，月俸九千四百三十九圓。曰判任官，待遇巡查内分四種：曰國庫支辦一百零七員，月俸共一千四百八十九圓；曰府費支辦一千九百三十七員，月俸共四萬零五百三十五圓；曰請願費二百七十七員，月俸共三千八百八十圓；曰授業生府費支辦五十八員，月俸共四百六十四圓。合計三千九百員，月俸五萬三千三百三十五圓。消防署長現歸第一部長丸山重俊兼管。閱畢各分課後，消防署長傳令機關士實田通經等帶領消防隊試驗救火法。命駕馬車，一爲機器，車内有蒸氣火爐，隨走隨燃，四五分鐘火旺，機動即可汲水；一爲水袋車，容數十具，每車十人，由機關士督率，限二分鐘即配齊駛出。套以水袋，激水五丈，激越層樓屋頂，一分鐘可汲水五六十石，頗爲神速。又有一車，平置層梯於其上，梯分三截，下有羅絲絞上，高約六丈，遇有高屋，可緣梯而上，以便折卸梁架之用。此車係本年所新造。閱畢，又至總監官舍，拜晤大浦君，託樋口事。午後，小林光太郎及使館隨員張金鑑，學生徐美韶、汪瑩子雲公子先後來訪。申初，遊上野動物園。該園爲公家所立，每人輸入四十錢，任人遊覽。園中禽獸較多，水族只有鼋鱉、金魚，飛禽中有湖北所産吐壽字鷄，臺灣所産各種鳥類、仙鶴、鷺絲、竹鷄、鸚鵡、鷓鴣，皆有數種。獨無孔雀。走獸中如豺、狼、虎、豹、獅、象、狐狸等類，有中國駱駝、小驢，而無騾子。此種皆日本産所缺者。西鄉侯家義犬，福島少將遊西卑利時所騎之馬，皆送入此園内，今猶存焉。

十一日，晴。辰刻，訪小林光太郎，商樋口事。午後，沖商會約看電話機器製造廠。先到榮町本店，支配人沖馬吉陪往鐵洲，換坐渡船，小火輪拖帶至對岸之月島。渡河僅二分鐘，船内坐位甚清潔。登岸即到製造廠，廠屋三十餘間。近依河岸，取水極便。閲視一週，該廠所作乾電、水電以及鍍銀色、做銅絲、纏蠟皮等工，皆在此廠。其餘鐘、碗各器，均在榮町廠分别製造。出示乾電一種，係新發明人塚本熊次郎新製。乾電近兩月間，呈蒙官許，專利即日發行。本廠所造乾電，尚非此種。前言現造電氣，皆用本國材料，無庸購自外國。今詢以所用材料及配合法，堅不肯説，託言惟發明人喻此。旋又詢以我國如派學生來學，能否傳授。渠言可行，至少一年學期，始能畢業。傍晚，小林光太郎來，蔡公使與汪監督公請晚餐。遊歷官張景韓觀察毓琦，山東濰縣人；福建派來考查農務黎觀察國廉，廣東人；山東學生監督方鶴人觀察；張賡三；銓燕平同席。

十二日，晴熱。巳刻，往看東京新監獄，在市谷地方。拜晤典獄官籐澤正啓，出示敷地建築圖，及罪犯比較表，幷警署選人簿册。該獄能容二千餘人，皆裁判未決之罪犯。籐澤君導觀各室，樓上各室與巢鴨監獄同。室中皆有透光線，並有自來水管，盥濯便宜，淨潔非常。樓下有病監，有浴室，有診察所，有理髮所，有筆記所，犯人寄信，須在此處，不准私發一信。室中坐位，如號舍然，每座僅容一人，全用板壁隔斷。有人專司察驗，有運動場，犯人每日運動一次。有接談所，犯人親友探問，須先向受付處報名，挨照號次傳見。來者立於窗外，罪人立於檻内，隔窗對語。其立足處亦與筆記所同，有人從旁監視。别院有女監獄，不許入觀。該獄前歲興工，今年竣事。資金十五萬圓。出贈紀念牌一箇。午後，小林光太郎來。王子清約晚餐，飲於緑屋。參謀本部副官、步兵少佐堀内文次郎，步兵大尉岡田重久，砲兵工廠本莊君等，砲兵實施學校教習、三井洋行吴永泰之昆仲，平岩道知等共十六人，及袁遜初、趙康侯同席。

十三日，晴熱。巳刻，往東京地方裁判所參觀。適所長未入署，晤監督書記堀濱之助、書記高柳貞一郎。出示歷年刑案比較表，分别民事、刑事及豫審之件，凡營業置産以及家庭故細均隸民事，凡命盜竊賊各種刑案均隸刑事。無論何案，須豫審後，始歸大審。高柳君導觀控訴院，裁判官坐於上層，左右側有書記，案下置有桌櫈。控訴者多口述，書記隨時録詞。又至豫審廷，據言此處不許旁聽。又至大審院，坐位與控訴院相似。案下亦置桌櫈，犯人先在屋角檻内坐待，依次傳訊，坐於案下，辯護士亦坐案下，問話時則起立對言。此處准人旁觀，設長櫈十餘具，小室容坐四五六十人，大室容坐百餘人。是日，旁聽之人不少。適在審問竊犯兩案。一爲女傭，係因侵蝕主人銀洋二十餘圓，堅不承認，尚未判決。一爲内地竊賊，訊問尚無實據。此皆極輕之案。裁判官著黑色外罩，帽似烏紗。辯護士亦著黑色外罩，滚白雲肩。訊問之下，不聞厲聲，左右無站堂役。判官外，書記二三人而已。午後，岡田真澄、永井喜三郎、服部仲藏、篠原與作、山田佐次郎、井倉邦俊、平岩道知、張景韓、王子清、狩野豐松諸君過訪。晚，邀飲於綠屋。

十四日，陰。清晨，末吉來談。巳初，往警視廳調查警務。東京警察署之組織，市部十五區外，有水上警察：曰麴町區，曰神田區，曰日本橋區，曰京橋區，曰芝區，曰麻布區，曰赤阪區，曰四谷區，曰牛込區，曰小石川區，曰本鄉區，曰市谷區，曰淺草區，曰本所區，曰深川區，曰水上。另有大井村分署，署長各一員，署詰即警部，充之警部，可充分署長。共九十一員，巡查部長共七百二十人，巡查刑事共七十一人，其他共一千五百三十三人，警察書記共一百八十三員。派出所共二百八十七處，郡部八處，分署三處，署長及分署長各一員。巡查勤怠及所延日數，有月份比例表，分別勤務、疾病、給假三項。賞罰亦有對表。消防署及監獄署之組織，總消防署附屬警視廳，分署六處，署長各一員，消防士共二十七員，消防機關士共十員，雇員二名，消防機關手共一百五十名，調馬手共二十四名，消防手共一千五百二十六名，火見番共二十一名，總計一千七百六十人。消防組數四十組，每組四十一人。派出所七處，常詰所六處，分遣所一百零一處，櫓火見即看火處七處，指子火見即打鐘處九十處，引打半鐘即總署派出所接續打鐘處一百七十一處。蒸氣唧筒八具，驅送馬車六輛，手挽輅車一百六十輛，腕用唧從前救火用此唧筒，現在多用蒸氣唧筒。七十四具。監獄署三處，支署兩處。一鍛冶橋，一巢鴨，一市谷。又，王子及小笠原附屬鍛冶橋，署長各一員，監獄書記共二十三員，看守長共十七名，看守共四百九十八名，監獄醫共十四員，教講師共十一員，管女監者共十四員，押丁共三十七名，授業手共三十二員，雇員共三十八名，總計署員六百八十四人。市谷新建監獄一所，專爲留置未決之犯。在監囚人之刑名：曰徒刑，曰懲役，曰重禁錮，曰輕禁錮，曰換刑輕禁錮，曰拘留，曰換刑拘留。其中，分別初犯、再犯及三犯以上刑事被告人及別房留置人之病患、死亡等事項，均各隨時列表。常年經費，分別國費與府費。警視廳之國費：曰俸給及諸給，曰廳費，曰修繕費，曰旅費，曰雜給及雜費，曰機密費，曰肥料檢查費。伊豆七島警察費及機密費、小笠原島地方費及機密費悉出國費。警察署諸費、巡查派出所諸費、留置所諸費、巡查教習所諸費、消防費、警察機密費、請願巡查費、警視廳舍修繕費及建築費、衛生及病院費、勸業費獸疫豫防等費悉出府費。地方監獄俸給及諸給並廳費、修繕費、旅費、雜給及雜費、在監人費，悉出國庫經常費。此警視廳之大略也。今日，移居本町新設旅店。東京館館主小林易太郎，係千葉縣安房郡平羣村人。同寓有大阪每日新聞社訪事人日户勝郎求見。

十五日，晴。午前，訪小林君，並託送辻君修金。又往警視廳，會晤第一部長丸山重俊、官房主事川上親晴，商訂合同底稿，頗費磋磨。午後，拜蔡公使，託代發晉撫憲電報二十一字，計日鈔二十二元二角六分，係洋文五字碼。晚，長岡子爵約至邸内小坐，偕往日本橋俱藥部夜飲[一〇]。座無他客，只有静岡縣教員落合兼光陪座，縱談詩文及遊清往事，並託購李龜年專集。亥初，始散。

十六日，晴。午前，至愓齋處，閲上海報。又至神田區關口町六番地柳水館，答張景韓觀察。午後，乘汽車往大森一帶，察看野外警務。適見車站旁通行道路上，有一剪綹小賊，爲巡查所緝獲，隨時勒令物歸原主。但以正言勸責，毫無厲色，擬將犯人送交警署。予從旁詢之，巡查此等人犯，警署如何處置？據言，不過監禁數日云。但釋放後，須將此人姓名、籍貫及其行爲佈告附近。各巡查仍常施其監察，其相片則揭示於犯事地方之警署也。酉刻，至横濱領事館訪燕平、畬孫，留晚餐。亥初始回東京。脚氣暴發，腹瀉不止。

十七日，晴。病臥竟日。自昨夜子初，至今夜子正，腹瀉五六十遍，體氣甚疲。延前田君來診，田中大尉新助、辻鋒太郎、趙康侯、袁遜初、飯島、惕齋來訪。王子精來辭行。午後小雨，晚大雨。

十八日，晴雲。病臥不能見客。腹痛，連二日間未愈。

十九日，晴。病臥竟日，悶極。延京橋醫院關谷君來診。戌初，大雨。晚，接張曉帥來電，教習照二年訂合同。

二十日，陰。力疾出門，至小林光太郎家，約其同往外務省，並晤岩村君。偕往警視廳，與川上、丸山兩君酌議合同底稿，佐伯仲藏參贊其間。午間，在精養軒西餐。過鶴人處略休憩，晤其令兄養源、查玉階、末吉保馬諸公。

二十一日，陰。在寓休憩，鈔寫合同底稿二份，與警視廳電話問答數語。夜半，大雨。

二十二日，陰。又鈔寫合同底稿二份。清晨，大浦總監遣屬吏佐伯來，持贈天鵝絨織富士山圖，並西式繡緞桌挂等物。長岡子爵投贈蕉堅稿詩集二册，是編爲絶海國師所著，釋慧蕆編。我國明洪武年間，絶海和尚曾遊南清。集中有豫章、延陵唱和之作。繙譯徐善笙來。

二十三日，陰。午後，至蔡公使處，送閱合同底稿。又至汪伯唐京卿處，託訂繙譯事。

二十四日，陰。午前，至警視廳，與各部長商酌教習事。外務省來電話，合同內政務局長須列銜。又至汪京卿處談。午後，張景韓來。

二十五日，晴。腹痛稍愈，仍力疾出門，較寂處於旅館中尚覺舒暢。午前，邀同外務省岩村君，同往警察監獄學校參觀，張景韓觀察亦偕往。該校創自明治三十二年九月，歸內務省統轄。現在校長爲內務總務長官，正四位，勳二等。山縣 伊三郎 幹事即提調 爲內務書記官，正六位若林 賚藏。商議委員六人：司法省監獄局長久保田 貫一，警視總監大浦 兼武，內務省警保局長安立 綱之，內務省參事官兼內務大臣秘書宮水野 錬太郎，內務書記官久保田 政周，司法省監獄事務官小河 滋二郎。教授五員：帝國大學法科大學教授、法學博士岡田 朝太郎，兼內務省參事官林 市藏，正七位留岡 幸助，兼內務省參事官澤田 中廣，從七位小秋 元三八吉。講師十五員：大審院判事士賀 廉造，司法省民刑局長石渡 敏一，大審院判事鶴 丈一郎，東京控訴院檢事司法省參事官平沼驥一郎，東京衛生試驗所所長、藥學博士田原良純，帝國大學農科大學教授、獸醫學博士勝島仙之介，正六位久保田政周，帝國大學醫科大學教授、醫學博士吳秀三，正六位，小河滋二郎，警視兼内務書記官松井茂，内閣統計局審查官兼高等商業學校教授高橋二郎，監獄事務官真木喬，内務技師野田忠廣，法學博士有賀長雄，東京區判所檢事兼東京地方裁判所檢事谷野格。教師二員：陸軍步兵大尉小籐亨三、陸軍步兵特務曹長渡邊正勝，均按日輪班，來校講授。校内無寄宿舍，諸種設置，較巡查教習所略寬綽。若林君導觀各室，指示甚詳。上堂聽講二次，約兩小時。出示授業時間表，每日不過六小時。學科類别大概如下：一、警察學。二、警察法。三、憲法。四、民法。五、刑法。六、行政法。七、刑事訴訟法。八、司法警察法。九、法學通論。十、衛生試驗法。十一、刑事學。十二、統計學。十三、衛生學。十四、精神病學。十五、家畜衛生學。十六、操練。持贈校則一册，詳譯如左：

警察監獄學校校則

第一章 總 則

第一條　警察監獄學校爲教授警察官、監獄官以必要之學術而設。

第二條　學生卒業年限以一年爲度。其第一期自三月初一日至七月三十一日，第二期自九月十一日至二月末日。

第三條　大祭祝日及星期皆休業。冬季休業，自十二月二十五日至一月六日。

第四條　教授科目及時刻定於別條。

第二章 學 生

第五條　學生内，分有一種生及二種生之别。是皆歸廳府縣長官、臺灣總督府民政長官及集治監典獄推薦。但二種生係備將來採取警部及監獄書記、看守長之用。故其原薦官廳，須認明實堪備選之人，始可推薦。

一、一種生　隸於警察科者，必現任警部及警察官、司獄官、練習所教官；隸於監獄科者，必現任監獄書記、看守長及警察官、司獄官、練習所教官。要必此等官内有爲之人，且年齡不滿四十五歲，而身體健全者。

有特別事件時，雖已經休職之人，可由該官廳推薦一例入學。

二、三種生　以中學校卒業及有中學校卒業以上之學力，具堪爲警部監獄書記、看守長之資格，而年齡未滿三十歲，身體健全者爲限。

學生内有闕員時，惟二種生可由校長傳補入學。

第六條　學生卒業之後，其隸於警察科者，當就職與警察有關之事務。隸於監獄科者，當就職與監獄有關之事務。應各從事五年，是爲義務。但其初之三年，當在原薦官廳供職。

第七條　學生内如有成績不嘉，或身體虛弱不堪造就者，一經查出，其係一種生，可咨回原薦官廳；二種生則勒令退學。

第三章　考　試

第八條　考試分有小考試及卒業考試二種。

小考試係隨時執行，卒業考試則於學期限滿時舉行。

第九條　考試以後，須將考試成績通告各學生原屬之廳府縣長官。

第四章　給　與

第十條　學生由入學之日起，至卒業之日止，每月發給拾元，以爲津貼。

學生内如有失其資格者，翌日即停止發給津貼。

第十一條　凡係東京市以外官廳所舉薦之學生，可照警察監獄學校支發學生旅費規則，發給旅費。

第十二條　臺灣總督府各官廳所推薦之學生，可勿用發給零用及旅費。

第五章　職員會議

第十三條　決定考驗成績，設定改正教科之科目，及校長認有其他之緊要事件，可開職員會議，以便咨詢。

第十四條　職員會議係以教官、幹事而組織之。

第六章　罰　則

第十五條　學生内如有不端品行、不守紀律或有汙學生體面者，可按法懲處如左：

一、退學。

一、十日以内之停學。

一、戒諭。

第七章 附 則

第十六條 校長除依照第五條傳補學生入校外，尚有所希望者之時，必認明其有相當之學力，可作爲準學生，許其一例入學。

待遇準學生，可無須依照第五條、第六條、第七條、第十條、第十一條施行。

明治三十四年二月七日，内務省訓令第三號。

警察監獄學校支發學生旅費規則

第一條 凡係東京市以外官廳所推薦之學生，可計其由官廳至學校之路程，發給來回旅費。但學生在學校肄業年限以内，可勿庸發給沿途日用及投宿費。現任警察等官，因公遠出，其旅費及途中日用投宿，皆由官署支發。此係學生，故有區别。

第二條 前條所載計算日數一事，可照國内旅費規則第十三條施行。

第三條 一種生之旅費，照國内旅費規則别表四等之額支給。二種生則照警察官吏及其他國内旅費概則甲號表之額支給。

第四條 來京與遄返之旅費，須分别支給。

第五條　學生在校如有退學者，除如第七條所載外，概不支給旅費。

第六條　本則所定外，與支給旅費有關之事，可概照國内旅費規則施行。

二十六日，晴。午前，至四谷區警察署，拜晤署長柏原公敬。該署佈置與他署同，惟屋舍甚窄狹。午後，汪京卿來，適小宫山、吉沼皆在此。又有日本人吴泰壽者來謁，自稱係三井洋行吴某之弟，願充繙譯。予告以按日譯書，不容間斷。渠聞之，頗有難色，遂怏怏而去。

二十七日，晴。午前，往警視廳商訂一切。申刻，拜晤蔡公使。遇小林君及鄒小村在座。晚，鶴人約在平河町寶亭西餐。沈幼霓、張景韓、趙康侯、何繙譯同酌。夜大雨。

二十八日，黎明大雨。佐伯君來告，合同允照辦理。當即填寫銜名、年限、薪水等字，持往外務省，訪政務局長，蓋印後，又親送蔡公使蓋印。午後，至正金銀行，拜晤支配人川島忠之助，談。

二十九日，陰。午前，至警視廳送合同，請總監蓋印。午後，柏原公敬、寺坂籐楠來見。晚，繕寄張中丞、吴方伯稟函。兹將合同底稿録記如左。因日本係同文之國，只用漢文，不用洋文。

大清國山西巡撫部院，爲聘請警務教習事，特派大清國二品頂戴按察使銜、督辦山西警務學堂、候補道李訂立合同。今准大日本國東京警視廳總監大浦，選舉警務正副教習各一員：柏原公敬，係警官練習所出身，得有修業證書，現充東京四谷區警察署長；寺坂籐楠，係警察監獄學校出身，得有卒業證書，現充東京消防士兼警視廳警部。

所有議定各款，開列於後：

第一款　所聘教習應聽撫憲及本學堂督辦節制。

第二款　所聘正、副兩教習，務須和衷共濟，遵照合同，認真辦事。不得各存意見，致生別項枝節。

第三款　所聘教習，專司教務並約束學生等責任。所有教科應用圖書及學科預定程度，應由該教習等與督辦、提調會同商酌辦理，並由督辦隨時稽查。如有教法不合之處，應令速籌改良。

第四款　所聘教習，與中國教習平等相待遇。

第五款　本學堂授業時間，均係先期預定，每日有一准時刻。正、副教習輪流上堂講授，由繙譯官傳述，不得稍有間斷。儻學生間未盡解析處，准其隨時質問。

第六款　受聘兩教習，由學堂每月按照西曆給予薪水，跟丁、伙食一併在內。其額數如左：

正教習每月薪水，湘平銀貳百兩。

副教習每月薪水，湘平銀壹百兩。

以上薪水，每逢西曆每月一號，由學堂提調面交點收，取具收單存查。不預支，亦不遲延，按月照付。其期限，以受聘人由東起程之日起算。

第七款　受聘兩教習，應在學堂居住。房内應用器具，由學堂預備所有一切。禮遇與日本學校教員應得禮遇相符。儻教習有挈眷來者，在外另覓寓所，本學堂概不支應。

第八款　受聘兩教習，由日本至山西省城川資，每員給日本金洋叁百圓。期滿無論回國及往他處，當由學堂每員給川資湘平銀貳百貳拾兩。如果學堂功課成效昭著，畢業多人，當由學堂督辦詳請撫憲，奏請國家，賞給寶星，以作紀念。並由學堂酌送酬勞銀兩。

第九款　所聘教習，除講授警察科專門之學外，均可兼教日語、日文。若遇有編譯之件，如警察講義及參考各國法律等書，應請隨時指授。

第十款　受聘兩教習，除每星期即一週間之日曜日及各令節一律停習外，每天授業，除操練時刻，應以六小時爲率。教授功課，自宜隨天時之長短以爲伸縮。查中外各學堂，歇伏度歲皆有休業之例，本學堂亦照例停習。其停習定日内，各教習如欲游歷，原無不可，惟本學堂概不支給川資，並不得逾停習期限之定限。若逾定限，薪水則按日扣支。

第十一款　受聘兩教習，自光緒二十九年八月二十五日，即明治三十六年十月十五日起，以二年爲限。俟開辦一年半後，如果實在辦有成效，當由學堂督辦稟商撫憲，酌加薪水。限内無故，彼此不得辭退。儻有要事，自行辭退，或因教課不勤及紊亂堂規等事，輕則酌罰薪水，重則無論限滿與否，由學堂督辦稟明撫憲，有辭退之權。均祇照第八款川資銀數照給，外不另給酬勞。銀兩薪水即以辭退之日截止。但限内若因學堂裁撤，由學堂辭退時，則照此合同，限内所餘薪水全數發給，不另送酬勞銀兩。

第十二款　所聘教習，合同限滿，彼此意合，可以展限留辦，再當續訂合同。但於所訂限期之内，不得改就他省之聘。

第十三款　所聘教習，遇有偶患時症，可由官醫調治。如果患病日久，據洋醫、漢醫合參診驗是否屬實，以定退留。其辭退後，無論回國與否，除照給川資湘平銀貳百貳拾兩外，另給兩個月薪水。或在學堂患病，遇有不測，除照給川資湘平銀貳百貳拾兩外，另給四個月薪水。儻因公受傷，致成殘廢，除照給歸國川資外，另給六個月薪水。若因公受傷身死，按照月薪發給壹年，以爲家屬養贍，應由家屬具領，不另給川資銀兩。此係格外體恤之意。

第十四款　第十一款所開限内，如本學堂督辦有遷調交代之事，與本合同無涉。

第十五款　本合同繕寫四分，存山西警務學堂一紙，存日本東京警視廳一紙，存兩教習處各一紙。彼此收執，以昭信守。

大清國出使日本國欽差大臣蔡鈞

大清國山西巡撫特派督辦警務學堂候補道李宗棠

大日本國外務省政務局長山座圓次郎

大日本國東京警視廳總監正四位勳二等大浦兼武

大日本國東京四谷區警察署長警視官柏原公敬

大日本國東京消防士兼警視廳警部寺坂籐楠

光緒二十九年七月二十八日

明治三十六年九月十九日

八月初一日，陰雨。午前，答拜柏原教習，並電話達警眼社，囑送警察書籍至寓。晚，海軍省某君來，予前託其密查日、俄水師現時實在船數，開示大略如左：

日本水師一覽表

艦種	艦名	噸數（萬千百十噸）	速力（哩）
戰艦	朝日	一五二〇〇	一八
同	三笠	一五一四〇	一八
同	初瀨	一五〇〇〇	一八
同	敷島	一四八五〇	一八
同	富士	一二四五〇	一八
同	八島	一二三二〇	一八
同	鎮遠	七二二〇	一五
同	扶桑	三七一八	一三
裝甲巡洋艦	常盤	九八五五	二一、五

同	淺間	九八五五	二一、五
同	磐手	九九〇六	二〇、七
同	出雲	九九〇六	二〇、七
同	吾妻	九四五六	二〇
同	八雲	九八〇〇	二〇
同	春日	七七〇〇	二〇
同	日進	七七〇〇	二〇
巡洋艦	高砂	四一六〇	二三
同	吉野	四一六〇	二三
同	千歲	四十六〇	二三
同	笠置	四八六二	二三
同	松島	四二一〇	一六
同	橋立	四二一〇	一六
同	嚴島	四二一〇	一六
同	秋津洲	三一二六	一九

同	浪速	三六五〇	一八
同	高千穗	三六五〇	一八
同	知泉	二九五〇	一七
同	須磨	二六五七	二〇
同	明石	二七五六	二〇
同	千代田	二四五〇	一九
同	宮古	一七七二	二〇
同	八重山	一五八四	二〇
同	新高	三三六六	二〇
同	對島	三三六六	二〇
同	音羽	三〇〇〇	二一
海防船及砲船	金剛	二三四七	一三
同	比叡	二三四七	一三
同	平遠	二一五〇	一一
同	濟遠	二四四〇	一五

同	高砂	一七四五	一五
同	葛城	一四八〇	一三
同	大和	一四八〇	一三
同	武藏	一四八〇	一三
同	海門	一三五〇	一二
同	天龍	一五二五	一二
同	筑紫	一三五〇	一六
同	天城	九一一	一一
同	大島	六三〇	一三
同	愛宕	六一二	一〇
同	摩耶	六一二	一〇
同	鳥海	六一二	一〇
同	赤城	六一二	一〇
同	磐城	六五六	一〇
同	千羊	一二三八	二一

同	龍田	八五〇	二二
驅逐艦	雷	三一一	三一
同	電	三一一	三一
同	曙	三一一	三一
同	連	三一一	三一
同	朧	三一一	三一
同	東雲	二七九	三〇
同	叢雲	二七九	三〇
同	夕霧	二七九	三〇
	不知火	二七九	三〇
同	陽炎	二七九	三〇
同	薄雲	二七九	三〇
同	曉	三六四	三一
同	霞	三六四	三一
同	白雲	三七三	三一

同		朝潮	三七三	三一
同		村雨	三七三	三一
同		春雨	三八三	三一
同		朝霧	三八三	三一
同		速鳥	三八三	三一

以上戰艦巡艦　共計五十五隻

驅逐艦　共計一十九隻

以外尚有水雷艇八十五隻及砲艦九隻、水雷兵艦一隻。

俄國東洋水師一覽表

艦種	艦名	艦長姓名	進水年次西曆年	噸數萬千百十噸	速力
戰鬭艦	覺扎列維知號	克列〇〇〇〇	一九〇〇	一二九〇五	一八
同	婆比達號	薩練	一九〇〇	一二六七四	一八
同	堡兒逢窪號	烏斯篇士吉	一八九四	一〇九六〇	一六、三九

同旗艦	彼得路已夫路克	耶武列武	一八九四	一〇九六〇	一六、八六
同	列得比贊	希前士農維	一九〇〇	一二九〇二	一八
同旗艦	白列斯威得	暴伊斯滿	一八九八	一二六七四	一八
同	西巴斯篤彼爾	覺列希武	一八九五	一〇九六〇	一七
巡洋艦	士倫貝	達比知	一八九二	一二三五九	二〇
同	劉利悉克	主兒所夫	一八九二	一〇九三三	一九
同	亞斯客利得	禮錢希頊	一九〇〇	五九〇五	二三
同	茶那	札黑黑斯知	一八九八	六七三一	二〇
同旗艦	露西亞	阿兒那德布	一八九六	一二一九五	一九、七五
同	巴揚	武連	一九〇二	七七二六	二一
同	巴客悉達兒	斯的曼	一九〇〇	六六七五	二三
同	巴耳拉達	哥所維知	一八九九	六七二一	二〇
同	窪利耶克	路士尼夫	一九〇〇	六五〇〇	二三
同	諾威克	馮夜先	一九〇〇	三〇八〇	二五
同	巴耶林	沙里扎夫	一九〇二	三二〇〇	二五

同	阿拉斯保尼克	市厘斯利文	一八七八	一三三四	一三、二
同	知雞得	那砂禮維斯知	一八七六	一三三四	一二
同	砂比耶戛	禮比的夫	一八七八	一二三六	一四
砲艦	婆布兒	布布農夫	一八八五	九五〇	一一
同	河土窪知奴伊	陀武得夫	一八九二	一四九二	一四、四
同	克列密亞希某	札格闌斯吉	一八九二	一四九二	一三、七三
同	義里耶克	阿列克希夫	一八九六	九六三	一一
同	邸布知	勁達	一八八四	九五〇	一一
同	克列喇	比倆夜夫	一八八六	一二一三	一二、五
同	滿鳩兒	克倫	一八八六	一二二四	一三、二

共計二十八隻

但以上所開之外，尚有水雷驅逐艦若干隻並水雷艇十七隻。

初二日，陰雨。繕寄蘇、滬、津、晉各信。午後，遊芝區勸工場，購陶器數種。酉刻，鄒小村來辭行，即日内渡。

初三日，陰。辻鐘太郎來辭行，赴京、津一帶，隨某富翁往遊歷。午前暴雨，午後狂風，鐵道、電報、電話皆不能通。袁遜初來。據言，昨年八月，風雨與今相似。國府津罹海嘯災，大約每年秋初，總有暴風雨一二次云。閲新報，大浦兼武升授司法大臣、警視總監。後任爲原任内務省警保局長安立綱之。法制局參事官有松英義升授内務省警保局長。當即郵函致賀。

初四日，暢晴。今日爲秋季皇靈大祭，官署、學校及大商店皆休業。午前，湖北學生汪楚生等四人來見。坐電氣車同往神田橋，换人力車至九段勸業場一遊，略購紙札數種。在鍛冶町西洋料理店午餐。又至東明館一觀。未正，歸寓。過楠公社及麴町公園，炎陽之下，士女如雲，遊人往來，較新年不稍減。申刻，至京橋江木店照相，銀座購書。南洋留學生監督沈兆禕、使館王宗炎、平岩道知、末吉保馬、鶴人、養源、何焜號耀文先後來訪。

初五日，晴。午前，至警視廳，拜晤新總監安立綱之，並晤川上、丸山、佐伯諸君。四谷警察署長因值新舊總監交替，至今尚未派出所訂合同，須俟本人解職後，方能領受云。午後，寺坂來談。未刻，至警察監獄學校，訪若林君，論警察教育事。適寺坂亦在座，渡邊正勝特出見。謝贈扇子。與若林君商酌，擬自來週間起，每日午前到堂旁聽，多則旬日，少則星期，俾得詳細參觀於管理教授各法，亟思學步。當承欣然慨允，並出贈本校學生四期卒業式照相片，及生徒姓名簿、歷年報告書等，令人可感。酉刻，乘汽車往横濱定購課本。過領事署略坐，晤畬孫、燕平。發疹避風。晚，在停車場西洋料理店便餐後回東京。同車有日本橋病院院長、醫學士岡本武次，稍話寒暄。亥初回寓，知蘇州領事二口美久及蔡公使皆來訪。

初六日，早晴晚陰。午前，至外務省，晤小林岩村，拜蔡公使，商請客事。回寓午飯，田中大尉來函，並贈書圖等物。午後，脚瘡復發，痛不能行。張景韓過談。小宫山偕吉沼店夥鈴木來，該店開設京橋區傳馬町，鈴木爲人狡詐，不可與交。前有南洋某官，被騙千餘金。

初七日，晴。病臥竟日。警視廳來電話，約明早會議前事。關ケ谷來送圖様。

初八日，黎明大雨。巳刻，力疾往警視廳，面交合同，總監業經蓋印。第一部部長丸山重俊及佐伯仲藏、監視柏原公敬、寺坂籐楠蓋印。商訂行期，發晉撫電。午初，至警察監獄學校聽講，適渡邊君教操練。回寓午飯，田中慶太郎來訪。岩村來寓，商訂往警保局日期。午後，至神田區井谷店照相。過佐籐店，又至江澤富治家，並晤其夫人。又至本鄉區西片町十番地，答蘇州領事二口美久不值，見其夫人。又至本鄉區三丁目，答田中君，係文求堂書店主人，出閱宋本、元板、明印各種舊書甚多，令人愛不釋手。又至小石川區白山御殿町一百九番，答沈幼霓。晚回。汪讓卿由上海來過談。

初九日，陰雨竟日。巳初，至警察監獄學校，若林君陪至教室，講師田原良純正教授衛生學。案上置有試驗器具，燃自來火試驗蒸溜水、葡萄、辣檬𣑯、薩葛林等物。薩葛林比白糖甜五倍，辣檬𣑯中多加此品。但葡萄、辣檬𣑯視皆紅色，實非葡萄本色。置絨繩少許於杯中，用藥水洗脱色者，是真葡萄。如洗不脱色，定是染料，不免受毒。此等水，係公衆常用物品，關係衛生最爲緊要，是不可以不辨。東、西洋人夏天多飲此水。按：日本自變法後，衛生一道考究甚精，於保安警察上，尤注意於此。其豫防傳染病並約束飲食物及汙穢物，無處不求清潔。但以保護人民公共健康爲目的，起居日用，無微弗察，皆爲警察責任。憶昔警官所談各節，有中國所不能通行之事。各住户生幼兒，若有暴病急亡，即須報明警署，派官醫及巡查至其家，驗明後監視火化，收其灰骨，盛以瓦罐。命該人家掩理於祖墓之側〔二〕，書明苗裔及其生年月日。凡幼殤者多類此，斷不准任住户稍延時日，或用木棺等情。因恐惡臭觸人，致生瘟疫。此衛生所宜豫防，即火化之真原因也。

初十日，陰，微雨。早，岩村來。偕往内務省警保局，拜晤局長有松英義。談日本全國警察辦法，並託鈔簡明章程及歲支出入總數表，允飭即日調查録送。午前，歸寓。發請客郵片及各電話。午後，至横濱，問燕平疾。停車場遇吴瀚濤同行，在領事館晚餐。與瀚濤同歸東京，並購珊瑚鐲、舊錦褥等物。

十一日，陰雨。午前，至警察監獄學校。適津田君講警察學，即以警察法令類纂摘録講析。午初回寓，電話往來二十餘處，極形忙碌。寫請客各信三十餘對。有小室重弘者，自命爲著述家，特來進謁，賦七律詩見贈。因即出門，未暇與之暢談。晚在帝國飯店請客，警察監獄學校若林賚藏、巡查教習所長樋口兼泰、警視廳佐伯黑柳諸君，暨柏原、寺坂兩教習，並外務省小林、岩村諸君，七時入座，讀頌詞畢，各舉杯聚飲甚懽。樋口歷述感情。

十二日，大雨。閱報紙，福島少將升參謀本部次長。巳刻，往警察監獄學校，晤藥學博士岡田朝太郎，諭耳模事甚詳。據言，人身左耳吼之體格，萬人人殊。孟子云：堯、舜與人同耳。斯言實不足信。警察手眼辨認耳吼最爲秘訣。日本現行此法，即伊所發明者。聞歐西亦仿行，是不過近十年間。尋常照片，僅能憑一時之辨認相貌，絶無經久不變之理。但耳吼之體格，弱冠後則必無更易。凡有盜賊等犯就獲，即將耳吼做一模型，標注姓名，於其上另填體格簿式。一曰測定欄：身長若干，曲若干，手極若干，上身若干，頭縱經若干，顴骨經若干，頭横經若干，右耳長若干，左足長若干，左中指若干，左小指若干，左下臂若干，左眼第幾號内帶若干，外帶若干，特記曁年齡若干，並生年月、生國、生地，及其外見之年齡若干。一曰記録欄：額鼻諸形，以及鬚髮等類，無所不詳。惟左耳爲尤詳，均各一一注載。此項體格簿並耳模概歸警署收存，如遇犯人逃逸，或罪滿出獄後，有再犯事件，將此測定、記録兩項，填寫傳單，徧發各處，縱本人改名易姓，亦可一望而知矣。捕拿犯人，是爲上策。其做耳模時，即用石膏和水，最易結練，並無他物。擬商請緩日試做一次。談畢，同至教室。岡田君講授刑事學，爲免囚保護之法。此法本係西洋歐米諸國所發明，然保護法最困難，古來免囚，多居暗室。雖有尺許窗櫺，無透光線。往往犯死罪者，即於此室囚之。一人有疾，必致傳染。今因衛生上大有妨害，故留置所室中，無不用透光線者，遂絶無疾病傳染之慮云。講授時，壁上懸有監獄屋全圖，指示一切。午刻，返寓。飯後，若林、黑柳諸君來謝酒。大浦外相及各總長、各局長皆有覆信來，允帝國飯店之約。晚，在日本橋區龜島町偕樂園，答請使館領事諸君，沈、趙、查、方四監督並汪讓卿共十六客。亥初，散歸。

十三日，晴。巳刻，往警察監獄學校聽講，適古賀君講授刑法學。午初，至巡查教習所，拜晤所長樋口君，談訓練巡查事。又至西紺屋町清浄軒，答汪讓卿，高朋滿座。晤朝日新聞記者井倉和欽，同文會成田與作、佐賀鐵次郎及黄仲弢令姪，並楊穎之、王惕齋諸人。午後，移居京橋區元數寄屋町三丁目九番地對鶴館。

十四日，晴。汪楚生、黄瑞南、平岩、關谷、小宫山先後來訪。午後，松本器械店送身計尺來，並贈器械圖物目録。張景韓約晚餐在平河町寶亭，汪伯唐讓卿、沈幼霓、方鶴人、王雷夏、何耀文諸公同席。

十五日，晴。清晨，銀座購物。至正金銀行辭行，與川島忠之助談，並爲介紹天津行支配人鈴木島吉。又至外務省，與小林、岩村談。又至公使館，還電費洋，晤瀚濤。回寓午餐，江澤富治來。午後，往警察監獄學校，拜晤若林君。適京都大學法科大學教授勝本勘五郎由西京來，略話寒暄。緣予前與岡田朝太郎約訂，今日來校試作耳模。有標本店匠人同來，唤該校中小使一人，臥於地蓆上，敷皮紙於右耳四圍，塞綿花於耳内，水和石膏塗於其上。約四五十分鐘，水氣稍乾，漸漸結練，輕手揭下，就此陰文模型再套一層，即成陽文模型。用刀修飾，纖微悉備。其陰模於石膏中略加紅色，陽模紙用白色，兩模材料不致相混。此模型之作法也。惜此次爲時太促，尚未結練實在，即將揭下，以致原模型稍爲碎裂。若林君出贈本校執事之耳模三枚。岡田君贈測量身體及耳形識別法一卷，刑法講義一卷，刑法講義案第四版、第五版二卷。巡查教習所所長樋口君來訪，託江澤代購鑛産標本兩種。其類如下：

鑛物標本目録（元素類）石墨 越中國婦負郡清水 自然硫黄 石狩國幌別郡登別鑛山 自然金 佐渡國佐渡郡相川鑛山 金鑛 甲斐國南巨广郡 自然銅 陸中國鹿角郡尾去澤鑛山

（硫化物類）輝銀鑛 佐渡國佐渡郡相川鑛山 濃紅銀鑛 羽後國雄郡院内鑛山 輝蒼鉛鑛 豐前國田川郡三ノ岳 黄銅鑛 下野國上都賀郡足尾銅山 斑銅鑛 同上 辰砂 大和國宇斐郡宇賀志村 方鉛鑛 羽後國山本郡太良鑛山 輝安鑛 周防國都濃郡鹿野鑛山 閃亞鉛鑛 羽後國北秋田郡阿仁鑛山 輝水鉛鑛 甲斐國東山梨郡都留勢村 磁硫鐵鑛 陸中國南閘伊郡釜石鑛山 硫砒鐵鑛 石見國鹿足郡笠ケ谷鑛山 黄鐵鑛 出雲國神門郡鵜峠鑛山 白鐵鑛 伊勢國三重郡水澤村 鷄冠石 陸前國栗原郡文字村

（酸化物類）普通石英 磐城國石川郡石川山 鐵石英 小笠原鑛山 硅華 陸前國王造郡鬼首山 水晶 佐渡國佐渡郡相川礦山 黑水晶 美濃國惠那郡苗木 紫水晶 磐城國刈田郡小原村 黄水晶 同上 碧玉 出雲國簸川郡王造村 玉髓 越后國東蒲原郡笠目村 紅玉髓 越后國東蒲原郡笠目村 燧石 常陸久慈郡真弓 瑪瑙 越中國礪波郡大納村 紅瑪瑙 同上 蛋白石 加賀郡江沼郡菩提寺村 貴蛋白石 同上 玉滴石 越中國中新川郡立山村 赤銅鑛 飛彈國吉城郡神岡礦山 鋼玉 美濃國惠那郡苗木 青玉 同上 紅

寶玉　外國産　赤鐵鑛　美濃國不破郡赤阪　輝鐵鑛　陸中國和賀郡仙人山　磁鐵鑛　同國南閉
伊郡釜石鑛山　久路無鐵鑛　豐後國大野郡鶯谷村　雲母鐵鑛　陸中國和賀郡仙人山　褐鐵鑛
信濃國小野郡武石村　沼鐵鑛　相模國足利下郡箱根山　砂鐵　下總國海士郡銚子　木化硅石　信
濃國下火内郡富倉村　硅板石　紀伊國東牟婁郡那知村　錫石　美濃國惠那郡苗木　軟滿俺礦　後
志國瀨棚郡瀨棚村　硬滿俺鑛　陸奥國津輕郡深浦　コ。ハルト土　（鹵石物類）　螢石
但馬國朝來郡生野　（酸鹽物類）　石灰石　下野國安積郡葛生村　糖狀石灰石　常陸國久慈
郡真弓村　冰州石　武藏國秩文郡大滝村　大理石　美濃國不破郡赤阪　方解石　磐城國石川郡石
川山　白雲石　陸中國和賀郡仙人山　鐘乳石　備中國土房郡上水田村　石灰華　伊勢國真弁郡治
田村　泥灰石　武藏國西彡广郡五日市村　白堊　陸前國王造郡鬼首村　硝石　智利國産　菱苦
土鑛　陸中國和賀郡仙人山　菱鐵鑛　石見國邇广郡大森鑛山　菱滿俺鑛　石狩國余市郡然別鑛山
霰石　信濃國北安曇郡平村　ストロンシ恩鑛　豐後國大野郡木浦　藍銅鑛　飛彈國大野郡莊
川村　孔雀石　羽后國仙北郡荒川鑛山　重晶石　佐渡國佐渡郡中山峠　石膏　甲斐國南巨广郡静
川村　透明石膏　陸前國加美郡宮崎村　纖維石膏　同上　雪花石膏　甲斐國南巨广郡茂倉村
燐灰石　獨逸國　燐塊土　志广國島羽　重石　豐前國田川郡三ノ岳　紅柱石　磐城國石川郡石
川山　黄玉石　美濃國惠那郡苗木　録簾石　信濃國小縣郡武石村　別須武石　豐後國大野郡木浦

鑛山　硅酸孔雀石　飛彈國吉城郡神岡鑛山　橄欖石　常陸國久慈郡町屋　柘榴石　同國真壁郡
山ノ尾村　柘榴石　磐城國石川郡石川山　柘榴砂　夫和國穴蟲　斧石　豐後國大野郡郡平鑛山
白雲母　磐城國石川郡石川山　黑雲母　魯斯亞產　蛭石　甲斐國南巨广郡身延山　蛇紋石　常
陸久慈郡真弓村　緑礬　備中國川上郡吹屋村　明礬　支那廣東省　膽礬　陸中國鹿角郡尾去澤鑛山
礬土鑛　播广國神西郡櫔原　硅灰石　美濃國池田郡小宮神村　輝石　甲斐國巨广郡金峯山　軟
玉　支那　硬玉　同上　薔薇輝石　陸中國南閉伊郡大槌町　角閃石　信濃國筑广郡薗村　光
線石　淡路郡三原郡沼島村　菫青石　下野國渡苠瀨川沼岸　石絨　磐城國石川郡石川山　緑柱石
美濃國惠那郡苗木　異剥石　三河國八名郡富岡村　方滾石　伊豆國加茂郡見高　魚眼石　小笠
原島山　正長石　美濃國惠那郡苗木　天河石　信濃國東筑广郡田女村　灰長石　三宅島　凍石
陸中國和賀郡仙人山　粘土　武藏國豐島郡田端村　陶土　尾張國東春日井郡瀨户村　（有機物
類）　琥珀　陸奥國九户郡大川目村　泥炭　信濃國北佐久間郡輕井澤　石炭　筑後國三池郡三池
無煙灰　常陸國𠬝賀郡小豆煙　土瀝青　羽後國秋田郡豐田村　石腦油　越後國古志郡東山油田
岩石標本目録　（甲）變性岩類　（一）太古界　（イ）片麻岩系　一角閃片
麻岩　飛彈國吉城郡茂佐　二花崗質片麻岩　信濃國上伊那郡高遠　（四）結晶片岩系　三
黑雲母片岩　武藏國秩文郡皆野　四雲母片岩　同上　五白雲母片岩　常陸國真壁郡山尾村

六紅簾片岩　阿波國名東郡大瀧山　七同上　武藏國秩文郡皆野　八綠簾片岩　阿波國名東郡佐古山　九石墨片岩　武藏國秩文郡皆野　十斑點綠泥片岩　阿波國名東郡佐古山　十一綠泥片岩　阿波國名東郡佐古山　十二綠簾片麻岩　同國德島大瀧山　十三絹雲母片麻岩　武藏國秩文郡皆野　（一）古生界　（イ）秩文系　十四輝岩　武藏國秩文郡皆野　十五滑石片岩　常陸國久慈郡龜作　十六糖狀石灰岩　常陸國久慈郡町屋　十七輝綠凝灰岩　武藏國秩文郡蘆ケ久保　十八石灰岩　同國入間郡越生　十九苦土石灰岩　陸中國和賀郡仙人山　二十角礫石灰岩　美濃國不破郡赤阪　二十一角礫岩　武藏國西彐广郡戸倉　二十二ラデオラリ了板岩　同國秩文郡影森　二十三角岩　同國西彐广郡中野　二十四石蓮蟲灰岩　美濃國不破郡赤阪　（ロ）小佛系　二十五砂岩　武藏國西彐广郡檜原　二十六硅岩　讃岐國綾歌郡國分　（二）中生界　（イ）三疊系　二十七粘板岩　陸前國桃生郡雄勝　二十八頁岩　美濃國可兒郡川口村　（ロ）珠羅系　二十九魚卵石灰岩　磐城國相馬郡上真野　三十シダリス石灰岩　武藏國西彐广郡抽山　三十一砂岩　磐城國相馬郡小池　三十二礫岩　武藏國西彐广郡中野　三十三粘板岩　豐後國大野郡神崎　三十四御坂礫岩　甲斐國南都留郡河口　三十五御坂魚礫岩　同上　（三）新生介　（イ）第三系　三十六凝灰砂岩　三河國八名郡鳳來寺山　三十七泥炭岩　武藏國西彐广郡三日市　三十八頁岩　三河國南設

樂郡鳳來寺山　三十九凝灰岩　伊正國加茂郡木鄉　四十凝灰角礫岩　伊豆國下田港　四十一硅藻土　陸前國王造郡鬼首村　（ロ）第四系　四十二墟州　武藏國北臺搗郡田煙　四十三粘土　同上　四十四硅華　陸前國王造郡鬼首村　四十五灰華　土野國北甘樂郡星尾　（丙）迸發岩類　四十六花崗岩　磐城國相馬郡小池　四十七黑雲母花崗岩　常陸國西㺯城郡松川　四十八花崗斑岩　備前國御澤郡御門　四十九石英斑岩　近江國蒲生郡長福寺　五十石英閃綠岩　同上　五十一斑糲閃綠岩　武藏國北企郡小川　五十二斑糲岩　安房國安房郡峯岡　五十三橄欖岩　常陸國久慈郡町屋　五十四蛇灰岩　武藏國秩文郡大淵　五十五蛇紋岩　同國同郡皆野　五十六閃綠粉岩　甲斐國南都留郡道志　（二）新迸發岩類　五十七雲母粗面岩　讚歧國大川郡鶴羽　五十八石英粗面岩　岩代國伊達郡上保原　五十九黑曜岩　十勝國十勝川　六十浮岩　信濃國淺間山　六十一英鬬安山岩　下野國上都賀郡足尾　六十二雲母安山岩　讚歧國木田郡由良山　六十三角閃安山岩　美作國勝田郡勝間田　六十四古銅安山岩　讚歧國木田郡屋鳥山　六十五複輝石安山岩　信濃國北佐久間郡沓挂　六十六輝石安山岩　相模國足柄上郡根府川　六十七安山熔岩　信濃國淺間山　六十八讚岐岩　讚岐國綾歌郡國分　六十九玄武岩　美濃國土岐郡蛭川　七十玄武熔岩　伊豆島新島　七十一火山礫　信濃國淺間山　七十二火山灰　同上。

十六日，晴。午前，江澤、吉沼、小宮山來。午後，至芝區挽木町印名片。申刻，江南、湖北、直隸四監督，在富士見軒西洋飯店設送別會。蔡公使、汪總監督及其隨員等並汪讓卿同席。主賓二十餘人，盡歡而散。

十七日，晴。午前，與外務省、警視廳各處電話相問答。午後，訪田中大尉。又至佐籐店取相片。申刻回寓，江澤、小宮山持匾額來乞書。

十八日，陰雨。午前，寫頌詞並東友乞書各件。午後五時，在帝國酒店請客。遞信大臣大浦兼武、外務省總務長官珍田捨己、政務局長山座圓次郎、一等通譯官小林光太郎、繙譯官岩村成允、內務省警保局長有松英義、警視總監安立綱之、官房主事川上親晴、第一部長九山重俊、第二部長松井茂、第三部長栗本庸勝、蔡星使、汪總監督、繙譯官盧子銘太守入席，讀頌詞。居首席者答頌詞。席散復暢飲果酒。戌正始歸。

十九日，晴。午前，往外務省、警視廳、參謀本部各處辭行，均略坐。又至查玉階處談，遣徐繙譯至柏原家。午後，至大浦遞相官舍會晤。暢話離情，臨別贈言，勸予戒酒。又至內務省、警保局。又至公使館拜蔡公使，並晤小林、子銘。又至汪京卿處，適蔡公使亦至。戌初始歸寓。有松、川上、松井、柏原、玉階諸公來訪。

二十日，陰。江澤富治六時來寓，爲原鐵運送店介紹當將行李交付該店運送。神户外務大臣小村壽太郎，遣秘書官吉田要作來，送天鵝絨織畫軸等物以贈別。長岡子爵、張景韓觀察皆來寓。小林、岩村、末吉、平岩諸君持贈書籍、皮包、漆盤等物。江澤君夫婦偕來，再三邀同寫照留别，堅不可卻，遂同往二見軒，與其夫婦合撮一影。午後，至正金行結賬。酉初刻，至新橋停車場，松井部長贈自著警察講話集並要論兩種。外務省總務長官珍田捨己來送行，並述小村外相之言，殷殷致意。據稱，本欲親來話别，但以現在亞東時勢，於邦交上頗涉影響，是以未便親來等語。大浦遞相、安立總監、有松局長、警視廳官房主事及各部長並十五區之署長，各消防署署長以下各員，警察監獄學校若林賚藏、巡查教習所所長樋口兼泰、外務省屬各官，參謀本部屬各官，長岡子爵遣佐賀鐵次郎來〔一二〕，小林易太郎、江澤夫婦均來。公使館惟盧子銘、張、沈三人。送行者五六百人，途爲之塞，其姓氏亦記憶不清。臨上車時，惟一一握手而已。八時開行，同坐寢臺者，有天主教二客，皆法國人。一解日本語，一解廣東語。晚，與柏原、寺坂同餐。柏原從者陸軍軍曹有馬金次偕行。

二十一日，晴熱。巳初十分，抵神户之三ノ宫，投宿榮町三丁目西村旅館。有馬金次來見。柏原已往和歌山，寺坂已往大坂。午後，至領事館，晤蔡詠南。酉刻，鶴齡來邀，至大東和田屋晚餐。鋪設殽饌，與東京帝國酒店相同。飯後，步遊街市，在元町時計屋略購物品。

二十二日。子正刻，微雨，夜不成眠，四肢疲倦。黎明即起。巳刻，冒雨乘火車至大坂。寺坂教習已在道旁立候，同往大坂府警察部，晤警察課長兼保安課長警視官桑原忠次郎。導觀本署辦事各所。一切設置，及辦事章程，與東京同。又至別室，四壁懸挂犯人相片。樓上玻璃櫃内，悉儲犯人凶器及爆發藥物。又至一室，登樓察視僞造金銀銅幣及内外國之紙幣。門外玻璃櫃内，置巡查捕盗時所著衣帶，及受傷人之形骸。桑原君頗倨傲，少謙遜。略談數語，由該署電語告知巡查教習所及水上警察署，派警務課勤務警部小野静，陪往拜晤巡查教習所所長武田慎治郎。旋至教室中參觀，即所長兼教習，坐聽一小時許。偕寺坂、小野同往西洋料理店午餐。午後，放晴。未初，至安治川水上警察署，拜晤署長警視官正八位勳七等荻欽三，論水上警察事。預備實地演習請觀，適柏原教習亦至，均往小輪船上立觀。傳令水夫十二人，駕杉板泝流而上，復折回，至中央作覆舟狀。船身甚小，寬面尖底，一人執舵，一人執旂，十人盪槳，船底船邊，皆有小吼，以便放水。一傾覆間，片刻即將船身翻轉。執事者無不熟諳水性，故能運動自如耳。閲畢，又至南警察署，拜晤署長伊藤景則。導觀留置所，容四十八人。已決、未決皆在其中。此間地方，較東京爲繁劇，人犯亦較東京爲多。距監獄署又稍遠，是以留置略多，其餘與西署同。伊藤君出示比較各表，其組織皆與東京一律。又請觀巡查擊劍約一小時。伊藤君陪往出入橋，試救火法。據言，此處街道窄狹，不能用馬車，悉用人力拖行，機器車用十六人，皮袋車用四人。機器購自美國。蒸氣車力過百度，可激至七八丈高。現以火表六十度，比較自來水已加三分之一之激力。自來水管接入皮袋者，約高二三丈，蒸氣力約高三四丈。閲畢，時已申正。柏原君約至朝日新聞社，晤西村時彦，前在上海與予相識。導觀印刷各室。試鑄鉛模，二分鐘做成三字。酉初刻，與兩教習話别。小野君自午前至臨行，隨同伺應，備極周旋。寺坂亦送至車棧。五時十五分開車，六時抵三ノ宫，即回寓。晚，至杏春樓喫廣東菜，價值較上海略貴。遇森山元，係前在東和洋行管事人，投贈果食。同寓有新使隨員彦惪，號明允。過談。

二十三日，晴。辰初，至海岸。登春日丸，拜晤新使楊星垣京卿，暢談並晤參贊馬觀察拱宸。有朝日新聞社訪事人某往見，予爲通譯數語。午刻，神户各幫華商設歡迎會於中華會館。主賓五十餘人，楊星使暨參贊人等同席西餐。申初始散。酉刻，往停車場，送楊星使赴東京。晤兵庫縣知事服部一三。粤商陳恩培、葉鶴齡等公請晚餐。席設於麥少彭家留春别墅，石徑幽深，芳林叢密。神户華商住宅，當推此處爲巨擘。卞領事、蔡領事、正金銀行安部成嘉、浪速銀行神户支店店長松方正雄、松方伯爵公子。勳六等瀧川辨三、吳錦堂等主賓二十餘人。備音樂隊，作跳舞戲，極形歡洽。亥正始散。主人遣馬車送歸。

二十四日，晴。午前，拜兵庫縣知事服部一三。又至正金銀行、白洲商店、領事館，訪薇閣、詠南。適新使隨員到署，横濱總領事、外務部主事渠本翹山西人隨員、户部郎中王克敏、太常寺典簿張元褒，均由滬來。午後，柏原由大坂回，同寓西村旅館。江澤君由東京遣山口庄兵衛送人體標本物來三江。商量吳錦堂、袁子壯、鮑翼君等公請。晚餐席設留春别墅，主賓二十餘人，備音樂隊，作跳舞戲。同座皆昨夕之客，添請川崎造船所副社長川崎芳太郎及松方幸次郎。亥刻始散。子壯、詠南來訪。

二十五日，晴熱。兵庫縣知事服部一三、松方幸次郎、市川徹彌先後來訪。午前，至正金銀行取船票。知西村旅館從中作弊。此間客店代購船票，向有扣頭，與上海情形髣髴。該店因余已託正金銀行代購，始而央託，繼而倔强，非獲此利不肯甘心。正金勉從其請，竟悉予之。該店夥持送水果兩包，以酬正金之情。余適在彼處，目覩此情狀，嗜利小人可惡亦可笑也。又至喳吶洋行答鮑翼君，怡生號答吳錦堂，商話別所答陳恩培。午後，偕柏原往神户警署，訪察一切。該署設兵庫縣内。拜晤警部長正三位勳六等内村直俊，略談。警政較東京爲繁劇，其辦事章程則大致相同。旋即陪往衛生試驗所，由技師葉若雄次導觀各種試驗。據言，鼠害傳染最甚，各派出所皆購納之，每頭給洋五分，輸送該所解剖形體。毒氣多注心曹間，將此心曹取出，置顯微鏡臺，驗明何毒何色，纖微必察。分别標記於其上，儲入玻璃管内，無論何種毒形，一一現露。今年博覽會，亦將此項陳列。本所試驗後，凡有毒者，某町某家所捕，即派人往查，設法消除。另有一室，專畜鼠兔，以備試驗。内有一種名海猪者，與鼠形相類。毛微長，色花白，近海岸各埠，率有此物，但神户爲最多。又有食物試驗，如牛奶、牛肉及各種罐食、豆類，多有藴毒。又有器皿試驗，如鍋碗壺碟泥磁物中之著色者，銅鐵物中之挂裹者。凡著色之上外光，較顔料毒爲尤重。又有幼兒耍貨，泥形各物，皆有毒氣云。閲畢，又至巡查教習所參觀，其學科課授及其程度與東京同。閲畢，時已傍晚。少坐，部長持贈《警察要訓》一册。晚偕柏原飲於品芳樓廣東飯館。

二十六日，陰雨。午前，步遊街市，略購送人之品。晚間，北幫商董吳鴻富等公請，席與前同。

二十七日，清晨微雨即晴。警部長内村直俊、警察部課長海田權藏來送。巳初刻，登弘濟丸輪船，市川徹彌攜其子女送至舟次。使館隨員張祝秋、葉子文，陸軍留學生齊國璜字佩之，安徽婺源人，均同舟。晚與柏原、寺坂共談。有木幡貞子者同舟，係往漢口、湖南日本郵社。攜嬰兒，無侍從，善操洋琴，曾在中等學校畢業者。

二十八日，早陰即晴。卯正刻，抵門司。有福岡縣門司水上警察署長警部津留正秀來訪。柏原約同登岸一行。申初，展輪出口。

二十九日，晴。卯初刻，抵長崎。辰刻，上岸。拜晤領事卞薇閣太守及張季深。早餐後，同往梅香崎一帶，遊勸工場及各商店。此間較東京固不及，即比之横濱、神户亦甚遜。領事館預備筵席，祝秋、子文、黄鐵卿、謝某共酌。午餐後，復送登舟，四時開行。出口後，狂風巨浪，船身震盪。客皆偃臥，無可與談。余登船樓，獨坐煙室中酣飲，夜半始眠。

九月初一日，晴。夜半微風，渡緑水洋。

初二日，陰雨。夜半進口，泊高昌廟。卯刻抵滬。

此次東遊，延聘日本教習，兼爲調查現行警務。計由天津起程時計至回滬時，往返七旬餘日。遊覽所經，閱歷所得，隨時隨地，筆之於編。除將東京警察監獄學校規則及巡查教習所章程譯出附録日記外，擬另行編譯警察書數種，以採訪東西洋法制，參酌我中國情形爲宗旨，姑俟異日再就正於有道可耳。

校記

〔一〕徒　當作『徙』。
〔二〕記　當作『計』。
〔三〕『送』字疑誤。
〔四〕『第七節』未見。
〔五〕後　疑爲衍字。
〔六〕待　疑當作『持』。
〔七〕以下疑有遺漏。
〔八〕以下疑有遺漏。
〔九〕熱　當作『熟』。
〔一〇〕藥　疑當作『樂』。
〔一一〕理　當作『埋』。
〔一二〕遺　當作『遣』。

東游紀念第四　商辦游學日記

山西省特派委員學務處督辦李宗棠

光緒甲辰年夏六月，奉晉撫張曉颿中丞曾歅奏派，前往日本商辦游學事宜。捧檄後，十八日由太原起程，越三日抵壽陽。泥濘載道，輿馬艱行。平定以下，井陘、獲鹿雨已成災，汪洋一片。繞道頗覺崎嶇，賴有山村父老導引迷津，始得僥倖出險。二十五日甫抵正定，住會豐棧。二十六日乘火車至保定，住泰昌棧。晉省留學將弁諸生先後來謁，詢問學課情形。該學堂總教習係日本人多賀君，現奉袁宫保命改名賀忠良。副教習二員，亦日本人。學堂、學營、操練皆三公所教授云。二十七日抵天津，住佛照樓。次日謁慰帥，後往日本領事館。伊集院君暨高尾君皆往營口。晤小村俊三郎。又訪郵船會社社長中村克己，正金銀行副辦工藤金三郎，面託一切，並爲監督吳令春康介紹。七月初二日，移寓津海關道署唐少川處。晤新授雁平道繆恆庵觀察彝。初三日往北京，訪日本公使内田康哉，並晤高洲君，懇公使致書日本文部大臣及外務省，皆允之。初四日回天津，接晉撫憲來電，即擬復。初五日，陰雨。清晨，囑篤之弟送行李至車站。予往郵船會社購船票。晤中村社長及其夫人。該社近因本社郵船均已調往戰地，其通航牛莊、大沽、芝罘、釜山、仁川、長崎、門司、神户、横濱等處之船，皆係租賃外國。裝貨船向無艙位，乘客均寫三等票，住貨艙。今從特别例，購頭等票，允將船上事務長室讓給。巳正二刻，由老龍頭乘汽車起行，三浦覺畬來送。午初二刻，抵塘沽，在日本店便飯，行李預交運送店，已即隨車送到。未正刻，冒雨坐小火輪至大沽口外，登阿魯哥船，狂風巨浪，坐臥不安。過大船上樓梯時，非常危險。稍不介意，即墮足入海中。該船係德意志商船，裝載不滿三千墩。事務長石川鉄次郎，横濱人，通英、德語。同舟相識者三人：天津日本駐屯軍中隊長、陸軍步兵少佐江頭方種，一等軍醫秋山春齋，天津洋行川本忍子。又有那琴軒尚書猶子紹武，號竹亭，年十七齡，前曾隨侍在德國八閱月。此次赴東游學者，又有北京自費生二人邢振鑾、孟金鑣。

初六日，晴。午前，上貨羊皮最多，並有陸軍載回廢用品物。午後，五鐘開行，風濤大作。

初七日，晴。申正二刻，抵煙台停泊。偕江頭少佐登岸，拜晤日本領事水野君暨堺與三吉。又訪劉子秀觀察。途遇天津警務教習小川勝猪及中山洋行主人。

初八日，陰雨。巳刻展輪，夜半入朝鮮海。

初九日，陰雨。颶風一晝夜不稍息，人皆委頓，寢食俱廢。

初十日，陰雨。横風與前兩日相髣髴。晚露月光。

十一日，晴。早餐後，波平浪静，漸入坦途。未正，安抵門司，在港外候醫生驗病後，即進口停泊。有大阪每日新聞記者西村利之助、門司新聞記者曰野種吉報知新聞記者。辰巳，豐吉到船，略與接談數語而去。三等客位有一婦人，年約三十左右，身著華裝，並佩耳環，舉止確似華人，口操東直省音。由煙台至門司，遂登岸去。據同舟人訪詢來歷，種種可疑，大約實係游倡，日人而改華裝，由哈爾賓地方逃歸者。午後六時展輪，入周防洋，爲日本之内海。舟行極穩。

十二日，晴。戌正二刻，抵神户，候醫來，即入港，時已亥初。登岸過税關，一一檢驗。夜半，始至旅館。炎熱非常，不克成眠。

十三日，晴熱。偕邢、紹兩生，拜領事吴偉卿太守。又至正金銀行廣生號小坐，唤待詔來薙髮。又偕往品芳樓午餐。飯後，復至領事館，與偉卿談至酉刻，即至三宫車棧，乘晚車赴東京。遇秋山軍醫同行。

十四日，晴。巳初二刻，抵新橋停車場。旋雇車至麴町區帝國酒店投宿。該店執事人真下讓二，舊識重逢，殷懃款接。啜茗後，即沐浴，稍休憩。午餐畢，電話告知外務省，並致書文部大臣及外務大臣。旋詣參謀本部，福島、田中、平岩、末吉諸君皆赴滿洲。未正，往公使館拜晤楊星垣欽使、馬拱宸參贊，述晉省派游學事。據聞，振武學校暫歸堀内君代理。又訪盧子銘，遇寶子深、施畬孫諸公，在看竹公使處，晤湖南商工視察員王莘田銘忠，辭行回湘。又至岩村成允家長談，聞小林霞塘已物故。又訪趙康侯不值，因聞其明日内渡，即留書詢直隸常年學費事。又至柏原教習家，見其二令郎，名勳，年十八歲，現在中央幼年學校，明年畢業云。又聞湖南學生與江南監督遽起風潮，公使出爲調停。

十五日，晴。外務次官珍田捨已來。巳刻，訪馬拱宸，略談。又至外務省，拜晤小村外相、珍田次官、山座政務局長，述來事，託向東京府介紹，電話往還。旋偕岩村君往府署謁知事男爵千家尊福、視學官岡五郎，面託師範生擬入府立師範學校，允向校長瀧澤君商酌。緣該校係遵文部省之命令，而歸東京府所直轄。又往文部省拜久保田讓文相、木場貞長次官，覆述前事。談及内田公使代致各信已達到，允向該校商辦。午後，往警視廳謁總監各官，已散衙。又往遞信大臣大浦君官舍，拜晤暢談。又至本所區松井町寺阪教習家，見其夫人及其幼子。戌初回寓。晚餐後，在閲報室閑坐。聞街市間有鼓樂聲，登三層樓，憑欄俯視，男女塞途。對門鐵道株式會社門檻内，種松樹數十株，電燈緣牆而設於松枝内，發現晚間徧燃，光明如晝。又有新製花車一具，安置空場。車頂上用電光嵌『祝捷』二字，車身週圍，滿鑲電燈，約有三百餘盞。花車旁，有人手執國旂，作摇曳狀。適京橋區商民人等，舉行祝捷會過此。閤區老幼，聯爲二十二隊，每町一隊，每隊百人，各導以音樂。隊有人高舉抬燈，上書某町。又有執旂，旂上書第幾隊。每人手提紅燈，均書『祝捷』二字。其中，又有極大燈數十具，皆大書海軍、陸軍大勝利等字樣，由東而來，向日比谷公園内穿過，繞行街市，歡呼萬歲之聲，如雷震耳，洵爲一時盛事。夜半，岩村君來談。據言，自旅順第一次報捷後，東京已屢次舉行祝捷會。其極盛時，持燈人約三四萬，扶老攜幼，舉國若狂。此等會事，悉由本區人民集貲合辦，須先稟明警察署及海軍省、陸軍省、外務省各衙門。允准後，始得舉行。近因極東屢獲勝仗，祝捷會乃益多，幾於無日無之。是固國民真正團體，其忠愛之至誠，實出於自然流露，殊令人豔羨不置。

十六日，晴。午後，拜各省留學生監督，調查游學經費。南洋沈幼沂 兆禕，住富士見町六丁目十六番地；北洋趙康侯 理泰，住牛込區横寺町六十四番地；湖北李子深 寶巽，住牛込區東五軒三十五番；雲南朱一清，住九段中坂望遠館；四川周子亭 鳳翔，住神田區猿樂町安田館。又過潛水店二見軒小坐。

十七日，晴。清晨，接吳監督由京來電，坐阿魯戈船來。巳刻，拜晤楊欽使、馬參贊，商訂留學生入校事。拜江西派送學生之黃棣齋太史大壎，住清淨軒。午初回寓，文部大臣來電話，約後天會晤。邢振鑾、關谷佐吉來見。午後，楊公使、馬參贊先後來答。酉初刻，乘火車往橫濱訪袁遜初、施畲孫、余雲龍，領事館留晚餐，並晤西繙譯謝君，係蘇州人。戌正三刻，乘火車回東京。同車有女子高等師範學生山田道子，略話寒暄，頗有親近華人、欽服孔教之意。

十八日，晴。日曜日。清晨，在街市間遇芝區商民舉行獎兵會游行。各處約千餘人，衣履整齊，行列嚴肅。前導以音樂隊，晝則每人執旂，夜則每人持燈，大致與祝捷會同。竹亭來，偕游京橋銀座各區。閱新聞紙號外，旅順又報捷，遼陽已接戰云。

十九日，晴。巳刻，赴久保田文相之約，談留學生事。據言，東京府師範校長確有爲難情形，另商一妥善辦法，緩日再議，並勸我晉省速自立師範校。又往内務省，拜警保局長有松英義，述柏原、寺阪兩教習到晉情形。午後，至冲商會，訪冲馬吉、林五十三，調查德律風送話器、受話器、交換機各種類及其價值，並託其詳細核算每日里見方線柱工料，共用若干。原來中國電線，每華里一里柱七根。日本東京所用電柱似較密。開具清單。其交换機，自三人用至二十人用大概單線單式壁挂交换機；十二人用至五十人用，大概復線單式壁懸交换機；自二十五人至百人用，大概復線單式標準交换機；三百人用及四百五拾人用，均並列複式交换機。此外，又有記録交换機、交换手監督機、市外交换機。其電話交换機用品之部，分别直列複式、復線、單式、形式，各按號頭。又有管狀表示機、自動變極器等項。配線盤、試驗盤，式亦各别。其電話機之部，有共同電池式，有岩田式。室内用者，或置桌上，或懸壁上。又有軍用攜帶電話。其送話器及受話器，有歐洲形，有美國形，有時計形，有圓筒形等類，共十七種。另有自働電話機用受話器。現在所用電氣，多係乾電。電線各按號頭。大致檢閲一徧。傍晚，袁遂初、施畲孫、柏原勳來答。又訪馬拱宸，再商師範生事，擬與直隸合班。晚，黑澤商店人來談。

二十日，陰雨。巳初刻，往外務省，託其轉致東京府師範留學事。回寓後接電話，珍田、山座兩公代向視學官岡君諄切言之，明後日須親往該校，與校長商酌云。午後，乘電車遊神田芝區麴町新橋、京橋等處。道旁徧樹木桿，預備張燈之用。連日祝捷，奬兵、義勇、忠愛各會，非常熱鬧。過京橋紀伊國屋商廛小坐。適新遣出征軍隊起行，由京橋至新橋上火車，整齊嚴肅。每人背負軍裝及紅氈一條。隻身外，無行李雜物。所經街市，老幼拍掌，免冠歡呼萬歲。送行者亦絡繹於道。晚，孟生來。

二十一日，早陰，午初即晴。有松英義來談。午初，至正金銀行，拜川島忠之助，並晤都築成一。午後，偕竹亭至二見軒拍照。晚，至東京館，爲學生定住屋。

二十二日，大風。午初放晴。大限君來談。晚，偕紹竹亭往日比谷公園納涼。飲於松本樓之二階。

二十三日，晴熱。外務省來電話約往會晤。山座局長出東京府師範校所議節略，兹譯如左：

於東京府師範學校内，以速成之方法，授清國學生師範教育，望承諾照下各項：

一、於東京府師範學校内，祇施教育於學生，其宿舍、被服、食物及通譯等件，均應自理，本校概不干預。

一、本件約定以後，須五年接續辦理，由清國每年派遣學生，何省與何省合班，本校亦不干預。

一、學生定額，一回以四十人或六十人編爲一學級，其畢業之期，限以一年。

一、本件實施後，須由囑託者寄贈創辦費金叁千五百圓於東京府府署。

一、經常費，每年以金二千五百圓，須由囑託者擔保。
經常費，不得以學生人數而爲增減。
一、以上諸項費用，由囑託者豫託於外務省，以應東京府之要求而交付之經常費。
一、金二千五百圓。
內譯
金二千圓　教員俸給及手當
金二百圓　書記及諸傭手當
金百圓　備品費
金一百三十圓　消耗品費
金五十圓　修繕費
金二十圓　雜費
創業費
一、金三千五百圓
內譯
金三千九十圓　教室新築費

教室機四十脚	金百二十圓
黑板教壇各一個	金五十圓
煖爐三個	金五十圓
生徒控所腰挂念五個	金五十圓
教員室備品	金七十圓
小使室備品	金五十圓
日升降口備品	金十圓
雜品	金十圓

查閱此項辦法，合各省之力，尚易爲功；就一省而論，恐難爲繼。旋至使署，商諸公使。因須使署籌墊一款，頗覺爲難。事將中止，又與拱宸商酌直隸師範生合班。午後，往牛込區東五軒町訪竇子深。適欽使偕拱宸亦至，係答拜易新甫。

二十四日，雨。午前，至外務省答師範校事。又至參謀本部拜晤堀内君，暨大本營陸軍管理部陸軍一等主計官德田保太郎，面託武備學生入學事。振武學校在牛込區河田町，教頭木下君主掌一切。回寓後，弘文學院幹事兼教授三載力太郎，奉嘉納校長之命，偕繙譯趙孤一郎，遼東人。來謁，述前函所託事，並探詢此次晉省游學人數，一一婉詞卻之。晚，飲於日比谷公園松本樓，藉以納涼。

二十五日，晴。午前寫信。午後，偕孟生游新橋、銀座兩勸工場，略購玩物。午後，至使館訪拱宸不值。各報館宣布國家公報『占領遼陽』。高樹牌竿，大書特書，商民人等，爭購旂燈。入晚，則街市間偏燃電光，非常熱鬧。余著華裝觀場，遇幼童數十人，狂呼『鏘鏘鉢子』，並言『遼陽爲我日本人占領了』。種種譏訕，令人忍辱難受。余回寓換着西裝，仍往觀場。竟無復識余爲支那人矣。奇哉！可歎！

二十六日，晴。清晨訪拱宸，託經緯學堂師範生與直隸合班事，並託代發晉電。回寓，繕寄曉帥稟。黎覺人來函，定期會晤。晚在松本樓便飯。乘九時三十分汽車往神户。近來，汽車因運載軍隊事，自陽曆九月一日始，改訂時刻，夜行甚緩。據聞，遼陽戰勝後，日軍傷亡實有兩三萬人，現正調兵赴前敵。此車裝兵三千，皆陸軍。沿途經過各鄉村，男女老幼爭相趨送。或執旗，或執燈。道傍高張大幟，有書『恭送某人出征』者；有書『敬送出征軍』者。書某人即係本村之人，書出征軍統指大衆而言。又有大書『犒軍祝捷』等字樣者。更有一般男女小學生，由教師率領，排班鵠立左右，或唱得勝歌，或唱祝捷詞，從容奏曲，頌禱凱旋。臨開車時，或免冠，或摇巾，或舉傘，或舉手。燈旗燦然，狂呼萬歲。徹夜間，絡繹不絶。其停車場，皆樹有木牌，上書『軍用飲料，麥湯接待』等字，任人自取。噫！所謂國民真正團體，今於日本見之矣！

二十七日，陰雨。日行亦緩，所過之地，其冒雨送行者，殊不減於昨夜。又遇有自神户至東京之汽車，滿載病兵。道旁皆狂呼萬歲。戌亥間，大雨傾盆。九時十分，抵西京，投宿於七條停車場前菊岡家旅館。夜熱極，不成眠。與孟生抄寫各件。

二十八日，早晴。八時二十七分乘汽車，十一時三十分到神户，住吉田旅館。往拜領事吴偉卿，託發晉撫帥電。偕陳子龍復至大阪，購物鞄䉪。晤水原源治郎。在西洋料理屋晚餐。十時回神。

二十九日，晴。繕發晉省各信。午後，往廣生號薙頭、修脚。晚，葉鶴君約飲料亭。

三十日，晴。午後微雨，訪吴偉卿，託致税關公函，爲學生行李上岸事。午前，偕孟生往郵船會社待合所迎條學生〔一〕，竟日徘徊。四時後，該社閉門，則徜徉於海岸，候至戌初，始見阿魯戈船入港。戌正，吴監督率學生五十五人登岸，内有山東自費二人，余在税關一一躬親照料。該税關略爲檢察三五件即放行。同至南京街品芳樓支那料理店。晚餐後歸旅館，吉田、山陽兩家分住。兹將學生姓名附記於後：

速成師範生十名

蘭承榮 年二十二歲，大同府大同縣人。

尚光霖 年三十一歲，澤州府鳳台縣人。

劉懋賞 年二十九歲，朔平府平魯縣人。

劉肇文 年三十歲，甯武府甯武縣人。

馮濟川 年三十九歲，汾州府孝義縣人。

蘭承昌 年二十七歲，大同府大同縣人。

武繩文 年二十六歲，蒲州府榮河縣人。

李廣勛 年二十八歲，大同府陽高縣人。

徐一清 年三十二歲，代州五台縣人。

王桐年 年三十九歲，汾洲府汾陽縣人。

普通生二十名

李慶芳 年二十六歲，潞安府襄垣縣人。

李垣昌 年二十歲，大同府大同縣人。

盧昌 年二十五歲，大同府靈邱縣人。

王用賓 年二十歲，蒲州府猗氏縣人。

谷思慎 年二十三歲，甯武府池縣人。

楊長溶 年二十三歲，蒲州府萬泉縣人。

耿臻顯 年十六歲，大同府渾源州人。

孟元文 年二十六歲，大同府靈邱縣人。

王國祜 年二十四歲，絳州人。

楊生桂 年二十歲，解州安邑縣人。

榮福桐 年二十四歲，太原府太谷縣人。

張起鳳 年二十三歲，蒲州府猗氏縣人。

田汝翼 年二十一歲，大同府渾源州人。

景耀月 年二十二歲，解州芮城縣人。

李鏡蓉 年二十一歲，絳州河津縣人。

陸近禮 年二十四歲，平定州人。

吳　淞　年二十三歲，沁州人。
馮司直　年二十一歲，平定州人。
邵修文　年十九歲，解州安邑縣人。
王祖侗　年二十四歲，平陽府洪洞縣人。

武備生二十名

顧祥麟　年二十三歲，江蘇常州府金匱縣人。
王傳琳　年二十一歲，河南開封府祥符縣人。
武滋榮　年二十五歲，山西汾州府汾陽縣人。
黃國樑　年二十一歲，陝西漢中府洋縣人。
閻錦山〔二〕年二十歲，山西代州五台縣人。
張呈祥　年二十七歲，山西霍州趙城縣人。
李偉旂　年二十五歲，山西平陽府臨汾縣人。
郭廷康　年二十三歲，安徽潁州府太和縣人。
王寶善　年二十一歲，山西太原府陽曲縣人。
焦　滇　年二十二歲，山西忻州人。
馬開松　年十八歲，浙江紹興府嵊縣人。
田國琛　年二十三歲，山西太原府陽曲縣人。
張肯構　年二十九歲，解州夏縣人。
張　瑜　年二十一歲，山西代州五台縣人。
金鳳巢　年二十四歲，山東萊州府昌邑縣人。
焦純禮　年二十五歲，山西忻州人。
李大魁　年二十三歲，山西平陽府洪洞縣人。
喬　煦　年十八歲，山西太原府陽曲縣人。
温壽泉　年二十四歲，山西平陽府洪洞縣人。
吳長齡　年二十三歲，安徽安慶府桐城縣人。

自費生三名

吳　肅　年二十一歲，河南光州固始縣人。
王登乂　年二十九歲，山西平定州樂平鄉人。

王致中年二十四歲，山西朔平府朔州人。

八月初一日，晴。監視各學生改穿學生服裝。午後，偕吴監督拜吴領事，託發晉電。偉卿談礦股事，借美股可得五百萬圓。晚七時二十分，率學生登汽車。該車站開特别門爲學生等出口。東人來送行者，見學生輩衣履鮮明，步伐整肅，僉稱他省所未有云。

初二日，陰雨。晚五時三十分，抵新橋經緯學堂。主事隈本君等，會館幹事、招待員黎仲蘇邁等，及東京館小林君迎至車站，投宿麴町區内幸町東京館。予亦遷往同居。

初三日，陰雨。偕吴監督謁公使、參贊，交閲曉帥來電，爲張肯構、張瑜二生年貌不符事。午後，同至正金銀行，晤川島君及都君。

初四日，晴。繕寄曉帥稟，又親往京橋神田區等處，代學生購辦物件。午後，偕吴監督帶同此次游學諸生，往銀座二見軒照相，並囑印扇，爲晉省游學第一次紀念。

初五日，晴。午前，率領學生謁公使，行三揖禮。公使訓説周詳。午後，至經緯學堂拜訪明治大學校長岸本辰雄、幹事隈本繁吉，並晤行政裁判所評定官木下友三郎。又至振武學校，晤幹事野村岩藏，調閲近時課程。

初六日，陰。午前，往參謀本部晤德田保太郎。商訂振武學校學生入學事，並囑託張肯構等准其入學。當即隨時電話商酌，大致已可允定。又至外務省晤岩村君，正金銀行晤川島君。午後，親送師範、普通兩班學生入經緯校寄宿舍。晤限本君，囑託一切。並晤明治大學幹事田島義方、教習和田垣、寄宿舍監督岡田好樹、植田實、主事吉田義静、教習江橋秀連等，商訂堂規、課程並布置寄宿舍。該舍原爲榎本館旅店，現在租賃，共廿九間，能容住九十人。晚，限本君約學堂同人偕至三河屋西洋料理屋共飲。和田君通英語，曾遊英、法兩國，人極和靄。

初七日，陰雨。午前十時，親送武備學生入振武學校。晤教頭木下邦昌、舍監野村岩藏、大川淺三郎。查閲寄宿舍、自習室一週。出示現訂規則，略譯如左：

第一章　宗　旨

第一條　本校係爲清國留學生之將來願充武員者而設，授以豫備教育即日本語文及普通學科，令其後來升進陸軍士官學校或陸軍户山學校爲旨。

第二章　肄業年限

第二條　肄業年限，定爲一年三個月。

第三條　肄業年限，分爲三學期，而每學期定爲五個月。

第三章　放假日

第四條　放課之期，開明於左：

每星期

大祭祝日

清國萬壽節及陰曆元日

夏季　自陽曆八月初一日起，八月三十一日止。

冬季　自陽曆十二月二十八日起，至次年一月初四日止。

此外遇有另行歇課，隨時牌示。

第四章　學科課程

第五條　學科課目及授課回數開左：

課程概要

日本語　三百回

先授日本語之組織，次授實用之語。務期語文之互相聯絡，再授細密語法，以期談話、作文均得合法。

日本文　貳百貳拾貳回

自日文教程第壹篇起，逐次課授，並令由語譯文，由文譯語，互行反譯，以圖語文之聯絡。藉令通曉語文之關係及其譯法，一俟教至第篇，加授由漢文譯日文之法，以資講究作文。

算　術　百八拾貳回

授以總論，整數、小數諸等數之概要理論，及各算法數之性質大要，比及比例之諸法，開平、開立、循環小數大要，專令熟悉實用之算法爲主。至於理論之較深者，姑且不授。

代　數　百四十七回

自代數之總論，整式之各算法，一次方程式，因數分解，倍數、約數、分數等起，至一元二次方程式及其性質、聯立二次方程式、高次方程式爲止，均行課授，並隨時設題，藉令運用其法，以圖通曉各理論與法則之活用。

幾何學　百拾回

平面幾何則自總論起，至直線多角形、圓之各論、比及比例之概要、面積之各論爲止，均行課授，並令講解淺近問題，以期通曉活用之法。

立體幾何則自直線與平面相關之各論起，至平面與平面相關之各論、多面體各論、多面體之體積及球爲止，均授概要。

三角法　四十七回

算角法、三角函數、恆等式之證明，直三角形之解法，及任意所設之角之三角函數，二角之三角函數，倍角之三角函數，對數之性質及淺近之實用問題解法，均行課授。

地理地文　貳拾八回

專令通曉全球地理上淺近之事爲旨。首重人文地理，即以大清帝國爲中心，略述各國關係之事。而地文則教以地球星學概要，及地球表面變態之狀，務令通曉自然現象與人文發達之關係爲主。

歷　史　二拾三回

東洋史則以支那史爲中心。首重關係外國事項，殊將近代史詳細講授。西洋史則教以各國歷代緊要事項，略述諸民族及列國之盛衰興亡、文明發達之情形，務令留心西力東侵之事迹。

生理衛生　三十二回

教以人生之生理及衛生。惟生理衹教大要，衛生較深，並將臨急治法教授。而教授之法，均用實物模範講明，以便易於通曉。

化學　五十三回

先教物質變化、元素、化合物、化學式等，再教化學各論之概要。而教授之法隨時徵之實驗，以明理論，藉資實用。

物理　七十一回

先教理化學之爲何，再教力學、熱學、電氣學、磁氣學等。隨時徵之實驗，將其理論或法則之正確無錯，令其了然於心，並圖養成推擴其理用之實地之能力。

圖畫

畫學教以鉛筆畫。先就中等臨畫（書名），令畫簡易器具等件，逐漸臨畫緻密之物。俟有長進，方令模畫簡易實物。

圖學專授幾何畫法。

典令教範　百六十五回

授以體操教範之一班，及劍術教範之全體，並授步兵操典（中隊教練爲止）、要務令（第五篇行軍之條爲止）。而教授之法，先教訓讀，再行講授概要旨義。

操　體　二百七十八回
教以柔軟體操之全體，器械體操之基本，尋常及高等之一班，並教步兵教練。
（各個教練分隊教練小隊教練銃劍術之基本）
掌課回數自屬豫定，未免有時或增或減。

第五章　考　試

第六條　考試分爲三種：即月考、期考、大考是也。每試評定優劣，記注分數，藉令學生各自反省，以資鼓勵。
第七條　各種考試所得分數外，再將各生平素禮貌品行，亦評定分數，一併合算，以定名次，而資鼓勵。
第八條　或有疾病，或有不得已之事，屆期實難應試者，由學生監酌情辦理，再定日期，另行考試亦可。

第六章　進學及退學

第九條　願進本校之學生資格，年在十六歲以上而備有堪修本校所定學科課程之學力者，方爲及格。
第十條　願進本校肄業者，開具入學願書，及左開各項文件，請由清國政府所派駐京留學生總監督一併轉呈監理清國學生委員長查閲候示。

一、清國各省有責任官員之咨文。

二、駐京留學生總監督之保結。

三、學生東渡前後之履歷。

入學願書及保結履歷等，本校備有印就款式，隨時來校，請領填寫。

第十一條　監理清國學生委員長接收入學願書時，先定日期，飭令醫員查驗該生體質果否及格，以定准否。其及格者，進學日期知會駐京留學生總監督，轉達該生，以便進學。

第十二條　退學分爲二：命令退學、依願退學是也。

第十三條　命令退學者，即將該生勒令退學之謂，須由學生監將其情節稟請監理清國學生委員長裁奪，方行斥退。

第十四條　依願退學者，即准其告退，令其退學之謂。如學生遇有不得已之事，情願退學者，即將事由詳細開具，並將曾行咨送之各該有責任官員之咨請退學文憑，請由駐京留學生總監督轉呈監理委員長，查閲候示。

第七章　學　費

第十五條　所有學費，每年每名定爲日幣三百圓。學生進學時，先將三個月分以上之學費，經由駐京總監督送呈監理委員長查收。嗣後，每名每月二十五圓，限月之二十五日完納爲要。

第十六條　半途退學之學費，按日核算，如有剩餘，自應還付。

第八章　賞　罰

第十七條　一學期間，常列優等、品行端正者，酌給褒賞，以示鼓勵。而褒賞者，爲賞單、賞品二種。

第十八條　不遵訓誨，違背學規者，酌情懲辦，以肅學規。

第十九條　懲戒之法分爲四種：

譴責　罰座　禁足　退學

譴責　責其非行，以儆將來。

罰座　在講堂内另設一座，令其就坐。

足禁　禁止出門。

退學　勒令退學，並將情由知會曾行咨送或保送者。

第二十條　受罰座、禁足之處分者，期滿時即由舍監率至學生監面前，令其謝罪，並誓悛改。

第二十一條　本校設置左開職員，均歸監理清國學生委員長統轄：

學生監　壹員　舍　監　若干員
教　頭　壹員　教　習　若干員
醫　員　若干員　醫務副手　若干員
司　計　若干員　司計副手　若干員
書　計　若干員

學生監總理應辦一切校務，督率職員兼任訓育學生之責。舍監承學生監之命，整頓校内，監察學生勤惰，兼任辦理庶務。

教頭襄助學生監監督學生，訂定課程，兼任教授。

教習承教頭之命，專任教授。

醫員承學生監之命，掌管診視醫療之事，兼辦校内一切衛生事宜。

司計承學生監之命，掌管一切收支事務。

副手承各該專任員之命，帮理各該事務。

書記承舍監之命，帮理庶務。

附　規

第二十二條　齋房規條另有所定。

齋房規條

第一章　班　長

第一條　所有學生分爲數班，每班設置班長一名。

第二條　班長由各該班學生内公舉二名，稟請學生監批定一名。

第三條　班長之任期定以一學期爲限，有時或令限滿續充亦可。

第四條　班長承學生監及舍監之命，約束各該班内學生。其應辦事項概要如左：

一、維持班内風紀，留意衛生事宜。

二、轉達所有命令、告示，並監察各生是否遵行。

三、代領或貸或給物件，頒給各生。

四、保管或貸或班内所備物件〔三〕。

五、班内物件，遇有破壞，隨時稟辦。

六、遞呈班内各生所有上達文件。

七、班内各生應行事宜，隨時指示，並行監察。

八、每夜按照所定時刻，飭令班内學生齊集，先行點名，以備值班舍監隨時查驗。

第二章　講堂及其餘各場所

第一　講　堂

第五條　受課時，必須容儀端正爲要。每值教習上堂、下堂，均行立正行禮。此外，非有教習之命，無庸行禮。

第六條　不許擅自换座。

第七條　在講堂所用物件，除筆墨紙張外，非有教習允准，不得擅自攜帶書籍等類。

第八條　蒙由醫員診視允穿外套者，須將情由稟明教習爲要。

第二　自習室

第九條　自習時刻，隨時牌示，以便遵守。

第十條　自習時，必須默讀，不許發聲。關於學科，彼此質疑，雖屬無妨，惟務必低聲，無與別人相礙爲要。

第十一條　室内裝飾，雖允各隨其便，亦須留意風紀，以及整頓一切，不得雜亂無章。

第十二條　室内務須按照左開各項整頓爲要：

一、書籍等件，安排架上，務須整齊。惟無資參考之書，雖屬自有，不得收藏。

二、硯盒無用時，必須蓋上，端置桌上，右邊不可斜歪。

三、紙張及繪畫器具等件，必須收藏桌抽内。

四、上講堂及出門或就寢等時，須將桌上收拾潔浄，並將椅櫈挪置桌下。

五、帽子、手巾、掃帚、撢子、蠟台等件，必須安置所定處所。

六、帽架不得妄挂他物。

七、字紙簍不得投入他物。

第十三條　每室設置值班，令其遵照左開各項：

一、每日早餐前，將必將各自室内打掃潔浄〔四〕。

二、整頓公同所用物件。

三、聽有息燈號音時，細察室内火燭息否，並將室門鎖上。

第三 寢 室

第十四條 每晨聞有起牀號音時，急速離牀，照制裝扮，並將寢具按式整頓。

第十五條 起牀後，非有就寢號音，不得擅自就牀。就牀後，必須静肅，不得互相攪擾安眠。

第十六條 每室設置值班，令其早餐前打掃室内。

第四 膳 堂

第十七條 每日三餐，自有號音。早餐及午餐，須以半點鐘内食畢。惟晚准一點鐘内食畢〔五〕。

第十八條 食飯時，不妨彼此間談，惟不得喧譁雜亂。

第十九條 飯桌各自留心，務須潔浄爲要。

第五 澡 堂

第二十條 每日設有湯浴，以備洗澡，惟有時或改。

第二十一條 洗澡時刻，當隨時在澡堂内牌示。

第二十二條 洗澡時，務須静肅，不得喧譁雜亂。

第二十三條　患有皮膚病等傳染於人之病者，務須各自謙讓，儘後洗澡爲要。

第六　盥嗽所及洗物處

第二十四條　臉盆必須安置示定處所，嚴禁洗滌汙穢物件。

第二十五條　衣物等件洗完時，必於示定處所晒乾。遇有雨雪之日，懸於所備釘子上晒乾亦可。

第二十六條　所有須洗物件，受課時内，不許浸置。

第七　飲茶所

第二十七條　流水盤上嗽口，或用杓喝水等事，一概禁止。

第二十八條　所備器具，各自留心，不可汙毁。

第二十九條　喝牛奶者，須用自己茶碗，不可亂用。其空瓶，必須安置示定處所。

第八　敘話室

第三十條　敘話室，除受課、自習時刻外，均可來此敘話。惟自起牀時起，至有就牀號音爲止。

第三十一條　在室内，可用茶點。惟飲酒或涉喧譁等事，一概禁止。

第九　會客所

第三十二條　會客除特别事由外，非日課畢時，一概不准。

第三十三條　會客須在會客所，若引入别室或令住宿，一概嚴禁。

第三十四條　欲令來客縱觀校内者，先行稟請舍監允准爲要。

第十　養病所

第三十五條　非有醫員允許，不得擅進。

第三十六條　功課時間外，情願看護病人者，稟請醫員允准爲要。

第十一　廁房

第三十七條　遇有下痢之患者，即速稟報舍監候示，不可遲悮。

第三十八條　廁房内，各須留心，不可汙穢。

第三章　打掃

第三十九條　除每早打掃外，每值星期六，所有學生協同打掃，即將地板、壁廚、窗户、玻璃等均行擦浄，並將寢具晒於日光之下，以期潔浄而重衛生。

第四十條　星期六打掃已完時，須由各該班長報請舍監臨驗爲要。

第四章　出門在外住宿回國

第四十一條　出門時限，隨時牌示，以便遵守。惟平常歇課日，則早餐後起；星期三，則完課後起：均以晚餐時刻爲限。

第四十二條　每星期六打掃告完時，由學生監酌看情形，允准出門。惟晚餐時必須回校爲要。

第四十三條　遇有不得已之事故，於前條所訂時刻外，而欲出門者，先將事由稟明舍監，俟有允准，方可出門。

第四十四條　遇有不得已之事故，情願在外住宿者，先將事由及其所欲住宿之家，係在某區、某町、某番地、某姓名等事，詳細開明，請由班長轉請舍監允准爲要。若出門之後，突有事故，未暇稟准在外住宿者，次日須將總監督或各本省所派監督之文憑，呈交監舍，以備查閱。

第四十五條　因病歇課者，非有允准，不得出門。

第四十六條　凡欲出門者，須赴舍監處請領假牌，交給門役爲憑。回校時，再由門役取回，呈繳舍監。

第四十七條　攜帶物件出門者，先赴辦事處請領憑單，交給門役爲憑方可。

第四十八條　凡欲請假回國者，除有左開事項外，非有特別事由，一概不准：

一、由督撫咨調回國時。

一、遇有疾病，一時難痛時。

一、父母病重或逝世時。

第四十九條　遇有前條所開事故者，即將事由詳細開具，請由總監督轉請監理委員長，核准爲要。

第五章　服　裝

第五十條　學生裝扮，務須齊整潔浄。從起牀至就寢時，應照制裝扮爲要。

第五十一條　在講堂、自習室及膳堂等時，不得戴帽。又，非允准不得擅穿外套。

第五十二條　夏冬换衣之期，應由學生監定期示遵。

第六章　病　人

第五十三條　有疾病者，報明班長，轉稟舍監，聽候醫員診視爲要。

第五十四條　因有疾病，飲食起居實難照章遵行者，令其移居養病所，以便静養。

第五十五條　有疾病者，所有一切衛生、吃藥、飲食以及洗澡、閒步等事，必須遵聽醫員指示，不得違背。

第七章　雜　規

第五十六條　公衆之集會、宴會以及演説等處，非有允准，不得擅往。

第五十七條　有礙治安之文書及曠悮學業、紊亂風紀之書畫，或作或藏，均行嚴禁。

第五十八條　所有物料有危險或易腐爛之虞者，嚴禁收藏。

第五十九條　巨額貨幣、巨價物件均禁收藏。倘有收藏者，須應交請辦事處代爲收藏，領單爲憑方可。

第六十條　所有齋内，門窗、柱壁及各種器具等，不得汙壞；若悮行汙壞者，令其賠償；故意汙壞者，再加罰科。

第六十一條　由外入齋時，須將靴底泥土擦浄爲要。來往廊下，務須静肅，不得亂走。

第六十二條　齋内及廊下，不得吐痰或抛棄塵芥。

第六十三條　除示定處所外，不許齋内吃煙。

第六十四條　遇有火災及其餘變故時，即由班長率領各該班學生，齊集一處，静候學生監及各職員指示爲要。

第六十五條　除前開各條所載自應遵守外，其餘事項，隨時牌示，以便遵守。

振武學校職員

委員長　福嶋安正
委員長代理　鑄方得藏
委員　掘内文次郎
同　小山秋作
同　小池安之
同　德田保太郎
學生監　木村宣明
舍監　野村岩藏
同　大川淺二郎
同　鍋田猛彦
同　青山政雄
醫員　川地三郎
醫員助手　磯部清吉

司計　矢嶋隆教
同　吉田正吉
教頭　木下邦昌
教員　本多厚二
同　川田鐵彌
同　鈴木重義
同　藤森温和
同　高木次郎
同　船岡献治
同　御園　繁
同　田中十三
同　高柳彌三郎
同　橋本武
體操教員　田中登
同　杉山寅次郎

同　寺塢卯太郎

同　川崎平太郎

同　户崎幸次郎

初八日，陰雨。狂風大作，屋宇震摇。辰刻，偕吳監督往横濱，迎待直隸游學生。領事館午飯。晤袁遜初，施畬孫，余雲龍，汪、謝兩君及伯芝邢某。候至戌初，船尚未到，遂返東京。今日，經緯學堂普通班學生開班，即爲該校開業之期，因赴横濱，不獲前往觀禮。

初九日，晴。午後，發晉撫電並寫信。汪楚生、程韻生來。午後，往公使館與拱宸商酌直、晉師範合班事。

初十日，陰雨。遣孟生送張榆等入病院。午後，偕吳監督往公使館，晤公使及參贊，並直隸護送學生孟輔臣太史慶榮、繙譯賀培桐，會商經緯師範班事。拱宸處午飯。晉省送練兵處學生姚价，年二十一歲，絳州河津縣人；張維清，年二十二歲，太原徐溝縣人；欒炳，年二十二歲，汾州汾陽縣人。昨晚到東京。申初，往振武校晤木下、野村、大川諸君。據言，學生二十名内，祇有王傳琳實係體弱眼近，不能合格。又至經緯學堂，晤限本，詢學生入寄宿舍後情形，並保送自費生王致中、王登乂二人，明日入校。

十一日，陰雨。午前，岩村成允、林五十三偕來，留午餐，暢談並詳述農林教習事。又與林君商購電話器械。午後，各處往來電話往來不絕。江、鄂諸生三十餘人先後過訪。限本君來，索入學學生願書，並商明學費。官費生三月一付，自費生每月一付。

十二日，陰。擬定留學常年經費，繕具清單、豫算表、比較表。午後，柏原家代表上野矢能、寺坂家代表清水庄次郎來訪。晚，張肯構等從病院歸。

十三日，晴。午前往公使館，孟輔臣太史亦至，拱宸留午餐，商訂兩省合班節略。又傳直隸師範生十餘人來問話，託李伯芝延繙譯寄晉撫稟牘並單表節略。謹將遵議留學經費章程，繕具清單呈候

憲核

竊查：此次所派文武學生常年經費，擬請按照原議章程略爲變通，並分別第一年、第二年、第三年、第四年學生定額，祇可暫依現派人數以爲豫算，詳列如左：

速成師範生十二名

第一年　武備生十九名

普通生十九名

以上共五十名

速成師範生十二名

學費、月費　照十個月計，共日洋四千六百圓

繙譯費、書籍費、醫藥費　照一年發給計，日洋二百八十八圓

以上共合日洋四千八百八十八圓

武備生十九名

學費、月費、旅行費、醫學費〔六〕、書籍費　每年計共日洋七千七百五十二圓

普通生十九名

監督薪水，公費每年計共日洋二千六百四十圓

學費、月費、旅行費、醫藥費、書籍費　每年計共日洋七千七百五十二圓

四共日洋二萬三千零三十二圓

約合庫平銀二萬零七百二十八兩八錢

第二年　武備生十九名
普通生十九名
以上共三十八名
如再續派速成師範生，經費與第一年同。或速成師範畢業生内，有留學長期師範者，每名約加入日洋四百零八圓，旅行費在内，繙譯費在外。
武備生十九名
學費、月費、旅行費、醫藥費、書籍費 每年計共日洋七千七百五十二圓
普通生十九名
學費、月費、旅行費、醫藥費、書籍費 每年計共日洋七千七百五十二圓
監督薪水，公費每年計共日洋二千六百四十圓
三共日洋一萬八千一百四十四圓
約合庫平銀一萬六千三百二十九兩六錢
第三年　武備生十九名
普通生十九名
以上共三十八名

武備生十九名

學費、月費、旅行費、醫藥費、書籍費 每年計共日洋七千九百八十圓

普通生十九名

學費、月費、旅行費、醫藥費、書籍費 每年計共日洋七千九百八十圓

監督薪水，公費每年計共二千六百四十圓

三共日洋一萬八千六百圓

約合庫平銀一萬六千七百四十兩

第四年 武備生十九名

普通生十九名

以上共三十八名

武備生十九名

學費、月費、旅行費、醫藥費、書籍費 每年計共日洋八千一百零八圓

普通生十九名

學費、月費、旅行費、醫藥費、書籍費 每年計共日洋八千一百零八圓

監督薪水，公費每年計共二千六百四十圓

三共日洋一萬八千八百五十六圓
約合庫平銀一萬六千九百七十兩四錢

右按現派人數，豫算四年經費，如有添派、續派等情，隨時加入，第一、二年每人每年約日洋四百零八圓，第三年每人每年約日洋四百二十圓，第四年每人每年約日洋四百三十二圓。旅行費均在内，惟速成師範生繙譯費在外。如至第五年，大略亦屬相同。所有留學經費，均需按照日洋計算；監督薪水，公費擬請統照日洋計算，俾歸一律。

以上各款，每年計共日洋若干圓，約合庫平銀若干兩。每圓係按庫平九錢折銀，緣以洋價時有漲落，大概總在七錢以外，九錢以内。由晉滙款，衹得照九錢折合。平餘之款，多寡不等，難以豫算准數。擬請由監督處另款存儲，遇有學生意外之事，及異常醫藥費，並緩用書籍費等項，應准其在此項下開支。

監督薪水，惟湖北爲最優，惟雲南爲最少，北洋得乎酌中之數。擬請援照此例辦理。但各省公費一項，多係隨時動用，作正開銷，似此漫無限制，不如明訂章程。除學生因患重病必需醫藥或遇意外之事，並發緊要電報，准其臨時支銷外，其常年經費中，無論何項支用，皆不得逾定額之數。擬請每月公費額支日洋八十圓，永著爲例。

醫藥、書籍兩項經費，各省互異。晉省似宜酌量發給，擬請暫定數目，以示限制。醫藥費分別尋常、異常兩種。尋常費指衛生藥及患病輕者而言，應准其作正開銷；書籍費分别急用、緩用兩種。急用費指講習書而言，擬每年額支日洋十二圓。緩用費指參考書而言。無論何項，學生應俟日語、日文通解後，再由平餘項下，酌提若干，以爲津貼書籍之用。但第二年後，學生如有進專門校者，需用參考書籍，由監督酌定數目，届時於平餘項下開支，每年每人至多不得過三十圓。

速成師範生十二名，須津貼經緯學堂衣服費日洋七十二圓，業經允定。此項擬請由平餘項下開支。

速成師範生畢業回國時，應請發給川資，每人日洋一百二十圓，外給書籍費三十圓。均在平餘項下開支。如有不敷，另行造報。

再查：各學生暑假内發給游費，以備旅行之用，或由學校教習帶往避暑，或往内地遊歷，所有月費、醫藥費、書籍費等款，自應照給，未便扣除。但速成師範生向無暑假，此次與經緯學堂商訂學期，係從暑假後開學至第二年暑假前畢業。届時回國者，應給川資。此項旅行費，可勿庸發給。如有留學長期師範者，應援照各學生例，一併發給，合併聲明。

原擬暫定章程

監督，月支薪水公費銀一百兩。

擬請改給薪水每月日洋一百四十圓。

長期文武學生四十名，每名每年日幣三百圓。

仍照原訂洋數。惟學生内除提入師範班二名，每年實祇三十八人。速成師範畢業時，如有願學長期者，届時可由監督酌留兩名，仍合四十名原額。

零用書籍、儀器、醫藥等費，每名每年日幣一百圓。

擬請分作四項，内計十二個月，月費六十圓，醫藥費十一圓，書籍費十二圓，旅行費二十四圓。四共日幣一百零八圓。照原議每名每年不敷洋八圓；照四十名計，實不敷洋三百二十圓。

暑假游費，每名每年三十圓。

此項擬請歸併前項，照四十名計，每年實節省洋八百八十圓。

監督，月支雜費銀六十兩。

擬請改給公費，每月日洋八十圓。

速成師範班學生學費、零用、書籍、儀器、醫藥等費，每名每年日幣四百圓。應與長期學生同例。但原定一年學期，現改作十個月，每名計節省洋八十四圓。照十二名計，節省洋一千零零八圓。又繙譯費二百圓。共合節省洋一千二百零八圓。

繙譯一名，月支日幣一百二十圓。已改作一百圓。現與直隸省合班，福建省又附班。擬於留學生内選派三人，分任授課，其薪水則論時間，不論年月，共需若干圓。三省匀攤，每省至多不過數十圓。但我晉省普通班，擬倩同學充通譯，每月津貼十四元，亦在此項開支。如有贏餘，由監督處另款存儲，隨册造報。

速成科開辦經費，日幣一千元。現與直隸合班。兩省會商，與經緯學堂訂立合同，開辦經費，兩省各認洋五百元。福建省作爲附班，將來分認繙譯費。至開辦費，直、晉兩省合同已定，未便插入，且以爲數零星，恐招外人訕笑。是以允福建爲附班，比照宏文學院，計晉省節省洋五百元。

以上各節，照原議共增出日幣八百二十四元零，共減省日幣二千六百零八元。兩項沖抵，仍節省日幣一千七百八十四圓。

晉省留學生經常費豫算表

類別／年限	第一年	第二年	第三年	第四年
學費	每月二十五圓 每年三百圓	同上	同上	同上
月費	每月五圓 每年六十圓	同上	每月五圓 每年七十二圓	每月七元 每年八十四元
旅行費	每年二十四圓	同上	同上	同上
尋常醫藥費	每年十二圓	同上	同上	同上
急用書籍費	每年十二圓	同上	同上	同上
繙譯費	每月一百圓 每年一千二百圓			
監督薪水	每月一百四十元 每年一千六百八十圓	同上	同上	同上
公費	每月八十圓 每年九百六十圓	同上	同上	同上

備一、學費、月費、醫藥費、書籍費四項，應作學生經常費。

二、旅行費，各省學生皆有此項，自應援例發給。

三、繙譯費，爲師範速成班而設，如停派速成師範生時，繙譯費亦停止。

四、監督薪水，似宜與公費分别兩項。

五、公費係指租房、車馬以及辦公各項雜用而言，如有緊要電報以及學生意外之事，或患病必需醫藥等項用費較多，應請准其臨時支用，作正開銷。

考

右表參考各省經常費内諸項名目，酌擬金額，較大省或不足，較小省已見優。所有前次擬呈暫定章程應請作廢。以上各節宜如何改正施行之處，伏候憲定。

中國留學生經常費比較表

類别＼省分	湖北	南北洋	四川	浙江	山東	雲南	湖南	廣東	江西福建
學費	每月二十五圓	同上	同上	同上	同上	同上	同上	同上	同上
月費	每年由三圓遞加至七圓	每個月六七圓	每月二圓	每月普通班三元高等班六元	每月七圓	每月五圓	每月三圓	每月三圓	無
旅行費	每年三十圓	同上	同上	無	無	無	無	每年二十圓	無
醫藥費	作正開銷	無		無	無	無	無	每年二十圓	無

書籍費	每月七十圓	無		無	無	每年三十圓	無	每年二十四圓	無
繙譯費	每月八十圓	無	每月二百圓	無	無	無	無	無	無
監督薪水	每月三百圓	每月一百四十元	使 每月二百圓	使館兼理 每月二十圓	未定	每月庫平一百兩	無	使館兼理 每月津貼三十元	無
公費作正開銷	同上	同上	同上	同上	同上	無	無	無

一、各省常年學費，一律相同。

二、月費各省互異，大概視資格之淺深以爲增減。

三、旅行費在學費、月費之外，例不扣他項雜費。

四、醫藥費多係作正開銷，惟廣東省擬定數目。

五、書籍費惟湖北爲最鉅，定數每年七十圓。其支用報銷之數，實逾數倍。

六、繙譯費專爲速成科學生而設，其無速成科學生者，即不用繙譯。

七、監督薪水，湖北最優，雲南最次，但公費皆在外。

八、公費多係作正開銷，並無限制。

擬與經緯學堂商訂速成師範班節略。

（一）學級　每班定額，以六十人編爲一學級。減至三四十人、一二十人時，如不足額，亦只得作一班論。無論何省與何省皆可合班，應聽各省監督與監督商酌辦理。

（二）開辦費　開辦費係指創業時而言。創業以後，無論何省派來學生，不得例索開辦費。此次創業，係直隸、山西兩省墊款籌辦。應於三年内各省匀攤，挨次扣還。每次開辦費應照全額如左：

第一次　壹千圓
直隸五百圓
山西五百圓

第二次　陸百圓
還直隸貳百圓
還山西貳百圓
學堂貳百圓

第三次　四百圓
還直隸壹百圓
還山西壹百圓
還某省壹百圓

還某省壹百圓

（三）學期　每年新曆九月十五日始，至翌年七月十五日止，爲畢業之期，須扣足十個月。十個月内，分三學期。

（四）學費　學費統照各學校定章，每人每月二十五圓。所需被服、食料等件，以及教育經常費皆在内。

十四日，陰。日本節期，學生放假，皆來見。午後，楊公使、馬參贊來答，洪竹蓀、施畬孫亦先後來。晚，送王傳琳入經緯學堂。

十五日，晴。午後小雨。楊公使約中秋宴。孟輔臣、黎覺人、吴博泉、易新甫、吴茀卿、朱孝廉、馮繙譯同席。飯後，與拱宸商訂師範班繙譯羅、顧、邢、程四君及速成師範課程大略。福建省官費生十餘人，即作附班。

十六日，陰雨。午前，核算常年經費表，並酌改課程數種。午後，柏原勳來。

十七日，陰。午前，繕寄晉函。午後，游上野動物園，奇禽怪獸，不勝其數，忽促間未暇詳紀。晚間，與孟輔翁公約隈本君及羅、顧、邢、李諸公，在富士見軒便酌，商酌教課鐘點。亥正始散。

十八日，晴。辰刻，偕吴監督至經緯學堂視學。師範速成班開學。直隸十八名，山西十四名，福建十名，私費附班者十二名。岸本校長到堂演説。孟輔臣、馬拱宸帶同賀薌南、黄迪先，並游歷官直隸師範教習步其誥先後至。晤限本君及教習内海弘藏、本莊季彦、中村久四郎、岡田好樹、羅履平、邢贊廷暨顧君。申初，寶子申來答拜。

十九日，晴。發晉撫電。黎覺人、馮越甫、寺阪梅子、市川信次郎先後過訪。午後，遊芝區勸工場，並看楓葉、盆松及各珍物。晚，至新橋火車站，送覺人行。

二十日，晴。午前，繕寫寄晉撫稟件。午後，往公使館商訂合同，即回寓。有日本人禰津恂者，持片投謁。片上書寫正六位、勳六等。詢我中國政治界事最詳，並索贈詩詞。其人衣冠藍縷，言語支離。予僞託不通言語，彼强與我筆談良久而去。

二十一日，晴。午後，偕孟太史、馬觀察、吴監督往經緯學堂交换合同蓋印，抄録如左：

經緯學堂合同底稿

直隸 代辦留學生監督馬、師範學堂總教習孟

山西 督辦學務處李、留學生監督吴

經緯學堂 校長岸本、學監木下 公同議定直隸、山西速成師範班事宜，開列於後：

一、直隸、山西省派官費學生入經緯學堂，肄業習速成師範科，以在學十個月爲卒業期限。

一、因開辦速成師範，共給經緯學堂日幣一千圓作爲開辦費。此班學生卒業後，如直隸、山西兩省續派學生來習師範，祇有一班者，即照原議，不再給費。

一、兩省官派學生，每人每月應交經緯學堂日幣二十五圓，作爲授業料及教科書籍、宿舍、房飯、茶水、衣服、沐浴、油火、僕役、洗衣等項之費暨學生零用，與各處學生一律。

一、速成師範應用繙譯，其費用由直隸、山西兩省公認，與經緯學堂無涉。

一、預定速成師範學科課程，另表列後：

十個月速成師範學科課程表

學科＼學期	第一學期 自九月中旬至十二月	第二學期 自一月至三月	第三學期 自四月至七月中旬
西洋倫理	一	一	一
教育學 教育史	四	五	四
論理 心理	三	二	
學校制度	二	一	二

學校管理法	二	二	二
教授法 教科書編纂法	二	二	四
西洋歷史	二	二	一
地文	三	一	一
音樂大意		二	
博物	三	一	一
物理化學	二	三	三
算術 代數 幾何	三	四	三
法制經濟		二	二
圖畫	四	二	一
日語 日文	一〇	四	四
體操	三	三	三
計	三四	三二	二八

第二學期、第三學期，其本課教授時間外，按每禮拜赴各學校及圖書館、博物館、工場等觀覽，尚開隨意講義科，係有關於本科學課者，使諸生以增實驗而宏智識。兩省監督如查有應改學科，亦可隨時與校長商酌添改。

一、原議每班學生以六十名爲額。如兩省官派學生不滿此數，另有他省官費或自費生請附入此班肄業者，須經本監督等承認，函送經緯學堂，始准其附課。其學費由該生等自理，與本兩省無涉。所有科學須照商定，一體辦理。

一、直隸、山西兩省官費生學費，由各本省監督三個月彙交一次，以免參差。

一、規定各條，不過大概情形。如有未盡事宜，可由監督與校長隨時商訂。

以上商訂各條，繕寫漢文三分，彼此蓋印爲憑，各存一分，以便遵守。

光緒叁拾年八月二十一日

明治叁拾七年九月三十日

譯費，直隸六成，山西四成。外省附班，官費每人一圓，自費公送。

二十二日，晴。辰正二刻，往橫濱，車中遇施畲孫。拜晤正金銀行頭取（即督辦之名稱）相馬永胤、支配人（即總辦之身分）户次兵吉。調查銀行章程，導觀各課收支職掌處。該行本年八月新造石室告成，係開業以來之創式。應接室及食堂有五六處，均極寬敞。另有會議室三大間，陳設精致。相馬君乃法學博士，即倡建該行之人。歷年布置，井井有條。現在每週間仍會議一次，有不適用之處，仍即隨時改良。一年有大會議二次云。閲畢，略談。至領事館，留午餐。遜初、畬孫偕往伊豆屋購物。傍晚回京。

隈木君録送教員名單，照録如左：

速成師範科第一學期擔任教員

倫理　東京外國語學校講師，明治大學講師　吉田義静

教育學　東京高等師範學校研究移卒業，明治大學講師　高瀨代次郎

心理　東京高等師範學校教授，明治大學講師，文學士　吉田静致

論理　明治大學講師，文學士　深田康算

歷史　經緯學堂教授，文學士　中村久四郎

博物、地文、算術　大阪府立高等女學校首席教諭　岡田好樹

幾何　東京高等師範學校講師，明治大學講師，理學士　林鶴一

圖畫　東京美術學校教授　黑田清輝

日語　第一高等學校講師　金井保三

日語　立教中學校講師，經緯學堂教授　本庄季彦

日　語　開成中學校講師，經緯學堂教授　堀江秀雄

體　操　東京外國語學校助教授　土田半六

二十三日，陰。午前，拜晤公使、參贊並遇孟輔臣、袁子壯公使，言梅謙次郎印刷政治速成講議。余爲晉省認定五十分，每月每分二本。一時三十分，安徽同鄉留學生開歡迎會，席設富士見軒。會員宣布開會，演説會館創立之緣起，奬飾逾恆。余起答謝並道歉忱。未正西餐，入座。代表洪竹蓀主席首致歡迎來賓詞，余起答謝。飯畢，公同撮影，傍夕散歸。

二十四日，陰雨。午初放晴。吳監督遷寓赤坂溜池町。午後，繕寄曉帥稟，抄寄合同底稿。徐獻廷家保，仲虎公子。由湖北來游歷，過訪。晚餐後茀丈來。

二十五日，陰。辰刻，留學生會館會計、四川官費生江翌雲庸來訪，約往曾館調查近年章程經費〔七〕。午初，與警視廳總監通電話，約期會晤。晚間，經緯學堂校長岸本、學監木下兩君，邀赴上野精養軒西餐。孟、馬、步、吳、黄、賀諸君暨學堂評議員前田孝階、教頭和田垣同席，頌答如禮。商議學堂放假，聖誕、萬壽，三節等期，均依中國，以爲紀念。

二十六日，陰雨。奇熱。午前，往拜警視總監安立綱之，暢談並詢兩教習事。又至外務

省，偕岩村至冲商會與林五十三訂購電話器械。午後，振武學生吳長齡、何澄等來。又至公使館，與拱宸商酌請客。晚，茀丈約晚飯，親手調羹，飽嘗鄉味，歸寓甚遲。

二十七日，晴熱。經緯校諸生來。午初，往三井吳服店，購絨織品並參觀各美術。晤田中忠三郎。晚，茀丈及森田來。

二十八日，陰。晨起，檢點行篋，交系仙運送店遞神户。晚，偕茀丈至牛込加賀町二丁目五番地憶蒓園便酌。

二十九日，陰。晚，與孟、馬二君公請岸本、木下、和田、吉田、隈本諸君及幹事田島義方、田能村梅士、會計主任井上正金，席設富士見軒，頌答如禮。

九月初一日，陰。微雨。巳初刻，振武、經緯兩校諸生，並第一高等學校學生王蔭泰、王蔭藩、景定成等來。午刻，假座帝國酒店，備西餐，爲晉省創設同鄉會。一、開場演説。述同鄉會之起點，及余倡議廣派游學意旨，並希望整頓將來之結果。二、選舉。（第一）議定章程起草員，（第二）評議員，（第三）會中職員，如幹事、書記、會計、庶務、招待等事。三、提議關係晉省學界中事，願諸生各抒所見，以備採擇。四、主席頌詞。五、會員答詞。六、入席。申正始散。余所演説及頌詞中，無非以勸勉期望爲重。忝作先導，敢不盡所欲言？白話冗長，未暇紀載。聞諸生中有筆録之者。

初二日，陰。大風。訪孟輔公及賀君，皆不值。堇館訪伯芝，留午餐，長談。午後，至振武校調查功課。日語一門，教法太急，恐不免有欲速不達之弊。諸生亦頗以爲慮。

初三日，晴。偕茀丈至正金銀行、日本銀行、森田、安田、三崎各旅館，答拜數客。神田區三河屋西洋料理午餐。

初四日，晴。巳初，往拜嘉納治五郎。又至外務省、内務省、警保局、參謀本部、警視廳、遞信省等處辭行。午後，謁楊公使，説清華學校捐款事。訪沈幼沂。回寓沐浴。紹竹亭、馬雲卿來。

初五日，陰，霧。林五十三商訂電話。午前，往各監督家暨日本友人處辭行。繕發晉、津、蘇、鎮、潁〔八〕、固各信。

初六日，陰，微雨。午前，新宿警察署長宮越正良來訪，述柏原函託爲連觀察延保姆事。午後，往神田駿河臺留學生會館，幹事王榮樹等出見。適江蘇新到師範生及游歷員二十餘人在館照相。晚，接有松君函邀紅葉館，沈幼沂函約寶亭，皆辭。

初七日，陰。清晨，遷回帝國酒店。警保局長有松君復函邀，並囑岩村君來面約，言今晚紅葉館專爲余餞别宴，情不可卻。晚六時，與偕往。同座者，爲江叔海太史、香川縣知事小野田元熙、福岡縣知事河島醇、前農商務省次官木内重四郎諸君。例有跳舞侑觴，數進，盡歡而散。

初八日，陰。午前，拜晤公使、參贊辭行。午後，至銀座一帶購物。五時三十分，往新橋候車。安徽同鄉會代表洪竹蓀，留學生會館代表程韻笙，振武、經緯兩校全班學生，外務省珍田次官、山座局長、岩村成允，内務省有松局長、上野矢熊、富永治兵衛、寺阪梅子、率男正信、隈本繁吉、植田實、江橋秀連、吴監督等，均至車前送行。六時出發。

初九日，陰。午前九時五十分，抵神户之三宫，投宿榮町田中旅館，訪正金銀行青木鐵太郎。

初十日，晴。午前，至領事館，晤吴偉卿。元町一帶閒遊。

十一日，晴。午前，往郵船會社問船期。午後，至諏訪山常盤庵温泉沐浴。泉在山上，有小園林。門内，休憩室六七間，備有茶點。浴室分三等，特别室每人一間一桶。桶長形，深二尺，桶上置水管二，一吸熱水，一吸涼水。水中有硫黄氣，色皆染巾。據云，係鐵礦之自來泉。房内旁置盥面盆，盆上有清水管，取攜自便。浴資，特別室每人二十錢，茶點約二十錢。上等即爲統池，每池容三四人。再次等則爲大統池，男左女右，中間有隔板，附近居人，每日必沐浴。有一日入浴二三次者，其性愛潔如是。

十二日，陰雨。

十三日，陰。午前，拜晤兵庫縣警部長内村直俊。午後，諏訪山温泉沐浴。遊神户商品陳列所，漆器、木器、籐器、竹器最多。此外，如氈薦、茶酒、飲食器具、粉粧具、農工商具、日用雜具，幾於無所弗備。標寫定價，並註出品人、住所、姓氏，任人縱覽，愛者購之。其大宗貨物，須躉售，不能零買。本國人及外國人商會諸君，往往到此看樣。

十四日，晴。内村警部長遣高等警察課長海江田權藏來答。午後四時二十五分，乘火車遊西京。七時下車，投宿祇園中村樓，係京都大客店，亦嘗有宴會。屋宇寬綽。晚間，天氣奇寒，幾致非裘不煖。夜半獨飲。

十五日，陰冷。清晨散步，出公園，緣山而上，登清水寺之絶頂，游各佛殿。山坡下，磁器店甚多。西京清水燒、七寶燒，向稱至美，略購數種，過中野屋午餐。又至天滿宫一游，勸工場亦在此。商廛林立，美不勝收。有戲園兩家，亦極熱鬧。儘一日長安能看徧，惜無伴侶，不耐久居耳。

十六日，陰雨。卯初刻起，七時至車站乘車行。八時三十分，抵大坂。在待合所早餐後，坐人力車，至造幣局參觀一切。此次專爲調查極印場所有鑄造金銀銅幣。各廠上年業經看過，今執神户喜賓會紹介書前往，并未拜晤局長。局中有人導觀。又至作山鐵工所，詳詢銅餅壓花機器，價值大者約三千七百圓，重二千磅，裝七大箱。小者約二千六百五十圓，重壹千二百磅，裝六大箱。運費在外。稟達曉帥，並附圖片，候示再定。午後四時，返神。

十七日，陰。元町竹器店購桌椅、書架等物。

十八日，晴。訪袁子壯，託郵船行李事。

十九日，晴。竇子深由東京來接其夫人，明後日可到。偕往布引，觀瀑布，沐温泉，既飢且寒。余則飽餐湯麵，入浴甚暢。彼則掃興枯坐，竟未入浴，悵悵而歸。

二十日，晴。午前，至領事館晤吴偉卿。傅少連偕子深往品芳樓午餐。又游商品陳列所。又至諏訪山温泉沐浴。鮑翼君邀飲於西常盤。

二十一日，晴。吴偉卿來。午後，陳恩培約往鷹取山。借麥少彭之别墅，攜酒與殽，乘火車往。過兵庫驛，鄉景頗雅。鷹取地亦濱海，消夏最宜。

二十二日，晴。午前，暴雨一陣，落雹帶雪片。往西村家訪子深，遇袁子壯、吳博泉 學莊、林貽澍 開睿、王叔魯、王孝先諸君。沈幼沂、江叔海、博泉、貽澍先後來訪。旋答叔海，晤羅杏農 慶昌。晚，至三宫，送子深行。晤梅頡雲 光羲，由鄂護送法政學生，並擬留學振武。子壯約晚飲於其家。

二十三日，晴冷。早間至正金銀行，調查國債票及各種券簿。麥少彭、陳恩培公請在留春別墅晚酌。

二十四日，晴。清晨，往諏訪山温泉沐浴。葉子衡 澄衷公子 約至其家午餐。晤神户裁判所繙譯夏見 勝之進。西菜甚精。午後，各處辭行。

二十五日，晴。巳初刻，乘舢板登船，船名巴比路司比路。未初展輪，同舟者近籐 近子、川本 忍子、日蓮宗從軍布教師僧正脇田 堯惇、三井物産會社井上 好德、書畫骨董商神通 由太郎、住東京京橋大鋸町十四番地薫隆堂。大河原 文藏、北海道札幌郡江別村人。金子 倉之助、大原、美國留學畢業，農商務省調查員。西澤 喜臣、東京人。前田 鎌治、東京人。中谷 整治，內田公使親戚。該船亦係租船，事務長久保田 五郎。前在芝罘丸。

二十六日，陰。午後四時四十分，抵門司。

二十七日，晴。午後一時開行，狂風巨浪，船身顛震。

二十八日，晴冷。清晨八時，抵長崎，登岸訪卞薇閣。偕李季畬坐人力車走香崎橋新地一帶，至皆花園對酌。飯後，温泉沐浴。菊花盛開庭前，陳列四百餘種，名目繁多，不暇紀載。内有一種名楊妃笑，係粉紅色；又有一種名楊妃哭，係淡墨色。粉紅尚不足奇，淡墨實爲罕見。申初回船，四時開行。夜間風濤鼓盪，不能成眠。

二十九日，晴，風。舟行極緩。晚餐後十時入釜山口。由長崎至此，日里一百六十里；由馬關至此，日里一百二十里。

十月初一日，晴冷。早間，偕西大作、川本忍子諸人登岸一遊，週行二三里許，街市蕭條，道路破壞，田野荒蕪，風俗鄙陋。其繁庶處皆日本人所建設，住屋皆日本式，商廛、郵便、電信、鐵道皆日本人所經營。日本居留人有一萬八千餘丁，有公立小學校，學生千餘人，規模宏大。又有日本病院及新聞社，皆與長崎相似。中國客商往來頗少，其居留者只五六十人。歐美人則罕至，據聞，只有稅關雇用之二三人。至若朝鮮土人居室，其矮小固不必論，其汙穢實有難容。屋内土地上鋪油紙，坐臥於此。或有短几及圓几置其上，皆極粗惡。男女喜着白衣，已嫁挽鬏髻，未嫁未娶則拖髮辮。其嫁娶皆極早，有十三四而嫁娶已娶則者。釜山所見，鄉農居多。或負於背，或戴於頂，半皆苦力。午後四時回船，即開。

初二日，晴。風平浪静。

初三日，晴。卯初，抵仁川口。由釜山至此，日里三百九十五里。偕同舟諸人，乘小輪登岸。約距岸華里水程七八里始入港。八時三十五分，乘火車至漢城即朝鮮之京城，過杻峴、素砂、永登浦、大南門。十時十分，抵漢城。永登浦以上十數里均海岸，水面甚闊。鐵橋約華半里。漢城有城門，同中國。城外草屋多，瓦屋少；城内街市，寬者與北京相髣髴；窄者與武昌相髣髴。其道路之汙穢，甚於中國鄉鎮。市中電車，係美國人所經造，不久日本將購取焉。午初，往拜許子衡欽使台身、錢星槎參贊明訓。並晤徐植甫士培、黎吉士子祥，英文繙譯、吳平伯爾昌，法文繙譯、姚寅生應泰、周幼陶陶齋公子、陳小山本仁，總領事、許成侯引之，仁川領事，使館留午餐。旋偕徐、周、吳、姚諸君沿街遊覽，步行約四五里，過駱洞、鐘樓、二宫街一帶，本地賣品僅見草鞋、粗布、銅器、木几等物。中國及日本之貨物，亦皆本國所未經見過之極粗惡品，取其價廉易售，販運至此。詢之華商數家，據云其輸入品惟洋布、夏布、粗布爲大宗，紗羅綢緞甚少。廣帮則多以洋廣雜貨、藥材爲業。此間華商約萬餘人。大字號只三家：雙盛、泰瑞、盛春，均北帮。同順泰係廣幫。北幫較廣幫人多，煙台最衆。其輸出品惟牛皮、紅參爲大宗。皮貨中有貂、有狐，出元山、漢城，亦難覓得。此外，朝鮮産物竟爾寥寥，游行三時之久，茫無所睹。購一小銅面盆、大漱口盂，作游歷朝鮮之紀念。四時，回公使館，留晚餐，復長談。據云，去臘日俄之役，先是朝鮮借定俄兵二千人，本國備兵七千人，極力拒日。日人偵知消息，預發兵三千人擁往漢城。迨俄艦到仁川，而日艦已陸續至，包圍後路。俄兵束手，遂將俄艦擊沈。日兵紛紛登陸，獨力禦俄。此黄海開戰前一二日事也。日本商民居平壤者，約二萬人。家家高懸國徽，精練義勇，遠望疑必備戰。商民安居樂業，毫無畏懼。俄艦游弋數次〔九〕，竟望風而遁去，不敢窺伺。其實空城計也。朝鮮内政腐敗，歷年已久。現擬改變服色，自本月始，外交官暨社會各員，皆易装削髮。緣軍人斷髮已久，其守舊黨嘗嘲笑之，並有不准改装、斷髮之人入大廟等語。故爾遲遲。公使館係從前吴小軒軍門長慶所創建，悉照中國衙署式造。其房屋皆華式。東院洋房，袁任增修云。六時三十分，至停車場，遇同舟諸人，偕乘火車至仁川，住月尾屋旅館。披閲最近地圖，摘録十三道屬府郡如下：京畿道、四府三十四郡。忠清道、南屬三十七郡，北屬十七郡。全羅道、南屬一牧一府三十三郡，北屬二十六郡。慶尚道、南屬一府二十九郡。黄海道、二十三郡。江原道、二十六郡。平安道、南屬二十一郡。咸鏡道。南屬一府十三郡，北屬一府九郡。

初四日，晴。巳刻，乘舢板回船。午正三十分開行，風色平穩。朝鮮在北京公使館書記官金均禎齎國書赴北京賀萬壽。又有尹公使少君同行。與金君談朝鮮文字，其字母一百六十六字，讀漢書時，悉注寫於漢字旁，以辨其音。作文用法悉同中國云。金君通北京語，又與日人談朝鮮鑛業。金鑛實於世界上居優等地位，其鑛山之區域，如京畿道之通津、安城，忠清北道之忠州、清州、公州、文義、稷山，江原道之春州、三涉，慶尚北道之慶州、星州、金城、洪川，慶尚南之晉州、蔚山、義城、青松，全羅北道之全州、南原、金溝、黄海、長淵、載甯、遂安、松木，平安南道之平壤、价川、甯遠、殷山、順安，平安北道之義州、甯邊、宣川、原昌、雲山，咸鏡南道之端川、永興、甲山、長津、文川，咸鏡北道之青州、鏡城、富甯等處，金鑛約占七分。全羅北道之金溝、黄海道之載甯、平安北道之甯邊、咸鏡南道之文川，其金質尤純良，鑛脉廣大，將來未可限量，各國報紙常論及之。又聞，現在美國開採，甚爲獲利。英人所索鑛地，不甚得利。擬商同韓政府换地，而韓政府尚未允。至若商務，則近數十年，一無振作，實由工藝素不講求之故。

初五日，晴煖。昨夜，風平。仁川以下海面，水雷嘗有發見，船行甚緩。夜間停輪，亥正始抵芝罘即煙台。

初六日，陰，大風。清晨登岸，拜東海關道何秋輦觀察彦昇。爲學堂用品輸入物，乞免税單。午初回船，未正展輪。

初七日，陰雨。午初，抵大沽，狂風不息，小輪不能出口。

初八日，晴。卯刻，公司小輪破浪來迎，候潮方能入港。候至過午，仍短六寸水，不能行，復回原船寄宿。

初九日，晴。巳初，乘小輪入港。午初，到塘沽登岸，日本飯店午餐。傍晚抵津，得慶平安。

校　記

〔一〕條　疑當作『候』。
〔二〕閶錦山　即閶錫山。
〔三〕『班』前疑漏一『給』字。
〔四〕將必將　疑當作『必將』。
〔五〕『晚』下疑漏一『餐』字。
〔六〕學　疑當作『藥』。
〔七〕曾　疑當作『會』。
〔八〕穎　當作『潁』。
〔九〕戈　當作『弋』。

東游紀念第五　護送游學官紳學生日記

山西省督辦學務處兼督辦師範警務學堂李宗棠

光緒乙巳年秋七月，奉張曉颿中丞命，護送游學官紳暨各學堂學生東渡，取道北京。是月二十六日，至天津，分駐三星、明遠兩棧。適柏原君游東三省歸，小金君由神户挈眷來，同寓常盤旅館。二十七日購定郵船票，二十八日挈諸生，乘早車到塘沽村田春堂，梓才來送。未正登小輪船，申初三刻抵大沽口烏魯爾布船。該船係日本郵船會社租賃瑙威國船。申正展輪。該船裝載約二千墩，船長仍用西人，事務長井上庄太郎。游學官四員：孫葆之太守振家、張仲勷直刺思叡、劉念卿紹曾、李值庭增榮。兩大令紳員二人：崔文徵大令廷獻、金立侯廣文應豫。官費生十一人：冀貢泉育堂、郭德修子成、林鍾漢雲卿、石憲文煥卿、趙宋際唐、胡雋千子、張端崇本、程存惠可僑、增喜雨亭、嚴慎修、尹欲仁。農林學堂學生四人：崔潮洵生、張聯魁星五、郝文燦子章、郭沛豐亭。警務學堂學生四人：藍壽鼎稚田、靳桂林鬱五、章倬雲聯輝、許伯華召園，均官費。另有咨送自費生八人：張樹栻敬齋、任鴻鈞陶濱、周聲颺舜琴、姚秉均和軒、張侗季愿、王志敘蜀生、張杜蘭友芝、張之仲。同舟又有北京進士館師範班派往之人及自費生共十七人，爲：梁同岳、梁振武、李振鵬、臧幼臣、劉光笏、高崇禕、鄭聯鵬、楊紹宗、李成林、金天禄、張耀曾榮熙、曾槼常子模、顧德鄰仲康、余戟門農部肇昌、曾叔度水部儀進、解庶常、聶觀察。又有三井物産合名會社天津支店市川芳雄、大倉洋行清水松子。

二十九日，晴。乘風破浪，午正抵芝罘。申正開行，狂濤怒奔，船身蕩漾如流星。適值氣候炎熱，艙位窄狹。頭等座僅四室，大餐間容十人，窗口一榻，齊肩危坐。夜半納涼，忽見浪從窗入，頃刻間艙内水深二三尺，客摇摇如懸旌。中坐三人，早已倒地，抱住大餐桌腿，始免滚地。余據東角，緊握桌腿，幸未傾跌。船向兩面陡斜至丈許，未遭覆滅之禍，亦云幸矣。是夜，獨飲維斯克酒二瓶，忽醉忽醒，如在夢中。

八月初一日，陰。大風晝夜不息如昨，侍者皆不能起，厨房不能備飲食，惟食水果，酒當茶耳。座客仍不克移寸步。

初二日，陰，微雨。風猶如是，進行益緩。黑水洋浪力甚猛，船身受傷，幸浪頭從旁面來，終日作摇曳狀，不致有沈没之患。倘浪頭從船後連撲，船頭入水，則不可救。

航路家用避線法，因得轉危爲安。

初三日，陰。連日颶風，同舟二百餘人未有能起立者。啼哭之聲，不絶於耳。男婦老幼，無不狼藉。傍晚時，遥見山影，皆欣欣然有喜色。夜間，舟行稍穩，竟得安眠。

初四日，陰雨。辰正抵長崎，諸生皆欲舍舟登陸。近數日之風險，實生平所未經。亦不得不從衆願，遂各登岸。余投宿日本木テル，諸人分住四海樓及下宿屋。午後至領事署，卞薇閣赴鄂未回，代理領事梁居實粵人，略坐即回。高崇禕來訪係高凌霄大令之公子。三井物産會社邀飲於大鶴樓，塚本貞次郎、市川芳雄等同酌。夜，大風雨。

初五日，陰雨。清晨，同人均往火車站，鐵道昨因風雨吹損，暫停往來，遂各折回。午後，偕葆之、仲勤、念卿偕往皆花園中島温泉沐浴便酌。是晚，借宿於園中。此間本非旅館，即浴室之主人兼營料理，座客常滿，向無留客之例。因余舊識，慨允借宿。取近温泉之地，便於沐浴。余患腰疼，兼有溼熱。醫云温泉能舒筋骨，姑且試之。宿於東樓之南窗，近依澗道，俯聽泉聲，月色松風，饒有雅趣。衾枕亦頗清潔，知將夢入桃源。遥望夾岸櫻花，值春末夏初時，當更有一番豔景，惜未得躬逢其盛耳。

初六日，晴。一日入浴六次。浴室分兩等，一爲獨浴池，每人各房，與我國盆湯設置同。一爲共浴池，池較大，浴場有數池焉。男女各别池，皆白石。水則清泉，與神户諏訪山温泉不同。彼處水赤黄色，有硫黄氣，色染布巾，洗濯不脱。此處則皆清泉，無異味。浴後肢體稍覺舒暢，欲求急效亦難矣。晨起，聞間壁有琴聲。詢之，爲店主人之幼女，年甫八齡，學彈箏，非撫琴，箏爲古式十三絃。音曲皆譜以日本音，其音與琴音相似，日人仍稱爲琴。午後，至酒井商店爲學生購服裝。晚間，電話問鐵路修繕完否。

初七日，陰，微雨。辰正刻，挈諸生至車站，乘十一時四十五分火車，由長崎至東京，頭等票二十四圓九十錢，二等票十六圓二十三錢，三等票十圓二十九錢。由長崎至門司，頭等票五圓，二等票四圓，三等票二圓。午後九時，抵門司。即刻登小輪渡海，等第坐次，仍依火車，約行二十分鐘，到馬關，即上車。舟中遇瘋漢，有人看護，尚未釀禍。

初八日，陰雨。午後六時，抵神户吉田旅館。晚餐，沐浴。乘十時火車，行由長崎、門司、馬關以至神户鐵道間，多穿山洞。其洞甚長，窗門皆宜緊閉，往往夏間偶開一二扇，人若酣睡，當煤氣逼進時，嘗覺氣塞。前年，余從馬關至神户，曾受此病。

初九日，陰雨。同車有早稻田大學部政治經濟學科學生牧山耕藏，略通華語，極力周旋。此次乘緩車行，頗覺沈悶。一日食辨當即合子飯四次，仍似不足充饑。六時十分，抵東京新橋。吳監督喬梓暨山西同鄉會幹事邵修文，並會館招待員黎君、中央旅館主小林均來迎余，投宿帝國酒店。學生住中央旅館，安徽地方公費派生留學約五十餘人，護送者爲皖南王孝廉，亦寓中央。

初十日，陰。午前，拜晤楊星垣公使，述續派游學事。午後，限本繁吉來訪，言經緯學堂擬開警察新班。吳監督來，與商分送學生入校事。前數日間，日本國民開大會於東京，高樹國徽於日比公園。因與日俄講和，反對號召，京外數萬人前五日在公園，正開會演説時，奉警視廳禁止命令，意在解散。而來觀者，愈聚愈衆。巡查拔刀，誤傷良民，羣情不服，竟有兇徒嘯集於内務大臣芳川氏官舍，放火縱燒。京橋、神田兩區警察署皆被焚毁。警視廳亦戒嚴，其廳内中國留學生星散逃出。自前晚始，皇城附近掌燈後即禁止行人。所有熱鬧市面，照常貿易，依然安堵。此等國民，舉動無非忠愛之忱所迫，原非亂黨肇事可比，似不至有意外他變也。

十一日，陰。今日，法政諸生有遷入龍濤館者，有遷與同鄉合居者。巳初，範之甥夫婦來見，李植庭偕安永昌鳳喈、謝國華伯成，均四川綿竹人，過訪。

昨晚，牛込區警署又被燒毁。聞横濱市亦將有蠢動，傳説國民大會委員，如朝日新聞社之社員松村恆一郎、小川平吉、恆屋盛服、細野次郎、高橋秀臣、大谷誠夫等，不日將歸宅云。

十二日，晴風。巳初，至範甥處，偕其夫婦訪多田政固之夫人不值。午刻，山西同鄉開歡迎會，假座清風亭，到會百餘人。景定成、王國祜等演説同鄉會之緣起，並歷述廣派游學情形。余起答謝，並道歉忱而述去志。

示以勸晉人游學書如左：

運智慮以爲才，制行誼以爲德。才德之深淺，端視所學以爲衡。顧學必由博反約，乃能取精用宏。否則，孤陋寡聞，以之課虚或有餘，以之徵寔必不足。況世運遞變，物競紛呈，智者勝，愚者敗，拙者弱，巧者强，尤非空文所能抵制。東南各紳商有鑑於此，因即分遣聰穎子弟遊學各國，善善從長，此亦見兔顧犬、亡羊補牢之計也。山西爲古冀州地，河嶽靈長，代鍾賢哲，其見之經傳歷史者，如蒼頡之文字，隸首之算數，羲和之曆象，劉累之豢龍，以及師曠之音，扁鵲之醫，郭璞之數，皆能侔造化，通鬼神，豈今西人所能夢到？遊兹土者，景其芳徽，尚增感發，則生於斯、長於斯者，宜如何興起也！乃昔之稱爲最文明者，今何鄙陋特甚，豈山川之秀獨靳於今歟！抑亦晏安者多，進取者少耳？夫不學將落，雖智亦愚。聖如孔子，尤必多聞多見，擇善而從，豈好勞哉！誠以天下之義理無窮，一人之知識有限，不特孔子爲然也。且即歐西近事而論：聖彼德，俄皇也，遊學於英兵輪矣；戈保羅，英太子也，遊學於法工廠矣；若賽爾亞，憤其國之貧而不振也，因遊學比利時，得製造之法，而瑞典以富；毛瑟爾，憤其國之屢挫於法也，因遊學於馬梯尼，得製鎗之法，而德仇以報。可見人無貴賤，在自立；國無大小，在自强。矧世會愈降，競爭愈烈。然競以兵，競以商，競以工，競以農，誠莫若競以學。蓋兵不學則有勇無謀矣，商不學則市利難操矣，工不學則遷地難良矣，農不學則用力多而獲效少矣。歷考地球各國，學術明者，其人民未有不富；學術壞者，其人民未有不弱。此固天演公例，更於今爲烈矣。夫以三晉地土之沃，礦産之饒，人民之質樸，而習勞耐苦，宜其家給人足矣，乃何以凋敝若是？非盡無學也，蓋學其所學，知守舊不知更新，求近功而無遠志也。豈知遊學種種利益，有不能以悉數者乎？

中丞張公，深識晉民受病之故，知欲開啓晉省之文化，保全晉省之利權者，捨此莫屬。故極力撙節，通籌經費。於省垣各學堂學生中，拔其尤者五十人，咨送日本留學。俾其才德底於純全，以爲富强之本計。其造福三晉之心，殷殷拳拳，無微不至。特以庫款支絀，所遣有限，欲以全省之大，而責任於區區數十學生，何異投寸膠於黄河，驟望水清以止濁，不亦難乎！然則繼續此美舉者，不能不重望於鄉紳世族，身爲之倡而樹之型。譬如濬泉，中丞張公以引其源，尤賴諸紳耆之暢其流也。或者謂本省大學堂及農林、武備、警務等校，皆延有英、美、日本教習，何必舍近圖遠？不知識陋者智淺，學隘者才偏。試觀派往日本留學諸生，未出洋時，語以日本政治之善，學校之備，風俗之美，人心之一，鮮不疑以爲誤。及抵其國，入其境，目之所見，身之所接，始歎前言非爲溢美，不覺向者狹隘之念，化爲恢宏矣；偏私之見，化爲大公矣。非特智識因之而增，即愛國愛人之心，亦因而發。此泰西各國之皆重游學，良有以也。且即日本而論，彼其於專門實業各學科，現已漸臻美備，而士民之游學歐、墨者，今且尚不乏人。蓋學業之道，索諸傳聞，不如得之親歷，又善創不如善因之事半而功倍。晉省風氣未開，縱不能游學泰西，固不妨游學日本，以動其觀念效法之情況。由晉赴日本，只十五六日即達。每人歲費一切不過二百金。晉省雖瘠，操萬金之貲者，當不下數百户。於萬金中歲提二百金，以資遣其子弟，不啻太倉斗粟，所費者少，而所償者大，何至今寂寂無邁往也？

若以爲道途之遠乎？則與我只隔一衣帶水也；若以爲異域乎？則固與我同洲、同種、同文也；若以爲獨力難任乎？則不妨相勸、相勉、集款、生息，則衆擎易舉也。果能各就本境之内，選其資稟靈敏者，每歲酌遣三四人，通費不過六七百金，以一縣之衆，籌此區區，是不難立辦耳。苟其不然，惜小費而忘遠圖，將不學坐愚，由愚而弱，不惟無以禦外來之衝突，亦且無以保自有之財産。此中利害之數，得失之端，前留學日本諸生勸鄉人游學書已詳言之，兹不復贅。晉之鄉紳世族，誠有心振興桑梓者，當不以斯言爲河漢也。謹啓。

又告以督辦晉省學務處時條陳辦法，節略如左：

一、通省學堂制度，宜飭各屬統歸劃一也。學堂辦法，須從蒙小學著手，是理所必然之勢。查奏定章程内載初等小學堂章程：一曰立學總義，二曰學堂程度及其編制，三曰計年就學，四曰教員、管理員，五曰屋場、圖書器具，附以蒙養院及家庭教育法，其中大致各省皆能通行。但有因地因時必須略爲變通之處，自應斟酌盡善，認真改良。今我晉省各府、廳、州、縣中、小學堂業經次第舉辦，但小學堂規制，各處不能一律；中學堂程度，現時未免太低。擬請將中學堂均改爲師範講習所，並設附屬初等小學堂。各縣初等小學堂内，均增設師範講習所，暫爲現在教員研究之地。一俟省城師範畢業派出後，各府、廳、州、縣應請統改爲初級師範學堂，均附屬初等小學堂。所有通省學堂一切制度，應由職處遵照奏定章程，參酌本省情形訂明規則，詳請憲台鑒定，通飭各屬，一體遵照辦理。

一、本省教科書籍，宜就坊本暫行擇定也。各省舉辦學堂，或曰無經費，或曰無教員。殊不知經費非難，學堂規模之大小，可儘其經費之多寡；教員亦非難，學堂功課之良否，不僅在教員之勤惰。若果教科書籍無一定本，雖有經費，徒供虚糜；雖有教員，靡所適從。今我晉省興學伊始，據聞各屬學堂教科所用書籍，參錯不一，率多舊本。爲現時計，非先擇定教科書籍不可。查奏定章程内載學科程度，除讀經講經及歷史、地理兩門須臨時編纂外，應用教科書籍尚多。近來坊間雖有選本、譯本、精本，頗不易覯，若俟京師頒定，仍須時日，無以應目前之急需。省城師範學堂簡易畢業，須俟後年初級畢業，更須俟六七年後方能有人派往各屬。爲明年計，萬不能任其坐廢一年，應由職處先就坊本中擇其最精者，訂爲課本，詳請憲台鑒定，飭發各屬師範講習所及初等小學堂遵用。但本省務須統歸一律，方可收效。如有公立、私立學堂，應令按照官辦學堂教科書籍及其學科程度辦理。

一、興學經費，宜斟酌預算也。各屬學堂經費，現已大致籌有的款，倘能設法寬籌，預備將來擴充地步，更爲妥善。當此創辦之始，學堂設置，只須應有盡有，原不必過事鋪張。應由職處飭令各屬，開列預算表及決算表，分別詳報，以備稽核。通省全年學費，預算表於每年冬季詳報，決算表於每年春季詳報。

一、查學委員宜輪流派出也。東西洋各國，自京都文部以至各府縣，皆設視學官。有定期調查、臨時調查之別。晉省似宜仿照辦理。應由職處於出洋留學畢業生內，挑選數人，分期輪流派出，調查各屬學務。舉凡學科程度及其編制，生徒年貌及其班次，教員、管理員之職名及其成蹟，屋場、器具、圖書及其一切設置，皆須列表詳載。至若外表如何，内容如何，應各附注於後，以備參考。俟查學委員回省後，應將各屬辦理情形，開列總表，詳請憲台鑑核，分別獎罰，以示勸懲。

一、教育研究會宜廣設也。教育之道，日有新機，非研究不爲功。是以東西洋各國，教育研究會無處不有，用能歷歲改良，力圖完善。今我晉省各屬學堂，雖已徧設，於教育上緊要關鍵，茫不知其所云。省城如大學堂與師範學堂，亟應聯絡一氣，固不待言，其他如武備，如農林，一係專門，一係實業；其次如官、私立各蒙小學堂，凡各學堂職員，每月聚會一次，置評議員。可無論本國人與外國人，但須選請精通中外學務者，始能勝任。擬由職處詳請憲台批准，創設教育研究會，先從省城辦起，即在職堂，每月第三星期開會一次，如有提議事件，應准另開特別會。省城辦有成效，再飭各屬照辦。

一、學堂教授員宜慎選也。省城師範學堂簡易科畢業考試後，應由職處詳加覆驗，分別等級，詳請憲台批准揀派。其初考時，人格與文格並重，自必慎之又慎。加以平日陶鎔，品學縱難深悉，其堪留畢業者，諒有可觀。迨覆驗時及揀派時，尤以注重人格評定爲是，萬不能僅憑一日短長之文字耳。

一、演説會宜切實舉行也。過渡時代，惟演説會與白話報最易感人。然而白話報不免失之鄙俚，不如演説會足以動人聽聞。擬由職處詳請憲台批准，舉行演説會。於每月第一星期開會一次。届時，先期延請各學堂職員來臨，但演説時，非與學界有關係事，免入會場演説。

一、印刷社宜急速倡立也。通省學堂，置辦書籍，由晉至滬，路遠費重。倘由官立印刷社專爲印刷，學堂教科書籍祇供本省之用，並不售出外省，與版權無交涉，於公家多利益，於學界增文明，洵屬當今急務，不得視爲緩圖。擬由職處詳請憲台飭司籌撥官款，購活字版機器，倡立學務印刷社，即附設於師範學堂内之餘房。

將來教科應用書籍，無庸購自外省矣。

一、體育會宜分期舉辦也。教育界上德育、智育，尤莫重於體育。東西洋各國，蒙小學時，即以游戲爲教育，使能活潑潑地暢其心機，實足啓發將來。晉人體質素弱，各學堂體操學，宜從衛生入手，由游戲而普通，由普通而兵式。倘人人皆知體育，何患其不能轉弱爲强？此體育會之設，在晉省則必不可緩。擬由職處詳請憲台批准舉辦體育會，於每年春秋二季，酌量開會一次，較運動會爲有益。届時先期知會各學堂，臨時再爲核定人數。

一、學務報宜隨時改良也。報由官倡，報律應由官定。如晉省創設學務報，於學界上實有絶大影響。但以此項官報，體例不可不嚴，門類不可不備。言貴精不貴多，事宜詳不宜略。擬由職處酌議章程，詳請憲台鑑定。俟刊行後，仍參考各省報例，隨時改良，庶足以垂久遠而杜奇邪。

一、本省游學會宜加意提倡也。晉省選派游學，實始於去歲孟秋，非我憲台提倡之力，何能致此？所謂手造新山西者，盡屬望於我憲台在晉之日。游學諸生，抵東不及半載，其來函之議論識見，與未出洋時，前後判若兩人。繼又見其勸鄉人游學書並籲告晉省父老書，熱心熱血，滿紙淋漓。是游學有益之明證。今又續派官紳及各學堂學生，三五年後，晉省學界，誠有未可限量之地。特以寬籌官費，苦無的款，按縣派生，按府派生，固已頗覺爲難，亦恐力有不逮。擬由職處刊發勸晉人游學書，通飭各屬，廣爲勸導。如有願備資斧出洋游學之人，准其取具鄰族甘結，逕赴省城報名。職處再加考驗，其合格者，詳請憲台給咨東渡。一面由職道致函，直達日本各學校，爲之紹介。天津、上海等處，延義務招待員，以便代辦船票、銀票等事。如此辦法，似尚妥協。如蒙俯准，容再備文，詳明立案。

一、外洋留學生宜推誠聯絡也。晉省初派游學，不能遽望成材。即如初級師範教員，目前實難其選。聘自外洋，不如招自本國；招自外省，奚若招自本省？吾晉官費諸生，應盡本省義務，萬不能不爲我晉省所用。其私費者，近年亦頗不乏人。果能平日推誠聯絡，羅致尚不爲難。本省留學生如不敷用，祇得延他省留學生，亦較聘外國人爲合宜。日本東京，前經職道倡設留學生會館。去年秋，於晉省游學經費內，節省川資治裝項下捐金五百圓，題名『山西游學公會』。爲學生用聯絡，即爲晉省用聯絡。是誠中國各省捐金之特色。該會館人之對山西省亦當有別種厚誼。此後再能推誠聯絡，一呼百應，晉省何患無教員耶？將來如須各項教員，擬由職處函致該會館，今共公舉數人，聽候擇定，屆時請示辦理。

一、戒煙會與戒纏足會宜勸紳商徧設也。晉省男女因吸煙與纏足，致有弱種之患，於學界上關係實非淺鮮。若果官爲設會勸戒，立名殊不雅觀。擬由職處通飭各府、州、縣，廣勸紳商，徧設戒煙會與戒纏足會，並發給簿册程式，應令按月報告職處，以備稽核而定考成。

一、蒙養院與公立學堂，宜飭有司整頓也。東西洋各國，皆有幼稚園，與蒙養院同義，專爲保育、教導三歲以上至七歲之兒童。蒙養院中，具有小學堂之規模，以游戲爲教育，啓發兒童之智慧。七、八歲入小學，於一切設置上，已了然於心目，恰能謹守範圍。是蒙養院，實初等小學之預備科，所謂文明基礎，當於此三致意。至若公立學堂，較私立學堂尤易組織。各屬官辦學堂，每處至多不過一二所，全賴公立、私立有以輔官辦之不足。即此二者，果得賢有司竭力提倡，改育嬰堂爲蒙養院，勸提戲會貲立學堂，似不難於集事。擬由職處詳請憲台通飭各屬，酌量辦理。

衆復演説，爲晉省學界挽留再三。余復起而婉辭，環坐聚談約兩小時。同時，安徽同鄉會開歡迎會於錦輝館，因不克往，預書明片道謝。申初，過龍濤館，訪葆之、仲勳，途遇文徵暨梁、解諸君。傍晚，至中央館略坐。張聯魁、崔潮遷入農科大學。閱新聞報紙，各大臣官舍及小村留守宅、桂總理大臣愛妾邸，皆已派兵守護。國家政府頒戒嚴令，遵照帝國憲法辦理。凡關係新聞雜誌事件，悉受約束；關係郵便電信事件，悉聽檢查。騎兵、憲兵與警察人員，協力防禦。東京官府，朝夕惶惶。而外表間，則一毫不驚，商務民情，照常靜謐。

十三日，晴。午前，與隈本電話商酌學生分班事，訂期入學。午後，親送冀貢泉等二十三人至經緯學堂寄宿舍。大學堂王懋昭等亦到。往晤隈本主事暨舍監法學士金子喜代助、法學士丸毛重典，囑託一切。晚，偕範之在琦華園便酌。

十四日，晴。午前，多田止水來答，現充麴町中學校兼小學校教員。略話寒暄。並言日本女學校程度甚低，中學以下無漢文，故能普及。葆之、仲勳、念卿、文徵、稚田、聯輝諸人過談。

十五日，陰。巳初，過公使館留片，往茀文處賀節。午後，銀座購物，夜有月色。

十六日，晴。偕井上君往日本税局，查閱印花税章程，譯之如下：

第一條　凡財産交涉，如新立及推過，及改換，及注銷一契券票據，又賬簿及財産上關於將來結算之單據，須照後開章程，一律完納印紙税。

第二條　凡各項單據，每件銀數在五元以上者，須按萬分之五計算，完納印紙稅。但印紙稅額，自一分起至五十元爲止，如證據有奇零銀數，還稅不及一分者，仍補足一分核算；如證據應納印紙稅不止五十元，許以五十元爲限，無庸遞加。凡單據未書銀數，止書物件，須將該物件照價核算銀數，貼用印紙。

第三條　爲替手形即匯票，約束手形即期票，照每紙計數，如逾五元以上者，即按後開之例，完納印稅：一、銀數不滿二千元者，印紙稅二分。一、銀數二千元以上者，印紙稅一角。此種單據，即銀數千百萬者，亦只一角爲止。

第四條　凡單據契券及賬簿等，均照後開各條貼用印紙。惟賬簿貼用印紙，只以一年爲限，須在首頁注明自何年何月起，至何年何月止。一、委任狀，即自己所作之事，託人代爲經理，所立之憑據。印紙稅一分。一、銀行預金證書即銀行收存款所立單據。一、船荷證券即船上收貨之證據。一、運送貨物引換券即運送人收條。一、倉荷預證券即存棧貨單。一、倉貨質入證券即貨物存棧抵押之單據。一、保險證券即保險單。一、株券即股分票。一、債券即債票及常人借據。一、株入申込證即預定認買股分之函據。一、地上權即一切地上之産業權、永小作權即佃户之權、地役權即地基責任事務之權等各契約證據。凡批租一切田産、地基所立皆是。一、使用貸借及賃貸借。即賃用屋宇、家具，賃物無論有無限期與有無賃金之契約。一、寄託 即保管寄存貨物之單據。一、定期金 即已載銀數之定單。一、定款及組合契約書 即各商家議定規約及合夥合同契據。一、權利變更之證書 即凡有關於權利上更改之證據。一、承追承認一切證書 即捕認承認一切證據。一、品物始平 即憑帖取貨之票。一、買賣仕切書 即往來之清單發票。一、送狀 即發送貨物清單。一、受取書 即收條。一、金高記載ナ丈證書 即不記銀數單據。一、擔保品差入證書 即押存貨物受押者所發之單據。一、擔保品預證書 即懇債主寬限債款將貨作抵所立憑單。一、通賬 即取貨送貨之單簿。一、判取狀 即交貨、收貨、交銀、收銀之蓋印簿。

以上均取印紙稅二分。

第五條　凡免納印紙稅之各種證據賬簿開列於下：一、官署及公署發出之證據賬簿。一、官署及辦公之人因公務所發之字據賬簿。一、支公款所發文件。一、善舉以公舉事捐助金銀物件呈報官署局所之證據。一、俸給 即俸祿、給料 即薪工、手當金 即酬勞金、年金 即長糧、賞與金 即加賞銀、恩給金 即恩賞銀、扶助金 即資助銀、旅費金 即路費銀、救恤金等所書之收領字。一、小切手 小條憑據如銀存銀行隨時書條付取者。一、不滿五元之匯票期票。一、無關財產之收條。一、銀收數不滿五元或不載銀數之送貨單收條清單。一、借約後添附之擔保證據。凡家産貨物押銀書明屆期無償任將所押之物發賣抵填之單據，其正單已貼印紙，副單可免。一、證券及銀票背面所批字據。一、股分票轉讓與別人時在紙背批明之字據。一、擔保銀票之保單。如匯票、期票有另書擔保該票之字據。一、銀票及證據之拒絕證書即抗拒不理之時說明不理緣故證據。一、銀票及證據謄出存根抵單。

第六條　凡契券單據及賬簿應貼印紙者，須照例貼用印紙，如匯票、期票、船上收條、提貨單、棧單、押貨單、保險單、股分票、債票等件，或照印紙應還之稅交納現銀，將該單據稟請官府蓋用印戳，作爲已貼印紙亦可。

第七條　凡賬簿每册以用一年爲限。如已滿一年，仍將舊簿接用者，必須再貼印紙，與另換新簿同。

第八條　凡銀票證據所載銀數，如係外國銀數者，須按日本銀數合算，貼用印紙。

第九條　凡貼用印紙之時，無論證據賬簿，須在紙面上及印紙、花紙上蓋印圓章或簽名，以杜此印紙重用之弊。

第十條　貼用印紙之賬簿清單及發貨單等，任憑該稅務官吏隨時查閱，不得攔阻。

第十一條　凡應貼印紙之單據賬簿，未經照貼，又未照第六條内所載，稟請稅官，蓋用印戳，一經查出，應罰金料，科二十倍。

第十二條　照第十條所定，稅務官吏可即隨時稽查。倘攔阻拒絶者，應酌量罰銀，不得過二十圓。

第十三條　照第九條之例，若不遵者，應罰銀一元九角五分以内。

第十四條　凡因印紙稅違背以上各章程者，所有刑律内之不論罪減輕、再犯再重數罪，頒發各條，均不援用。

附　則

第十五條　本法律自明治二十二年四月初一日施行。

第十六條　所有明治十一年第十一號告示證券印稅規則，自從施行此法律之日起，作爲廢紙。

第十七條　凡明治十一年第十一號頒發證券印紙稅章程，所有之匯票、期票用紙，當此法律施行之際，若係本人備存未用者，雖在章程頒行之後，仍准照常行用。惟貼用印紙須照新例，應貼多少，照數補足單據，稟請蓋印專條，一凡照第六條所定之例，願將單據稟請政府蓋戳，宜先將該單據應納印紙稅銀繳呈管理稅務署領給，將單憑書夾持該單據向東京大藏省稟報可也。

以上所譯現行印花稅章程之大略，其有隨時改正者，尚待參考。

關谷來，葆之約往神田味蒓園午餐。茀卿、仲勳、念卿同酌。閲新聞紙，警視總監安立綱之休職，調長野縣知事，關清英爲總監。

十七日，陰。茀文約往神田成昌樓午飯。飯後，偕至經緯學堂寄宿舍，訪問諸生起居。丸毛、金子兩君延入接待室略坐。又訪隈本君，催詢警察開班事。申初，到印刷局拜晤局長得能通昌，敘闊别情，詢新出品。款以茶點，意頗殷殷。備述張巽之託，雇印刷技手，皆應允之。囑其自行函達張處。

十八日，陰雨。清晨，範之來，偕往富士見町，訪范源濂不值。晤梁和甫君焕均，湘潭人。略詢湘人創辦女學事。至成昌樓午餐。閲時事新聞，内載外洋華人僑寓紀數，録之如下：

（地名）	（人數）
台灣	二百六十萬人
香港	二十七萬四千九百三十四人
澳門	七萬四千五百六十人
日本	七千人
暹羅	二百五十萬人

南北美洲	二十七萬二千八百二十九人
斯達次島	四萬人
高麗	三萬七千零十人
馬拉島	九十八萬五千人
安南	十五萬零六人
澳洲	三萬人
森達	六十萬人
菲律濱	八萬人
歐洲及俄國	二萬五千人

十九日，陰雨。午前，晉省游學諸人聯袂而來，偕往銀座二見樓照相。是爲晉省游學第二紀念。

二十日，陰雨。午後六時，乘火車行。

二十一日，陰雨。九時四十五分抵神户，住吉田旅館。

二十二日，陰雨。囑旅館代購船票，頭等坐滿，改購二等。

二十三日，晴霽。昨購船票，係筑前丸船，太小，頗不穩，改購法公司船票。該船載七千餘墩，頭等艙容四百十人。二等艙容六百餘人。其二等較日本船之頭等艙仍寬綽。三等亦皆有艙，可容三百餘人云。因囑旅館退日本船票，扣去二元五角。

二十四日，晴。午後聽戲，演德川時代中村少將遺事。

二十五日，晴。午後聽戲，續昨事，假面傳神，歷歷如繪。

二十六日，晴。午前，元町略購物件。午後六時，乘小火船，登法公司船，亥正展輪。

二十七日，晴。船行極穩，飲饌頗佳。法人喜食生葱，盛以大盤。此葱鮮嫩多津，卻無臭味。每餐例有紅酒、甜酒。近來規約不甚嚴密，有吸煙室，有運動場及閱書室。而室内竟有吸煙飲酒之人，豈故爲寬待華人？抑各船不同耶？申初，遥望馬關。

二十八日，晴。風平浪静。丑正過對馬島。風色順利，每點鐘可行十三四邁路。

二十九日，晴。巳初刻，抵吴淞口外。小火輪來接客。午初二刻到滬，投宿東和洋行。該棧自辛丑至今，三易其主。今爲樋口蕎三吉。電話七百六十三番。

東游紀念第六　送兒婦行日記

江南吏隱千倉舊主

光緒乙巳年秋九月十四日，由蘇州起程，親送和兒夫婦赴東留學。次早抵滬，住晉陞棧。購定德公司船票，頭等七十元，准帶一僕。往復則一百零五元。二等四十元，往復則六十元。三等每人二十元。該船名孛林撤司阿利斯。

十六日，陰雨。午前，挈同兒婦輩至何府。飯後，偕往寶記照相。又至百老匯路東洋市廛一遊。四時三十分，過南順記小坐。五時，乘小火船。船中有大餐房，上等客皆坐此。適有風，船微顛。六時開行，八時出吳淞口，登大舟，該舟裝載八千餘噸，船中一切建置，與法公司船略同而較精。頭等艙三百餘號，二等艙六百餘號，三等艙二百餘號，四等可容二三百人，皆在貨船艙面露宿。落雨則罩以布蓬。頭等艙有閱書室，極寬敞，可容五六十人。吸煙室亦極大，食堂容四百人。男女廁室，左右各別，有十餘所。二三層樓上，可隨意運動。坐客多攜帶有藤椅，繫以名牌，置於三層樓上。二等艙有食堂、煙室，而無閱書室。男女廁所亦各別。樓上亦置有藤椅，皆客自帶，安置順序。

十七日，陰。辰正展輪。八點鐘前有茶點。九點鐘前早餐。十二點半鐘午餐。四點鐘茶點。七點半鐘晚餐。船中備音樂隊十餘人。開船時，必奏樂。每日早餐後，作樂一次。午餐後，作樂一次。晚餐時，每進一篚，作樂一闋。約一小時，餐畢各散。二等艙飲食稍減，不奏樂。其規約亦甚嚴，絶無談笑喧嘩聲。桌上置有英、法文合璧菜單，每餐預備二十餘種，任客點食，例不備酒。雖檸檬水，亦須購食。例禁房中吸煙飲酒。午後微風，船頗顛蕩，夜半始覺稍平。同船有惲莘耘觀察令孫名蕃曾，號賡萊，年二十二歲。又有日人渡部闢口、菅谷上野、内山崛田諸君，多由香港及新嘉坡來者。又有小林敬直，前充神户税關監視官，任部長十年，現已停職，在銀行從事。

十八日，陰，微雨。逆風，船行稍緩。午後七時抵長崎，停泊口外。

十九日，陰雨。辰初，醫來驗畢，始泊入港。偕惲賡萊登岸，往牛鳥館飽餐而歸。四時開行。

二十日，陰。辰初，過門司，未停泊。晚餐後，搭客各給賞資。船中有一頭目，專管此項，沿門收取。寢室、食堂、煙室、音樂隊各別，頭等寢室侍者六元，餘可酌量。

二等稍減。

二十一日，陰。辰正抵神户港外，候醫來驗畢，始入港。午初登岸，有鶴屋旅館接客人代運行李。午後，訪森崎君略談。六時，乘快車行。

二十二日，陰。九時三十分，抵東京新橋車站，行李交車中運送店。予挈兒婦輩至麴町内幸町旭館小憩。午餐後，偕往牛込區下户塚町十一番地寄寓。寓中一切，範之皆已佈置清潔。傍晚訪吴茀文，即回旭館。

二十三日，陰。往神田區飯田町牛込區一帶，購置寓中日用必需之器具，大致粗備。晚約孫味漁甥及弼臣姪同至旭館宿，沐浴後夜談。

二十四日，晴。午前乘電車至市谷，换人力車至下户塚町，挈範甥夫婦、和兒夫婦往琦華園午餐。味漁、弼臣亦至，飯後游行京橋、新橋一帶，復坐電車回寓。滿街徧燃各種電燈，五光十色，夜明如晝。新建凱旋門兩座，均已落成。一建於新橋，一建於京橋。是日爲東鄉大將率戰艦歸國入港之期，全國歡迎。大商店及各學校皆休業三日。適英吉利同盟國派員率軍艦來賀，昨已入港。明日天皇御幸横濱，行大觀艦式禮，英日海軍合操以誌盛典。火車自今早始，三晝夜不停班，往復票皆減價。道中遇各學校男女學生列隊而行，有執旗者，有唱歌者，絡繹不絶，塗爲之塞。

二十五日，晴。午前，率兒婦輩至吴宅，遇趙康侯、施畬孫談。偕茀文、意魯、和兒往橫濱，觀日本海軍大盛典。乘一時四十分車，行甚緩，因滿載故。三時始到，適天皇已有回鑾命令，道路擁擠，無容足地，衹得在車站立候。俄頃，天皇駕至，坐活篷斗車，松方伯爵陪坐。天皇坐上，左首陪坐者在下，右首前導，只十數騎憲兵。警部指揮整肅如傳籌。然巡邏至第三次，閒人不准前進，四旁行人均各肅立，相距不過四五丈，脱帽高舉，大呼萬歲，人聲鼎沸，如雷震耳。是日，由東京至橫濱，綿亘二百餘里（以華里計），紅男緑女，充塞道路，約略計之，近百萬人。有自長崎來觀者，有自北海道來觀者，附近各處來觀尤衆。沿海三十餘里，專搭看臺，圍以布篷。予等本約定往董姓商人别墅小樓，火車阻滯，爲時已遲，遂不克往，偕至中國街西洋料理晚餐。適畬孫、雲龍暨粤商汪君亦至，汪君作東道主。飯畢，即擬回京。行至車站，柵門已閉，候車之人，仍有數萬，無立足處，衹得緊閉柵門，疏通驛道。予等均立待合所之窗外。適有海軍佐官某，身挂寶星，頭戴禮冠，若有命令，急欲登車狀。窗内有警部守門，忽將窗門提起，招佐官入。予等一擁而進，遂得登車。後來者，仍不准入此窗門。最可笑者，有一人探進半身，守門者揮之出，遺落一帽，不敢復取。問爲誰物，不敢應聲，竟不知爲何人所遺。登車時已九時，男女擁擠，幾至氣閉。予與意魯坐廁室，反扃鍵，遂稍安。十時五十分，始抵新橋。歸寓已夜半矣。

二十六日，陰。午前，挈和兒往見楊公使、馬參贊。旋回旭館，檢點行裝，範之、弼臣、和溥來送。乘六時快車行。

二十七日，陰。九時四十分，到神户，住吉田旅館。有相生橋警察署詰特務巡查岡田幸成、高澤直臣二人來訪，盤詰行蹤。予還問其署長、部長某某，並告以前歲在此調查警察狀態，渠頗失色。午後，至廣生號小坐。晤鄭惠疇山東濟甯西門大街裕泰恒經理人，略談即回寓。有新聞記者入江富次郎來訪。

前在東京有友人贈閱日本銀行通行條例，寓中無事，譯而録之。

第一章　日本銀行組織

第一條　日本銀行其責任有一定限制，其本行負債賠償等事，爲股主所擔負者，祇在股金一項之内，視其股本爲止。

第二條　日本有總銀行及公所即謂代理店。總銀行設於東京，分銀行設於各府、縣首邑及緊要地，均得與他銀行締約匯票，彼此交通。但分銀行公所之設，與他銀行締約匯票等事，須先稟請大藏省，經該大臣允准後，始得施行。或大藏大臣以某處須設立分行或公所，即可指令分設。

第三條　設分行公所及與他銀行聯合匯票之規則，須於銀行重役會決議後，經大藏大臣許可，始得施行。

第四條　日本銀行營業年期，自開業之日始，以三十年爲限，但期滿後如原業主願請寬期，嗣續營業，必須總會股主議定後，始得准其展期接續，照舊營業。

第五條　日本銀行，據實在報告，若虧損在資本金半額以上，且確有實據可憑，如此當著其停辦。除前項事件之外，若有欲於期限内停辦者，須股主總會之臨場人員在四分之三以上，且須經有總股半數以上股主之決議，並受政府許可後，方准停辦。

第六條　日本銀行不問期内、滿期，若遇如前條之件，則停辦之際須於股主總會撰定處分閉店人。至所定權限職制，仍須受政府許可。

第二章　資本金及積立金

第七條　日本銀行之資本金，以一千萬元爲定額。復將此分作五萬股，每股二百元。但有時遵政府之命，以增加資本金，抑或照股主總會之決議後，經政府許可，亦可得加資本金。

第八條　日本銀行資本金之半額，乃承領於政府者，是可得爲股主。

第九條　資本金總額之五分之一，即二百萬元，必須於開業五日前上兑。右資本金之分期上兑及其期限如左：

第一回、金四十元就一股算，但由明治十五年九月十五日，至是年是月三十日之間上兑之事。

第二回、金二十元就一股算，但由明治十六年五月十五日，至是年是月三十一日之間上兑。

第三回、金二十元就一股算，但由明治十六年十月一日，至是年是月十五日之間上兑。

第四回、金二十元就一股算，但由明治十七年五月十五日，至是年是月三十一日之間上兑。付訖百元後，所有應付訖者，須依銀行隨時招集。但其應付訖金額，一回每股至少不過二十元，至多不踰五十元。其兑付日期預於兩個月前登諸新報，並廣告以具領之法。

第十條　開設銀行，如有虧損於資本現金額内折減若干時，須審明資本如何虧損，因何折減之原由，准其追募資本殘額金即補收從前資本中未曾收滿之額，以充欠款。

第十一條　凡有欲擴充銀行，有欲增加資本者，可補募原收資本未滿之額亦即追募資本中殘額金也。

第十二條　股主倘於資本上兑期限日内至不上兑之時，須增納追募金十分之一，謂之過怠金。若經兩月仍不上兑者，准賣其股票，由其所賣金額内扣除追募金額與過怠金，並其售賣中一切經費。其餘若有贏餘，准還訖原主。若有不敷，亦准追徵之。

第十三條　股票均記有名姓，除日本國人外，不得賣買讓與。

第十四條　凡欲充日本銀行股主者，須由大藏大臣許可，方得充銀行股主。

第十五條　股票須於銀行設股分賬内均將股票記入。若至賣買讓與之際，由賣者以書面申請其旨趣於銀行，銀行經大藏大臣之許可，然後通報本人。領此通報後，乃可賣買讓與。先須二面速即將股票呈出銀行，而銀行乃記入賬簿，以爲賣買讓與之憑證。總裁及文書局長與股分局長，須將其股票之裏面著名、蓋印。股票有一股一份、五股一份、十股一份、百股一份、千股一份等五種。交付股主選擇股票種類，但股主須付訖規定之經費，乃得申請變更股票之種類。

第十六條　股主各有銀行之資産，至收取扣息金，亦不問其股之多寡，每股悉有平等之權利。

第十七條　充日本銀行之股主者，須遵守本行之定款，及股主總會所決議之事件。

第十八條　凡屬於股份之權利義務，持有股票者，不得不行之，不問何人之所有。

第十九條　本行扣實利銀總數，除每股應分之利外，共所餘利銀須提出十分之一，貯積銀行之内，爲將來彌補之用。一補資本金之虧折，二補股主分銀之不足。

第二十條　記載於前十九條之積立金，均可於買回金銀、貨地金銀及公債證書時而使用之。但由此積立金所生之所得金額，須算入銀行之總益金内。

第三章　銀行營業之事

第二十一條

將日本銀行營業要項臚列於左：

一、政府頒發之票，有手形，可以通行各地，無一定期限之票。有替手形，所行不廣，有一定期限之票。有商業手形專行於商人之中之别。凡此，皆匯票之類，均得就票扣取票息，仍可將原票買回。

二、賣買地金銀。

三、金銀貨及地金銀，前來本行抵押借銀者，本行可以貸銀。

四、與諸會社銀行預爲約定，又爲商人集聚手形金。

五、有銀存本行者，即照存項生息。如有金銀貨貴金屬並諸證券寄存本行者，亦可保護應取保護之資。

六、公債證書或政府發行之銀券，及其他政府有保證之諸證券各種，本行均可抵押借銀，或一時假貸，或定期假貸。但假貸銀數及應生之息，須由本行總裁、理事、監事等隨時議定，並經大藏大臣之許可。

第二十二條　日本銀行第十一條載記事件之外，所有以下揭明各條，於他諸般營業，概無關涉：

一、凡有不動産及他銀行並諸會社之股票，可押入本行借銀。

二、股主爲股主貸銀股票，可抵當貸金。但股主已經抵押之票，仍可買還。

三、凡諸工業會社之股主，無論本主自有之股票，與票非本主之票而得自他人者，只須關係工業之事。

四、開設分行，除本行需用物外，其他不動産仍歸原主經理。

第二十三條　日本銀行因折扣發行之商業手形，務必以裹書而授受之，且依印税規則貼連印紙，須要資産殷實之人二名以上。其付訖期限，須在百日以内，但要經銀行總會之決議。又，有大藏大臣之格外允諾者，即一人之裏書，亦准其折扣。

第二十四條　折扣息金，由依賴人擇其可抵當手形金額之商品，抑或有質入商品預證書之際，可作爲一人署名、捺印，亦准其折扣。

第二十五條　政府發行之官票，例應照票扣息。有隨時須付訖息錢者，有定限期扣息須於期限内付訖息錢者，但此節須稟明大藏大臣，於重役集會中決定施行。

第二十六條　官票扣息之接辦日期，於每月内重役集會時決定。若分店公所當從總行指定之某日以爲接辦日期。但此接辦日期，如遇重役集會時認出是日別有緊要事件，亦可變通辦理。

第二十七條　充當政府發行官票應扣息錢之金額，或因公債證書，或因抵當政府之保證等證券，應行借出之金額，其中利息多寡之不同，亦可截長以補短。但須每十日於重役集會決議後，復經監事集議允諾，並受大藏大臣之許可，方得施行。

第二十八條　前第二十七條之貸附，必須銀行認明有實産業者，方准貸附。且其限期已定，偶爾延長亦不能踰六月以外。其貸附金須照當時證券之市價，以十分之八爲限。

負債主倘至期不償借金，准將抵當之物賣去，扣除原利，若有贏餘，仍還與本主。倘有不足，亦准其追索殘欠。但期限將滿時，如請展期、更換契約，只得限期更換契約一次。然非銀行格外破格相待，亦不得展期、更換契約。

第二十九條　公債證書及政府發行之官票，日本銀行或收買，或售出，各事於重役集會定議後，雖經監事集會允諾，不經大藏大臣許可，終不得擅自施行。然大藏卿許可，非經三十日以内之實施，其許可仍不足爲據。

第三十條　日本銀行有發行兑换銀行券之權，自須遵照第十四條之例，然非由政府别項規則頒布之後，不得施行。

第三十一條　日本銀行得發行送金手形、振出手形及振換切手等項票。

第三十二條　日本銀行迎合政府機會，從事於料理國庫金。

第三十三條　貸金中還辨手形之償還一節，若察知其空乏不能償還時，抑或應償還時拖欠不清，准將負債者所有之房屋、土地及財産，限一年内售出。設有大藏卿許可，亦可隨時出賣，不在限内。

第四章　實際報告及利益金分配之事

第三十四條　重役集會，每年於六月三十、十二月三十一等日，整理營業上確實之報告，須二十日内付之監事集會中，其議僉同者衆多，始可確定；否則，決議人少，仍應交股主總會決議。

第三十五條　創業費、營業費、其他之諸費用，每半年間由決算之總利益金内除之，以其殘額爲純益金，但創業費須依遞減法爲支銷。

第三十六條　純益金以左之割合分配之：

第一　總股金照現入之價，每年配當割合之數在六分以内。

第二　除去右配當金，其殘額至少須以十分之一爲積立金。

第三　復除積立金十分之一，作爲奬勵役員賞金及應酬費，但其割合須以内規定之。

扣除右三項外，其殘額作配當於總股，其割合之數，尤宜時時受大藏大臣之許可。

第三十七條　上半年之割賦金，至本年八月三十日止。下半年之割賦金，至翌年二月二十八日止。悉得送於各股主。

第三十八條　此割賦金，有不及三十六條之割合時，内積立金補之。然於後半季，若超過此割合之時，須補足前半季，並補足積立金之缺額。

第三十九條　上、下兩半季之報告損益核算，須申牒大藏大臣，且於新聞紙中以廣布告。又，下半季之實在報告，及損益核算其年内營業上之重役報告並監事報告，由翌年二月定式，股主總會於五日前配送各股主。

第四十條　銀行重役調查本支店，及出張所約定店等營業上一切之情形，每月報告大藏卿一次。

第五章　行務綜理之事

第一節　職員之組織

第四十一條　本銀行置總裁一人，副總裁一人，理事四人，以綜理事務。總裁、副總裁、理事之集會，名曰『重役集會』。

此銀行因監督事務置監事三人或五人，其集會名曰『監事集會』，又置割引委員，以審查割分手形。

第四十二條　總裁爲敕任，副總裁爲奏任。其任期各五年，任滿後亦可連任辦事，但不得於任期中兼任他官。

第四十三條　總裁、副總裁悉居住於東京府内。

第四十四條　總裁、副總裁之俸薪及交際費，定於政府，准由銀行分別開支。

第四十五條　理事任期，以四年爲限。股主總會，先選舉候補者兩倍於理事。此後，由其選舉之中任爲理事。但創立之際，第一次任期，定以五年，由大藏卿特命。若任期内有缺員之時，亦由大藏卿委員酌補，以辦其未竣之事。

第四十六條　理事於滿任後亦得蟬聯接任。辦事、理事必住東京府地方。

第四十七條　每年於正月一日更換理事一名，但更換必順其次序，須照明治二十一年八月之股主總會所定抽籤法辦理，其翌年即按次順序，以爲每年更換之則。

第四十八條　總裁、副總裁及理事、監事於任期之中，均許充他銀行會社之役員。理事若有死去，或有不時退職者，宜選員補缺，以辦前任未竣之事。

第四十九條　監事集會，由會員中選舉會長一名。

第五十條　監事任期，以三年爲限，係選舉於股主總會者。但經期滿後亦可嗣選舉期滿之監事，又於每年一月之股主總會畢，使所選之人更代之。監事如有死去或不時退職者，選員以補其缺，接辦前任未完之事。

第五十一條　非百股以上，不能當理事之選；非四十股以上，不能當監事之選。此股票爲理事、監事辦理事務之保證金。先存置於銀行，雖本人辭退，其年度之實在報告，非決於監事集會後，不得收回其股票。

第五十二條　總裁、副總裁、理事、監事因於營業上事件或與他人有訂約等情，不得認爲一人之義務。

第五十三條　以第三十六條第三項内所定之割合配當半季利益金，理事每一名付洋五千元，監事每一名付洋二千元。若有超過，於股主總會亦獲減少其配當金中之額。

第二節　總裁、副總裁

第五十四條　總裁准充重役集會、銀行總會及股主總會之議長。

總裁於此等會議事件，准其決議施行。

總裁注目銀行全般之事業，於條例定款及内規等則均當恪守。

關於銀行營業訴訟之事，以總裁之名爲主。

總裁於重役集會決議時，宜簽名、蓋印於約定書、和解書及其他一切書内。除關於日常細事之外，一切營業上之證文及他書類，必須文書局長之副印。

第五十五條　總裁於重役集會議決事件，如有認出不當之時，得速開銀行總會，咨詢其意見。

總裁於各會議雖經議決事件，倘遇條例定款有相抵觸之事，認明與政府不利。總裁著即停止，且申告政府。若三十日以内，政府別無指令改議，仍照原議施行。

第五十六條　總裁遇有事故之時，著副總裁代理。

第五十七條　總裁辦理日常細事，自己親定後，即令奪其事件理事代理。

第三節　重役集會

第五十八條　重役集會有決議銀行諸般事務之責任，於他集會決議已有成規者，不在此限。

此集會内准議定接辦行票扣息之件，及政府發行之扣息金額，並公債證書等貸與之金額，及充收買公債證書之金額等項。但此等事件，須經監事集會之承諾，始得施行。

此集會能議各局役員之進退黜陟，並酌定其薪水及元金等之額數，於支店出張所之役員中，得以銀行之名義著名、蓋印，於證書類者，須於重役集會選舉之，且予以正式公文。

重役集會，雖得決議酌定及和解等條件，若未經監事承諾之事件，仍不許實行。

於此集會整理一年内之營業報告，以備呈之股主總會。

第五十九條　重役集會會員無半數以上出席時，不得決議。

此集會之議事，宜決以多數，若可否各半，乃決於議長。

第六十條　重役集會所議各事，應録一本以備紀載決議之旨趣，並事務之要領，須出席之員及文書局長署名、蓋印於此。

第四節　監事集會

第六十一條　監事監視銀行諸般之業務，且檢查諸賬簿之類。監事能調查實在報告損益勘定之數，並經費豫算等項，若果事屬正當，亦准其承認。但此報告豫算等件，皆須於重役集會時，調查整齊，以便回付。

重役集會變更接辦行票扣息之事，或增減政府發行官票扣息之金額，及對公債證書與關政府保證等語，證券之貸與金，又公債證書收買之件決議時，須受監事集會之承認。然遇事情緊要，准照行票扣息。然祇由重役集會議定而增減其扣息之多寡，其行票扣息限制接辦，亦得以重役集會之決議而增減之。但須於五日以内，受監事集會之承諾。

第六十二條　監事集會至少須每月開會一次。開席時，不到者在二人以上，則不能決議。議事以多數爲決斷，若可否之數相等，乃決定於銀行總會。若缺席不到者在二人以上，以致不能決議之時，如遇緊要事件，亦得決議於銀行總會。

第六十三條　第三十六條第三項所定之監事配當金，以半額均分於人員，以半額應出席配當之數。

第五節　銀行總會

第六十四條　總裁、副總裁、理事、監事之集會，名曰『銀行總會』。

第六十五條　銀行總會至少每月須開會一次，以商議營業上之得失。

此總會照定章内議定屬於職務諸事件，總會議定利息照發數目及賞與金額等。

總會有擔負保護家産之權，並議定辦法等項。

重役集會所議之各銀行内規，並各分行規則草案由總會裁定，各分行中應廢置等件由總會決定。

以上四項事件，非經大藏卿之許可，不得施行。

第六十六條　除第六十二條第三項章程外，重役監事到席者，非過半數以上不能決議，議事以多數決之；如可否各半，須憑議長決定。

第六節　割引委員

第六十七條　割引委員至少須派一二人以上，由銀行總會選定，照出席日數付與手當金即薪俸。此委員得由監事中兼任。

每年役員須更換一半，此委員以備充補此數。如充補中有不勝任者，亦得再爲選舉。

第六十八條　割引委員以理事一名爲之長，但出席日須照内規所定，檢查諸行票後，認定許其割引之時，宜將其情形申明銀行重役。

第六十九條　監理官受命於大藏省，監理銀行一切事務，並監視銀行券發行、内外行票扣息等件。

第六章　監理官

第七十條　監理官無論何時，均得質問銀行事務一切情形，且有檢查賬簿金庫之權。

監理官如取銀行事務一覽表之時，須銀行重役調製之後，且蓋印而呈之。

第七十一條　凡重役集會、監事集會、銀行總會、割引委員席、股主總會等，監理官均得臨席，且可陳述意見，但可否不能由其決定。

第七章　股主總會

第七十二條　股主總會因表章股主總體之權利而設。依條例規則，凡決議於股主總會之事件，雖有缺席或異議者，衹可作服從之人。

第七十三條　股主總會之會員，須於會期六十日前到會，以有十股以上者爲限制。

會員有未到席者，准託他會員代理。會社但合及他銀行等處有此銀行之股主者，准其以社員一名代理。

股主中若爲婦女及有瘋癲、白痴並未成之男子，亦准其託他會員代理。

前三項所定之代理人，須隨帶委託證據及他書籍來會亦可。

第七十四條　會員須於派往時署名、蓋印於出席名簿之上。

第七十五條　股主持有股十分者，投票利權一次；有十一分以上者至五十分之多，准增投票權一分。縱受多人代理委任其屬於代理之權利者，其投票不得過十分以上。但帝室、政府及會社、銀行等之代理不在例。

第七十六條　定式股主總會，每年於二月八日第三之土曜日開場。

二月，股主總會由銀行重役將前年分十二月二十一日止，所有營業報告一律繳此定式總會已揭明，於第三十四條内，在議定前半季實在報告之可否。

八月，股主總會將年底理事、監事應滿期、應退職及滿期退職後應選接手人，均歸其經理。

第七十七條　大藏卿若因重役爲緊要，無論何時，亦可開臨時股主總會。

職員有病故或退職者，股主總會於二月八日〔一〕，兩次擇其他員，以補其缺。

或由監事集會請求，抑或由股主總會員五十名以上請求，無論何時，均可開臨時股主總會。

第七十八條　開股主總會之時，無論其定式與否，須於三十日前寄送招集帖於各股友，且於新聞紙廣布其開會之旨。若認出銀行總會緊要事件，欲開股主總會，准其將招集期限推算縮少十五日。

第七十九條　招集狀中，即載應行商議之事件。

第八十條　除總裁、副總裁、理事、監事之外，擇當日到市中之股票最多者兩人，充當總會幹事。如其不願入選，則擇次於該兩人股票之數者充當之。

第八十一條　股主總會於招集狀中所載事件均應付議，至議案則應由重役集會及監事集會送交。若會員至十名以上連名者，則於會期十日前重役集會中所交出之議案，均可作當日議題。股主總會議事，不准議問題以外事件，及人毀譽褒貶事。招集狀中所未載事件，本不應議。如由重役集會中臨時交來會場中，知其事關緊要者，亦可付議。

第八十二條　議事以投票人數之最多者爲准；若可否各半，則由議長決之。

第八十三條　第四十五條内所載選舉理事之候補人員，若投票均未過半數，則於此未過半數各員中，復加辨別，擇其數之最多者，定候補人員二倍；再爲投票之數仍同，則以年老者充之。監事之選舉，如投票亦均未過半數者，准其援前例辦理。

第八十四條　任期中，理事、監事有罷職之時，須股主總會出席之員在四分之三以上，且持有總股半數以上者；如非出於同意，亦不能決定。但理事罷職，總須受大藏卿之許可。

第八章　總　則

第八十五條　議改正定款之時，特别開股主總會。而所有業經改正各條，則記載於招集會員帖内，在股主總會出席人員，其股數非滿九萬份，不得決定其所議之事件。

此總會議事出席之員，非與投票細數在三分之二以上者同意，皆不得決定所議之事件。總會議定之事件，非經政府許可，不得施行。

第八十六條　日本銀行一切事務由政府監督。若營業上條例定款有抵觸之處，爲政府不利事件，經政府認出，即爲設法調停。

第八十七條　凡合乎政府需用之各件，無論何時，均有改正、增削、定款之權。

第八十八條　據兑换銀行券條例第二條第一項充發行準備地金銀：除舊金銀之外，限於造幣相當以上之品位，充同第二項保證者，係政府各種借入金。限於政府之保證，又限於爲替手形、約束手形。

第八十九條　兑换銀行券條例第二條第一項地金銀之準備價格，與第二項公債證書、大藏省證券同其他保證價格等項，悉由重役集會議定，且受大藏大臣之許可。

第九十條　據兑换銀行券條例第二條第三項，爲兑换銀行券之增發，且於其時具陳商況，然必經受大藏大臣之許可，方得照章辦理。

第九十一條　取有兑换銀行券發行數目、交换數目，及製准備增減出入日表，及每週年平均數目表，然出納表至翌日午前十時止，每週平均數目表至次週水曜日止，以呈於大藏大臣。至每週平均數目表，亦揭載於同日刊行之官報中。

二十八日，陰。午前，譯録昨件。午後六時，正金行邀飲於花潭西首西常盤。青木鐵太郎、安部成嘉、管沼豐太郎，法學士、辯護士，住大坂市之東區北濱二丁目百三十二番邸。粤商曾渙洸、源源號，在榮町一丁目六十四番地邸。潘澤生，怡昌號和記，在内海岸二丁目十三。麥少彭怡和、陳恩培、廣州人，合和號。楊吉生諸君同座。青木善飲，侑酒者二十四人，跳舞後，又唱近來最新軍歌。晚，閱報紙，東京講和，反對會又將重起風潮，官府嚴禁。

二十九日，晴。午前，往諏訪山温泉沐浴。商品陳列所購物，餽送親友。

十月初一日，晴。麥少彭約晚飲於留春別墅，同座皆前席客。有東京商業留學生黃公權，名景軔，南海人。

初二日，晴。午前，又往温泉沐浴。午後六時，乘小輪至德公司船。該船即前坐之孛林撤司阿利斯，已由阿美利加回柏林。頭等艙位，已有二百餘人。予有往復票，幸得有艙。適晚餐，遂入座。座上有二十五國人，男女老幼，二百十六座，五光十色。西婦多寶串，三十餘挂，加之金綱鑽、戒指、錶墜，一席間寶貴物，約略計之亦百餘萬。憶昔乘法公司船，用膳時，與數華人同坐室隅小桌。遥望中間座，皆短衣禿頭，西人固居多數，東人亦復不少，卻無著和服者。而惟我長袍大袖拖辮者，叨陪末座，深覺赧然。法國少婦，舉止輕哌[二]，常操英語（毘克台而）譯言豬尾、德語（史玩訾）同上嘲諷之，令人難堪。無論國勢之弱，人格之低，我國人亦何至爲列邦所不齒？殊不知非然也，實厭惡一辮之臭味耳。今余着洋裝、覆假髮，莫辨掫揄，昂然入座，竟得列爲上賓，是即左證。設我國薙髮之令一變而爲削髮之令，萬國從同，斷無慮此。惜當道諸鉅公，不能微服遠游，略嘗忍辱滋味，奏請宸斷，效明治之維新。夜不安眠，筆述於此。同舟有暹羅皇帝陛下法律顧問官，日本人政尾藤吉、大阪商船會社香港支店長有馬唯一、神户浪速銀行店長松方正雄，諸人共談，夜十一時，開行。

初三日，晴。酉刻，遥望馬關。

初四日，晴。辰初抵長崎，醫來驗畢，入港。偕西班牙人海而德福拉阿登岸一遊。申正展輪。長崎口停泊時，商販手持玳瑁日本呼爲鱉甲製品，來船兜售者甚多。其價頗昂，其製品多仿西人用物。

初五日，晴。渡緑水洋，極穩。

初六日，晴。辰正，抵吴淞江，换坐小火輪入港，住鐵馬路橋東和洋行。

校記

〔一〕日　疑當作『月』。

〔二〕咷　當作『佻』。

東游紀念第七　勸導留學生日記

江南省特派委員二品頂戴按察使銜江蘇候補道李宗棠

光緒乙巳年冬十二月初四日。甯寓。按，奉督憲周玉山制軍滬上行轅電開：『日本留學生退學歸國，風聲遠播，父老疚心。兹據蘇、皖、贛三省衆紳公舉該道暨馬道良、梅道光遠，前往察看情形，妥爲勸導。望速來滬等因。』遵即束裝到滬，面謁帥座，會晤諸紳。住東和洋行，候船東渡。適考察政治大臣澤公、李常卿盛鐸、尚方伯具亨三欽使均在滬，參隨各員四十六人：頭等參贊左子興觀察秉隆、廣東駐防。二等參贊吴挹清觀察宗濂、江蘇嘉定。周少樸侍御樹模、湖北天門。劉悝安給諫彭年、直隸天津。陳幼庸觀察恩壽、福建福州。錢念劬太守恂、浙江歸安。三等參贊馮孔懷太守國勳、廣東番禺。柏峻山商部鋭、廣東駐防。嚴伯玉觀察璩、福建侯官。隨員關竹明太守景賢、廣東番禺。曹雲清復賡、江蘇元和，美國留學生。李符曾駕部焜瀛、直隸高陽。趙仲宣水部從蕃、江西南豐。楊仁山商部道霖、江蘇無錫。戢元成外部翼翬、楊味雲商部壽枏、江蘇無錫。錢念慈商部承誌、浙江仁和。段芝普太守慶熙、江蘇蕭縣。夏穗卿直刺曾祐、浙江錢塘。姚柳屏劉文泉郡明府（鵬圖、江蘇鎮洋）。楊子書明府（燦麟、江蘇丹徒）。劉樸孫明府（鍾琳、江蘇寶應）。尚文懃知府佐（恩源、直隸河間）。黄笥腴庶常（瑞麒、湖南善化）。錢澤農太守（錫霖、浙江嘉興）。葆伯萱漢軍、王侃叔主政（慕陶、湖北宜昌）。德文伯筆政（奎、張季才孝廉（允愷、直隸豐潤）。劉冠明府（椿、文小奇（瀾、知府職銜，內務府漢軍旗）。周子榮（蘊華、歐陽如山（祺、美國留學生，廣東香山）。楊叔壬孝廉（守仁、湖南長沙）。沈簣基廣文（覲宸、蔣範五（履福、徐贊廷（世襄、熙亭譯官（長禮、順天寶坻）。趙儒楷中翰（保泰、江蘇長洲）。供事韓宗瀛、護衛榮陞烏拉、熙椿，另有留滬三人。

玉帥十二日起節返甯。

十四日，陰雨。午後一時，由英公司碼頭乘小火船，行九十分鐘出吳淞口。登美公司船，船名卡納，載重六千餘噸。侍者日、粤各半，惟包衣長係美國人，管理權極疏懈。如室內喫酒、吸煙，皆所不禁，殆即所以優待華人。馬相伯、梅斐漪、唐秀峯、楊仁山、錢念慈、楊叔壬、文小奇，河南游歷官、新安縣令言有章（號潛伯，江蘇無錫人）。均同舟。戌初二刻，起椗。

十五日，陰，微風。船身不甚平穩，客多暈吐。

十六日，陰，大雨。午初二刻，入長崎港，偕斐漪雇舢板登岸。有查巡查部長巡查水上

警察署勤務江口 小太郎 到船，詢問乘客來歷。又有稅關監視部，點驗行李，索取稅金，較神户關爲嚴密。登岸後，復至稅關啓驗。適有接客人竹内屋廻漕店在樺島町海岸大波止前，行李交給代運，旋即乘車先往該店午餐。店中小樓數椽，塵埃滿室，款待亦不周全。運金、食料種種奇昂，頗有欺誑外人之意。掌燈後，偕斐漪、叔壬冒雨至停車場，乘七時三十一分火車行。

十七日。夜四時三十分，抵門司。沿岸泥濘甚滑，换坐小火船渡海，五時三十分到馬關。乘六時二十分火車行，陰雨竟日，過幡生一ノ宫長府、小月植生、大嶺伊、佐四郎ヶ、原厚狹小、野田船木、阿知須、嘉川小郡大道、三田尻、富海、福川、德山、下松、島田、岩田、田布、施柳、井津、大島、神代由宇、籐生岩國、大竹、玖波、宫島、廿日市、五日市、己斐、横川、廣島、系崎、尾道、福山、大門、笠岡、鴨方、金神、玉島、倉敷、庭瀨、岡山、姬路、明石舞子、垂水愷屋、須磨墮取、兵庫。次夜四時三十分抵神户吉田旅館小憩，早餐。

十八日，陰。今早，派人往美公司船迎相老。巳初登岸。午後，偕遊街市，大雪盈尺。

六時，乘快車赴東京。

十九日，晴。午前九時三十分抵新橋，茀丈、魯弟及中央館人皆來迎。並晤梅頡雲，略話寒暄。偕相老投旅店。午後，訪李子申、趙康侯不值。晤施畬孫，又至菫館視渭甥、壁姪。途遇金立侯、李季芝諸人。申刻至柳町琦華園，延集同鄉留學生小飲。桑麻話舊，杯酒言情，盡歡而散。晚，挈壁姪歸寓，繕發郵片。徧邀同鄉會舊職員及本府留學諸人。

二十日，晴。午前，偕馬、梅二公謁楊公使。出示學界風潮始末記及其往來公牘。録之如下：

本年七、八月間，日本報載文部將頒取締中國學生規則。公使即日往詢文部，據云：『無之。』公使又問：『各報所言，因何而起？』其次官木場貞長答謂：『中國學生來者日衆，良莠不齊。而日本人之不肖者，復遍設不完全之學校，交相引誘，實於我國教育名譽有礙。故擬訂一規程，以整齊之。各報或因是而訛傳耳。』公使又言：『整頓學校，固所願聞。但於我國學生，必有關繫。請於未公布前，鈔稿示商，方可施行。』當准次官承諾而散。公使回署後，即以問答各節，宣告總會，俾衆周知。至九月杪，文部省將規程十五條鈔稿送來，其名曰『關於清國人入學之公私立學校規程』。既非清、韓並列，亦無『取締』字樣。考其内容，有爲整頓學校者，亦有間接管理學生者，然皆實無苛待之意。公使即以示總會幹事。總會幹事者，全體學生所公舉，以代表全體學生者也。該幹事等僉言：『文部用意甚盛，惟第九條稍有窒礙。』公使又以此語轉告文部，文部允爲通融，旋即公布。日本政府以非外交事件，並未照會前來，僅於官報中見之而已。越數日，總會幹事來，言衆議以第十條亦有不便。公使飭將九、十兩條不便情由具稟前來，當爲轉達文部。該幹事等邀集各省同鄉會職員長，開評議會數次，至十一月初五日，始將説帖交來。初七日，公使即將原稟照會外部，轉商文部。初八日，忽聞路鑛學堂學生停課。宏文、經緯兩校繼之。此倡議停課之人，分赴各校，把持門外，不許他人上課，甚有持刀威嚇者。公使當即函諭總會，速開各省同鄉會，詢明停課原由，並分别願停課者若干人，不願停課者若干人。惟其時黨勢彌盛，聯合會既已成立，每逢省會開議，有主維持學界之説者，聯合會即往閧散，使不得畢其詞。聯合會之宗旨在全文取消，不取消則全體歸國，歸國之後不許一人離滬，在滬設一大學堂，以收容之。其言如此，其用意則未可知。此兩日間，聯合會員來署兩次，請將規程全文取消。公使亦往外部兩次，據外部次官言：『如以情誼相商，可將第九、第十兩條，通融辦理。如學生要挾，則並此兩條，亦不能改。全文取消一層，萬辦不到。縱使行文來商，本部亦將璧還』等語，詞意甚決。公使歸告學生，並云：『全文取消，固辦不到。全體歸國，亦辦不到。不如俟文部省將九、十兩條删改，藉此轉圜。』至十三日，外部覆文，將文部省説明書送來，即日譯成漢文，送交總會，布告全體學生，冀可挽回大局。當外部未覆文之先，文部特頒一令：『凡本國學生，亦應受校外之監督。』與第九條相仿佛。竊以爲日本待其本國學生，尚且如是，則所商第九條恐難删改。而文部竟肯通融，似亦足償學生初願。不意聯合會愈形激烈，派糾察員數百人逼人回國。又有所謂敢死黨者三四百人，聲言『有不願回國者殺』。於是各省同鄉會及總會因以解散學界，破壞遂至不可收拾矣。迨至二十日後，大學高等各校留學生，出而組織一維持學界會，專以勸人上課爲宗旨。一時入會者甚夥。前此主持停課者，茲亦漸就安静。公使當於十二月初五日，宣諭諸生，限於陽曆一月十一日，照常上課。前事如此，爰記其實爾云。

附　録

日本文部省規程十五條譯文：

關於清國人入學之公私立學校規程

第一條　凡公立及私立之學校，將許清國人入學之時，該入學願書，應令其附呈駐紮本邦清國公使署之紹介書。

第二條　凡公立及私立學校，其所定之學科，如有清國學生自願減學一科或數科者，聽之。

第三條　凡收容清國學生之公、私立學校，應設教習名簿、生徒學籍簿，並將往來信件彙存該學籍簿内，應將生徒之姓名、籍貫、年歲、住址、入學以前之經歷、介紹官署之名目、分別官費、自費、賞罰、進退、轉學之年月日，及其學年、畢業之年月日，並轉學、退學之緣由等項，詳載一切。

第四條　凡公立及私立之學校，將許清國學生轉學或退學之時，該願學書應令其附呈，如第一條所載該官署之承認書。

第五條　凡收容清國學生之公、私立學校，每年於一月、七月，應將前此六個月所有清國學生入學人數呈報文部大臣。清國學生中凡有轉學、退學及畢業者，亦悉照此例具報。

第六條　凡公立及私立之學校，遇有清國學生畢業或退學之時，應於一個月以内將該生姓名及令其退學緣由，知照該紹介之官署。

第七條　凡收容清國學生之公、私立學校中，如經文部大臣認爲適當者，特行選定通知清國政府。

第八條　凡公立及私立之學校，若欲承受此選定之時，應由該校長或校主將左開各項，稟請於文部大臣，惟既經申明及已得認可之事項不敘亦可：

一、清國學生教育沿革。

二、清國學生教育章程。

三、學校長或學校代表者履歷。

四、教員姓名、資格、學務閱歷及分任學科。

五、清國生徒定額，分別學年、學級及現在人數。

六、清國生徒校外監督方法。

七、清國學生畢業人數及畢業後情形。

八、教授清國生徒之校地、校舍及寄宿舍等圖樣。

九、經費及維持方法。

十、教科書、教授用物件、儀器、標本等目録。

以上第二項及第八項，如有變更，須經文部大臣認可。

第九條　凡受選定之公、私立學校，應令清國學生在寄宿舍或在該校所監督之下宿等處居住，妥爲約束。

第十條　凡受選定之公、私立學校，如遇有品行不端之學生，經他校剔退者，不得令其入學。

第十一條　文部大臣如認爲必要之時，遣派吏員赴選定之公、私立學校，會同試驗或飭其查閲試驗問題及生徒答案。遇有此項事件，該奉派吏員如查該試驗問題及方法中，認爲不適當之時，令其另行更改可也。

該試驗問題、答案及試績表，至少亦應保存五個年。

第十二條　凡受選定之公、私立學校，每年應於學年畢後一個月以内，將清國生徒既經教育之事，呈報文部大臣。

第十三條　既經選定之公、私立學校，倘有違背此定章抑或辨理不善之時〔一〕，文部大臣可將其選定註銷。

第十四條　照本令所定，凡有具呈文部大臣之文件，應由地方官長轉達。

第十五條　本令所有定章，凡屬小學校及與小學校相等之各種學校，均不在此例。

附　則

本令自明治三十九年一月一日施行。

學生公稟：

欽使總監督大人閣下，敬稟者：竊學生等於明治三十八年十一月二日官報中，見所載文部省令第十九號『關於使清國人入學之公私立學校之規程』十五條[二]，自三十九年一月一日施行。繹其文意，無非爲吾國學生謀學課之改良，期教育之完善，以使異邦來學者，得善良之結果，以歸餉其本國。其用意至爲美矣。夫吾國來此留學者，日益加衆，而日本所有公、私立學校，可令入學者，其美善者固多，其未臻完善者，亦非無有，此學生等所未能無歉然於心，而莫可如何者。今文部省乃起而整齊之，是吾國學生之所望而不可得者也。故凡見此者，莫不感慰。惟其中第九、第十兩條所規定，範圍極廣，界限未明。將來施行之際，吾國學生必有因此而受不利之影響者。羣情洶洶，或懼因此約束，遂有難於久留之勢。學生等揣文部省之意，原爲吾國學生謀利益起見。然一方爲利益，一方實有不利益者，文部省於吾國學生實在情狀與其困苦之處，容或未知而未顧及，亦事理之宜然。兹特將學生實狀，與此二條施行時之利害，略一陳述，祈鑑詧之。

第九條云：『於已受選定公立、私立各學校，當使清國人生徒宿泊於寄宿舍或屬於學校監督之下宿等，爲校外之取締。』

日本人士，近日多於東京市内，設立各種學校，以教授清國學生爲名，然其規模狹陋，學課不良，任學生之來去自由，而並不加校外之取締，於吾國學生非徒無益，而且有害。揣其目的，不過以射利爲宗。文部省有此規定，則是等學校當不在其選定之列。且足以令吾國學生之求學者，知所趨向，誠爲吾國學生之利益矣。然日本各校之建設既久，規模較大，聲名素著者，其向來所設之寄宿舍等，亦未必盡爲適宜，故吾國學生常有不願居住者。若一旦爲文部省所選定，而一以此規程限制之，則吾國學生所受不利益之影響，必有如下之數種：

一、於經濟有損害。吾國來此留學者，現已至數千人。其中，官費少而私費多。私費之中，裕餘者少而貧困者多。以貧困之人，勉留於此，其衣服、居住、飲食等事，自不能不以價格低廉者爲便利，使得自居於下宿屋，或數人賃屋合居，則可以己意爲節省，若必使居於學校之寄宿舍，或其監督之下之下宿等，則食宿料即有一定之價格，凡同校者必皆一律而無等差，雖欲擇別以爲去留，勢必有所不能。如東京各校寄宿舍之學生，尚不過其食宿料價格，無貴賤之殊耳。除食宿料外，其餘衣服、冠履等類，向皆由學生依其校制自行購備，精粗美惡，任各人之自由。然如某學校者，則無論其爲校内或外塾，亦無論其爲官費與自費，一月必須二十五元。其所如此之昂貴者[二]，名爲宿料及教科書、食、衣服、冠履等類之費，一概在内，皆由學校代辦，其實則教科書等應發者不發，衣服冠履等應製者不製，皆必以價廉而粗惡者以與學生。學生因書籍之不足以供研究，衣服冠履等之不足以閎寒暑而被風雨也，求其改良，彼殊不問無可如何，仍須自出資費，别自備辦。甚至於洗濯衣服等事，每月亦限以次數。若欲求多，則亦當自出資。故凡在彼校者，其書籍、衣服、冠履等之代金，已每月照繳於學校，而究竟仍須自備。凡官費之不得已而居其寄宿舍者，已無不因其種種計算而甚苦之。若將來自費生亦依文部省之規程，而迫以不得不入居，則試一計算，平日可以支三月之費用者，勢必僅以供二月之費用而猶嫌不足。學校得此文部省之規程，愈可以迫挾各學生，使盡入其範圍，以遂其營私之目的，將無以異乎專利之下宿屋，而學生則以經濟損傷，雖欲不棄其求學之目的以失志而歸國，亦勢所不能矣。夫西洋各國，留學外國學生，其兼充工人以爲學費者甚多。日、清兩國學生之留學他國者，亦多如此。外國留學生之多，貧苦固爲事所常然。此當爲所在國教育當事者之所憐護，而不能以莊嚴之格式求之。若西洋各國政府，而亦若日本文部省也，則日、清兩國學生之在西洋者，以必居寄宿舍等之故，而不能作工，勢必不能更留，其影響所至，與驅逐外國學生者，當無以異矣！且日本國内學生，現今猶多兼販牛乳等事以爲求學之費者。此日本教育當事者所共知，是學生之貧富不一，未能一律遇之而强使相齊者。此内國與外國所同然，而非吾國學生皆爲裕餘，可不爲慮及經濟上之傷損也。

二、於學問無補益。學校之有寄宿舍，必其關於學問上之設備完善，使學生入居於此者，可得學問上之補益，與居外者迥然不同，而後於學生爲有益。東京所設各學校，其學問上之設備不盡完全，如前論教科書應發不發等事即其一端也。此外，各學校管理若能嚴肅整齊，亦可使學生養成善良之習慣。然如數月前，某省官派學生數十人，入居某學校外塾，諸學生見其管理太無秩序，要求改良，彼仍不願。其後，諸生乃自擬自治規則，以自約束，求學校之承認，且爲監督施行，其校長乃不得已而許之。如此等之寄宿舍，則不爲於學問無補益，且以養成不良之習慣，學生即入居之，亦何益也？

三、於衛生有妨礙。以吾國現今之國勢，既不能不求學於人國，則雖以何等之難苦，亦當忍而受之，惟以達吾求學之目的，其餘皆所不計。此稍有識者所能知之而能言之也。然各國之習慣，亦自有其原來之差别。驟强同之，轉有生害者。如吾國人之飲食，自哺乳時與日本殊；吾國人之不臥地，自數千年而已然。何者爲良，何者爲惡，亦不必論。但習慣既久，其關係遂有影響於生理者。如吾國學生，以飲食不宜而成胃病，以卧地潮濕而患脚氣等者，時時有之。學生之顧惜大體者，往往不肯以此等事要求學校，懼人之譏我爲求安適也。然此等事，在日本人則習慣成性；而在吾國人，謂其無妨礙於衛生，實有難言者。故此間，吾國學生於居學校之寄宿舍及居下宿屋等之外，尚多賃屋自居、自由布置者，於衛生上亦其一原因也。若盡强令居於寄宿舍及學校監督下之下宿屋等，惟一依學校之布置，而學生又恥爲格外之要求，即要求之，學校亦可不應，則疾病必較加多，是可逆睹者也。

四、於兼學不便利。東京各學校中，爲吾國學生特設一班，又或於專爲吾國學生設立之學校中，别設專科一班者常有之。吾國學生，不皆人人肄業於一校也，其以一人兼赴二、三學校聽講者，亦常有之。其居處必擇二、三學校之間適中之地，乃能便於奔走。若各校學生皆必居寄宿舍及其監督下之下宿屋等，則居於甲校者，或以距乙校過遠而不能兼學；或以乙校因其不居校舍，有違文部省規程，而不令通學，則學生必以專習一校爲限，而兼習之道路已斷。既與本人之志望相違反，而於吾國學生求學之方法亦爲不利益也。

以上四者，皆往事之經驗而學生之苦情。文部省徒知爲吾國學生謀利益，而此種不利益之情況，必非所知。即令將來爲文部省選定之各學校較此時略爲整齊，然如前列四項不利益，必仍爲事實上之所難免。文部省雖注意監察之，亦未見其能徹底改觀也。

第十條云：『既受選定之公立、私立各學校，不得使他學校之清國人因性行不良被命退學者入學。』

吾國學生，來者日衆，流品既雜，良莠不齊。欲使各學校之生徒，皆能善良之結果，自當去其敗羣者，此亦洗濯學界之良法。實心求學之士，無不頌美之者也。惟難利用此規定，而以愛憎行乎其間。『性行不良』四字，範圍太廣。各學校界辦事之人，若非實心爲吾代謀教育，則不從前各學校，或有因學課不良、教習不善、管理不得其宜等事，學生要求改良，而犯學校之怒，斥令退學，且欲通知他校，不得收入者。夫學生果真『性行不良』，則本無求學之資格。斥退者乃其應受者，亦何能以咎學校？若其關於學問上之要求，則或者以知識之不足，未能知教育者之用意乃有之耳。若謂之爲『性行不良』而絶其求學之路，則其人以急於求學之厚因[三]，而得不能求學之結果，亦可冤矣。且學生之被斥革者，不僅皆爲要求學課之改良而已，也即如上列關於經濟及衛生等事，而與學校爭議者，亦間有之。在學生一方之舉動，雖未必事事皆合事理，然學之不完善，則亦事實之所難辭。即令將來文部省選定之學校，亦未必遽能驟然大加改良，而學生之要求，或仍在所難免，皆事之可逆知者。若學校對於學課、衛生等之要求，而有怒於學生，加以『性行不良』之名目，令其退校，不得更入他校，則學生其何幸之有？且如前論，學校之寄宿舍及其監督下之下宿屋，不皆可以居住之理由，列有四項。若學生有以此四項爲言者，是否即爲『性行不良』？亦一疑問。若不居其寄宿舍及其監督下之下宿屋等者，即爲『性行不良』，則非爲吾國學生謀居學校之便利，直以『性行不良』之名目，盡驅之聚居一處，爲奪其居住自由權矣！且『性行不良』之人，非不可改悔者。若斥革退學之後，而性行遂已改良，猶不能復入他校，則是以一次之過失，而絕其終身求學之路也。夫各學校之收納學生，原可任其擇別。其性行良者則收之，否則不收，豈非至易之事？何爲不慎之於入校之始，而必窮之於退校以後乎！此乃不利益之可見者。度文部省之用意，未必如上所言。然其影響之所至，則有必至於此者。此雖先事豫言之，而可決其非過論也。

以上所列，乃舉文部省規程中第九、第十兩條，對於吾國學生可生不利益之影響者。特爲述其利害與其苦情，以達鈞覽。可否大力照會日本外務省轉咨文部省，請其將規程第九、第十兩條允與取消之處，敬乞裁督。若能如此，則吾國學生庶得以達求學之目的，而無不可復留之疑懼。是不僅學生之利益，抑亦兩國交際之利益，而於日本代爲吾國振興學術之盛心，尤爲圓滿無缺者也。特此肅稟，敬乞鑑督而圖謀之，不勝引領待命之至！

具稟：留學生總會幹事長楊度，副幹事長范源廉，學務幹事陳幌、蔣方震、陳福頤、李宣威、邢之襄、周家彦、籍忠寅、顧琅，書記幹事林長民、傳疆、徐志鐸、方樞、錢良駿、陳應龍、劉思復，庶務幹事張繼蹇、念益、姚方榮，調查幹事譚學夔、劉頌虞、陳榮鏡、蒯壽樞、吳永珊、鄧家彦，收支幹事梁志宸、曾鯤化，招待幹事周珍、匡一，各省分會職員長直隸胡茂如、山東王丕煦、山西邵修文、江蘇高朔、浙江金保康、安徽王賡、河南曾昭文、湖北王鎮南、湖南章士釗、福建王兆柟、廣西譚鑾翰、廣東朱保勤、四川楊湘、貴州韓汝庚、雲南張耀曾、陝西康寶忠、江西徐敬熙暨全體學生謹呈。

光緒三十一年十一月初一日稟。

致日本外務大臣公函

敬啓者：現據敝國留學日本全體學生公稟，生等於明治三十八年十一月二日官報中，見所載文部省令第十九號『關於清國人入學之公私立學校之規程』十五條，自三十九年一月一日施行。繹其文意，無非爲吾國學生謀學課之改良，期教育之完善，以使異邦來學者，得善良之結果，以歸嚮其本國。其用意至爲美矣。凡見此者，莫不感慰。惟第九、第十兩條，將來施行之際，吾國學生必有因此而受不利益之影響者，特爲述其利害與其苦情，仰邀大力照請文部省，將第九、第十兩條允與取消，前來到本大臣。據此，查貴國文部省現定第十九號規程，原爲改良學界起見，全體學生固極感慰，本大臣亦同深欽服。惟其第九、第十兩條，既於留學生有所障礙，又據學生等公稟前情，相應將原稟轉咨文部大臣，體順輿情，酌核見覆爲荷！專布，順頌時祉。

光緒三十一年十一月初六日。

日本外務大臣復函

敬啓者：案准中曆十一月初六日，第一百八十號貴大臣文開，以文部省所定第十九號『關清國人留學之公私立學校規程[四]』，就中第九、第十兩條，謂與學生有所障礙。經留學生等公稟照會前來，所有來意敬悉。壹是本大臣當即轉咨文部省去後，兹如另紙甲號所開致覆前來，復有乙號另紙説帖一通，係文部省通飭東京各該學校遵照辦理之處。合將該甲、乙原文兩紙，一併送交貴大臣查照。統希詧諒爲荷！耑此佈復，敬頌時祉。

明治三十八年十二月八日。

文部省説明省令旨趣書

甲號譯文：

一、第九條所定，係令學校爲留學生校外之約束，免被不良之徒所引誘，於其品行、經濟、衛生等項，各有裨益，並爲鄰邦留學諸生謀教育功效起見。如與以上各項無礙，或居親友端人之家由此通學，或自行賃屋居住自成一家，固非本條之所禁止也。如學生稟中所舉各項，自無此種不利之累。據該生等所稟請之事，究係該生等未明本條旨趣，遂致轉生疑慮已。

二、第十條所定，專爲性行不良，如紊品行、害秩序、罹刑律等類竟致斥退者而設，並爲防範未然起見。如係學生實情，且於必要之事項攸關静穩，陳述其冀望之處，此等自不在『性行不良』之列。如學生稟請之言，是誤會本條意義之所致也。

乙號譯文：

清國人之游學於我國者，近來益見加多。該留學諸生，既經漸次增加，若收容該生等之學校及宿所等，其設備之内容苟有不完不適之處，遂致該留學諸生或不能徑達其目的。文部省有見於此，擬對此等學校，立一相當之規程，俾該生等各修其所願學之學術、技藝，以副其負笈從游之志。因於本年十一月二日，定此規程矣。至於該規程之宗旨，原爲監此等學校起見，並非羈束清國學生。縱令未能精通我國事情者，亦可安心就學，各將其肄習之學術、技藝悉畢其業，冀留學於我國者蔚爲通材。該規程之命意所在，不外乎是，識者所當一望而知之耳。兹試就該規程申説其義。

規程中所最要者，如入學、轉學、退學之際，須由清國公館紹介，及承認學校應設各種賬簿，學校之選定，宿所之制限等類，不過祇此數項，應將逐項說明。如在『凡在公立及私立學校，將許清國人入學之時，其入學願書，應令附呈在本邦清國公館之紹介書』者，是不僅該學校於管理上在所必要，且以清國公館本周知該各種學校一切情形，各留學生將擇其嚮學之學校之際，可得指導之助，而不致貽誤之利。且於入學後，有安全得遂其志望之便。至轉學、退學之時，須令其附呈該紹介書、清國公館之承認書者，當入學時已經其紹介，則轉學、退學時，亦應請其承認，固屬理所當然。總而言之，原欲使清國留學生得遂其志學之願，以達其目的耳。

『凡許清國人留學之公立學校及私立學校，應設教員名簿及清國學生學籍簿』，係專載教授、職員及在學生徒，於教育攸關切要事項，以管理上所不容闕者。凡屬學校，乃分所當爲之事，是以中學校及認定學校等均有此定規。即令無此定規，其稍見整頓之學校，罔有不設此種賬簿，是爲學校施行教育所必要者也。

『凡許清國人留學之公立及私立學校中，如文部大臣認爲適當者，據該學校申請特爲選定者』，是欲查察此等學校之當否，通知清國政府，以供選學校之便，俾該留學諸生得受適切教育，易見功效。既定查察此等學校之適否，以之通知清國政府，則對此種學校，自應於諸學校所關定例之外，別立相當之規程，本屬當然之事。即如專收我國學生之私立學校中，就其成績，由文部省認定，准以某種特權者，亦有特別監督之例。是不僅於收容清國留學生之學校特設制限已。

『凡經文部省選定之公立及私立學校，令清國學生住居於寄宿舍及學校所監督之下宿等處』者，是欲令其寄宿於該學校之寄宿舍，或住居於該學校所監督之下宿及他處所。即如自炊及共同宿所等類，不但在不禁之列，且將認爲得所。惟如普通下宿專以牟利爲心，其狡猾者住宿，以清國學生未通我國事情，視爲奇貨，逞其詭術，多方引誘，遂致墜此迷途，亦在所難免。以故令學校指定妥當下宿及他處所，歸其監督，責無旁貸，是在保護學生健全所必要之事，而非拘束之意，瞭如指掌。在我本國學生，自通本國事情，尚有設立寄宿舍，或以公認之下宿令其寄宿之法，以便校外監督之事，況於未通我國事情之清國學生，行並相當，保護監督之舉，不可不謂爲當然之措置耳。

至於因『性行不良既經斥退者，不許入學』一節，若令紊品行、害秩序、罹刑律等，似此品行不端之徒，聽其入學之時，將有破壞一般學生風紀之虞，究因保護純良學生，俾可安全力學起見。

總而言之，關於清國人留學之公、私立學校所有規定，該命意之所在，原爲保護誘掖清國留學生，令其安全嚮學，達其目的，使該生等各受善良之教育，得畢其學術、技藝之業，庶不負其遠方遊學之志，亦足以敦兩國修好之誼。此文部省之所深爲留意者也。

又至茀丈處，留午餐。申初歸寓，適皖生程家檉等四十六人、晉省諸生先後來見。又有湖南自費生胡瑛號經武與程君偕來，述近日留學界事，擬組織調停會，在座贊成者居多。據言，三五日内，可望全體上課云。

學界調停會意見書附録於下：

以九萬里之大，四萬萬人之衆，宜可爲世界之第一等國，雄駕於地球矣。乃拯救危亡之不給者，豈非人類之至悲者哉！國已垂危，種其將滅，青年愛國之士，負笈海外，冠蓋相接者，尚將萬人。對抗省令，同聲一吼，風雲變色，又豈非古今一極痛快之舉耶！吾聞諸越王勾踐之雪國耻也，外示柔弱，内懷剛戾，卑心事吳，能成大事，苟達其願，雖降志辱身而不辭。偉哉！吾先民足以爲範矣！中國迄今，民氣固不可不伸，而求學亦不可不亟。聯翩歸國殆二千人，或捐資建校，或覓學歐美，堅結一心，固未嘗不歎吾國民意氣之盛，足以爲千古之美譚也。乃觀聯合，固已如此；復顧維持，則又如彼。審彼内容，均莫軒輊，和平激烈，殊流同歸。事實至此，其爲出於愛國之心耶？抑其出於求學之誠耶？誰爲功首，誰爲禍魁？淚滴沾裾，究之皆我同胞，吾何忍默爾而息也？回首神洲，有酷如燬，天禍吾人，龍蛇走陸。重耳遊齊，閲歲十九，險阻備嘗，卒歸以霸。吾人爲救國而求學，不爲私人而争意氣。（爲聯合會與維持會互相争駁而言。）論走極端，莫知所返，則不啻懸崖之失御，險壑之奔濤。事機逼切，急不及待，雖有智者，莫所瓦全。同在旋渦，利害尤切，此所以不得不挺身而起，一爲折衷。日本雖新起之邦，然憲法完備。一令不善，苟我遠人。欲令撤回，則彼國民之責，徒執不下，其爲何益？一自思之，誠不能無免於代庖之誚。然學問自由，既爲彼憲法之所公，豈有寬於己而薄於我？執理以争，亦屬公理，未有不爲輿論之所容者。則省令在所必争，而學問亦不可中止，争省令與求學，兩不相涉者也。宗邦之墮，間不容髮。求學之急，無過今日。救時君子，其速上課。況歷朝之末，亡國之故，雖不一端，而其大者，尤在於君子自相傾軋。嗟我同學，其亦何忍坐此？

暫擬簡則四條如左：

一、本會調停同人，於開校時齊往上課，而一面猶以廢止清國留學生取締規程爲唯一之目的。

一、本會事必求其實踐，不務極端之論，不爲意氣之爭。有表同情者，本會備有名簿，乞臨事務所報名，或以郵示亦可。

一、本會事務所暫設在麴町區飯田町三丁目九番地北辰北鐵栅内程宅。

一、本會倉促起創，其有未能完善之處，尚求同學諸君不吝賜教爲禱。

晚邀安徽同鄉會舊職員方孝寬、方孝遠、汪鹿園、吴公睦、權仰之及渭漁甥等，潁府留學程少齋等聚飲於琦華園。論取締事，僉謂此次風潮，激烈派中，皖人獨少，脅從在所不免。明後日大約全體上課，絶不附和衝突。又提議創設兩江留學生會館、附屬學校。衆皆鼓掌。

二十一日，晴冷。午前訪子申，順道至銀座購物。歸寓時，茀丈坐候良久。趙康侯、李植庭、梅斐漪、金立侯暨晉、皖、蘇、浙、鄂、豫、川、贛諸省留學生等一百七十二人先後來訪。晚偕舊識諸生飲於偕樂園。備述往事如下：

取締留學生規則，十一月初二日（陽曆）登於官報。見者尚少，彼時討論之者亦尚不多。至十一月二十六日，各學校有我國學生者，皆揭牌示限。至二十九日，各學生須將原籍及現居何處、年齡及學籍、經歷一律開出，踰期則有不利益之事云云（此等事已有履歷書具載）。全體學生始討論茲事，知此規則，斷不能受。每校之各班各科生，皆開小會，在學生控所（日校校中無寄宿舍者，皆有控所，學生至校，皆在控所坐候，至教授時間則上講堂）演説。各舉代表人會議於總會館。經緯校始布公啓，弘文校先發書於各校，路鑛校始發印條件，均約於星期日（即華曆十一月初七日）開代表會，會於總會館。議與總幹事同至使署，要求辦交涉，必取消此規則然後已。總幹事未至，各校代表人乃議組織機關，必以何人任總機關之事乃有歸宿。研議之處一時遽任何人在總機關，以連絡團體，亦實不易。被時至會者有八校之代表人[六]（弘文、經緯、早稻田、大成、成城、振武、東斌、東亞、實業八校），乃議以弘文、路鑛兩校代表人暫爲第一次連絡機關。散會。會之前（即星期日午後三時），日人有稱爲某議院議員中村卷治者，自通名至會場，其時會員未至者多。中村卷治出一手寫之册子，意欲與學生會話者。學生不皆通日語，有通東語者，乃起爲之譯。於是中村卷治依其手寫之册子，當衆人演説曰：『日本今號爲立憲文明之國，又新戰勝於俄，固戰勝國也。立憲文明國，固有法律；戰勝者，固有權利。雖然，今日文部省忽頒意外之取締留學生規則，於文明憲法、戰勝權利，皆無所當焉。且留學於日本者，朝鮮、印度、暹羅皆有人。而此規則，又獨施於清國。今譯其規則之條件，若第一、第九、第十諸條，敝國議院以爲於諸君皆必不能受。蓋諸君求學，自由之事也，以法限制，則不方便。轉學、退學，豈能限制者？且他事有限制，而學問之事，則以發達爲主義。使日本而限制，則日本無發達矣。又限制他人，則害及人之發達，豈立憲文明之律？戰勝之權雖大，豈能占及人之精神界而侵害之？日本而果行此，於文明戰勝之名譽必皆有所損失，於諸君有害不待言。大抵講求一國之學，必先通其一國之言語。講求言語，誠非可以限住於寄宿舍者。固以散住於人家，朝夕聽練，進步爲易。即此一件，爲諸君之不利，已可見矣。豈惟不利於諸君，於日本人更有不利者。諸君在東京留學，今且萬人。人一年計，必費五百金（西京、大阪者猶不在內）。諸君每歲輸入於東京蓋五百萬，利益於民間貿易綦多。今聞諸君爲此規則，無不反對。且反對之力甚大，敝會議員蓋知之矣。諸君爭之不得，必漸次盡歸其國。已開會決議，必要文部省改正不利益於諸君之條。諸君在貴國，將來之位置必高，且能造成在下一般之輿論，則勢力必大。今使諸君決然而歸國，是日本得罪於貴國將來之位置高、勢力大者，於日本何利？且平日所稱中國之教育權，與數百萬之金錢自恃已得者，皆一朝失去，又於文明國、戰勝國之名譽，均有傷焉。吾真不知文部省何苦而爲此也。敝會議員呈遞意見於文部省，呈遞書中之意，則大概如今與諸君所言者，惟恐文部省執之甚堅，則尤願諸君助一臂之力，則堅持、反對勿少沮也。』云云。於是遂去。衆會員曰：中村之言，全爲其國之經濟界作調人。吾人之目的，不在改去二、三，而在全行消滅此法外之取締規則而已。或議停課，或爭之以爲不可停課，即歸國最後之辦法也，今且請公使急辦交涉。或曰：請公使辦交涉已多時矣，終未得消息。今後三星期即放年假，四星期即實行取締之日至矣。急何能待！不停課，不能得迅速之回復也。或曰：停課之事，終不願贊成，外人將笑我智識不在同盟罷工之下也。明日十時，代表人准至使署，請辦交涉。遂散會。第二日（即星期一，華曆十一月初八日，陽曆十二月四日）午前八時，弘文校忽發郵片至各學校，言該校中本校、分校皆已停課。各校代表人遂亦主張停課，以爲當表同情。若某校停，某校不停，參差不齊，於事勢不可行。於是八校皆停課。其未停，陸軍、法政、商業各校。陸軍當別論，商業人少未周知，法政次日迫於公論亦停課。又，警視廳附設之警察科生無如何，次日亦停課。湖南新化留學生陳天華，因此次日本取締清、韓學生規則，不能爭回，憤激之餘，投身大森海灣，以死相殉。全體學生，聞之愈加戰刺。

前日，陸軍學生當別論者，凡陸軍學校，歸陸軍省統轄，不歸文部省統轄故也。取締實行，當表同情。一例退學，以存國體。

是日，女學生之部亦開會停課。實踐女學校學生秋瑾爲全體代表。次日，華曆十一月初九日，並會於富士見樓。

惟法政學校一二班尚未停課。

又有各代表人揭出學生自治規則，交書記員刷布於全體學生，如左：

一、對於日本之個人，不宜有惡感情。

一、在旅館及寄宿舍或下宿屋，宜安静。

一、不宜於停課期内游公園、上料理館飲食，並不宜入各勸業場、各商店購買物件。

一、因要事出外，宜自愛重，勿致爲警察干涉。

又，由代表人揭示辦法：

一、本日，由書記員撰定文件送公使。

一、次日八時，各代表人會同總會館幹事楊度至公使館呈遞，請與文部省交涉，將取締規則取消。

一、取消後上課，否則分次第議退學歸國之方法。

以上各件，議完散會。會中女學生秋瑾演説，發揮女子愛國心至痛哭，哭已，復演説其出校之事。原實踐女學校學生本住校内，秋瑾提議罷課赴會。校長語以罷課即須出校。彼時，秋瑾同學等十七人皆未有住處，而仍出校。

西京留學生罷課，十一日已至東京。

女子學生會開會，商議停課後之職務，會在學生總會館之講習室。帝國婦人協會、實踐女學校、女子美術學校、共立女子學校、高等女子實修學校、三輪田女學校諸女學生，大都於十一日至焉。

又，隨後續布糾察學生自治規約：

一、無論開會議事及尋常談論，不宜喧譁。

一、各省宜舉巡查員，嚴行稽查不自愛之人，處以重罰，爲自治鞏固之計。

一、各寄宿舍、各旅館，宜每日輪派彈正員糾察。

一、多約分路秘密探查，密查有犯前約及續約之人，勿辭勞怨，輕者極力規勸，重者將其姓名報知該同鄉會或總會館。以上諸條，實行糾察自治之事，我輩方以日本取締規則爲侵我主權，傷我國體，不甘任受，罷課爭之，如因此閒暇，放蕩遊逸，令日本有所藉口，且彼於此時必令警察嚴加巡查，以爲口實，稍不自治，不惟抵抗無效，全國大體、個人名譽貽羞無窮，故宜格外自治，互相勉勖，不可不謹。

各學生之整歸裝。十一、十二、十三日，學生之出東京，至横濱，趁海船歸國者，已復不少。

校長約期開會。中國學生最多之弘文校校長嘉納治五郎，經緯校校長岸木辰雄及其他校長，均訂期十五日午後一時，約其校之全體學生會話。（十三日）

糾察員之盡職。糾察員秘密糾察各學生自治，極爲勤密，無寛假。至有平素往來順便穿公園過者，今亦必繞行公園之外不敢入，亦無結多伴行市上者。

日本内務省之傳諭。内務省於十二日，傳諭東京市各警視廳警察，中國學生如有暴動，當即干涉。此皆前月事也，聞各學校學生，今日上課者，已有五六成。

二十二日，晴，風。午前，晉、鄂、皖、豫學生谷思慎等一百三十九人先後來見。江蘇通判、法政學員潘世杰、號偉人，涇縣人。張小船、方伯令孫名家騮號公亮過訪。趙康侯約晚餐。江西武備學堂監督劉皓如觀察景熙、湖北查學員雙松如司馬、梅斐漪、李子申、吴茀卿、施畲孫、沈堃和、蘇佩卿等同席。亥初始散，復至新橋購物。又往葵町電信局寄玉帥電，稟達學界情形。

二十三日，晴。午前，接見學生皖生殷葆田季高、合肥。程維屏少齋、阜陽。丁象謙六皆、阜陽。胡寅旭濟臣、霍邱。晉麟仁卿、亳州。汪爔芝鹿園等八十六人，蘇生張一鵬、陳福頤嬴生、清河。等三十一人，晉生章倬雲等二十七人先後來見。午後，答王叔魯及斐漪。又訪岸田博士，談本國農商務省預算案。明治三十九年預算案之重要事件，大概約有四項：一、獎勵沖繩縣糖業之補助費，約計金九萬元。一、增設種牛場一所，其費用約計金六萬元。一、朝鮮中央地設勸業模範所一所，約計創立費金八萬元，常年費金八萬元。一、爲謀國庫之增加歲入於森林收入金約增三百萬元，但事業費需增一百萬元。又談朝鮮鑛山事業，一任民間自爲。即日本政府偶有必要之處，亦祇買入一部分，或僅掘採其一部分而止。現在礦山局正在派員調查，俟調查明確後，即當公表於世，以供有志從事者云。國家提倡實業，擴張大局，觀近年之預算，可知將來之成效。談次頗有驕色。

二十四日，陰。安徽速成師範班學生殷葆田等來見。擬請向經緯學堂改訂課程，因有增減各科之意見。緣該班課程係開班時，余與馬監督與該堂商訂，載在合同，今欲原議人與更訂。方孝寬、程韵生、湯漱風、藍稚田，河南學生監督殷可亭直刺、劉皓如觀察均過訪。午後，往經緯學堂拜晤校長不值，與主事樋口秀雄、江橋金子諸君，商改速成師範第二、第三兩學期課程。又訪洛川公，出示各會意見書，録之如左：

各校聯合會對待管理中國留學生通告書

當此二十世紀開幕之初，而登場第一齣最慘劇即出現於我東亞之留學界者，何以故？曰日本有管理中國留學生之規則故。嗚呼！規則云乎哉？一紙之亡國券耳！留學生云乎哉？少數之亡國奴耳！嗟嗟者天，曷其有極！

雖然，雷霆震盪，不入者祇聾者之耳；夜半深池，不駭者惟瞽者之懷。我留學生而聾也，瞽也，則亦已耳，不聾、不瞽，而謂竟能恬然甘受不辭，則舍喪心病狂以外，殆無以爲解。

先是，七月中即有此規則耗，乃我使署以質諸日本文部省不實爲辭，報諸會館同人，遂亦置之不意。於十一月二日，所謂管理中國留學生規則者，突發見於官報中。同人乃大駭，相率研究，得其用意之所在，而知其計之深，心之毒也。羣相奔告曰：『是不可以不抵制，是尤不可以不休業。』以籌抵制，大小數十校，異口同懷。然而，有辦法而無團體，徒法不能行；有團體而無辦法，徒體無以立。爰以月之五日，開全體大會於富士見樓，結大團體，議對待法，以聯合會館、同鄉會，偕詣使署，請向日交涉，爲入手第一著；以取消全件不得，則相率而去，爲最竟目的；以沉舟破釜之心，出之以和平手段，爲惟一無二之肆應宗旨。此則聯合會組織之所由來也。

此次規則原文，其悖蔑公理，包藏禍心，夷我國體，削我人格，爲我同人榮辱關頭，爲我祖國死活問題，種種訛謬，種種陰謀，已見於各國人論，駁者不一而足，諒留學界中已無不曉。然於此規則之關係爲急且鉅者矣，故不複綴。惟聞尚有以本會停課之舉爲過激，及昨日議決之辦法中有特別之件，此中情節恐有尚未縷悉者，請得爲我同人一陳之。

一、停課一節。論者有謂交涉可辦而課可不停者，停課是顯示決裂也。有謂我輩來此目的在求學，停課不足以劫制他人，徒荒一己畢業。又有謂停課、退學、歸國爲一串事，停課即退學，退學即歸國，是二是一，停課而不退學，停與未停等之。數説皆若有一理。然按之寔際，則殊大不爾，何也？謂停課爲抵抗決裂，此就日人於我之方面視之，或以爲然，若我輩則認爲正當之行爲也。蓋天下事，惟專乃一，一乃成。此次交涉，複雜已極，其有待於研究者，實不勝縷指。課不停，則學課牽掣，相率延顧。今距彼實行此規則之日已不及一月，以極促之晷刻，辦此至煩難之問題，課不停，何以濟？是正當的而非破壞的，何決裂之有？況奪人公權、縛人自由者之顧不認爲決裂，而反謂恢復其固有者轉爲決裂，有是理乎？學問者，所以效用於人者也。人以有學問爲本，而尤以完全人格爲本中之本。日本此舉，支配我於奴隷部中，編屬我於順民旗下，内之讎仇，政府欲盡鉤黨之誅；外之陰鷙，同洲藉爲羔贄之具。茫茫天壤，投足無從。此如何最痛恨、最慘劇事，乃僅得於一彈指間。爭此一席地，以爲吾輩安身立命所，急莫急於此，鉅莫鉅於此矣。吾戴吾頭來，即擲之而不惜。甯此區區之學業，乃顧不能一割乎？雖屬情殷向學，其如來日大難！彼韓人豈無肄業於其帝國大學所乎？曾何救於其此次之亡也哉？至謂停課不退學，停與不停等，試問：吾輩此舉，其目的爲求其取消規則乎？抑爲歸國乎？如求歸國，則欲歸竟歸，夫何待爭？且何必爭？諸君又何必相率奔告曰『必爭，必爭』？是則爭之視線所注，固在取消規則也。謂規則一一取消，而我同人仍可開課求學也。仍可開課，則我與學校雖絶，而有不徑絶之關係。即謂此次規則，以日人金錢主義言之，難保其中各校之不無運動。然事無確據，未能竟指鹿

爲馬也。總之，本會之意，以停課爲我輩此次正當之防禦，退學回國是我輩此次中
心之要點，而寔山窮水盡最後之末著。當截而二之，不可混而一之也。故昨經本會
公同決議，京中限二日一律停畢，京外限一週間停畢，以劃一團體。倘有既停而復
請開課者，則認爲學界公敵，布告全體，共擊不貸。諸君，諸君，須念此之一役爲
我留學界消長關頭，祖國死活問題，大家共膽協心，力謀恢復，無逞客氣，無肆意
見，牢握方針，穩步辦去。日人雖極野蠻，安必不爲我氣之一奪哉！
一、自治章程一節。語曰：『止謗莫如自修。』凡欲不予人以口實，舍自治外無由。
顧或謂我總會館原有自治規則，但舊章之寔踐，何新令之徒紛？不知此次變出非
常，不得不另籌規則。況本會與總會性質各有異點，總會性質是同鄉會的，本會性
質是校友會的，性質既殊，機關自異。故昨經公議，舉糾曹長四人，分糾數十人。
無論退學、寄宿各校各班，亦各舉糾曹，分查校內校外，而統其成於總糾曹長。非
好自標異也，世界文明與野蠻之别無他，祇此生活於法律、動作於法律之點，上之
一國，次之一部落、一社會，無大無小，未有無法則以範之，而其局可持久者。但
成團體，即宜官以維之，本會亦知我同人以求學之故，竟能衝犯飈飄，羈棲異國，
氣豪志壯。雖剛柔之質、老壯之年容有不同，而其同爲愛國國民則一。束身自愛，

本所優爲，初何待本會之代爲製錦？第人至萬餘，難保無一二敗類之賊，涓涓不塞，將成江河，一有玷汙，關係全局。況近者學課已停，向學者固不以此而懈自修，第意外之虞，亦屬不得不慮。茲經各校襄贊，特定自治專章。但屬一切娛樂及一切不美名譽之事，皆懸爲厲禁。凡我學界有蹈此者，各糾察員得而糾正之，不服則告報總會。在校者，合校友以聲其失；校外者，待諸總會專員理之。再不服，則布告各省同鄉會，即令停學歸國。諸君，諸君，須知我學界一舉一動，皆爲視線所注集。尊之至者，則責之亦愈周。況此際尤爭上游之日，再著汙點，則授口實於人，將永無脱此羈軛之日矣！言念前途，曷勝悚慄！茲標大旨，另有細章。倘能寔力踐行，而謂我留學界有不成光明淨土者，本會所不信也。

以上所述，謹就近二日辦法大略，先行布告我同人。至續有手數，再行週知。嗚呼！金甌破碎，慘哉變色之圖！國步周章，痛矣無聲之泣！西半球之奴圈方開，東半球之奴牢又布。諸君，諸君，慎毋誤認賊作子，謂日人之果有厚於我而出此也，則大局幸甚，祖國前途幸甚！

各校聯合會停課同人公肅。

對待日本取締中國留學生意見書

嗚呼！祖國當此龍拿虎攫、鷹瞵鶚瞬之時局，而尚能登二十世紀開幕之大舞臺，占一平等國地位者，曰惟留學生故。惟留學生有自由、有熱誠、有團體，能大聲疾呼於我四萬萬之同胞，一齊昂首闊步，而不爲奴隸故。美約一爭，環球震動。舉華洋各埠之若男、若女、若老、若幼、若士、若農、若工、若商，不崇朝而雲集響應，形行影從，即平日之侮我、辱我、恫我、挾我、欲刀俎我、欲瓜豆我者，亦相顧色動，�貽奔告[七]，研究此眇爾華工之何以將脱此奴籍也？曰惟留學生故。惟留學生知公理、持公德、布公論，能使旅居重洋之同胞，皆獲生活於法律，動作於法律故。

吁嗟乎，嶮巇哉！西半球之奴籍將灰，東半球之奴牢又搆。其所奴者，非民、非農、非工、非商、非老大病夫、非涼血動物，乃日日言自由，日日言平等，爲五洲視線所環集之青年，社會之將作祖國前途之主人翁之留學生也。嗚呼！黑奴籲天，尚知爲奴隸而生，不如爲自由而死，況我留學生，況我留學生！

君不見東十一月二日之新聞所登之日本取締中國留學生規則一十五條乎？第就表

面觀之，亦似整飭學校，爲顧惜彼國教育名譽計者，亦似校外取締爲依據彼國現行法典來者，亦似限制退學爲統一彼國學校規則發者，而不知其不施諸本國學生，又不施諸歐美留學生，而專以施諸我，是欲高麗我祖國，故先奴隸我留學界也。且是規則也，置諸文明各國，揆之憲法不合，揆之私法不合，揆之國際法不合。然不得以特別法律更改憲法之保障自由權，非經國會協贊，不能示其制限之義。

法。我國與日本，國際平等，所享權利，除特定例外，應受彼國人民同一之待遇。彼國一日非奴國，即我輩一日同自由。是規則之校外取締，剥奪我有形的自由也；限制退學，剥奪我無形的自由也。至其剥奪我有形、無形的自由，留學界已數見，不一見矣。且無論其非經國會協贊，我輩不能服從，即使彼以此規則更改憲法，其對於我亦無效力也。彼雖野蠻，我輩不可步野蠻後塵，貽笑文明各國也。其不合憲法者一。

世界交通，均採用平等主義。私法所規定一切之權利義務，除特別之法令條約禁止者，外國人均平等享有。今特頒取締之規則，日本素無此法令也。專施於中國之留學生，兩國又無此條約也。即使定爲法令，締爲條締〔八〕，尚不可闌入光明赫濯、璀璨莊嚴之留學界，俾我留學生，遵此野蠻法令，認此野蠻條約，而況非法令，況非條約？歐西法律發達最先，尚不敢編一大不韙之法規，以束縛留學界，日本何物，竟敢悍然不顧，攪亂世界之文明？是可忍，孰不可忍！其不合私法者二。

以國際法論，現今列國之待外人，惟與以私權，而政治、軍事上之權不與。給與權利之要件三：一照條約；二保護；三放逐及拒絶。按留學生所居地位，應在保護之列。今日本不惟不保護其自由，並奪去平等國人民之人格，以奴隸留學界。其不顧公法而目無祖國也，百喙莫辭。且奴隸爲對主國稱謂之頭銜，其在外國仍不失爲平等。我留學生，既非祖國之奴隸，更非彼國之奴隸，而乃以奴隸其奴隸之奴隸規則以奴隸我，世界有此公法哉？其不合國際法者三。

嗚呼！文明之與野蠻，其程度在有無法律也；自由之與奴隸，其資格在有無人格也。日本以野蠻之手段，滅文明之法律，而使我可親、可愛、可尊、可敬、可畏、可懼之留學生，盡行喪失其自由，投陷於奴隸，視秦政之一舉而阬，其居心爲更慘毒矣。不必奪其生命，更能增我利源，此畜奴之目的，彼國法學者所切寔研究者也。故留學生而甘爲奴隸也，則此次之規則不可反對；若留學生而不甘爲奴隸也，則此次之規則，不可不反對。

或者曰：此日廷爲我政府作倀也。姑勿論其無是事也，即信有之，能施之於東，即能施之於西。在東留學生占最多數，若先奄奄無生氣，在西者焉有存理？留學界告終，祖國全局瓦解矣！夫法國大革命，倡自由也。美國大血戰，謀獨立也。法對於内國則爾，美對於祖國則爾，況對國際平等之日本？況對國際平等之日本！

或又曰：反對之結果，以全體歸國爲第一要著，此正中日之密計也。夫留學生之倡自由，固見惡於政府；留學生之愛國家，固不利於日廷。政府不必言，然日廷可斷無是心也。日本，蕞國耳，歲致金錢數百萬，且握東亞教育權，名實兩得之，此留學生之大有造於日本也。招之恐不來，甯肯麾之使去哉？其必出此者，正以我政府之畏如蛇蝎者，惟此留學生；我同胞之奉若神明者，惟此留學生。欲制他人之死命，必先試留學生之魔力。魔力而不可遏者也，則姑支那之魔力而不可遏也，則直高麗之矣。不然，伊藤至韓，小村使我，即於此時宣布取締規則，狡焉思啓之心，尚待問哉！

或又曰：奴隸固奴隸矣。然全體歸國，無異出奴入奴。奴於日本，團體猶在也；奴於祖國，將若之何？不知奴不奴，不必問其地，只當視其人。況與其奴於外人，曷若奴於内國？各省可辦學堂也，歐美可資留學也。不留日本，而謂天下事竟不可爲，未之敢信。若謂西人起而效尤，又將焉往？不知歐美已文明之國也，日本初進化之國也。彼熟知世界公理公法者，甯能出此？即作萬一之想，然觀歐美之文明發達，先後提倡者，止數十人耳。我留學界至萬餘人，結成團體力，而謂不能發明新教育，組織新世界，吾恐非留學生所樂聞也。而況造端、結果尚不至此。

或又曰：終身而爲奴隸也，是不可忍也。若但爲奴隸數年，或稍爲奴隸數月，一旦重返故山，即可放出奴牢，開釋奴籍，又何不可？不知『士可殺不可辱』，祖國先哲之格言；『不自由，毋甯死』，西方美人之至訓。奴隸徽號，即一瞬一息一彈指，尚不可浸入稍具人格者之腦袋中，況所謂將作二十世紀祖國前途之主人翁之留學生者？『無使滋蔓，蔓難圖也』。蔓草猶不可圖，況奴種奴根，雖經七十二化身，千百年法眼，尚不能磨滅殆盡，而可使入光明净土乎？此輩不必認爲公敵，但妥籌一切，實迅速辦法，不使得久作黃帝散類子孫，斯可已。

抑更有可爲憐惜痛恨者，則以謂此次取締規則，馨香頂祝，禱祀膜拜，以求而不得者，方感激涕零之不暇，而可出諸反對哉？嗚呼！此種奴隸之而不知者，何不幸而出於我支那？更何不幸而出於我支那之留學界也！然若謂其果不知耶？吾意留學界當無是人，指監獄而謂志氣薄弱者曰：『此美室也，汝居之。』彼將啞然笑。

臨火坑而謂心神喪失者曰：『此温室也，汝入之。』彼將泫然啼。取締規則，瞭肘也，鞭箠也，有甚於監獄，有甚於火坑，而謂留學生果不知此，吾不敢信。然則甘爲奴隸耶？而又不欲受奴隸之徽號耶？而姑以白爲黑，以非爲是耶？使果如是也，則蠢蠢動物已耳，尤不屑以人類之奴隸視之。

嗚呼！留學界之自由死，四萬萬同胞之自由亦將死，我等留學生，其將何以自處？愚等不揣檮昧，謹堅握束裝歸國、還我自由爲反對不達之最後辦法。惟望同學諸君子，有以教之爲幸。

法政學生李大鈞、黄毓蘭謹白。

陝西同鄉會意見書

痛哉！今日之學界也，内競驟興，羣力遂弱；九仞一簣，功敗垂成。而一月以來，所經營、所希望之良結果，遂歸泡影。日文部讓步矣，而取消之目的未達也。已歸者二千人矣，而全體歸國之目的不能達也。嗚呼！處今之時勢，定後之方針，固不得不抑激烈之論，作實際之觀，以仍婉求，達我求學之目的。嗚呼，痛矣！我同學諸君，幸其平心静氣，以聽我一言。

夫聯合會之立，以爭取消爲第一目的，而以全體歸國爲第二手續。夫爭取消也，不甘受壓制之教育也，爲求學也；全體歸國也，非徒歸而已也，將興學也。是故聯合會之總目的，内求學，即吾輩相率停課，服從公會者，亦莫非以受羣之熱誠，爲求學之志願。是故此次事件，求學之目的不達，則謂之失敗；求學之目的達，則謂之成功。此理有固然者也。夫大局既非，聯合會所標之二目的無效也，但能婉達求學之目的，則失之東隅，收之桑榆，無效者可作有效，且先無效矣；若仍恃意氣之盛，而不思婉達求學之目的，則無效者始真無效。吾輩處今，將任其無效乎！抑婉求達我之目的乎？則不待辯而知婉達目的之爲愈矣。欲婉達目的，則舍復留學外無他法矣。

且夫此次之反對，非盡無效也。文部改正數條，少袪切膚之痛。所未挽回者，國體論耳。夫以國體論公理言之，勢强必爭以八千之學生，抵抗强國之政府，豈能謂非愛國之熱誠？豈能謂非當盡之義務？然以實際言之，則國體因國强而始尊，國因學盛而後强。則爭國體非能徒空談而已也，抑必將以學繼之也。惟其然，故愈不得不求學，愈不得不含垢忍辱，以達我求學之目的。求學之目的達，則國體雖被辱於今，而必能揚光於後，始不負此次之公憤，此次之團體。否則，辱者常辱耳。若處今日而猶曰『甯不學而必歸』，則縱全體一致，而猶必以興學爲目的也。況不能一致乎？不一致，則歸者自歸，而辱自辱也。更進而言，興學則惟全體一致，始能造輿論，而事易舉也。否則，少數容可圖，人衆則失學者多矣。失學者多，則此失學者，憤無補而歸，何益也？是故定今日之方針，莫若以已歸之少數興學，而未歸之多數留學。夫倚人終非長計，興學以示不盡恃日本。而留此者以國恥之觀念，振求學之精神，庶幾乎與已歸者行止雖異，目的則同。聯合公會，雖敗猶成。而陳烈士所謂可了則了者，偶其時乎！吾秦人不逾數十，學不逾普通，學界之位置，藐乎小矣。然覩此時勢，則不能不早定方針。區區意見，表諸學界。非心異初心，實勢異昔勢也。質之高明，以爲何如？

各校聯合會公報（一號）西曆十二月二十日

清風亭會場紀略〇十八日晚，本會開代表會於清風亭。當會決議要件擇録於下：（1）各校總代表人，每日於九時前齊集會館辦事，十二時前散會。仍按派四位輪值，至晚始散。（2）由糾察部舉派糾察幹事二人前往上海，組織上海糾察部。（3）

致書復旦各學堂，請其擴充寄宿舍，爲同學歸國暫時豫備地步，並請特别相待。（4）各會員有實不能歸國者，由各省同鄉會調查確數若干，再由總會設法辦理。同學歸國之確數〇十三日，安徽出帆同學之歸國者近三百人。十六日，法公司輪船出口其數亦如之。明今日，鎮安出帆尤形擁擠，約計不下三百五十人之多。現調查各省之先期寫票者，恐後爭先。東京迴漕各店，都有應接不下之勢。大概已歸國者、已寫票者實逾二千人外矣。

横濱調查員來函〇上州屋主人招待草率，種種無禮，萬不可再與交涉。現有華人永樂樓主特設之招待所，房屋寬大，可容一百餘人住宿。諸事均極周到。以後歸國諸君，切勿再向東京各店寫票，可將行李交回漕店，運至横濱永樂樓，由招待代寫船票，妥當之至。特此報告。

省令撤回之交涉：十八日午後，進步黨特開内政部會，提議清國留學生問題。先由委員合田、栅橋兩氏，報告與留學生總代表及仲裁者長岡子爵會見之顛末。旋即協議辦法，决定如下：（1）本會當勸告文部大臣，撤回取締規程之省令。如不見許，則將於開議會時迫請之，總以撤回爲止。（2）清國學生所主張之辦法，吾輩所共諒也。然欲達學問自由之目的，應擇正當的方法，以對付此問題。同盟休校者，不穩當之行爲也。清國學生之總代表人，宜如何注意及之。當時選定政府交涉委員犬養闞、合田三氏，旋即散會。記者曰：此進步黨對於此問題之辦法也。彼黨亦知此次規則違蔑公理，有損己國文明之譽，故籌所以補救之。其於我輩方面，不過末着，未可遂據以爲恃也。總之，此際我同人祇有堅持初心，以求達歸國之第二目的，則大局幸甚！十二月十九日都新聞譯意。

上海商會復電（十七夜十二時到）：『諸君鑑：來電已交商會，現正會商。日來有無轉機，情形何似？乞仍電時報館。』

上海學界來電（同時到）：『會館鑑：取締辱國，祈堅持和平，力爭學界公電。』

二十九日發佈第一號

文部省令，頒佈取締清國學生規程，我學界同聲反對。始而聯合會立，認定規程純出惡意，以不取消即歸國辦學堂爲宗旨；繼而會館總會成立，亦無聯合會宗旨吻合〔九〕。全體同胞，一德一心，純抱對外之主義。最後有維持學界會出，又以不必取消、亟亟上課爲宗旨，與總會、聯合會大相反對。以僕等觀之，會雖爲三，其爲祖國謀，則無二致，不過所見各殊耳。在總會、聯合會之意，不肯辱國體，損主權，失人格，而欲伸士氣，以爲强國之基礎。故報告一出，大衆樂從。在維持會之意，以爲我國多事，需才孔亟，不肯使一般學生半途而廢。故報告出，而從者亦有人。倘所謂殊途而同歸者非耶？無如各執一見，底於極端，是非不明，終無良果。此同胞留學異邦，漫爲爭競，互相攻擊，適足貽外人之訕笑。僕等覩此現象，不忍坐視，因組成評議會，樂從者多人。其宗旨在調停，務期和衷共濟，勿輒參商，同達强國之目的。實爲學界幸甚，祖國幸甚！

中國留學界。

規　則

（一）本會以聯絡團體，勿傷感情爲目的。

（二）本會認聯合、維持兩會均爲公益，務求消融意見，不致互相衝突。

（三）本會對於兩會研究公理，竭誠勸解，不得膠執己見，顛倒是非。

（四）本會擇善而從，不挾己見，同人如有善策，及兩會意見書，均交書記保存，以便日後從容評議，廣告海内。

（五）本會舉幹事每日常住會館，以專職守。

（六）學界此次抗爭，既經文部省説明，不得謂無成效。如此後欲繼續以達目的，不可主張極端手段，破壞團體。

（七）同學諸君如有公認本會宗旨爲正當者，請每日至會館評議會書記室報名，共籌辦法。

（八）聯合會前所布之自治規則，如果擴充改良，繼續施行，本會認爲有效。

總會第二期選舉職員

幹事長　曾鯤化　副幹事長　張繼

庶務　王克家　胡瑛　匡一

書記　陳應龍　錢良駿　王昺坤　韓汝庚

收支科　周珍　吳永珊

調查科　朱劍　曹亞伯　丁厚福

招待科　景定成　劉四　趙保泰

學務科　李鍾奇　胡承喆　廖家淦

公布第二號

臨時條件

一、恢復總會秩序。

二、凡對内對外一切發布事件，須經本會承認。

三、全體會員宜和衷共濟，不得互相攻擊，作無理之衝突。

四、不得藉取締問題倡言革命，如有粘貼及印行者，本會有撤消之權。

五、各省機關復歸本會統轄。

六、經費一照平常徵收，一由學校量收。

七、職員須各盡職務，不得稍存意見。

八、凡本會所議決發布條件，必期一律實行。

公布第三號

第一項　歸國辦法

一、全體學生，一律准備歸國。

二、商船開輪一次，爲歸國一次。每次派招待二人，經理船票行裝等事。

三、每次歸國之學生，就中舉代表一人，經理一切。每二十人以上，就中舉糾察員一人，整理秩序。

四、每次歸國時，由招待員於買船票時記明姓名，報告總會。

五、每次歸國學生，由代表人記録姓名及通信地址，交在上海總會假定事務室。

六、在上海設立留學生假定事務所。

第二項　善後辦法

一、由本會將歸國理由報告學部。但各省學務處由各省各會照本省會報告之理由報告。

二、要求學部將北京派送留學生之官費給與本會辦理。上海專門高等各學校，各省派送留學生之官費，由本省分會請領在本省開辦普通學堂。但上海學校經費有不足時，由各省籌補。

三、開臨時總會幹事及各職員長合會，選舉特派員二人赴北京辦理一切事務，由各省分會選舉特派員，向本省學務處商辦一切事宜。

四、推選開辦起草員二人，教育起草員六人，研究學校辦法及教育方法。

五、專門高等學校之教育，聘外國人充當。普通學校教員，本國學問之程度最高者充當。

六、由本會要求公使電致北京及各省，認明此次特派員回國之理由及其事件。

七、全體歸國後，即移本會於上海作總機關。各省選舉職員爲相屬之分機關，以便統籌全局。

公布第五號

一、凡會員對於公使及各省監督，須循常例致敬盡禮，交涉事情不得行無意識之要求。

二、凡退校會員，對於其校之辦事人等，須如常致禮，不得生惡感情。

三、凡歸國會員，須靜俟善後辦法，嚴禁造謡登報，行排日之運動。

公布第八號

本會確認，反對取締爲純一事國權問題，本不複雜他項。現當路諸公，誣爲政治上運動，欲乘機革命。本會必速派特派員，徑向政府詳細辨明，並要求將全體學生官費概交本會建設學堂。一面要求公使將實在情形電達政府，以釋疑團。

公布第三號　初九日

初七日午後，本會總代表及各校代表人，偕同同鄉會館部長楊君度，齊往公使館請向日政府交涉，一切情形已見第二號公布。當晚歸途，同人即約楊君於次日一點鐘來館，並楊君所推舉研究法律之張君繼會商辦法。詎初八日，張君來，而楊君竟終日不至。本會總代表及各校代表人不能更俟，以其夜，偕至使署。公使始拒不見，繼以力請乃出。同人反覆辯論，駁公使總以祇允取消第九、第十兩條。今晨八鐘點，同人又相率再詣使署，陳説百端，舌敝唇焦，終無效力。且公使有言，再來必不出見矣。是此事已不達我同人目的，則惟有行我輩歸國自由之權。第歸亦必須要有團體，否則一盤散沙，貽人笑柄。尚望諸君堅持團體，秩序井然，則雖歸亦不失我留學生人格也。歸國章程，俟議決再佈。

各校聯合會公布。

總會二十四日公佈〇現距取締規則實行之期只有一週年〔一〇〕。本會館已經退租，懇全體會員，速將所有各校特別徽章及鈕子概行撤去。未退校者，於年底内移居旅館，作純粹之居留人，以便乘船陸續歸國。近聞外間有諸君毋爲謡言所動〇本會對於取締規則所持主義堅定不改，始終如一。種種謡言，諸君幸毋爲所動。

糾察部職員臨時簡約節録（續前）：（九）總糾察長及各糾察長，凡預聞總會要件，概不得出外妄談，違則議罰。（十）糾察調查事件，須以勸導爲宗旨，方不失文明舉動。倘被查人冥頑不靈，將其姓名歸而存册議處。（十一）自今決議後，糾察員先宜自愛，恪守公規，維持大局。

文部愈强硬〇對於文部及清留學生中間斡旋盡力之長岡子爵，二十二日文部省當局者曾宣明意旨，今後當益厲行該省令，決不廢止，勿徒望也。長岡子爵之好意遂歸水泡。昨二十三日，更令人報告顛末於進步黨之調查委員，各關係學校均憤慨文部之食言，於是亦屬望於政黨。文部省際此政變（内閣變動事），似有所顧慮，對於進步黨頻來交涉，巧設遁辭，而避委員之面會。

二十五日公報

本日總會幹事長曾君，及本會總代表胡、韓二君往横濱謁端、戴二欽使，詳陳此次一切情形。

糾察部臨時報告○二十三日午後，開糾察全體會於清風亭。到會者一百二三十人，決議數事。節録如下：（一）舉龔君威、吴君枏、張君懷奇、錢君兆湘四人赴滬，辦理糾察部事務。（二）由本部備置手册，散給各糾察員人各一本。每届三日，到糾察部繳册一次，報告事件。

陳烈士遺書

於戲！我同胞其亦知今日之中國乎！今日之中國，主權失矣，利權去矣，無在而不是悲觀，未見有樂觀者。存其有一線之希望者，則在於近來留學者日多，風氣漸開也。使由是而日進不已，人皆以愛國爲念，刻苦向學，以救祖國，則十年、二十年之後，未始不可轉危爲安。乃進觀吾國同學者，有爲之士固多，小疵可指之處亦不少。以東瀛爲終南捷徑，其目的在於求利禄，而不在於居責任。其尤不肖者，則學問未事，私德先壞。其被舉於彼國報章者，不可縷數。近該國文部省有清國留學生取締規則之事頒行，剥我自由，侵我主權，固不待言。鄙人内顧團體之實情，不敢輕於發難。繼同學諸君，倡爲停課。鄙人聞之，恐事體愈致重大，頗不贊成。然既已如此矣，則宜全體一致，始終貫澈，萬不可互相參差，貽日人以口實。幸而各校同心，八千餘人，不謀而合。此誠出於鄙人豫料想之外，且驚且懼。驚者何？驚吾同人果有此團體也。懼者何？懼不能持久也。然而日本各報，則詆爲烏合之衆，或嘲或諷，不可言喻。如朝日新聞等，則直詆爲『放縱卑劣』，其處我不遺餘地矣。夫使此四字加諸我而未當也，斯亦不足與之計較。若或有萬一之似焉，則真不可磨之玷也。近來每遇一問題發生，則羣起諱之曰：『此中國存亡問題也。』顧問題有何存亡之分？我不自亡，人孰能亡我者？惟留學而皆放縱卑劣，則中國真亡矣。豈特亡國而已，二十世紀之後，有放縱卑劣之人種，能存於世乎？鄙人心痛此言，欲我同胞時時勿忘此語，力除此四字，而做此四字之反面，堅忍事公，力學愛國。恐同胞之不見聽而或忘之，故以身投東海，爲諸君之紀念。諸君而念及鄙人也，則毋忘鄙人今日所言，但慎毋誤會其意，謂鄙人爲取締規則而死，而更有意外之舉動。須知鄙人所重自修，不重尤人。鄙人死後，取締規則問題，可了則了，切勿固執。惟須亟講善後之策，力求振作之方，雪日本報章所言，舉行救國之實，則鄙人雖死之日，猶生之年矣。諸君更勿爲鄙人惜也。鄙人志行薄弱，不能大有所作爲，將來自處，惟有兩途：其一則作走報以警世；其二則遇有可死之機會而死之。夫空談救國，人皆厭聞。能言如鄙人者，不知凡幾。以生而多言，或不如死而少言之有效乎！至於待至事無可爲，雖從容就死，其於鄙人誠得矣，其於事何補耶？今朝鮮非無死者，而朝鮮終亡。中國去亡之期，極少須有十年。與其死於十年之後，曷若於今日死之，使諸君有利焉。出於功名心者，己力不足，或至借他力，非内用會黨，則外恃外資。會黨可以偏用，而不可恃爲本營，日、俄不能用焉。賊交戰，光武不能用銅馬、赤眉平定天下，況欲用今日之會黨以成大事乎？至於外資，則尤危險，菲律賓覆轍可爲前鑑。夫以鄙人之迂遠如此，或至無實行之期，亦不可知。然而舉中國皆漢人也，使漢人皆認革命爲必要，則盛如瑞典、諾威之分離，以一紙書遛過而無須流血焉可也。故今日惟有使中等社會，皆知革命主義，漸普及下等社會。斯時也，一夫發難，萬衆響應，其於事何難焉！若多數猶未明此義，而即實行，恐未足以救中國，而轉以亂中國也。此鄙人對於革命問題之意見也。

近今盛倡利權回收，不可謂非民族之進步也。然於利權回收之後，無所設施，則與前此之持鎖國主義者何異？夫前此之持鎖國主義者，不可謂所慮之不是也。徒用消極方法，而無積極方法，故國終不鎖，而前此之紛紛擾擾者，皆歸無效。今之倡利權回收者，何以異兹？故苟能善用之，於此數年之間，改變國政，開通民智，整理財政，養成實業人才。十年之後，經理有人，主權還復，吸收外國資本，以開發中國文明，如日本今日之輸進外資也可。否則，爭之甲者，仍以與乙，或遂不辦，外人有所藉口，羣以强力相壓迫，則十年之後，亦如潰隄之水，滔滔而入，利權終不保也。此鄙人對於利權回收問題之意見也。

近人有主張親日者，有主張排日者。鄙人以爲，二者皆非也。彼以日本爲可親，則請觀朝鮮。然遂謂日人將不利於我，必排之而後可者，則愚亦不知其説之所在也。夫日人之隱謀，所謂司馬昭之心，路人皆知。即彼之書報亦倡言無忌，固不慮吾之知也。而吾謂其不可排者，何也？『兼弱攻昧，取亂侮亡』，吾古聖之明訓也。吾有可亡之道，豈能怨人之亡我？吾無可亡之道，彼能亡我乎！朝鮮之亡也，亦朝鮮自亡之耳，非日本能亡之也。吾不能禁彼之不亡我，彼亦不能禁我之自强。使吾亦如彼之所以治其國者，則彼將親我之不暇，遑敢亡我乎！否則，即排之，有何實力耶？平心而論，日本此次之戰，不可謂於東亞全無功也。倘無日本戰，則中國已瓜分亦不可知。因有日本一戰，而中國得保殘喘。是以堂堂中國，被保護於日本，言之可羞，然事實已如此，無能諱也。如恥之，莫如自强。利用外交，更新政體。於十年之間，練常備軍五十萬，增海軍二十萬頓，修鐵路十萬里，則彼必與我同盟。夫同盟與保護，不可同日語也。保護者，自己無實力，而當受人擁蔽，朝鮮是也；同盟者，勢力相等，互相救援，日、英是也。同盟爲利害關係相同之故，而不由於同文同種。英不與歐洲同文同種之國同盟，而與不同文同種之日本同盟；日本不與亞洲同文同種之國同盟，而與不同文同種之英國同盟：無他，利害相衝突，則雖同文同種而亦相仇讎；利害關係相同，則雖不同文同種而亦相同盟。中國之與日本，利害關係可謂均矣。然而國力苟不相等，是同盟其名，保護其實也。故居今日而欲與日本同盟，是欲作朝鮮也；居今日而欲與日本相離，是欲亡東亞也。惟能分擔保全亞東之義務，則彼將不能專握東亞之權利，可斷言也。此鄙人對於日本之意見也。

凡作一事，須遠矚百端，不可徒任一時感觸而一切不顧。一閧之政策，此後再不宜於本國矣。如有問題發生，須計全局，勿輕於發難。此固鄙人所警動。去絕非行，共講愛國，更臥薪嘗膽，刻苦求學，徐以養成實力，丕興國家，則中國或可以不亡。此鄙人今日之希望也。然而必如鄙人之無才、無學、無氣者，而後可使稍勝於鄙人者，則萬不可學鄙人也。與鄙人相親厚之友朋，勿以鄙人之故而悲痛，失其故常；亦勿爲輿論所動，而易其素志。鄙人以救國爲前提，苟可以達救國之目的者，其行事不必與鄙人合也。鄙人今將與諸君長別矣！

當世之問題，亦不得不略與諸君言之。近今革命之論，囂力起大，鄙人亦此中之一人也。而革命之中有注重於民族主義者，有注重於政治問題者。鄙人所主張，固重政治而輕民族，觀於鄙人所著各書自明。去歲以前，亦嘗渴望滿洲變法，融和種界，以禦外海。然至近則主張民族者，則以滿、漢終不並立。我排彼以言，彼排我以實。我之排彼，自近年始；彼之排我，二百年如一日。我退則彼進，豈能忘彼消釋嫌疑〔一二〕，而甘心願與我共事乎？欲使中國不亡，惟有一刀兩斷，代滿洲執政柄而卵育之。彼若果知天命，則待以德川氏可也。滿洲民族，許爲同等之國民，以現世之文明，斷無有仇殺之事故。鄙人之排滿也，非如倡復仇論者所云，仍爲政治問題也。蓋政治公例，以多教優等之族〔一三〕，統治少數之劣等族者爲順；以少數之劣等族，統治多數之優等族者爲逆故也。鄙人之於革命如此。鄙人之於革命，有與人異趣者，則鄙人之欲革命，必出之以極迂拙之手段，不可有絲毫取巧之心。蓋革命有出於功名心者，有出於責任心者。出於責任心者，與出於功名之心者異，必事至萬不得已而復爲之耳。嗚呼痛哉！

公使諭帖照録　原文存總會。

照得日本文部所頒第十九號省令，本大臣已屢與外務省磋商。當於前月十三日接外務省文覆，允將第九、第十兩條通融辦理，解説省令旨趣。本大臣當將譯文排印傳觀，諸生必已見之。嗣於二十八日又接文部文開『凡學生入學，倘由公使委任之人亦可紹介』等語。是第一、第九、第十各條，文部均已退讓，應足副諸生之望。凡爾諸生，遠道求學，當務其大者、遠者，勿存褊狹之見，勿以意氣用事。俟年假後，於陽曆一月十一日一律照常上課，本大臣有厚望焉。除將開課及報名日期函致各校長及登報通知外，特此通諭知之。

欽差大臣兼留學生總監督楊樞，光緒三十一年十二月初六日。

公使咨文部文照録

敬啓者，本大臣於中曆光緒三十一年十一月二十八日，准貴次官函開及別紙所記：『凡敝國學生入學，應用公使館紹介書，或由公使館委任之人所出紹介書同一效力等因。』查各省監督，本由各督撫咨派來。又中國留學生會館幹事，爲全體學生公舉，均可擔負紹介責任。相應函覆貴次官，請查照爲荷。順頌時祉。

大日本文部省次官木場貞長閣下。

楊樞，光緒三十一年十二月初八日

駁反對黨意見書

今時何時？破釜沈舟之時也。舍全體歸國外，別無良法，以爲吾儕之目的也。而奴隸死黨，乃敢明目張膽，肆其狂吠，以摇惑我同胞，敗壞我團體，是真罪大惡極不容於死者也。然彼縱其無恥之邪説，矯誣法律，謬附真理，不有以指其迷而祛其妄，彼且詡詡自鳴，狂焰日張，而游移不定者，或且爲之引誘，而有執迷不返之一日。用是，即其所發布，人所共見者，辯駁大要於後：

按彼意見書，前日未見，今發現者，乃其第六、七、八三次，故就所見者駁之。（第六次開端言心理。）駁曰：『情也者，生於理者也；理也者，生於吾心之所安者也。』逆乎心而言理，理非真理；逆乎理而言情，情非真情。理非真理，即不足以服人之心；情非真情，即不足以動人之感。反是以觀，其發出之情，能動衆人之感，而其所持之理，合於衆人之心，是理即情之體，而情即理之用。離乎理不可以言情也，故夫吾儕之反對取締規則者，即以其不合於真理也；吾儕之慷慨激昂者，即因有此真理之問題而後動乎感情也。大綱乃謂吾儕（醲於感情，晦乎真理，感情所激，真理爲蒙）是以感情與真理爲對待之名詞，而不知感情與真理爲循環之因果，其亦不知心理學甚矣。不知心理而乃妄談心理以惑人，故其所言皆悖乎情，逆乎理，無俟長言指斥，其謬已昭然若揭矣。

（其第二節云，此乃學界上之問題，非國際上之問題。）駁曰：夫吾儕之來日本，非因兩國之和約定、交涉成而始來留學乎？因國際交涉中而許吾儕留學，是留學即國際交涉中之事也。頒國際交涉中之事之規則，而謂非國際之問題乎？苟第指爲學界問題，是必限於本國之學界然後可。今既明明曰清國學生，明明曰日本政府，猶得謂非國際乎？如此而曰非國際，是必吾儕盡入日本之籍，盡爲日本之學生然後可。曰『嗚呼』，即此二字，彼等甘爲日本順民之心，已情見乎辭矣！

（又曰：既在人領土範圍内，對於其所發命令，祇能論其利害得失，不能斥其不當發命令於我。）駁曰：此言尤荒悖，夫吾儕之反對，正以見權其利害得失而後乃不受也。且利害得失者何？即此命令也。既已論其利害得失，而曰不能斥其不當發布命令於我，是則雖知其有害、有失，亦惟有甘心受之，坐聽其發布而已；既欲甘心受之，則又何必論其利害得失耶？況吾儕雖有激烈者，亦祇對於内容則然；若大日本，則惟有請公使轉爭，何得云『斥』乎？豈故以此『斥』字加於吾儕，羅致吾儕之罪名，以獻媚日本乎？誠所不解也。

（又曰：彼直接規律其學校，而間接便吾儕受其影響[一三]，是爲主體者，乃學校，非學生也。）駁曰：夫學校者，彼國内人雖受規律，不過其虚名，而吾儕乃實受其束縛者也。而曰彼爲主體，何其愚也！向使文部省一旦發布學校規律，而曰爾學校其殺清國學生，亦將謂其第規律學校，學校爲主體，吾輩不過間接而受其殺，何必爭乎！是何可笑之甚也！

（又云：反對之，是使文部省不敢發布命令於留學生之學校，是限制其國權也，是損其國體也。）駁曰：凡事祇當爭我之國權，我退一步，則彼進一步。今乃恐損人之國權，而甘爲其奴隸，是抑置我，伸彼國權，何其爲日本謀之忠也！且於此而恐限制其國權，設或日本政府頒其命令，令其將校取我國土，隸彼版圖，亦必靜以聽之而已，何也？此固日本之伸其國權也。我苟欲保我土地，與之相抗，是限制其國權矣，是損其國體矣。嗚呼！奴顔婢膝，忍心害理，至於如此，真狗彘不食者耳！

（至其第七次以下之大意，謂彼等反對之理由不專在此，省令之不能使全部取消，實有不可取消者在。中略。學校專爲金錢，吾輩無法以制之，惟賴文部省之監督。如此次所發省令，對於吾國利多而弊少。中略。我輩所深懼者，省令一撤廢，我留學生虛憍之氣益增。餘略。）駁曰：夫彼規則之所以惡毒，正以字面和平。乍覩之，若深爲吾輩計。而其内容，實全以束縛、挾制、挫折我民氣以使成爲完全之奴隸、日本之順民而已。不觀其於韓國乎？其前日所訂條約之表面，非有保全朝鮮君民之語乎？而何以今卒致朝鮮於亡？蓋以和平政策亡人家國，此近時滅國之新法，而日本所挾以自雄者也。吾輩豈可受其愚乎！此規則中，雖有督責學校之咨，而亦不過以之愚弄我、搪塞我，而其雷厲風行者，不在此也。彼乃爲之辯護，且謂寔有不可取消者在，亦何喪心病狂至是也！且彼既明知日人爲金錢主義矣，既爲金錢，則無須文部省之監督，自能力整其學校，以召引吾輩。且日本進步黨在政治界上最占勢力，此次大以文部省爲不然。又如實科學校教習每上講堂，對吾國學生駡其文部省，凡經文部省檢定之書籍，皆鄙棄之，以爲文部省毫不知事云云。則其學校之改良與否，非必文部省之能力爲之轉移也。況我等進出自由，彼校不佳，可以另易。彼既無勒限之權，則可以隨我心之所願。（如成城、人成學校，累經學生易其教習，改其學科，彼惟有曲意順承，未嘗稍有違抗。）何得謂無法以治之？何得謂必賴文部省乎？若謂恐省令取消，益增我輩虛憍之氣，則尤胡語之極。夫國强，然後民氣盛。必令民氣消磨爲一純静靦顔之奴隸，而後乃謂爲無虛憍乎？天下惟有摧鋤强敵，以長我之氣焰，斷未有求受敵國之壓制，以自殺其氣焰者也。況乎今日尤弱肉强食、優勝劣敗之日。我苟委靡柔脆，以示弱於鄰國，雖無事之國，亦恐起强鄰輕侮之心。況我國當外交雜複、多事多亂之秋乎！故夫氣焰者，國民對於外人，萬不可少之物也。而乃曰『我所深懼者，他人不壓制，虛憍之氣日增』，是何異曰『我所深懼者，彼不吞噬我，不魚肉我，則恐我之國益强，我之種益盛』乎？悲夫！悲夫！留學生而有是言，吾國安得不永爲奴隸乎？吾讀其言，吾不禁爲之痛哭流涕也。反對黨乎，苟能自知我亦中國留學生，讀吾駁論，必有以猛然自省，廢然自返矣！

愛中國、愛同胞、愛團體者駁言。

維持學界意見書

嗚呼！我國民之心理進步歟？退步歟？今者，我留學界對於文部省令『關於使清國人入學之公私立學校規程』極力反對，風潮激迅，此國民心理之表徵也。今欲問此心理，視乎疇昔爲進步，抑爲退步？可一言以明之曰：是爲進步。何者？疇昔，吾國民知有個人而不知有國家；今則國家觀念炳然蔚然。試叩其反對此規程之理由，莫不瞠然曰：『此國際上問題也，此侮我國民也，辱我國體也。』嗚呼！試聆此言，豈非吾國民已咸有一國家觀念屯於腦中者耶！是甯非國民心理之進步已有顯證者耶！雖然，進則進矣，而遂信其欲可久，則吾國猶未之敢。

今舉吾所希望於國民而蘄其至又疑其未至者，發爲一疑問，以質我國民曰：『我國民將爲感情所驅遣乎？抑以真理爲標準乎？』夫欲其事之可久，必以真理爲標準。真理久而愈見，感情迅而易奮。並坐深語，猶覺感情濃而真理晦。至於稠人廣坐，則更然矣。慷慨扼婉〔一四〕，於國體之蒙羞，而吾儕之甘爲奴隸，縱論深往，環而聽者，夫孰不奮袂激昂，矢之以死，以求達其志而談真理者？且將剖析同異，商榷是非，此其不可以驟解明甚，則其身犯羣疑，而爲衆所塞耳不欲聞，殆必然也。故一時風氣，不容有疑問，不容有駁論。不僅此也，甚至宣言不講道理，不講法律。猶不僅此，甚至宣言將錯就錯，錯要錯到底。嗚呼！感情所激，真理爲蒙。而此問題之果爲國際問題與否，果有辱國體與否，果侮我國民與否，遂無過問者。嗚呼！我國民而尚有辨理心乎？則請就此問題一下解決。

夫此問題，明明學界上之問題，而非國際上之問題也。然誤解者實多矣。一説『領彼公私立學校，對於本國人固有其規程。今吾輩入學，不能與其本國人受同一之約束，而獨立別規程以對待我，是歧視我也，是蔑我國體也。』此説，吾將一言以蔽之，曰：『是由任情而不辨理之故。』夫此規程自第七條至第十三條，皆關於受文部省選定之學校之規定也。夫文部省既與彼學校有特約矣，則固宜有要求之條件，此學校與文部省之交涉，而非學生與文部省之交涉也。夫文部省對於使吾國人入學之學校加以規約，以爲國内事件耶？抑爲國際事件耶？以發此命令之機關而論，則文部省非外務省也；以受此命令之法人而論，則日本人所設立之學校，非外國人所設立之學校也。即使爲外國人所設立之學校，而既在人國土範圍内，對於其所發命令，祇能論其利害得失，不能斥其不當發命令於我也。何也？以其非國際條約，而國内命令也。然則，以何理由而指爲國際上問題耶？既非國際上問題，則於國體何損，而齦齦然持國體論耶？難者曰：『彼既規律學校，吾輩若入其學校，是即受其規律也。』是又不知直接、間接之別者也。彼直接規律學校，而間接使學生受其影響，是爲主體者乃學校，非學生也。學生受此影響，其利害得失，誠可宜言而必不可宣言，曰：『汝不當使我受影響。』蓋如是言，則是使文部省不敢發命令於留學生所在之各學校也。是限制其國權也。是日本未嘗欲損我國體，而我先欲損日本國體也。是故，第一説之必不合於理甚明。

抑吾尤有言者，明治三十四年十一月，文部省令第十五號『文部省直轄學校於國人特別入學規程』，具見法規大全中。夫所謂文部省直轄學校者，即官立學校也。外國人固有入官立學校者，而官立學校非爲外國人而設，乃爲本國人而設者也。彼學校對於本國人固有其規程，而外國人之入學者，乃必欲其於此而外尚須受特別之規程。此真與今日之『關於使清國人入學之公私立學校之規程』同一比例者也。以此爲辱國體，則彼亦辱國體矣，而何以當時之外國人，未聞有引爲奇恥大辱而反抗之耶？夫文部省令第十五號與文部省令第十九號，其内容之不同，吾當別爲問題以討論之。讀前次意見書解釋條文一篇，可見其略矣，至於語其爲特別之規程，則一也。而外國人未聞有以爲辱國體，今日吾輩以何理由而以爲國際上問題耶？

第二説曰：『彼文部省令第十五號言外國人，而第十九號言清國人，是歧視我也，是蔑我國體也。』嗟夫！是亦無聊之甚矣。夫法律，由事實而生者也。有此事實，然後設此法律以應之。今日繁然入彼之公私立學校者，誰國之人耶？使吾輩今日必斤斤然執此以與之爭，此所謂『一字之爭』者耳。即使彼肯易爲外國人，而内容如故也。且即以虚名而論，亦未見其『外國人』云云則獨榮，『清國人』云云則獨辱也。此究於國際何涉耶？要之，此規程既非於我之國體有損，則專爲學界上問題，而不稍涉入他之範圍，可一言決也。

第三説曰：『彼前數月，各新聞喧言文部頒清、韓學生取締規則。夫韓，彼保護國也，安可與我獨立國相提並論？是明明辱我也。此有關國體，安可不爭？』爲此言者，又不知此事之顛末者也。月前，各報喧稱清、韓學生取締規則將次發布，於是，總會往質使館，使館往質文部，文部復書謂係訛傳，實無其事，不過對於許留學生入學之各學校施以整齊嚴肅之管理法而已。故逾月而此關於使清國人入學之公私立學校之規程發布，實十一月一日也。逮十二月二日，文部省通牒爲一般學生之取締，則日本學生亦在其内，不獨外國留學生爲然矣。是則清、韓學生取締云者乃訛傳，非寔事也。執此以自相驚怒，毋乃太勞苦耶？

據上所論，則此問題明明學界上問題，非國際上問題也。果爾，則但當討論其中利害得失，而不必爲取消全部之論據，乃今必齦齦然認爲國際問題，是認錯題目之所致也。夫認錯題目而猶足以風靡一時者，由感情用事故也。大聲疾呼於衆曰大辱國，我輩當以去留爭之，生死爭之。主動者憤厲其詞，盲從者有若迷信，聚數千人，絞腦揮涕，以鑄成一大錯。事後平心思之，甯不憮然自失耶？此在一二人爲之，猶可言也；聚五六千人以爲之，此於吾國學界有至鉅之影響。他日雖悔，將不可追。我深願國民用其辨理心，而勿爲感情所率使，至於不可久也。

夫論事而徒爲感情所驅遣，則真理必不可見，而事之不適於理者，將必不足以久存。蓋感情易移，真理近晦，情殺理瑩，將嗒然矣。況感情最烈之時，其直接、間接有害於人之精神者至鉅。一、使人失獨立之精神，而墮於盲從之心理。在盲從於人者，失自信方失自覺心；在使人盲從者，則因專斷而怙惡，此專制國民之特性也。二、不以理折，而以威脅。脅人者，公理之賊；被脅於人者，自由之賊也。此革命之恐怖時代則然也。而今日學界擾攘之狀況，則正如此。國民之心理，觸處皆見。特以察吾國建設、破壞之前途，不其恫歟！

省令撤廢之利害。讀陽曆十二月十九日朝日新聞載：『進步黨決議，勸告文部省撤廢此使清國學生入學之學校規程。如文部省不聽，則於議會迫之』云云。使此議得行，今後我同學者，必相慶相慰，以爲我輩之目的竟達，一鬨之舉動果足以濟事也。某等爲反對全部取消説者，其反對之理由不專在此。省令之不能使全部取消，以爲此省令實有不可取消者。在同學之主張全部取消者，以我留學生不當受日本政府特別之取締爲絶對之理由，而未嘗平心静氣，一研究其中之利害關係也，不當受日本政府特别取締之一前提已陷於大惑莫解之地。且此省令，非取締留學生，乃取締留學生所入之學校。某等已著論痛切言之，兹不再辯。試舉一問題，以質同學諸君。日本人爲吾國留學生特設之學校，果能盡達我輩求學之目的乎？如其不能，我輩能勿望文部省監督之、干涉之乎？今使文部省從進步黨之請，而毅然撤廢此省令，今後猶能望文部省爲吾國留學生更發一省令，以監督干涉爲吾國留學生特設之學校乎？若爲吾國留學生特設之各學校有不大利於我留學生者，我留學生將何以對待之？公使則不信任，總會更無能力，同學諸君又將號召全體以停課退學，要求其改良乎？抑將依賴在野之政黨爲後援，而請求其代爲緩頰乎？二者如無一可，則惟有默爾而息耳。來日方長，新機頓阻，此某等所以悲歎不置也。且今日日本爲我留學生特設之學校，其組織雖未必盡善，然猶不至甚腐敗者，亦賴有文部省監督之耳。文部省非盡拳拳於我留學生，特慮其邦人之舉動有足爲文明國之玷者，不能不自盡其責，而我輩固亦得受間接之利益。（文部自取締使清國人入學之學校規程中，有凡爲清國特設之學校，其維持經費之法，須報明文部省一條，最足限制爲吾國人特設之私立學校，日本人固甚以爲不便云。）今後如文部省一取放任之主義，營利者四起，爭爲吾國人設立學校。内地初來之人，無由知其底蘊，貿貿然入之，遠適異國，以求學爲目的，而不克收一善果，留學生之前途，尚可問乎？某等敢昌言之曰：『文部省此次所發之省令，對於吾國留學生，利多而弊少；對於日本各學校，責重而利殺。』而同學者則囂然曰：『此辱我也。此特别待遇我不平等、不自由之苛則也。』不惜犧牲一身之學業以爭之。爭之而不勝也，則悻悻然歸；爭之而勝也，以爲從此可以自由求學，自鳴其得意。嗚呼！舍甘旨而欲飲酖毒之藥，去嚴師而樂就姑息之媪，何其不思之甚耶！此次進步黨爲我學界運動政府撤廢此省令也，使我留學生得撤回歸國之成説，怡然上課，誰不當感其調停之苦心？

然此省令果撤廢，吾學界必受最惡之影響，前已詳言之，今更當推究日本人今後對於我國人之意見。日本人嚮來對於吾國有兩主義：一爲侵略主義，即户水寬人輩所提倡者也。以爲中國人不可以感情，必劫之以威，然後可以踟蹰滿志。就目前之大勢論，此種主義徒漲吾人排日之熱，挑列强爭忌之心。故在今日，無甚勢力。一爲吸取主義。此主義又可細别爲二：一則欲吸收金錢者，一則欲吸收心理者。吸收金錢者，心醉吾國之富，以同文同種爲名，陽爲盡輸入文明之臂助，實則以博金錢爲目的。此種主義之人，專爲一身或一小團體起見，防之猶易爲力。且近今學者，謂凡事皆有利人、利己兩方面。譬如我輩留學日本，不能不入學校。其學校而果善也，不必問其設學校之目的在營利與否。我輩入其學校，固亦因受其利。吾國今日内地設學校乏教員，日本人之學問而果優也，不必問其到中國之目的在營利與否，吾國人聘之爲教員，固亦因受其利，豈必惡其營利，遂並其學校不入，其教員不聘耶？吾人苟有别擇之能力，正可利用之，以救吾國今日之急，無可疑，亦無可怖也。我輩所宜自警者，惟彼吸收心理之主義。蓋吸收心理主義者，欲收攬吾國之人心，以增長日本人在中國之勢力。其手段則出以和平，其方法則以漸進。採此主義者之人，爲其國之有勢力者及野心家。近數年來，日本人大隈、長岡、近衛胥用此主義，故吾國人歡迎日本人之熱潮日進而不已。今又窺我國政府不爲民間所信用，政府之力日以薄弱，民間之氣日以膨脹，運動政府不如運動民間，使一般人民對於日本人之感情，如水乳之交融，則日本人於中國之所爲一刀一俎，無所往而不利。中國朝野勢力消長之問題於何徵之？徵之於粤漢鐵路及對美運動之事寔。留學生全體停課之事，幾至不可收拾矣。而各報之論説一變其機，鄙夷之者，忽從而假借之矣；嘲笑之者，忽從而慰藉之矣。在朝野最有勢力之政黨，且出而調停。試問：文部省不撤廢此省令，留學生即全體回國，於中日國交有無關係？敢斷其必無？然彼政黨何愛於留學生，竟以調人自任耶？是不難知留學生全體回國，則中國民間對於日本人之感情必大惡。日本人經營中國數十年之苦心必掃地以盡，而後此更無收攬我國人心之法。安得不奮袂而起，一自謀其國家也？省令之發布，我政府當謝文部省監督之盛心；省令之撤廢，我同學又當感進步黨調停之雅意。在日本，則朝野一致；在吾國，則上下交歡。猶能容我輩一作向隅之泣乎？我輩所深懼者，省令一撤廢，我留學生虚憍之氣益增。日本政府一主放任，我國公使又不敢出而干涉。而日本之爲我留學生設立學校者，復挾其金錢之目的以樂育我國人。我國今日尚乏完善之學校，青年之士熙來攘往於日本自由教育之都會，今留學者既七八千人矣，政府猶奬勵留學不已。循此以往，留學生之數，殆不可思議。他人之干涉既不任受，又未能組織一完全有秩序之團體以謀自治，是留學界永無進步改良之望。今日之舉動，實自塞其發達之途。

我輩爲留學界前途計，故於省令或將撤廢之日，力陳利害之關係，並詳述日本人對於我國人之意嚮，使同學知省令之撤廢，不足以自喜，實足以自悼。速求善後之方，以收補牢之效。風雨飄摇，敢操同室之戈；荆棘載途，勿蹈前事之轍。是所望於同學者也。

維持學界同志會公啓

近頃，我同學以及反對日本文部省令第十九號事，土崩瓦解，不可收拾，時勢益岌岌。僕等迫不得已，相與組織斯會，謹披瀝悃愊，以告我同學曰：孟子有言：『越人關弓而射之，則已談笑而道之，無他，疏之也。其兄關弓而射之，則已垂涕而道之，無他，戚之也。』僕等雖至不肖，辱在同學，思兄弟急難之義，盡朋友責善之道，安得無一言？今日爲我留學團體危急存亡之日，即微僕等言我同學，亦當知之此事關係至鉅。（一）是非不定，則公理不顯。此後率於感情輒盲進而爲破壞，後患胡已？（二）使吾留學生失信用於國民，此後雖欲勸善匡過，其道無繇。（三）留學生團體一旦破壞，直接於吾國學界前途生至大之影響。夫此三者，不待犀鑑，已炳然爲衆所共喻。而我同學寂然若不爲意者，何也？主動者，諱過而不欲遽改；矇聽者，既擾擾而不知所届；而明哲自保者，又持重以觀成敗。不有挺起而籌障挽之者，變幻方長，寧可思議？故本會聯絡同志，以維持學界自任。設立事務所，以爲機關。至其宗旨，則有專章；其理由，則具於歷次意見書，茲不贅。及我同學，鑑其愚悃，樂表同情，所大願也。若宣示反對，亦望賜以駁論，俾因疑難，以獲真理。抑更有言者，斯會成立，不自今始，實權輿於疇日爭點最烈之時。其時，慮以一團體獨立，易啓鬩墻之釁，故寧俟我同學之自悟，以轉圜於無形。今者，時勢之危，間不容髮，計無復出，義不反顧，苟能拯危爲安，雖死無悔。無任激迫悲痛之至。特此宣告，伏祈公鑑。

會 章

一、本會以維持學界秩序爲宗旨。

二、本會專以研究學界留學生應得之利益而止，不涉及政治上及國際上之問題。

三、此次文部省規則，既經解釋，於本會原章之目的已達，應即勸告各校同學一體上課。

四、本會舉代表若干人、理事若干人、調查若干人，代表本會並司理調查會内、會外一切事項，其職務由理事會自定。

五、本會對於其他團體行動，非經公認者，概不服從。其所生各種關係，本會亦不代認其責。

六、本會一切行動，概不受會外之干涉。如有侵犯本會會員自由者，本會有保護之義務。

七、本會對於留學界一切善後事宜，當協助辦理，以期增進同學之公益。

八、本會章爲臨時規定，一俟此次事件辦理稍有頭緒，再行開會，另擬會章，改爲平時組織。

附啓者：本會自成立以來，贊同者日甚盛。兹特改定會章，設立事務所於牛込市谷藥王寺前町七十一番地。如續有願入本會者，請將地名、住址及原在學校，發函通知本會爲幸。

陽曆十二月二十四日

維持學界同學會

代表人

江　庸

蹇念益

熊　垓

陳　棍

理　事

庶務　會計

黎　邁　張孝準　蔣尊簋

李　穆　熊范輿　譚學夔

李景析　李維鈺　施召愚

熊朝鼎　朱學曾　錢家澄

書　記

姚　華　周大烈　汪兆銘

張一鵬　胡衍鴻　許壽裳

朱大符　陳漢第

維持留學界同志會意見書發刊詞　十二月初七日

嘗聞之日人批評吾國留學生之言曰：『僅僅以一知半解，主張權利。』又謂吾國人思想『但有具體的觀察，不能爲抽象的研究』。驟聞之，惡其以一言而概我留學生全體。繼思之，彼或由大量觀察而發，我可以引其言以相砥礪，而增我留學生之真價。近因文部省發關於使吾國人入學之公立及私立學校規程，有關係於吾輩之利害，同學咸奮，欲與之爭。發起諸君，非計個人，實衛全體。熱誠感觸，相約停課。志非不苦，心非不決。惜發起時，出於保全公共利害之真誠，而結果或反使全體受不可磨之玷辱。甚至顧全國體，而國體轉損；自尊人格，而人格不完。彼時發起者，則無可如何；而吾輩亦必各悔，不能盡豫防之責。覩此現象，證諸前聞，此時之舉動，謂爲『一知半解，主張權利』，或嫌過當，謂爲『有具體的觀察，不能爲抽象的研究』，實難斷其所論爲太苛。自今以往，推其潮流所至，正不知何所底止。數千同胞爲國家出而留學，犧牲一身之名譽不足惜，犧牲全體之名譽，供外人之訕笑而無以自解，實可悲。即以事實利害論，其規則有無全部取消之必要，規程中各條是否於吾輩全不利益，皆宜就文字上、精神上分別解釋，庶可得確實之定論。以謀利益而避患害，爰約同志組織維持留學界同志會，擬定規則，先發表維持留學界意見書，首辨其規程性質并解釋其條文之意義。且以今日欲解決之各問題，悉附以意見，以質我同學，欲使我留學界一轟之時代，進而爲研究之時代。吾人具體的觀察，進而爲抽象的研究。借發起諸君之熱誠，盡我輩同志之忠告。獨拳孤掌，自知難鳴。誰能助予，惟呼將伯。倘有同志諸公，對於此問題，各抒所見，詳晰剖解，庶他山有可攻錯，殊塗亦得同歸。能進行有秩序之手段，煥發自由之精神，不致真理爲浮言所蔽，多數被少數强迫，而團體日見鞏固，則我留學界發一言有一言之效果，爭一事得一事之利益。同志幸甚，我留學界全體幸甚！

維持學界同志會第一次意見書 十二月初七日。

譯釋文部省令第十九號關於使清國人入學之公私立學校之規則程條文

第一、文部省令

文部省令，在國法上屬於獨立命令，其效力與法律同。惟法律必經議會協贊，命令則由天皇自發，或機關承天皇敕令之委任而發之。至其停止、取消之方法，大略如左：

一、凡行政命令，皆不能違觸法律。且因行政官府上下相繫屬之結果，下級官府所發之命令，不能抵觸上級官府所發之命令。故其命令倘違反法律、敕令，或越權，或反於公益，可依行政監督之方法而取消之，以期達行政之目的。所謂行政監督者，上級官府對於下級官府而行者也。故上級之行政官府所發命令，無行政監督，僅對於議會、對於天皇而生政治上之責任耳。文部省爲上級行政官廳，更無居其上以監督之者，惟内閣總理大臣認爲必要之際，有使各省大臣中止其處分或命令之權是也。雖然，其監督權非如通常之上級官廳對於下級官廳之關繫，得直接取消其命令或處分也，第使之一時中止，以候敕裁而已。

二、行政命令有越權違法之場合，認之與否，屬於官廳之權限。故其所發布者，雖違法越權，然苟未有以行政監督及其他一定之手續而取消之者，則人民不得以違法越權爲理由而拒其服從，亦不得訴於裁判所而爭之。蓋行政命令與行政處分不同，行政處分可以訴願，行政命令，人民則不得與聞，此其大異也。

三、取消與停止，其效果有大差異。取消之場合，其命令等於未發，全歸於無效者。停止之場合，僅一時止其命令之執行，其命令不全失其效力。其停止之之命令失其效力時，則被停止之命令，即復其效力也。

以上節譯織田萬日本行政法論，美濃部達吉行政法總論，清水澄行政法泛論。

由此觀之，則省令之效力，及停止、取消之方法大要可見。聞留學界有希望以議會之力取消此省令者，不知議會只能提請撤消。其承諾與否，文部省固有專權，口爭非必有效，而以停課、退學、歸國爲要挾手段者，尤不知何所見之。

第二、關於使清國人入學之公私立學校之規程

觀此令，標爲（清國人ヲ入學セシスル公私立學校ニ關スル規程），譯之爲『關於使清國人入學之公私立學校之規程』。故此規程爲『關於使清國人入學之學校之規程』，而非『關於清國人入學之規程』也。常聞人言，日本人今以特別法待我輩，此言實不中肯。日本向有特別法以待外國人，外國人中即有我輩，不待今日。至此規程則非法律，而其爲特別，亦非對於我輩，以其規程爲對於日本學校之規程故也。抑謂關於我輩所入學校之規程，即爲關係於我輩，則日本之立規程，以取締我輩所入之學校，不自今日始也。前此者，已有『文部直轄學校外國人特別入學規程』（明治三十四年十一月十一日文部省訓令十五號），施行既已五年。其云外國人，即非日本人而欲入學者，皆受其支配，無問其爲英、爲法、爲清、爲美也。其所別者，一爲對於官立學校，一爲對於公私立學校耳。然則，謂日本對於英美之人，未嘗設此種規則，又未嘗細思之説也。故論此規則之性質：（一）非法律。（二）非對中國人之特別法令。（三）關於我輩所入學校之規則不自今日始，此乃繼承擴充之者耳。至各報有譯以爲『取締清國留學生規則』，而謂『取締』二字爲對

於倡妓施之者，甚至有譯之爲『法律』者。此種謬誤，真不可瘳。夫此規程，誠不能不謂之有取締之性質，然論日本取締規則，豈惟對於倡妓有之，如新聞紙取締，如質屋取締。種種法令，何嘗爲輕褻之意？至近且通牒各學校，命對於學生爲嚴重取締，此又何說乎？取締之義，不過管理而已，無所爲尊崇，亦無所爲卑褻也。其謂取締留學生，則又坐不通東文之過。以盲觸象，無有是處，此在内地，無足爲怪。若我輩且從而信之，適足騰笑耳。案：此規程分十五條，其第十四條定一般手續，末條爲定本令效力、範圍者，不具論。外可分三部：（一）爲入學、退學、轉學之規定，第一條及第四條乃至第六條是也。（二）爲在學中之規定，第二條、第三條之規定是也。（三）爲受選定之規定，中復分爲二：（甲）不關於吾國學生者，第七條、第八條乃至第十一條、第十三條是也。（乙）關於吾國學生者，第九條、第十條是也。其内容既有如是之殊，則固不可一概論，故今逐條爲之解釋。

（一）入學、退學、轉學之規定：

第一條　公立又ハ私立ノ學畢ニ於テ清國人ノ入學ヲ許可セムトスルキハ其ノ入學願書ニ本邦所在之清國公館ノ紹介書ヲ添付セシムベシ

此條譯爲：於公立、私立之學校，而爲欲許可清國人入學之時，當使添付本邦所在清國公館之紹介書於其入學願書。
第四條　公立又ハ私立ノ學校ニ於テ清國人生徒ノ轉學又ハ退學ヲ許可セントスル氏
ヰハ其ノ願書ニ本邦所在ノ清國公館ノ承認ヲ添付セシムベシ
此條譯爲：　於公立、私立之學校，而爲欲許可清國人生徒之轉學、退學時，當
使添付本邦所在清國公使之承認書於其願書。
第五條　清國人ヲ入學セシムル公立又ハ私立ノ學校ニ於テ毎年ノ一月及七月ノニ
廻ニ其ノ前六個月間ニ入學ヲ許可シタル清國人生徒ノ員數ヲ文部大臣ニ報告ス
ベ前項之規定ハ清國人生徒ノ轉學者退學者又ハ卒業者ニ關ス之ヲ準用ス
此條譯爲：　於使清國人入學之公立、私立學校，當於每年一月、七月二次報告
其前六個月間，所許可入學之清國人生徒員數於文部大臣。前項之規定關於清國
人生徒之轉學者、退學者與卒業者準用之。
第六條　公立又ハ私立ノ學校ニ於テ清國人生徒卒業シ又ハ之ニ退學ヲ命シタル氏
ヰハ一個月以内ニ其ノ氏名及退學ヲ命シタル事由ヲ本人ノ入學ヲ紹介シタル清
國公館ニ報告スベシ
此條譯爲：　於公立、私立學校，而清國人生徒卒業，又已命之退學時，當於一

月内報告其氏名及命退學之事由於紹介本人入學之清國公館。

通觀此四條，則入學者要清國公館紹介書；其自請轉學、退學者，要其承認書。爲前此所無有，又而今新設之者也。在文部省之意，以爲中國學生如許無可稽查，則入學、退學之事，將有無窮流弊。故令倣官立學校例，必經公館之紹介，其入學人數報告及轉學、退學、卒業報告皆對於文部省爲之，所以使文部省周知學校狀況，便於監督也。其卒業、命退學，必須通告於紹介，周知學校狀況，便於監督也。其卒業、命退學，必須通告於紹介之公館者，其生徒由彼紹介故也。凡此，皆所以監督學校者也。至以其經公館紹介爲不可，則固非可與日人言者，何則？彼以一私人之資格，不如一官廳之資格信用之厚也。我之待公館紹介之難易，止可以對公使言，而不能對於日人言也。至論實際，則決無能留難我輩之事，此可觀於官立諸學校而知者也。彼官立學校入學之須紹介書亦既五年，何嘗有留難之事乎？苟其有之，則對於公使之問題，非對文部省之問題也。

(二)在學中之規定：

第二條　公立又ハ私立ノ學校ニ於テ清國人生徒ニ對シ本人之志望ニ依リ其ノ學校所定科目中一科目若ハ數科目ヲ缺カシムコトヲ得

此條譯爲：於公立、私立學校，對於清國人生徒，得依本人志望，使缺其學校中所定科目中一科目或數科目。

此條亦倣於文部省『直轄學校特別入學規程』者，使吾國人得免習無益費時之科目，而同時可專修有益之科目，爲吾國人計，意必受善。而其規定爲隨意的，得依其志望而抉之，則即不得於不志望者亦抉之也。故於吾輩有所便，而無所苦也。而其抉之者，爲學校使之缺，非生徒自能使抉，故無爲怠惰者便益之病。

第三條　清國人ヲ入學セシムル公立又ハ私立ノ學校ニ於テハ其ノ教育ニ關係スル職員ノ名簿清國人生徒ノ學籍簿出席簿及往復書類綴ヲ備リベシ

前項ノ學籍簿ニハ生徒ノ氏名原籍年齡居所入學前ノ經歷入學ヲ紹介シタル官廳ノ名稱官費私費ノ年月日轉學退學ノ事由ヲ記載スベシ

此條譯爲：於使清國人入學之公立、私立學校，當備關係於其教育之職員之名簿、清國人生徒之學籍簿、出席簿及往復書類綴。

前項之學籍簿，當記載生徒之氏名、原籍、年齡、居所、入學前之經歷、紹介入學官廳之名稱、官費私費之區別、賞罰、入學退學之年月日，及其學年卒業之年月日、轉學、退學之事由等。

此條爲普通學校所有之規定，其間有一二事項不同者，亦無關於重要者也。職員名簿、生徒出席簿、學籍簿皆所以候檢查比較者，而往復書類綴所以代生徒收發書信爲便利計也。至學籍簿所記事項，則皆至易明，無俟贅語。

（三）受選定之規定：

（甲）不關於吾國學生者

第七條　清國人ヲ入學セシムル公立又ハ私立ノ學校中文部大臣ニ於テ適當ト認ムルモノハ特ニ之ヲ選定シ清國政府ニ通告ス

此條譯爲：使清國人入學之公立、私立學校中，於文部大臣認爲適當者，特選定之通告於清國政府。

此條爲規定選定學校之方法，其受選定者爲我輩所入學校，固不待言。其選定之人，則爲文部大臣；其選定之條件，則認爲適當；其選定之效力，則通告於清國政府。如是，其學校之受選否，與吾輩毫無關係者也。彼設此規定之真意雖不可知，而據其機關新聞所發表者，則謂其學校既受選定，則卒業於是者，歸必受清國政府之優待，而清國亦安心多送學生於日本云云。是故有此選定，則清政府多派學生，學生可得保舉而已，無他事也。我輩不爲保舉來，則何問彼規定否？

故此條之不足輕重甚明。

第八條　公立ハ私立ノ學校ニシテ前條ノ選定ヲ受ケントスルヰハ管理者又ハ設立者ニ於テ左ノ事項ヲ具シ文部大臣ニ申請スベシ但ン特別ノ規定ニ依リ前ニ開申シ若ハ認定ヲ得タル事項ハ之ヲ省略スルコトヲ得

（一）清國人教育ニ關スル沿革

（二）學則中清國人教育ニ關スル規則

（三）學校長若ハ學校代表者ノ履歷

（四）教員ノ姓名資格學業經歷及分擔學科目

（五）清國人生徒定員及學年學級現在員數

（六）清國人生徒校外監督ノ方法

（七）清國人卒業者ノ員數及卒業後之ノ情況

（八）清國人生徒ニ充ツル校地校舍及寄宿舍ノ圖面

（九）經費及維持ノ方法

（十）教科書教授用ノ器具器械及標本ノ目錄

前項第二號第八號ノ變更ハ文部大臣ノ許可ヲ受ベシ

此條譯爲：公立、私立學校而欲受前條之選定時，於管理者又設立者，當具左事項申請於文部大臣。但依持別事項前已開申，若得認可之事項得者略之。

一、關於清國人教育之沿革。

二、關於學則中清國人教育之規定。

三、學校長若學校代表者之履歷。

四、教員之氏名、資格、學業、經歷及分担學科目。

五、清國人生徒定員及學年級現在員數。

六、清國人生徒校外監督方法。

七、清國人卒業者員數及卒業後情況。

八、充清國人生徒之校地、校舍及寄宿舍之圖面。

九、經費及維持方法。

十、教科書、教授用器具、器械及標本之目録。

前項第二號、第八號變更，當受文部大臣之認可。

此條爲規定學校欲受認定當具之以申請之事項，而非規定學校所爲之行爲。故對於此條，絶無可爲研究者。然而世論往往集矢此條，此真不可以理喻者矣。

第十一條　文部大臣ハ必要ト認メタルトキハ吏員ヲシテ選定ヲ受ケタル公立又ハ私立ノ學校ノ試驗ニ立會ハシメ又ハ試驗又ハ試驗問題及其答案ヲ查閲セシムルコトアルベシ

前項ノ場合ニ於テ試驗ノ問題又ハ方法中不適當ト認メタルモノアル𬼀ハ當該吏員ハ其ノ變更ヲ命スルコトヲ得試驗問題答案及成績表ハ少タトモ五個年間之ヲ保存スベシ

此條譯爲：　文部大臣所認爲必要時，可使吏員立會於所受選定之公立、私立學校之試驗，又使查閲其試驗問題及答案。

於前項場合有認試驗問題方法中爲不適當者時，當該吏員得命其變更試驗問題答案，至少當五個年間保存之。

第十二條　選定ヲ受ケタル公立又ハ私立ノ學校ニ於テハ毎年終了後一個月以内ニ其ノ清國人生徒ノ教育上ノ經過ヲ文部大臣ニ報告スベシ

此條譯爲：　於已經受選定之公立、私立學校，當於學年終了後一個月内報告其清國人生徒教育上經過於文部大臣。

第十三條　選定ヲ受ケタル公立又ハ私立ノ學校ニシテ此規定ヲ違背シ又ハ其ノ成

績不良十リト認メタルヰハ文部大臣ハ其ノ選定スコト刀ルベシ

此條譯爲：已受選定之公立、私立學校，而違背此規定，又認爲其成績不良時，文部大臣可有其取消之事。

此三條前二條爲監督，後一條爲罰則，皆對於學校而防其弊者，文義自明，無俟更釋。而右五條並第十四條，皆日本學校所素已適用，今特少加變更而施之關於公立、私立學校選定之規則。（明治三十二年六月文部省令第三十四號）所規定者，與此大同小異而已，故受選定者之規定，非特有之而素行者也。以爲當反對，是絶無理由者也。

（乙）關於吾國學生者

第九條　選定ヲ受ケタル公立又ハ私立ノ學校ニ於テハ清國人生徒ヲシテ寄宿舍又ハ學校ノ監督ニ屬スル下宿等ニ宿泊セシメ校外ノ取締ヲナスベシ

此條譯爲：受選定之公立、私立學校，當使清國人生徒宿泊寄宿舍及屬於學校監督下宿等，當爲校外之取締。

第十條　選定ヲ受ケタル公立又ハ私立ノ學校ハ他ノ學校ニ於テ性行不良ナル力爲命退學セラレタル清國人ヲ入學セシムルコトヲ得ヲ

此條譯爲：受選定之公立、私立學校，不得使於他之學校爲性質不良，被命退學之清國人入學。

此二條文字易於解釋，然論理有不可錯者。學生而必住寄宿舍，受校外取締，不得爲喪失自由。性質不良，致受命退學，不能入他校，不得爲横受壓制。不然，則必以入寄宿舍受取締爲大恥辱，日本何以對於一般本國學生又謂性質不良者不得任從更進他校，亦理論之不可通也。

然此二條，誠有不利益於我學界。既不利益，則我輩不宜默認，而宜力爭。顧吾輩既言爭之矣，亦必不可無理由，今試擬説其爭第九條之理由。

若曰：『吾輩有居處之自由，不當定使住寄宿舍及屬於監督下宿，不當爲校外取締，此條宜廢。』如此，則爭猶不爭也。蓋現時如成城、振武、同文等學校，皆住寄宿或住受監督之下宿，而皆受校外之取締。今絶對不認此條，以爲縛束自由。推此主義，必使前列各校，皆悉廢棄舊之規程而後可，而爲各學生者，不爭自由於前此之各校訂定規程時，今獨爭自由於文部省令，是不可解。而文部省固可藉口而不從吾請矣。或又如或人之説曰：『日本取内外人平等主義，居住有自由，爲憲法保護，何獨於我而限制之？』其言不明法理，不考法律。日本雖取内外平等主義，關於私權，使外人同享利益，其中例外甚多，今亦不假列舉。但姑如或者之言，誠爲内外平等，則此條更無可及對之理由，且以反對而更損害利益。蓋此條對於學生寄宿及校外取締，爲日本内國學生所共守。（按：十一月二十九日，官報載文部省通牒有云：（一）於一般學校，明於生徒在居所校外之動静，不怠視察監督。（二）使一般學校生徒不入寄宿舍者，除自家庭通學者外，使集於學校指定之宿所，以便視察監督。）曰『不怠視察監督』，則受校外之取締可知。曰『使集於學校選定之宿所』，則且須集於一處，是其嚴重視我之所受者爲甚。今使如或者之言，求與彼人平等，即亦不必爭矣。故欲爭此條，必解釋以爲非我利便，而吾輩異國求學者，當蒙優待，則是所持之理由。試問，何能出於總會條舉經濟、學問、衛生、通學四者困難之外，而既無他之理由，必欲反對總會，而取消全部，不知何所求也。

再就第十條研究，則有不利於欲撰擇學校處〔二五〕，不能爲之辯護。顧其文云『爲性質不良』被命退學者。被命退學則與尋常自行退學者異，爲性質不良，則又與以他故命退學者異，非一律限制我撰擇學校之自由也。特其間有絶大之流弊，則所謂『性質不良』者，究以至何程度爲決定，條文於此有闕。誠恐有學校藉之而壓制其生徒，極之所往，而受累或不止『性質不良』之人。故此條亦有不能默認之勢。然若今激烈者所主張，爲日本有壓制全體留學生之野心，則不知彼國人之入學校者，亦受此檢定，並非獨一苛待於清國留學生。是吾人欲不認此條，亦不能出總會所爭之外。論事既當平情，辨事更期實益。兩者不講，引爲大不了事，譁然一鬨，而於全體條文反不研究，遂以極端無效，爭如不爭，此皆理論上解釋之錯悞爲之也。

維持留學界同志會第二次意見書 十二月初七日

解決可否全部反對之問題

留學界中，多有主張宜反對此規程之全部者。吾今就此問題欲一討論，請先語讀者毋遽以『奴隸』『亡國之民』等語相加。夫凡此之云，皆判斷語，非討論語也。討論之後，廉得情僞，乃下判斷，則判斷者爲公允；而受判斷者，爲當服從。不然，則其判斷徒勞而無當耳。讀者而能辨此乎？則請相與就此問題一解決之。解決此問題，有至要之點，則吾人所以全部反對者，其理由如何是也？

人生天地間，無所服從，當服從者公理而已。公理者，人所自由而辨別者也。雖然，吾所認爲公理者，則吾服從之，此道德則然也。若夫公理所在，不止一人當服從之，且人人當服從之，且不可不服從之者，則爲法律。故法律者，衷諸公理兼有權力者也。雖然，試問天下之法律，果皆適於公理乎？恐無敢諾者。然則，使法律不衷公理而惟備具權力，使人不可不服從，是法律者，囚縶人之具也，奴隸人之具也。非喪心病狂者，孰能堪此？然則，對於此規程，不問其公理上之當爭不當爭，惟問其法律上可爭不可爭，此真奴隸之尤，而罪之魁也。故吾今所論者，爲公理上之當爭不當爭。

自吾自規程上之全部而觀之，可分形式上、實質上二方面以立言。請先語其形式上者。夫此規程，關於使清國人入學之公私立學校之規程也。然則，首當問者，爲文部省當監督公私立學校與否？夫國家之對於國民教育，有持干涉主義者，有持不干涉主義者，其良窳善惡，難猝斷也。然即使持不干涉主義者，亦祇謂不可助長耳，未嘗謂不當保護之、監督之，且認其保護、監督爲應有之職務者也。然則，文部省之監督各學校，吾輩安能斥其非理？

次當問者，此規程直接規定學校之準則，間接規定吾人入學之準則。然則，當問吾人入學，當受文部省之指令否？夫國家之法律、命令，於其領土之內行之有效，無論自國人與外國人也，是曰屬地主義。凡文明法律，無不采此主義以爲原則。是故，外國人對於所在國之法律命令，有服從之義務。惟於其私法，依國際私法之結果可以自擇。至於公法，舍有領事裁判權之國外不能脱離關係者也。豈惟日本之法律如此？若英、若美、若法、若德等國，其法律之一般原則莫不如此。然則，吾人以何理由而欲反抗所在國之法律？

次當問者，爲此規程對於一般學生而設耶？抑對於吾留學生而設耶？可不俟言而斷定其爲吾留學生而設。是則對於吾留學生，而施以特別之管理法也。此爲榮耶？爲辱耶？則請語之。曰：凡法律、命令，有爲普通之人與事而設者。前者若憲法、民法，一般人民所適用者也。後者若皇室典範、新聞紙取締規則，對於特種與事而設者也〔一六〕。受特別之法令者，則當引爲奇辱，此其理由，真無從索一解。論者曰：吾人之留學於英者、法者、美者、德者，未聞其政府設特別之規則以取締我，何日本政府乃獨爲？此不知吾人留學於歐美者少，留學日本者多。少則可適用現行之規則，無須特設。亦如戊戌以後，今年以前，吾國人留學日本者不多，不必有特設之規則也。去年以來至於近日，吾國之留學日本者，日益加多，幾至萬人。且又多入其公立、私立各學校。其公立、私立各學校之規程，又不必整齊畫一，故不得不特設。是故入於其官立學校，如帝國大學等，則不在此內。入於其官立特別之學校，如振武之類，又不在此內。是惡得執留學歐美各國者以相比例，而論其特設規則有無耶？

如是，則自形式上言，決無全部反對之理由。

請繼語其實質上者。夫吾人之反對此規程也，當先研究其利害於吾人者其程度若何。持絶對反對之論者，謂此其政府之野心也，欲束縛吾人之自由，以媚清政府也。欲判斷此語之真僞，可即其内容一觀察之。謂其有野心耶？則彼所重者在監督各學校，可持是以爲證耶？謂其束縛吾人之自由耶？則其規程之中於吾人之言論自由、集會自由、出版自由、信教自由皆無所規定。獨第九條、第十條關於居住自由、修學自由有所制限。此正吾人所當討論者也。夫全部規程，祇有兩條爲關於吾人之自由有所規定，乃執以反對其全部，其理由若何？願有以解答之。

如是則自實質上言，亦決無全部反對之理由。

如是則全部反對之説，當爲吾人所否認。

對待之方法

全部反對之必不可，如上所述。然則，吾人所當爭者，惟第九條、第十條而已。其爭之之理由，於解釋條文時已詳論之。吾人以爭此爲目的，則不可不研究達此目的之手段。

現今留學界對待此問題之手段，大約有三種：

（一）對於日本政府之手段　欲問此手段之可行與否，當先知文部省令之效力如何。夫省令，非內閣總理大臣不能中止之。而人民對於行政命令，不能反抗，不能訴願。於解釋條文時詳之其必不可行甚明也。冒昧爲之，非唯無效，寔足以敗名譽，而貽人以口實耳。

（二）對於日本學校之手段　夫定此規程者，文部省也，非學校也。吾人對於學校，無由有惡感情。而一時盛倡停課之説，此有影響於學校不小。語其得失，當有專論，無俟鄙言。

（三）對於本國公使之手段　此留學生總會所用之方法也。蓋吾人對於第九條、第十條雖有充分之理由，而無由與日本政府交涉。可與交涉者，獨公使而已。亦非法律所許也，第基於國際上之情誼而已。吾人以正當之理由語諸公使，俾從事商榷可有效也。即使無效，而拂衣歸國，不樂居此，是非曲直，必有能辨之者。故吾以此時所當務者，當督責總會，使促使館與爲交涉。此外，未有良策也。

維持學界同志會第四次意見書　十二月初七日

解決可否休課之問題

休課不休課，與反對文部省所頒規則全不相關。不唯與主張逐條反對者無關，即與主張全部取消者，亦無絲毫之干係。夫反對該規則，非結合全體留學團體，必無勢力；欲結合此團體，非由各校舉代表人聯合磋商，必無頭緒。今主張休課，得勿休課後，可以日日集若干人而聚於一處，以商量辦法乎？勢必不能也；不能，則仍只代表聚議商量，而休課各員仍無所事事也；無所事事，則惟有終日悶坐下宿，忽思亂想，不知所爲，必不能伏案用功也。否則，出外閑游，擾擾紛紛，不知所止。甚或遇有意見不合者，則互相以腕力從事也。由後之説，則因休課而擾亂學界之安寧；由前之説，則因休課而擾亂吾人之思想，且於精神上有妨害也。

試換一方面觀之，各校舉代表人，聯合商磋辦法，而上課如故。其自願休課聽之，則一面上課，一面研究對付之法，兩不相妨，不惟不相妨，且能使吾人之思想、學界之安寧，皆不擾亂。況就反對該規則之問題而論，既以逐條反覆磋商爲辦法，則非照常上課，反不能繼續相爭而達其目的。是休課一事，不惟無益於反對之目的，且有背於反對之目的。今更就日來事實上之現象言之：各校主張休課，其中不必皆有一定堅持之意見，隨大勢之所趨而已。然有一二校極力主張不休課，彼之不休課，非不欲反對規則也。彼以爲，非照常上課，不能達反對之目的。故其不休課之理由，執之甚堅。主張休課者，動輒以『奴隸』罵之，實不足以服其心。彼方謂罵之者毫無意識，不屑與辨，其上課也如故，嗣因休課者出而干涉，竟以不能上課。於是，本其所堅持之意見四處發布，遇他校之趨於大勢者，則向之反覆詳說其利害，聞者因而動心，亦因之主持其說，甚或運動上課，故與休課者爲難。推其所極，非全置反對規則於度外，而惟是同胞之間互相衝突不止。然則，不休課尚可使全體各校協力同心，互相團結，切實研究反對之辦法；既休課，則團體既不能結，反使同胞分崩，感情惡劣，而有不堪設想者之結果也。不休課，雖主見不同，而各持其主見，以反對該規則，尚能同以反對規則爲注目之點；既休課，則彼此所持之主見，皆變爲意氣，而忘其注目之點何在矣。是休課之事，無論從何方面觀察之，皆無濟於反對該則之問題焉。

解決可否歸國之問題

維持留學界同志會第五次意見書 十二月初七日

因反對日本文部省頒布不利於吾輩之規則而歸國，此等舉動誰得而議其非？雖然，同以歸國爲終局，而將來歸國之情形如何，各各有不同之關係。今分爲三段言之：（1）未歸國之先，就規則條文之不利於吾人者，與日政府往復辨論，必確定該規則不能侵犯吾人自由而後止。若往復辨論後，終不能達吾人之目的，則聯袂歸國。此歸國之一情形也。（2）未歸之先，以取消全部爲反對規則之據詞，向日政府爭論，政府不允取消，則聯袂歸國。此亦歸國之一情形也。（3）不問規則之内容如何，總不願服從彼規則之下，不向彼爭，而遽聯袂歸國。此又歸國之一情形也。

由第一説，則以日政府所頒規則，有不利於吾人之處，吾人爭之不得而歸國。吾内地同胞，知此歸國之情形，必對於日本生絶大之惡感情。由第二説，則日政府以命令之權，外人無干涉之資格，而拒絶吾國公使。公使在外交界代表一國，以一國之代表而受他國冷語之拒絕，實於吾國國體大有損失。吾輩之歸國，是先損失國體而後歸。歸國後，有用此理由以相詰責者，吾輩何以對同胞乎！况日本政府對於吾國素懷野心，尚恐吾輩留學生出所得之知識，以助吾内國同胞，以相與抵抗。今見吾數千留學，均不知兩獨立國不能互相干涉其命令，則以爲吾輩知識不過爾爾。留學生尚如此，内國人可知。此後，彼將放膽爲之，肆其野心於吾國内矣。然則，吾輩之歸國，若出於如此情形，不唯損失國體，且貽害於中國前途也。由第三説，則因日政府頒布規則之故，憤圖自立，不欲依賴他人，歸而自立學校。偉哉！雄心不可及已。然吾數千人中，其艱苦卓絶，東來不易者，當不乏人。今不先與日政府爭，而遽勸其歸國，彼必有所不願，豈能强之乎？即或强之，不先爭而强人歸國，是何理由乎？

故綜觀各種情形，由第三説，上策也。然事實上不能做到。由第一説，中策也。然繼續相爭，或能達其目的，不至歸國，亦未可知。由第二説，則預先喪失國體，貽害前途而後歸，其可以稱下策否？吾不得而知矣。至有用歸國爲爭之之方法者，曰數千學生，悉數歸國，則於日本文明之名譽、小民之經濟大有妨礙。日政府將取消該規則，亦不可必。是説也，尤爲可怪之至。夫吾輩悉數歸國，日本不過受苛待中國學生之名聲耳，不過每年少三四百萬元之進款耳。試問此苛待中國學生之名聲，三四百萬之經濟，與獨立國權相比較，孰重孰輕乎？況苛待中國學生之説，何足以爲定論？日本人豈無辭以自解乎？然則歸國一事，就關係之利害與實際之現象觀察之，不能不以第一説爲當已。若以第二説、第三説之理由歸國，政府則腹誹之，社會則揶揄之，家庭則交讓之，風勢所迫，保無再到日本者乎？如其有也，吾輩將何以處之乎？或者曰：有來者，則殺之。噫！是説亦未免容易矣。將於彼之來時而殺之乎？則沿江、沿海各岸，是否吾輩皆有警察耶？必不能也。將俟彼歸後方殺之乎？則既歸之後，搬於内地，是否吾輩亦皆有警察耶？亦必不能也。則或有上知之者，而敢於殺之與否不可知。即敢於殺，而殺之能遂與否，仍不可知。是此説徒爲空論矣。況有一來者，則其他將源源而來。目前，東渡之機大似不可遏抑，彼時能一一殺之否乎？此問題之難以解決者，二也。夫歸國情形，其關係之輕重，既如前之所云；歸國事實，其問題之難以解決，又如後之所云。然則，歸國一事將如何設法，始能完全無缺憾耶？是真無從解決矣。

致各學校聯合會諸君書

各學校聯合會諸君公鑑：今者，僕等謹披肝膽，抒誠款，欲就諸君關於留學界存亡問題一下商榷，則先有要求於諸君者，『脊令在原，兄弟急難』，際此死生患難之際，辱在同氣，平日雖甚相違容，或許其一言，言矣而不聽，不敢强也。若先横一不聽其言之決心，而挾以臨我，使言無由進，非天下之至殘且狠，度必有徘徊不忍者。僕等於進言之際，先以此熱望於諸君。自事之起也，僕等與諸君始終立於反對之地位。陽曆十二月初七日，本會權輿意見書亦於是日發布。自後矻矻不已，續有所言。其中宗旨理由，危言深論，度諸君無不聞見。洎乎本日而本會機關已成立，更有不能不陳告於諸君者。機關成立之後，本會行動微與前殊。前者，知無不言，言無不盡。冀以孤懷苦志，感動輿論。今則窮途絶望，時勢相迫。欲强固其組織，實行其目的，是故本會與諸君和衷共濟，挽回狂瀾，實在今日。衝突忽起，團體潰裂，騰笑天下，亦在今日。危機一髮，義不反顧，五中激迫，謹爲最後之哀告，並彙本會意見書及會章等，致諸左右。願諸君深察其言，盡棄所抱，將錯就錯，錯要錯到底，錯要大家錯之説，衛顧公義，以共濟此艱危之局，豈惟團體可維持不散，即凡有血氣者，莫不欽我同學舉動光明，能相輔翼，沆瀣一氣，以上不負祖國，下不負所學。無窮希望，實繫於此。如其否也，則後此情狀，竟將奈何？悲夫！操戈同室，事豈忍言？哀我同羣，艱難百折，相將遠適異國，亦欲將來對於祖國以謀同舟共濟；中道決裂，互相仇讎，豈復旁觀齒冷，實則吾輩先已滅絶愛國之念而後爲此。此心豈可自問？然若以非理相迫，則僕等當殉公義而死，寧爲鬩墻之敗類，不敢爲學界之罪人矣。謹舉所相約者如左：

（一）請彼此和衷壹致，以挽學界之危阽，回復秩序。對於文部省令第十九號，則以已得解釋爲達留學目的，不更生他種問題，撓動紛擾。

（二）若不肯降心相從，亦復各行其是。惟留學中人，一方歸國，一方上課，均有自由，兩不干涉。

（三）本會對於能守秩序、熱望修學之人，有保護之責任。如或不能相諒，必相干涉，則本會以正當之防衛，爲充分之報復。即極衝突，不敢辭退。

以上三者，別爲二項。一、和衷共濟則如此。二、各不相擾則如彼。請惟所擇，不勝迫切翹企之至，敬祈公鑑。

維持學界同志會代表人江庸、蹇念益、熊垓、陳棍公啓。

敬告會員諸君

啓者：本會自成立以來，關於上課事宜，豫籌一切。旋於去月三十日，接日本各學校代表人青柳篤恆十時彌來書如左：

十二月二十九日，弘文學校、東斌學堂、成城學校、大成學館、實踐女學校、東京同文書院、東京警務學堂、法政大學、經緯學堂、亞東實業學校、濟美學堂、早稻田大學清國留學生部十二處學校，會同決議二項，開列於左：

第一　今回之事件ニ付退學シタルモノガ復校ヲ願出タルトキハ校則ノ許ス限リ之ヲ許可スル方針ヲ取ルベシ（譯云：國今回之事件已退學者，聲請復校時，如爲校則所許，當取許可之方針。）

第二　學業之進行ニ法アル場合ハ合班ヲ爲サザル方針ナリ。（譯云：有妨學業進行之際，則不合班。）

接書後，又據各新聞先後登載，各學校皆定於一月十一日開課，擬即通告會員諸君。旋聞會館幹事謂，如能籌得善法，使全體上課，一切事宜由會館辦理，更爲周洽。迨至一月八日，接使館來書如左：

頃據總會幹事曾錕化到署面稱：辦理上課善後事宜，已有頭緒，惟班次尚須調查，十一日上課，恐難劃一，擬請公使展期等語。當經稟奉公使面諭，展期一節，斷難照准；至於班次難齊，尚屬實情。仍於陽曆十一日開學，十五日上堂，開講可也等因。除函達各校查照外，爲此函達貴會，從速知照各會員，屆時上堂，以昭劃一。

據右所述，則全體上課之事，已有成議。惟開課之期，稍有移易。然我同學能共一致，不相參差，固本會所滿足，而學界所希望者。故亦樂於遷就，但此後若有他故，以致扞格，則本會仍當實行會章第六條，凡應爲會員籌及者，皆悉心擘畫，務獲安全。昨已將會員名姓分別録送各校。兹特通告，乞會員諸君豫約於十一日赴校開學，於十五日上課聽講，是所切禱。

維持留學界同志會公啓，一月九日

附本會善後方法三條

第一　本會已由理事會公推調查員若干人，專司調查各校開班上課一切事宜。

第二　本會對於各校有應改良事宜，當與各校悉心商酌，以謀同學之利益。

第三　本會對於此次事件，俟上課後，當即開職員會籌議改組之法。

此次通告，因爲日太促，印刷無多，請互相傳觀爲幸。

維持學界同志會第八次意見書

忠告我同胞之同學

嗚呼！吾告我同學，吾告我同胞之同學：吾同胞之同學，而必蔽聰塞明、冥然悍然，不顧是非利害情實，而專以意氣用事，則亦已矣；如其否也，則吾尚欲一言曰：吾將爲我同學言體面論，夫我同學至今日，而猶皇皇然作歸計，廢棄學問，會不少惜者〔一七〕，吾不知其何所不安也？以爲國際問題，或有傷國體耶？則吾等已辭而闢之；即極端主者，亦知其非堅確可樹之義。然則，反對文部省令，應爲學界實益，單純必要；而省令解釋以後，其應用皆有範圍，吾人就實際研究，已無利害之可言，而猶有主張必爭、主張停課後之退學歸國之手段者，以爲如此而後存我團體，保我團體之顔面，蓋此次之風潮，一體面論與之始終，其始以爲國體所在，不可不以全力爭，此一體面論也。繼知其悞解，而憚於變其前説，則曰：吾人已有激烈於前者，不得一當而輒止，不可不顧其顔面，此一體面論也。洎乎脅從者多，盲從者亦多。於以更號於衆曰：吾等不可自爲異論，使人譏爲不一致，以傷團體之名譽，則仍一體面論也。於是，有停課者，則相率停課，且欲人人無一不停；有退學者，則相率退學，亦欲人人無一不退。今且研究歸國問題，以爲已有歸國者，亦必相率歸國，無一人留矣。吾始之聞勸迫停課者，輒曰：某校已停，吾輩只可將錯就錯。其有有志之士，不易動摇者，則哀之曰：吾輩皆中國人，錯須共錯。既停課矣，久不得當，人思修學，則又矢之曰：錯須錯到底。今日之勸歸國者，依然用此三語。嗚呼！此等格言，乃吾國舊日腐敗已極之官場所慣用之熟語，不圖今日遇之學界，而且一再引述，若天經地義之不易，真怪事矣。夫既承認爲錯，何就之云？此不待辨者，而以爲非此無以對外，則試問以偶然之失，而旋即省悟，翻然補過之爲辱乎？抑以怙非不悛，必求文飾自遂，大惑終身者之爲辱乎？以少數人之悞解，而自有不雷同者，不能一致之爲辱乎？抑以數千留學，盲昧擾攘，鑄成大錯，無一明者之爲辱乎？是其所以爲體面之據點者，實大謬戾。且爲此論者，直私言也，始其不知此事之真相，而悞謂爲國體所關，猶或可曰非有心假託；及知之，而復堅持以脅於衆，則是既憚改過，而又欲人之分謗也。夫爲衆同學計，其始不主全部反對者勿論，即其主之，而一覩乎是非利害，情實之真，又加以文部之解釋、制限，則自可大悟，而且可謂目的之已達。何也？蓋主張全部取消者，無非認爲重要之問題，爭其所當爭，非好爲無理之舉，爭所不必爭也。吾人未經注意研究，及文部未自解釋以前，固有其可爭者。今則經研究而知主張理由之太過，經解釋而知無濫用之流失。則前之爲國體、爲學界謀者，對於省令皆無庸爭。自形式觀之，省令未取消，吾輩要求，本爲未達。而自實際觀之，則吾輩以爭國體、爭學界利害爲真正目的，今已成爲不必爭之問題，則吾輩目的，可斷言已達。夫吾之爲此論，非甘言相欺也。設如文部省令誠出惡意，即學生之激昂而取消，而更發布他種苛政，與之同物，則吾人仍無不爲力爭之理，何也？我之所爭，不在形式上之取消與否，而實際之害有必除也。且文部省今日之解釋，未必即爲發布命令時原有之意義。而一度解釋後，即盡失其精神，謂吾留學界爭持，無大影響，殆乎不可。惟文部省精神已失，而必不肯取消者，則亦以體面故。然彼之所謂體面論，乃於國內行政權有關，我已爭得實益，而必充類至盡，强人以難，事固不恕，且爲此無理之爭競，亦復何樂？夫惟彼二三好事之徒，始之主張既失之過實，而復大言不慙，以爲以如何手段，如何運動，事在必舉。聞者既樂贊之，且不惜停課、退學爲之後援。然其運動手段，卒亦無效。至是而使之勸言修學，回復學界秩序，以彼客氣之虚憍，何顔面以爲之？故主體面者，以言國家，以言團體，則大非；而以爲極少數私人之計，則近是。

然而，奈何欲犧牲多數人之意思、自由、學問、名譽，以爲此區區少數人之體面也！吾今正告彼人曰：歸國之事，異於停課。前此之停課，所以一致者，其原因以擾擾者實令學界不甯，而一羣之中，舍盲從、脅從者外，大抵重愛秩序，不欲自相衝突，以傷感情，故甯休校，以共論此事之是非。至是非既明，而後强迫以歸國，既與前途關係重大，非數日休息之比，而士各有志，奪其自由，至於一再，雖野蠻政府，猶有不能得諸人民者。吾不知彼人將挾何等强力，以從其後。且前日之愛秩序者，既知其將至於不可收拾，逼之於險，起而衝突，釁非我開，人所共諒，師直爲壯，防衛正當，勿謂有秩序條理者之皆怯弱無能人也。吾所最傷念者，則彼盲從之士，先入之局，已牢不可破，而妄誕之體面論又從而聒之。一旦拂衣而行，歸入故里，親戚交好，迎門相問，必有不能爲道其原因者，得無亦稱述種種將錯就錯之讆言，强顔自解耶？金錢不足貴，而最可惜者，歲月蹉跎。現在慙悔，將來吾傷念之恨，不能徧提其耳而告之也。至於言歸國之人，則有既非主動，復異盲從，徒惡擾攘，姑謀引避。（彼人高呼：歸國者已若干人。其實非表同情，乃反對於彼者。其中，官費莫非同使館告假三月而行。）如此類者居其多數，自好之士，吾甯有責焉？然而，學生者向負有指導監督國民之義務也，今以關係學界重要之事，不思救正，而但知潔身，反使無知者得所藉口，此又吾人所不取也。嗚呼！吾同胞之同學，毋以求榮反辱，毋以虛名而受實禍，毋拋棄自由而徇一二人之私意。發憤自强，完我獨立，迷復不遠。所謂體面，無以易此。嗚呼！吾同學其共勉之！

維持學界同志會第九次意見書

本會成立與文部省令之延期無關係

本會自陽曆十二月初旬成立以來，發刊草章，布告學界，並爲意見書，續布至第六次。洎文部省省令、解釋登載各新聞後，學界紛擾，猶未甯止。而本會認爲，原章目的已達，應即勸告各校同學一體上課。於是更以二十四日改定會章，設立事務所於牛込市谷藥王寺前町七十一番地。此本會先後成立之始末也。本會宗旨，終始一貫。對於外部，以免實益之妨害而止，不爲意外之要求。對於內部，則熱望秩序之回復，而任維持之責。此外，有他團體行動，生他種關係，本會既不負責，亦不與聞。惟當本會第二次改定會章之時，適爲聯合會運動省令延期之日。兩相錯迕，謡啄斯生，以謂本會成立，若爲延期請求之障礙也者。厥語無根，謹辨之如左：

一、本會非自今日伊始成立，月之初七，本會即刊訂章程，宣告成立。而第一意見書，亦即於是日發布。特以其時爭點最烈，懼啓鬩墻之釁，故未設立事務所，及著手勸告同學上校等手續耳。然其時外間尚未爲請求延期之運動也。本會既成十餘日，而後有請求省令延期者，故不問延期之利益若何，其事之諧否若何，皆不得與本會有關係。

二、本會不能待延期可否之決定而後勸告上課。延期之於學界損益亦姑勿論，但其事必經再四之手續，而尚在不可知之數。如必待其確定，始勸告上課，爲少數運動人計，固甚善也；爲多數留學計，則將視延期一舉以爲進退，一不得當，甯能盡喪我留學前途而相率歸去乎？抑隱忍不較而靦然爲修學之事乎？夫省令解釋而後，我之妨害既去，我之目的已達，而必更執他不可知之問題爲必要之期望，自取慙訴，未免無聊。此本會所以不能更待而率先勸告上課者，事實上則然也。

三、本會未嘗與延期請求之事實有關係。本會對於文部省令以得解釋制限適用之範圍爲目的，始終不易，未嘗有他種涉外之活動。即對於各校極端主張者，亦非立於正反對之地位。凡所發表，以明真理所在，及一切利害得失之所存，而非爲意氣興戎以求必勝。故本會雖聞有爲延期之請求者，然事之成否，既於本會宗旨無關，則聽其自然，不過問也。彼能使日人有延期之説者，自必以極力之運動、更端之交涉而得之；而我未嘗與日人有所運動交涉，則日人必不因我而輪罷其原議也甚明。如曰日人見有勸告上課者而即不爲延期，是有人既因於一方停課、退學者而轉圜，又因於一方勸告上課者而固執。舉動輕易，恐在上者無此政體，在下者亦無此輿論也。故欲問本會成立爲省令延期之障礙否，則必問本會有涉外舉動爲彼請求之障礙否，而此固不待辨也。

四、延期之請求不承諾，不得以本會爲藉口。由上言之，則延期請求之事，直與本會無關，而爲延期請求者，固不可必得者也。不可得而無以自解於其人，則不能無所藉口。而以其人熱望至堅之事，諉爲被一團體之阻礙而無成，既可以卸一身之責，而又將以挑反對之怒。其政策未嘗不工，而本會則有種種事實之證明，斷不甘受也。

括要言之，本會宗旨在維持學界，增進利益。其有目的所不存、手段所不及者，但求於本會宗旨不相妨害，本會亦決不干涉。不察本會之苦衷，而以本會爲敵，一策畫之無功，則以爲實生阻力，是大戾於情實。故本會不惜楮墨，竊就一事而竟言之，倘亦同學所共諒也。

維持留學界同志會第十次意見書

維持留學界同志會之本意

本會以十二月初七日而成立，以二十五日而擴充。其宗旨單純不駁，其目的始終一貫，懼客觀者之有所蔽也，謹以本意竭誠布告於左：

一、謀留學之利益　自事之始起也，議論即分兩歧：一、國體論；二、留學利益論。本會之本意，即純一主張留學利益論，而極排斥國體論者也。其認此事無關國體論之理由，具詳於十二月十三日第六次意見書，題爲嗚呼我同胞之心理進步歟退步歟，其論點在辨此問題爲學界上問題，非國際上問題。我同學而猶欲持國體論也，必先辨此而後可；否則，國際論爲不堅易破之説，而當爲人人所否認者也。近人多據中村進午氏之論著，以爲日本學者亦表同情於我。然中村氏所言者，在認第一、第九、第十諸條爲侵害留學生之利益，未嘗有一語云『有辱國體』者，是仍留學利益論也。本會既主張留學利益論矣，故於文部省令第十九號有損吾人之利益者，未嘗不主力爭。其與他團體所主張極相背馳者，在爭其全部與爭其各條之異耳。主國體論者，其結果欲爭其全部；主留學利益論者，其結果欲爭其各條。是故自文部省爲省令之解釋，而本會認爲目的已達，無他，以吾人有關之利益各條，其範圍已明確故也。此本會所據以爲爭之理由也。且主張國體以爲爭者，爭之不得，則宜全體歸國，誠如所謂學問固急，國體尤重者也。而主張留學利益論以爲，爭者爭之不得，固可拂衣而去，而非本會所極端贊成者，蓋吾人之利益，莫大於劬學，而生活上之自由次之。如居住自由等事，夫固有因生活上之不自由而至於不能劬學者矣，然一日不至於廢學，猶將孜孜焉。是故，本會之本意，雖與之爭而決不至於停課，不至於退學，不至於歸國。何也？以吾所認爲，最大之利益者，惟劬學而已。苟能達此，甯犧牲其他生活上之自由。此比較上則然也。故曰本會爲單純主張留學利益論者，未嘗稍參以國際上問題也。且本會對於國體論者，必加以極端之辨距，而又抱無窮之憂懼。辨距之説，第六次意見書詳之。至憂懼之本懷，則猶若鯁在喉，茹而不吐。蓋無關國體之事，認爲有關國體而爭之，其認錯題目，而必至於失敗甚明。失敗之後，憤然而歸，此本會所深哀其誠，而甚悔忠告之太晚者。若失敗之後，窮途望絶，而悔昔日之操持過激，則禍患中於人心良非淺鮮。何也？

其氣一餒，今後雖遇有關國體之事，猶將趦趄不前，或爭矣而中途悔怠，則是並吾人愛國之熱誠而澌滅之也。是故，本會爲豫言：於此今後，遇有關國體之問題，豈惟將以去留爭之，且將以死生爭之。而對於此次之問題，則在使人人知爲留學利益問題，而非國體問題。必先辨此而後可語轉圜，可語結局。否則，於國民之心理上，將生無窮之障害，而爲日本會所必爭者也〔一八〕。

二、以發揮真理爲目的　夫事不辨其是非曲直，則真理蒙晦而不可見。此事之祇關於留學利益，而無關於國體，如第六次意見書所述，其淺顯若此；如上所述，其不可不辨也又若此。而至於今猶有主持國體論者，何也？則以起事之際，未嘗討論時代而遽入於決議時代故也。夫法律、命令最費解釋，而命令之解釋尤與法律不同。法律可用法理解釋，學者對於法文以所主張之法理解釋之，不必遵求立法者之意思。命令解釋，則無法理解釋，祇有立法解釋，純出於發此命令之人之意思，非他人所得而揣測。是故對於文部省令第十九號，欲爲立法解釋，非文部省自爲説明不可。如『性行不良』之範圍，清國公館之所指等，是非吾人討論所能及。至於論理解釋、文法解釋，則吾人所當討論者也。乃十二月二、三日間，路鑛學堂首倡停課之議，他學校以次開校友會，皆有提議而無駁議，發起者純出於愛國之熱腸，而未暇研究其内容。贊成者亦羣以爲國體所關，不容有異議。有疑問者輒擾亂以中止之，甚或强迫，不數日而全體停課矣。我同學請平心思之，當時曾有懸此省令於心目間，而逐條研究，以爲論理解釋、文法解釋者乎？然則，真理不顯，亦何足怪？夫因此而全體停課，所損耗者已不少矣。至因此而全體歸國，而又以難於實行之故，留者自留，歸者自歸。其歸國者，猶以爲因爭國體而去也；其留者，則以求遂其學之故，至辱國體、喪主權、損人格，猶將忍尤含垢而不辭。本欲出其所學，以爲國光，而今乃若此，將何以對祖國？又何以對良知耶？是故，此事所最急者，在明辨是非，真理一日不顯，公論一日不定。本會之迭次意見書，不惜危言苦口爲同學告者，良以此也。而對於持國體論者，尤望其勿矜意氣，而能受直言。蓋誤解必不足以獲良果，與其折於勢，孰若折於理？與其折於異國政府之强硬，孰若折於同胞之直言？此本會同人所爲艱難百折，甯以死繼之，而必欲達其目的者。若以爲憤忠言之不見容，而欲矜意氣之獨伸，本會同人雖犯此嫌疑，而義所必不敢受。蓋苦衷不白於天下，亦何足惜？然因而國體論遂若戰勝，則於現在、將來，均有無窮之障害。此所以躊躇往復，不敢安於中，非好辯也。

三、融和同學之感情　自有留學生團體以來，感情之決裂潰散，未有甚於今日者也。夫同國之人，遠適異國，而又氣類同，目的同，其互相愛重，本自然之勢。而往往有致齟齬者，推其原由，大抵關於公共問題意見參差，相猜之極，馴至相仇。而此次感情之惡，遥甚於前者，更有特別之故。我同學試默念當日全體停課之時，及其以後之狀况，甯得謂出於人人之初心？固亦有所慴也。然此可得行其志於一時，而必不足以持久。且天下惟情遣理喻乃足以服人，若徒恃以力服之，適足以寒人心，使其解體。過此以往，將使兄弟變爲仇讎，未有能搆而合之者也。嗟夫！來日大難，豈惟對於祖國同舟共濟之事業至繁？即以留學界而論，其須相師友、相兄弟者，幾若呼吸之相連；而中道畔涣若此，窮途之慟，莫此爲甚。本會同人所注意者，第一，須使反對黨許我有發言之資格。第二，須能盡吾言。而第三之點，則在於與異見者肝胆相示，意見相質，以不白之苦衷相告，非第欲早了此問題而已，實以擾攘之後，感情慘戾，痛深者其日久，創鉅者其愈遲，求有以融洽之宜，使人人各盡其意，共喻難言之隱，而有以相慰藉。事後，更當盡於平和之方面，將以慘怛惻隱之誠，而竭匡救扶持之力。舍真理所在不敢遷就之外，務求有以去相矜之意氣，而普相洽之感情，庶向於將來有所倚賴。且此次持國體論以號召同志，應者甚盛。其始終明示以立於反對之地位者，猶易溝連。惟默默之儔，乃最可慮，鑑於恐怖時代之覆轍，其始相避，其終相遠，親愛情誼將以日疏，雖同團體而彼此隔膜，不復聯屬。是故，感情之相戾者固可憂，而怵於事變，感情冷淡者，尤不可無以調和之也。是誠吾黨之責也，是誠吾黨之責也！

以上所述，本會維持之本意大略盡是。嗟夫！事變以來，真有令人感慨無端，俯仰自失者。本會同人，抱無窮之缺憾，懷無窮之後悔。其尤大者，事之始也，同人以爲，祇學界利益問題，而不虞我同學以認爲有傷國體之故，熱誠爆發，一往難繼，事前之綢繆已疏。迨事之殷也，又不能積誠以感動羣聽，所由深自咎責者。自今以往，惟望我同學念同胞之可親，信真理之可愛，相與戮力，以維繫此垂危之局，學界前途，庶有豸乎！

致聯合會諸代表第二書

聯合會代表諸公賜鑑：昨夜辱承過訪，承於『和衷共濟』一語深相嘉納，不勝感佩。諸公苦心維持，凡在學界，莫不悉其熱誠。僕等不能調和於事前，而又竭蹶於事後，所由深自愧赧也。日來所最耿耿於心者，延期之説已成絶望，而取消之説則尚如旁皇九里霧中，無所把持。而時不待人，窮途在即，存亡之機，繫於一髮，不敢不竭誠相告。望諸公開豁懷抱，萬不可疑僕等有爭勝之意。蓋此次僕等實處嫌疑之地位，知延期之無望，而即以省令解釋爲已達目的，與聯合會異其目的之處，即似與聯合會爭勝之處也。然僕等萬不敢存此心，抑萬不忍存此心。肇事以來，始終斡運其間者，惟公等而已。團體如是之大，影響如是之遠，倘其結果堂皇滿足，豈惟諸公樂觀其成，即僕等始終與聯合會意不同者，亦欣欣望之。何也？目的不同，而爲中國人則同。吾輩對於外國人一舉一動，心所懷企者，在有嘉譽而無惡聲。個人且然，何況團體耶？然僕等所以迫不及待而鋭然組織斯會者，時日已迫，待無可待故也。觀夫本會，以十二月初七日起點，至十二月二十五日而始實施，其中遲延之故，區區苦心，當可相諒。今後倘能與聯合會以好機遇而與諸公以助力者，無不竭力爲之，期相與有成。而尤望諸公念大局之垂危，爲留學界計，爲吾國前途計，忍辱負重，甯犧牲一時之虚榮，則收拾轉圜，倍易爲計，此心恨不能掬以相示。故第一之懷望，在諸公不疑僕等爲有爭勝之意也。第二之懷望，則願諸公毋希望外國人而親愛同胞。今日本人自政府以至政黨，暨新聞記者等，有一可信者耶？持侵略主義者，則挾壓制政策以爲嘗試；持吸收主義者，則利用吾等衆望所注而謀有以結其歡心，朝三暮四，甯可究詰？希望助力，而陡增熱度，迨乎失望，則非此次立會，雖不肖辱爲同胞，至於僕等，靡有甯晷。如是循環，又生無窮感慨。甘以至今茲，或哀喻婉諷，其間或危言深論，求悟羣聽。無非抱持孤詣，欲樹敵，深覺有不我遐自與諸公相晤，言之可傷。憂心沈鬱，謀有以補救於將來，犯嫌疑，不再存猜疑之念。以爲學界盡力，開誠布公，伏望鑑其苦意，彌生感戚。棄之意，維持學界同志不知所云。臨書悽愴，傳語會員諸君。並乞以此意，則幸甚幸甚！會公啓。

維持留學界同志會職員會員公鑑

本會成立以來，入會會員日多，言文舉動若不注意，必致有害同學感情，並與本會維持秩序之旨相背。茲特舉三事，相約如左：

一、本會職員對於會外團體及個人言論，當矢誠忠告，不得譏諷嫚罵。

二、本會職員、會員不得以個人意見，用本會名義發表文件。

三、本會職員、會員除會外人以暴行相加，得用正當防衛之外，不可爲非禮之舉動。

維持留學界同志會公啓

啓者：本會自成立以來，入會者已達二千餘人。本會既以維持自任，當急籌回復秩序，並各同學上課事宜。兹將近日著手實行最要條件通告如左：

一、經此次擾攘，各省同鄉會及各校校友會，多有因生衝突而破壞者，請同志諸君更相聯合，重謀組織，以恢復舊日之秩序。浙江省等已開會決議全體上課，并彼此轉告，爲上課之預備。

二、已請總監督暨各校校長商酌，爲我同學之利便，各校各班同時與復有志留學者，可就原入學校發書報名。即已經退學者，亦無限制，可一體上課。其有專爲我國學生設立之校，因歸國有人，班次不齊，即可要求學校設法改組。其新來東京願入校者，則照常通名於總監督處。

關於上之二節，須按切情形，分别辦法。本會已特派員調查一切，但猶恐未盡周洽，故更爲此通告。同學諸君若有意見，尤以不吝教爲望。

陽曆十二月二十九日維持留學界同志會同人公啓。

評議會發佈

文部省令頒佈取締清國學生規程，我學界同聲反對。始而聯合會立，認定規程純出惡意，以不取消即歸國辦學堂爲宗旨。繼而會館總會成立，亦與聯合會宗旨吻合。全體同胞，一德一心，純抱對外之主義。最後有維持學界會出，又以不必取消，亟亟上課爲宗旨，與總會、聯合會大相反對。以僕等觀之，會雖爲三，其爲祖國謀，則無二致，不過所見各殊耳。在總會、聯合會之意，不肯辱國體、損主權、失人格，而欲伸士氣，以爲强國之基礎。故報告一出，大衆樂從。在維持會之意，以爲我國多事，需才孔亟，不肯使一般學生半途而廢，故報告出而從者亦有人。倘所謂殊途而同歸者非耶？無如各執一見，底於極端，是非不明，終無良果。以同胞留學異邦，漫爲爭競，互相攻擊，適足貽外人之訕笑。僕等覩此現象，不忍坐視，因組成評議會，樂從者多人。其宗旨在調停，務期和衷共濟，勿輒參商，同達强國之目的，則學界幸甚，祖國幸甚。

評議會會員公啓。

規　則

（一）本會以聯絡團體、勿傷感情爲目的。

（二）本會認聯合、維持兩會均爲公益，務求消融意見，不致互相衝突。

（三）本會對於兩會，研究公理，竭誠勸解，不得膠執己見，顛倒是非。

（四）本會擇善而從，不挾己見。同人如有善策及兩會意見書，均交書記保存，以便日後從容評議，廣告海内。

（五）本會舉幹事，每日常住會，以專職守。

（六）學界此次抗爭，既文部省説明，不得謂無成效。如此後欲繼續以達目的，不可主張極端手段，破壞團體。

（七）同學諸君，如有公認本會宗旨爲正當者，請每日至會館評議會書記室報名，共籌辦法。

（八）聯合會前所布之自治規則，如果擴充改良，繼續施行，本會認爲有效。

二十五日，陰。午前，接見學生。蘇、皖、川、鄂、晉、豫諸省學生均有人來。據言，此次學界風潮，大概分爲兩派：一派主張歸國者，一派主張上課者。該兩派人互相軋轢，遂致勢成犄虎。自前十餘日各校學生總代會議決定上課主意後，主張歸國之説者已漸少矣。又言，陽曆十一月二十八日，中國留學生五百餘人，設事務所於赤阪藥王寺前町，決議歸校，互相勸勉。自是，遂分歸校與歸國爲兩派，大生衝突。留學生會館内，每日聚集兩派學生約數百名，互相爭論，各於壁上徧貼檄文，以冀勸人附入己派。於是，一派學生所貼檄文，又爲反對派學生扯去而焚化之。常有於中夜或黎明時，私往扯去反對派之檄文，而將己之檄文貼於壁上者。如此互相扯毁，擾擾不已。某早六點鐘時，有歸校派之學生一人，潛往會館，意欲貼其檄文於壁上。不料，已有歸國派之學生八九人在。互相爭辯，歸校派雖只一人，然以其勢甚鋭，竟得達其目的而去。不旋踵，而其檄文已爲反對派所扯去，紛擾之狀，幾至難於形容。日前傳言，中國政府已在上海預備拘捕歸國學生，因此歸國派之氣焰稍衰。忽有人主謀，派員往滬偵探。旋得報告，並無此事，全屬謡言。於是歸國派復倡言於衆：『凡我同志諸君，務當堅力團結，勿屈於壓制政府之下。』且以此數語，大書於會館壁上，以冀恢復其同志之氣焰。越數日間，維持會即歸校派多附和，聯合會亦漸軟弱。又有人出而組織一評議會，復繼以調停會，遂化激烈爲和平。昨、今調查，各學校已上課者有七八成之譜，似不致再生枝節耳。午初至堇館，偕渭甥坐電車神田永興館答殷可亭。過成昌樓，午餐。本鄉伊勢榮館答劉皓如，愛宕館答錢念慈、文小奇。適三欽使隨員到京，晤文法和廷楷、陳幼庸、趙仲宣、王侃叔、劉模生諸君。冒雨而歸，屨換電車，衣履俱濕。

二十六日，陰。晨起，接見皖、晉學生，又有南通州習薦學孝廉名觀樞山西佐職來謁。午間，約川、鄂留學諸君聚飲於味蒓園，告以皖生均上課。飯後，遊靖國神社及九段勸工場。又訪尾崎氏，出示請廢警視廳之請願書，譯之如左：

以警視廳爲不便而議廢止者，世論同出一轍，故今已無容反覆絮述其廢止之理。但就大綱論之，可分爲四項。試署述如下：

第一、（不伴時勢之進運。）日本警視廳之制度，在明治初年，政府之威權未立，當中央集權政治之時，化容有必不可少之處（一九）。然至進運日新如今日，則警視廳制度非但不便，實亦無所用之，當局者又焉用此贅疣爲？

第二、（有權力濫用之弊。）警視廳創設之趣旨，已如上所述。即使政府隨時勢之進運，漸次改良其制度，然終視此爲獨立之官衙，勢必有濫用權力之弊。況乎警察權與凡百行政權異，不受法規之束縛，往往以保持公共安寧之一言爲藉口之資因，毅然行其干涉主義，妄用權力，致釀不測之危險。此等事已數見不鮮，今爲革弊計，若使此警察事務與各官府同屬知事之掌管，則以知事爲凡百行政之樞，可以管轄警察事務，不使偏倚之弊竇，則權限分明，庶幾不至濫用乎！

第三、（礙事權之統一。）東京外之各府縣，每由長官執行一般之行政事務，即警察事務亦使之兼掌。故其組織簡明，有克保統一事務之便。獨至東京市則不然，府知事與警視廳，實兩兩對立，不特在事務執行上有多少不便，且市民彼此分心，莫知所適從，其害可知矣。

第四，（無獨立官衙之理由。）然政府在今日尚欲保存此無謂之制度，其所以欲保存者，蓋爲日本帝國首府，不特警察事項爲多，且高等警察有不可缺之理由，故不得不保存爾。然警察之事項誠多，亦宜別置一相當之吏員。況在東京之高等警察事務有政府直轄之，存其利，去其弊，亦未始不得其宜。由是觀之，此警視廳爲獨立之官衙，固居今日處此國之人所百思而不得其解矣。

統觀以上四項，警視之廢止，固已輿論翕然矣。使及今不廢，不特無以服輿情，洽公論，其如政府失策流弊無窮何？且舊日警視廳頗著威信，近今則大非昔比，市民對之毫無信賴之感念。及時而廢止之，亦改良行政事務之一端。至此外須整理之事，不遑一一枚舉矣。

二十七日，晴，即陰。晨起，接見皖、晉、蘇、鄂諸生，閱朝日新聞，載日清條約，全文譯之如左：

正　約

大清國大皇帝陛下、大日本國大皇帝陛下均願，妥定光緒三十一年八月初七日，即明治三十八年九月初五日，日俄兩國簽定和約内所列共同關涉各項事宜。兹照上開宗旨，訂立條約。爲此

大清國大皇帝陛下簡授欽差全權大臣軍機大臣外務部尚書會辦大臣瞿鴻機、欽差全權大臣軍機大臣總理外務部事務和碩慶親王、欽差全權大臣北洋大臣太子少保直隸總督袁世凱，大日本國大皇帝陛下簡授特派全權大使外務大臣從三位勳一等男爵小村壽太郎、特命全權公使從四位勳二等内田康哉爲全權大臣，各將所奉全權文憑，校閱認明，俱屬妥善，會商訂定。各條款開列於左：

第一款

中國政府將俄國按照日俄和約第五款及第六款允讓日本國之一切概行允諾。

第二款

日本國政府承允，按照中俄兩國所訂借地及造路原約，實力遵行，嗣後遇事，隨時與中國政府妥商釐定。

第三款

本條約由簽字蓋印之日起，即當施行。並由大清國大皇帝陛下、大日本國大皇帝陛下御筆批准，由本約蓋印之日起兩個月以内，應從速將批准約本在北京互換。爲此，兩國全權大臣繕備漢文、日本文各二本，即於此約内簽名蓋印，以昭信守。

大清國欽差全權大臣軍機大臣外務部尚書會辦大臣瞿鴻機
大清國欽差全權大臣軍機大臣總理外務部事務和碩慶親王
大清國欽差全權大臣北洋大臣太子少保直隸總督袁世凱
大日本國特派全權大臣外務大臣從三位勳一等男爵小村壽太郎
大日本國特命全權公使從四位勳二等内田康哉
光緒三十一年十一月二十六日　立於北京
明治三十八年十二月二十二日

附　約

大清國、大日本國政府爲東三省地方，彼此另有關涉事宜，應行定明，以便遵守起見，商訂各條款開列於左：

第一款　中國政府應允，俟日俄兩國軍隊撤退後，從速將下開各地方，中國自行開埠通商：

奉天省内之鳳凰城、遼陽、新民屯、鐵嶺、通江子、法庫門，吉林省内之長春（即寬城子）、吉林省城、哈爾賓、甯古塔、琿春三姓，黑龍江省内之齊齊哈爾、海拉爾、愛琿、滿洲里。

第二款　因中國政府聲明，極盼日俄兩國將駐紮東三省軍隊暨護路兵隊從速撤退，日本國政府願副中國期望，如俄國允將護路兵撤退，或中俄兩國另有商訂妥善辦法，日本國政府允即一律照辦。又如滿洲地方平靖，外國人命、産業，中國均能保護周密，日本國亦可與俄國將護路兵同時撤退。

第三款　日本國軍隊一經由東三省某地方撤退，日本國政府應隨即將該地名知會中國政府。雖在日俄和約續加條款所訂之撤兵限期以内，即如上段所開，一准知會。日本軍隊撤畢，則中國政府可得在各該地方酌派軍隊，以資地方治安。日本軍隊未撤地方，倘有土匪擾害閭閻，中國地方官亦得以派相當兵隊前往勦捕。但不得進距日本駐兵界限二十華里以內。

第四款　日本國政府允，因軍務上所必需曾經在滿洲地方佔領或佔用之中國公私各產業，在撤兵時悉還中國，官民接受其屬，無須備用者，即在撤兵以前亦可交還。

第五款　中國政府爲妥行保全在東三省各地方陣亡之日本軍隊將兵墳塋，以及立有忠魂碑之地，務須竭力設法辦理。

第六款　中國政府允將由安東縣至奉天省城所築造之行軍鐵路，仍由日本國政府接續經管，改爲專運各國工商貨物。自此路改良竣工之日起（除因運兵回國躭延十二個月不計外，限以二年爲改良竣工之期），以十五年爲限，即至光緒四十九年止。届期，彼此公請一他國公估人，按該路建置各物件，估價售與中國。未售以前，准由中國政府運送兵丁餉械，可按東省鐵路章程辦理。至該路改良辦法，應由日本承辦人員與中國特派人員妥實商議。所有辦理該路事務，中國政府援照東省鐵路合同，派員查察經理，至該路轉運中國官商貨物價值，應另訂詳章。

第七款　中日兩國政府，爲圖來往輸運均臻興旺便捷起見，妥訂南滿洲鐵路與中國各鐵路接聯營業章程，務須從速另訂别約。

第八款　中國政府允南滿洲鐵路所需各項材料應豁免一切税捐釐金。

第九款　所有奉省已開辦商埠之營口，暨雖允開埠尚未開辦之安東縣、奉天府各地方，其劃定日本租界之辦法，應由中日兩國官員另行妥商釐定。

第十款　中國政府允許設一中日木植公司，在鴨緑江右岸地方採伐木植。至該地段廣狹、年限多寡，暨公司如何設立、一切合辦章程，應另訂詳細合同。總期中日股東利權均攤。

第十一款　滿韓交界陸路通商，彼此應按照相待最優國之例辦理。

第十二款　中日兩國政府允，凡本日簽名蓋印之正約暨附約所載各款，遇事均以彼此相待最優之處施行。

本約由本日簽名蓋印之日起即當施行。並本日簽定之正約，一經批准，本約亦視同一律批准。

爲此兩國全權大臣，各奉本國政府合宜委任繕備漢文、日本文各二本，即於此約内簽名蓋印，以昭信守。

大清國欽差全權大臣軍機大臣外務部尚書會辦大臣瞿鴻禨
大清國欽差全權大臣軍機大臣總理外務部事務和碩慶親王
大清國欽差全權大臣北洋大臣太子少保直隸總督袁世凱
大日本國特派全權大臣外務大臣從三位勳一等男爵小村壽太郎
大日本國特命全權公使從四位勳二等内田康哉

光緒三十一年十一月二十六日
明治三十八年十二月二十二日　立於北京

午前，安徽同鄉開歡迎會於清風亭。余莅會後，演説此次退學之得失及將來留學之利弊。大意注重學生自治規則，又提議創辦兩江留學生會館並附屬學校事。擬於新年開墾親會，徧請三省留學諸生酌議辦法，不獨爲外界結團體，且欲爲内界泯爭端，於學界上影響最捷，效果最多，衆論翕然。皖生原有二百四十八人，官費散見於各省所派，本省甚少，地方公費只四十人，私費居其多數。現在歸國約五六十人，留學約有一百八十九人。惟歸國人之姓名尚未調查明晰。兹將上月初同鄉會捐簿姓名抄録如左：

程家檉　高逸　戴贇　方時簡　方時翮　方樞　蒯壽樞

龔圓常　孫方尚　潘贊儀　金家爵　金　蘭　石德純　李炳春
陳從義　鄧質儀　汪　瑩　程良楷　姚　薰　吳和翻　張齡永
汪爔芝　權道涵　張先春　趙宋卿　葉克敫　張祖桐　徐　鵬
孫　開　范　磊　裴豫祥　吳長齡　郭廷康　王天培　孫　啓
孫方瑜　李德瑚　王化崇　李乾璜　張登瀛　劉屏周　張家騮
鄭　瑞　姚　震　朱　英　黄崇堅　王　賡　施錦淙　余恭保
胡萬泰　虞維鐸　馬　林　葛光廷　吳建忠　劉　焕　劉金選
孫允珩　史浩然　汪之鈞　潘世杰　王恢善　史悠暹　張　基
吳良駒　張家翰　蘇穎達　程明理　王善達　劉國棟　高蔭藻
傅家珍　丁緒餘　段光融　龔維疆　聶憲藩　孫　元　朱含芳
李國熙　張殿魁　陸明友　吳長琥　吕輝獄　汪思全　吕學沅
闞　鐸　吳家鈞　徐紹端　趙爾枚　牛　弘　王定國　張國鈞
周德堯　鄒賡昌　吳炎世　姚和羹　羅厚焮　方庚源　周儒楷
黄堉元　奚荔生　羅運松　羅會珪　楊嘉紳　汪福壽　胡國鈞
吳光華　王昺坤　張貽惠　后大徑　江洪杰　沈　戟　徐夢蘭

光晟　夏道泮　王維琛　徐光煒　段瑞蘭　汪芳績　程立
孫毓新　汪應福　項本源　段雲　張銘三　孫型方　房廷璋
王之楨　朱蔆漢　康達　康尚黄　虞克棟　孔憲延　蘇錫衡
何冒英　吳弱男　吳亞男　時芸芬　方佑良　裴炊　裴乾鎔
鮑庚　汪開棟　李衡　李克賢　殷葆田　吳驥良　張瑞麟
章克昭　傅卓夫　謝家鴻　王盛銘　高道源　石亮義　張采臣
晉麟　張起元　張家亨　汪樹德　陳炳徑　李作賓　程恩普
程維屏　丁象謙　茆獻宗　胡清澍　葉良　劉昭蔭　黄建寅
王榮堂　俞道暄　郭霖　汪紹杰　方震甲　王良弼　單啓訓
潘光祖　汪聿修　張石槎　劉錡　許成才　莊化西　劉屏翰
張堂榮　吳承志　方新　楊讋龍　徐方漢　張海潮　胡宗翰
汪宗堯　汪行恕　劉裕堪　吳景澄　胡遇璜　王作梅　朱正本
孫象震　江煌　金鼎彝　鄭遐濟　葉崇榘　黄璧　宋邦翰
張鼎勳　蒯先承　張壽熙　陸紹武　單啓鶴　張傳禮　徐光模
單師玉　陳龍章　楊立奎　湯松年　韓世英　朱紹文　余繩鎮

潘承烈　段志超　江　誰　胡寅旭　張鴻鼎　趙本照　程杏書
湯　敏　吕烈熙　江　杰　吴隆頤　戴以麟　陶　常　馬光祖
方體華　陸樹藩　吴慶龍　張　珽　汪仁暉　施　普　黄位堃
胡虞賓　周大受　張承典　何炳庚　張少涵　徐本森　葛　鼎
朱成勳　孫　樺　孫　檮

午間，同鄉會職員方時簡、方時翮、王賡、汪犧之、吴炎世、權道涵、江洪杰、孫方尚等暨張公亮公宴於憶蒓園。席間，商酌新年懇親會、發郵片、登報紙各事。傍晚，訪馬相伯，中央館住一宿，即遷築地法國飯店。已往箱根遊日光去矣。聞昨日憲政本黨及政友會均開大會於東京。訪大隈君，談政友、進步、大同、政交及無所屬各黨派交涉會之現狀頗詳。常任委員之選舉，各部俱聯合政友、進步兩黨，以圖專據。自昨年來，在同政會、大同會及中立派等人議決，一概不得讓權。故近日大同俱樂部鑑此情形，大有反對之勢云。又出示帝國議會開院詔敕文，譯之如左：

茲朕奉行帝國議會開院之式，告爾貴族院及衆議院各員。朕賴文武臣寮及各員之翼贊與民庶之忠誠，爰戢干戈，以致昇平。既與俄國修交鄰之誼，復與英國協約，幾經改訂。其他與訂盟各邦之交際日益親厚，朕深幸之。日本與朝鮮之關係，經數次協約，交誼愈見密切。從今以後，益敦友好，以盡指導啓發之道。卿等其共勉之。朕命國務大臣，就明治三十九年預算案及法律案均付議會決議。卿等克鑑國步之進運，期大成於前途，其各和衷協贊，竭力匡輔，以副朕望是幸。

日本帝國議會開院式次第：（一）年前十句鐘，兩院議員齊赴各所屬之議院中。（一）午前十句三十分鐘，東宫並親王、王内閣總理大臣暨各大臣、樞密院議長及副議長、樞密顧問官齊集貴族院中。（一）同時御駕出宫，行幸貴族院。（一）貴族院議長、兩院副議長、書記官長、書記官整列恭迎於議院門内。（一）貴族院議長恭迎御駕，導入便殿。（一）駕臨便殿後，兩院議員各從其議長指揮，依式場圖整列。（一）式部長奏請駕出。（一）駕出式場，式部長先導東宫並親王以下扈從。（一）駕臨玉座，各員行最敬之禮。（一）總理大臣奉進敕語書。（一）敕語。（一）議長及議員静聽敕語畢，再行最敬之禮。（一）貴族院議長進御座前，拜受敕語書復位。（一）返駕。式部長先導東宫並親王以下扈從。（一）還幸兩院。議長、副議長、書記官長、書記官整列恭送於議院門内。（一）還幸後各員始散。

貴族院議員心得：（一）服式：有爵者文官現任，着大禮服。陸軍將校，正裝。

海軍將校，正服。其餘人等，尋常禮服。錦鷄間（宫中地名）侍從之敕任官，用大禮服。（一）尋常禮服，佩用徽章。（一）參集之議員，午前十時入貴族院門，從玄關門進（正堂入口之門）。（一）參集之時，入玄關門左折，至接收名片所投呈名片。然後依定位次，各入其室。（一）外套必脱，置於車中。（一）車馬之次序，一依守衛之指示。（一）各議員從議長之指揮排次，從東側門入式場。（一）各議員禮畢始退。

衆議院議員心得：（一）侍候錦鷄間之文武官及有位者，均穿大禮服。其餘人等，用尋常禮服。（一）有勳章者佩用本綬。（一）參集時，先在玄關門側投呈名片。（一）第一摇鈴，齊集議場，由議長先導，依次入式場。（一）禮畢，退出。

第二摇鈴，再集衆議院議場。

二十八日，晴冷。昨晚九時四十五分，地震約六七分鐘。晨起，偕吴監督往新橋停車場，迎澤公、李常卿、尚方伯，日皇特派花房宫内次官珍田、外務次官、憲兵司令官、警視總監、東京府知事、東京市長等前往招待，東鄉大將亦往迎。楊公使陪三欽使乘馬車至芝離宫，照皇族例接待，預備芝離宫，即日皇之别館。各員尾隨而至，一一接見，行屈膝禮，鵠立須臾，概未問話。巳正二刻，各員散歸。日本政府派警察官及巡查守宫門，我輩入内皆舉手。宫内西式樓閣，裝飭富麗。花園極其宏闊，宫墻外即東京海灣，可通輪舟。午初，至銀座松島店及日本橋三井吳服店購物。又至日本橋區本町三丁目十七番地金港堂，暨日本橋新右衛門日本書籍株式會社，並至該社東部書館，調查文部省改訂教科書新印本，購尋常高等小學教科書定本數十種。又至京橋區新殺町冲商會晤冲 馬吉、林 五十三。購電話、電鈴、電氣數品。過風月堂午餐，回寓。有晉生送酒食來。

二十九日，陰。閱讀賣新聞，報載：前日晚間，弘文學院、同文書院、經緯學堂、東斌學堂、大成學館、濟美學堂、鐵道學校、早稻田大學、法政大學、成城學校、實踐女學校等代表人十四五人，會集於飯田町富士見軒，互示中國學生之復校人數。其中，惟同文學院有三分之二復校。此外，復校者皆三分之一有餘。

又閱日日新聞，報載：東京府之富力統計。〇國民倶樂部之高橋 秀臣 君，日來就戰後經營之計劃，分本國之富力爲：（一）土地。（二）家屋倉庫及其餘建築物。（三）家財及美術品。（四）家畜及其餘動物。（五）礦業。（六）水産。（七）鐵路、電信、電話、電氣及水道。（八）船舶。（九）金銀貨幣及金銀塊。（十）公司銀行事業。（十一）各種貨物、商品以爲材料，將向各府縣次第調查云。就中東京府之富力，擘分如左：

東京府之面積百〇二方里，郡八，市一，町二十，村百五十七，人口二百五十三萬二千六百七十七人。內東京市人口百九十三萬二千九百八十九人。

東京府之富力，十五億五千七百四十七萬六千三百八十二元九角一分。內土地三億三千一百五十七萬九千五百四十二元；家屋倉庫及其餘建築物千五百九十二萬九千四百元；家産及美術品二億七千五十五萬六百三十元；家畜及其餘動物六十四萬四千二百八十一元四角四分〔二〇〕；鑛業無；水産八百二十二萬五千四百八十四元四角；鐵路、電信、電話、電氣及水道七千八百二十萬七千八百四十八元；船舶四千一百七十四萬七千四百三十五元一角；金銀貨幣及金銀塊二千一百六十四萬一千八百八十八元二角；公司、銀行事業二億三千五百三十三萬七千八百八十五元；各種貨物商品三千三百五十八萬一千九百八十八元七角七分。

巳初，偕茀丈至神田鍛冶町三丁目謄寫堂，購印字版、印油紙件。又至沖商會定製電鈴盤。過風月堂，午餐。又至森田家，託定製千倉徽章。傍晚，孝寬、孝遠、韵生、渭漁、璧城來。

三十日，陰。閱朝日新聞，報載：朝鮮統監府官制業已編定。本統監府於統監之下，置敕任總務官，即擬定前大坂市長鶴原定吉任之。又，在朝鮮，度支部之度支顧問部，及朝鮮内部之警務顧問部，均應廢去。另於統監府下設立財務部、警務部及通信部，各置敕任之部長。聞得財務部長以現度支部顧問賀田種太郎氏充之，警務部長以現警務部顧問丸山重俊氏充之云。

午後客來，循例辭歲。晚與苐丈對飲。

丙午元旦。大雪中，東官紳來賀。午後一時，假座牛込區赤城元町清風亭開新年懇親會。先期徧邀三省同鄉，到會一百餘人。先由幹事王君賡報告本會之緣起，予復演説留學生總會館沿革。憶自辛丑冬與諸生創設是館，彼時，我國留學生只二百六十七人，吾皖僅十五六人。壬、癸、甲、乙四年間，余復奉公東渡五次，目覩留學界之發達，日勝一日，迨去冬竟有八千餘衆，可謂盛矣。獨不解從前少數人而能組織此會館，今以多數人而反不能保存此會館，且欲將會館退租，是誠何心？衆口皆塞。因又提議創設兩江會館，附設學校事。意謂總會館是全國留學生的一個大樞紐，各省人數既多，究竟散漫，非各省結成小團體，由小團體再結成大團體，斷不能成一堅固安穩之團體。此分會館之宜急設也。總會館所以轄全體，分會館所以聯省界，其勢實相輔而行。至附設學校一節，緣以現在游學諸生，無論官費、公費、私費，其中達材成德固不乏人，然於普通科學毫無根柢者，亦復不少。言語不通，造詣不同，遽入日本學校預備普通科學，仍須先習語科，其計殊覺失當。今我中國各省學堂，如果設立預備游學科，專習普通科學及各國語言文字，立法不難，成效甚難，教習尤不易聘，恐一時未能美備。是莫若就外國立一學校，祇須經理得人，規模定可完善，教習就地取材，任我選擇，脩薪較聘至中國更廉數倍，此亦因時變通之法。然若奏歸官辦，其中窒礙甚多，惟附屬於會館，或可持永久而圖精良。普通班外，仍可附設小學，注重中文，准商家子弟入學讀書，將來商家子弟必不致有僅識洋文、洋語而不解中文、官話之弊。是豈獨爲學界與商界聯絡起見？且可造就無窮人才。現在日本教育專賣家甚多，倘有干涉校務，商家全體均可出而抵禦，是固不得不作預防之計。但創會館及學校，常年費雖難籌，尚有學費可指定，創辦費頗不易，非賴官力不爲功。玆擬稟懇兩江督憲俯賜提倡，如能咨商江西、江蘇、安徽三省協力通籌，每省籌五千金，合之江甯，可得兩萬金。再由三省官商捐集兩萬金，作爲開辦經費，當可達此目的，不識諸君以爲何如？當時，全體贊成，惟江西南康人湯漪，號斐予，起而反對。羣議咸駁斥之，或諷刺之，彼亦默然無言。該生形似瘋癲，並非據理辯論，不足怪也。是日，蘇、贛兩省人數較少，未能決議。同鄉會兩幹事意欲來日曜日兩省各自開會，便可商定此舉。

初二日，暢晴。午前，謁公使及參贊。又至芝離宫賀三欽使年。晤孔懷、秀峯、幼庸諸人，訪趙康侯，留午飯。子申、茀卿皆至。飯後，同往赤坂增田家，同撮小影。傍晚，汪六園偕姚君震來，商日華學生會事。小宫送標本畫來，閲時事新報，載：東京維持留學同志會於昨日柬邀長岡子爵、梅謙次郎、嘉納治五郎等及新聞社記者，其餘凡有關係於中國留學生之日本講師等於偕樂園宴會。該同志會派留學生代表人數名列席。首先，由熊垓演説一番，初則略表敬意，繼云我輩於文部省令中之一二條，雖有不服之點，然其後經文部公示其解釋，於是不僅我輩之疑念立即冰釋，且反悟此令於留學生甚有利益。今各留學生已絡繹復校，已達本會之目的。此後，所希望於收容中國學生之學校長者，乃在不以他國人之觀念待我輩，當與日本學生同等看待，不獨拘拘於物質的教育，而當努力於精神的教育也。此外，所望於新聞記者者，乃自今以後，凡遇有關於留學生品行之事，須詳細記其人之姓氏與籍貫，否則同姓者甚多，恐他人亦被誤也。次由長岡子爵起而演説，略謂余甚表同意於熊垓氏所説之詞，所望於留學生諸君者，此後切勿再有同盟休學之妄動。苟有不解日本政府之措置之事，則宜按秩序而行事可也云云。於是，主客咸盡歡而散。

日華學生會移檄

吾日、華兩國之交際尚矣。昔者，國家玉帛修好，士民縞紵訂交。故唐代日本遣留學生，史不絕筆。自茲以降，雖世有隆汙，事有得失，然於宋、於元、於明、於清，舟楫往來，冠蓋相望。迨至晚近，復尋舊盟，朝野臣民，相資取善。是以華人負笈東航，來遊東京者，實不下萬人，是不亦盛矣哉！是時也，吾兩國學生之志四方，互相集會，披胸襟，敘款曲，以洽彼我之交情，務期貫通兩國事情，以速將來文明之進步，豈非今日當務之急耶！某等有感於此精神若一，所謀胥同，乃創斯會，名曰日華學生會。傳曰：『善鄰親仁，國之寶也。』吾東亞兩大國之學生諸君，有同感者，其速來會，俾區區微衷始終而有所貫徹也。明治三十九年一月。

日華學生會會則

第一條　本會名日華學生會。

第二條　本會以日、華兩國學生組織之。

第三條　本會圖日、華兩國學生之親睦，兼以開進相互之智德爲目的。

第四條　本會隔月開例會一次，但依時宜得以變更之。
第五條　本會於兩國學生中置若干委員，以經理本會事務。
第六條　本會於主重學校爲補助本會之目的起見，可置委員。
第七條　本會置事務所於左：
東京市神田區錦町三丁目錦輝館。
第八條　本會受日、華兩國有志者之寄附金，以補助費用。

日華學生會發起者

日　本

東京高等商業學校　井上筆次郎
外國語學校　川井光太郎
早稻田大學　川勝藏太
慶應義塾　竹内恆吉
東京高等工業學校　中尾遠太郎
東京帝國大學　工藤十三雄
仝　八並武治

東京高等師範學校　有吉半祐
早稻田大學　三鹽熊太

清　國

成城學校　屠　密
東京高等商業學校　趙保泰
明治大學　張　繼
廣島高等師範學校　李祖虞
弘文學院　夏道南
路鑛學堂　韓汝庚
早稻田大學　姚　震
岩倉鐵道學校　曾鯤化
早稻田大學　蹇念鎰
成城學校　吳永珊
大成學校　承胡喆

東京帝國大學　周家彦

初三日，晴冷。午前，接見學生。有人交閲維持學界同志會告留日同學歸國諸君書。録之如下：

自日本文部省令十九號發布以來，吾留學界感其不便，以停課爭，以退學爭，甚且以歸國爲最後之手段。諸君獨慮空言之不足以動衆，乃謀實踐以爲之倡，激昂慷慨，義不苟留。旬日之間，歸航者踵相錯，此其熱血毅力，甯獨吾同人所敬服，抑亦日本朝野所屬耳目焉！某等雖不肖，同爲中國人，同爲留學一分子，顧當此潮流激動之際，所以隱忍容與不敢步諸君後塵者，則以某等之對此問題，當以恢復利益爲主，非於國際有關（其理由詳本會意見書）。苟文部省與以充分之保障，則吾留學之目的初無所損害。又以留學界十年以來，經先後賢哲苦心經營，乃達今日之盛，一旦務絶其根株，爲中國前途計，有百害無一利。是故甯忍一日之痛，以徐俟其轉圜，非故與諸君立異也。幸而諸君歸後，日本之輿論爲之一變，日本之政策爲之一轉，而留學日本之障害亦遂爲之一洗。蓋自文部省令趣旨説明書出，而前省令第九、第十兩條，凡吾人所認爲有害經濟、有害衛生、有害自由者，全失其精神。自文部省解釋，公館之義通告於公使，而前省令第一條，吾人所認爲有害求學者，僅存其形式。某等以爲自今以後，吾留學界之利益，不特無所遜於前，即謂因此而有擴充之基礎焉，未可知也。此雖由留東同人奔走磋商之力，抑亦恃諸君爲後援，始有此良好之結果。是諸君之有賜於留學界不已多乎！

乃者開學期迫，留東同人，將全體上課。獨吾任勞任怨之歸國諸君，拋荒其有用光陰，號呼奔走，以謀吾全體之利益者，功成而不居，利至而弗共，徘徊於內地，而不能終達其求學之目的，此留東同人所寢饋不安者也。某等爲諸君計，爲大局計，有不可不復來者數端，謹爲諸君一忠告焉。夫諸君之來也，其第一目的，非求學乎？然而學問之道，雖千端萬緒，而以始終一貫爲要義。今未竟厥緒，中道棄之，是前此之劬勞精進，悉歸無用。縱有獨修之志，其較之羣聚研究，日有常課者，不可以道里計，此亦無庸諱言也。諸君居東之時，雖長短不一，苟忍之數年，期於大成，豈不甚易？此不可不復來者一也。近年以來，吾國人士，東渡負笈者，數倍於前，此其於中國前途有無裨益，姑不具論。第以今日國內之現象，比諸數年以前，其進步之速率，莫不以派遣留學爲前提，此有識者所共認也。諸君負一鄉之望，內地士大夫視爲學準，一旦東身歸國，以爲東瀛土地真不可復居，已派者中止，未派者絶望。而有志苦學，不受官費者，亦趦趄而不前。坐使中國一線萌芽，從此中斷，諸君能任其責乎？此不可不復來者二也。策中國者，莫不曰教育。即以留學日本計，其所費歲不下數百萬。使長此依賴，不求自立，其何能濟？諸君之歸國也，以自辦學堂爲目的，可謂知本矣。雖然，某等以爲，今日尚非其時也。諸君學業，足以當教育之任者，固不乏人，然而兹事體大，非深通其藴奥，未易一朝居也。以諸君之才智，更閱數年，則光大而擴充之，豈非更上一層耶？此不可不復來者三也。凡此數端，皆於中國有至大之關係，而於諸君爲惟一之責任。諸君其有意乎？某等謹九頓首以俟！

又閲新報館，載日本定朝鮮統監府及理事廳之官制，譯録如左：

第一條　朝鮮京城置統監府。

第二條　統監府置統監一人。

統監爲親任。

統監直隸天皇。關於外交事務，由外務大臣經内閣總理大臣上奏裁可。關於其餘事務，直經内閣總理大臣上奏裁可。

第三條　統監在朝鮮代理日本政府，除由日本駐劄外國代表者外，統轄關於在朝鮮之外國領事館及外國人之事務，併監督朝鮮之行政事務有關係於外國人者。統監基條約而行監督在朝鮮之日本官憲及公置執行之凡百政務，與其餘從前屬日本官憲之一切監督事務。

第四條　統監爲保持朝鮮之安甯秩序，有時認達必要之際，對朝鮮守備軍之司令官，得發用兵之命。

第五條　朝鮮之行政事務基條約而行有爲履行義務之必要，統監可移文朝鮮政府，以求其執行。但在急施之際，可直移文朝鮮當地之地方官憲，使之執行後再通知朝鮮政府。

第六條　統監監督日本官吏及其餘人等受朝鮮政府之傭聘者。

第七條　統監發統監府令，得行禁錮以下及罰金二百元以内之罰則。

第八條　統監認所轄官廳之命令及處分，有違條約或法令，害公益及犯權限等情，得停止其命令與處分及取消。

第九條　統監統轄所部之官吏，凡奏任官之進退，經内閣總理大臣上奏之。判官以下之進退，可由統監主之。

第十條　統監經内閣總理大臣奏請所部官吏之敘勳。

第十一條　統監之下統監府，應置之官員如下：總務長官一人（敕任）。農商工務長官一人（敕任）。警務總官一人（敕任又奏任）。秘書官專任一人（奏任）。書記官專任七人（奏任）。警視專任二人（奏任）。技師專任五人。通譯官專任十人（奏任）。屬人、警部、技手、通譯生專任四十五人（判任）。統監府又囑託所轄官廳事務之朝鮮人，得爲高等官及判任官之待遇。

第十二條　總務長官輔佐統監總理府務。

第十三條　統監遇有事故時，依統監之所定朝鮮守備軍之司令官及總務長官，得代理臨時統監之職務。

第十四條　農商工務長官承上官之命，掌管農商工及關於其餘産業之事務。

第十五條　警務總長承上官之命，掌管警察事務。

第十六條　秘書官承上官之命，掌關於機密之事務。

第十七條　書記官承上官之命，掌府務。

第十八條　技師承上官之命，掌技術。

第十九條　通譯官承上官之命，掌繙譯文書及通譯。

第二十條　技手承上官之指揮，從事技術。

第二十一條　統監得令統監府技師及通譯官與技手，就職理事廳以上職員，執行各項職務，均承上官之指揮監督而行。

第二十二條　朝鮮國内之要地置理事廳。理事廳之位置及管轄區域，統監定之。

第二十三條　各理事廳應置職員如下：理事官（奏任）。副理事官（奏任）。屬人（判任）。警部（判任）。通譯生（判任）。以上職員之外，由統監認爲必要之理事廳時得置警視官，奏任行之。

置副理事官二人以上理事廳，其一人主掌法律事務。

理事廳職員之定員另定。

第二十四條　理事官承統監之指揮，掌管以前就職朝鮮領事所屬之事務，並基於條約及法令理事官應就行之事務。

第二十五條　理事官爲保持安甯秩序，有時認爲緊急必要之際，不暇請命監督，可直移文駐劄當地日本軍隊之司令官，請之出兵。

第二十六條　理事官爲朝鮮之行政事務認基於條約履行之義務，有必要者，且要緊急施行者，不暇請命統監，可直移文朝鮮當地之地方官憲，使之執行後再行通知統監。

第二十七條　理事官發理事廳令，得行罰金十元以内及拘留與處置之罰則。

第二十八條　副理事官承理事官之命掌廳務，遇理事官有事故之時，得代理臨時職務。

第二十九條　統監府及理事廳警視，承上官之命，掌警察事務。

第三十條　統監府及理事廳屬人，承上官之指揮，從事庶務。

午後，往沖商會森田屋取物。晚間，三井吳服店書記山本埋三郎送物來。

初四日，晴冷。晨起，接見學生。午間，潁府留學同人程維屏少齋、阜陽。郭廷康惠臣、太和。劉屏翰質甫、霍邱正陽。劉屏周松甫、同上。葛光廷覲宸、蒙城。孫象震仲堯、亳州。晉麟仁卿、亳州。鄒賡昌仲西、霍邱。王定國子和、霍邱。陸紹武伯仁、蒙城。胡寅旭濟臣、霍邱。丁緒餘濟臣、阜陽。丁象謙六皆、同上。湯松年漱風、潁上。程恩普釋周、阜陽等開特別歡迎會，席設味蒓園。並往小林寫真館共撮小影。申刻，赴本鄉座日華學生會，晤大隈伯爵、青木子爵、長岡子爵、小笠原伯爵、嘉納治五郎、尺秀三郎、根津一、寺尾亨、福本日南、高橋秀臣諸人來賓約五十餘人，兩國學生到者千五百名。幹事曾鯤化、周家彥、趙保泰、姚震等周旋其間。酉刻散會，兹將大隈、青木演説之大概録之如左。

大隈伯爵演説之大略云：國家之存亡，因乘世運文明之潮流與反對之而分歧，所謂適者生存之理，亦可適應之於國家之運命者也。世界五千年之前，有東洋、西洋二文明之潮流。東洋文明，於日本、於中國，皆因行政者之愚策，自遏其進路，而爲凝滯不進之狀。而西洋文明，則駸駸然不稍停其步武，其勢力逐漸壓迫東洋。五十年前，我日本乃因其刺戟而覺醒。初，日本亦不通外國之事態，一意恐怖之。於是，鎖國攘夷之國論沸騰朝野，曾試與戰爭數次，而卒不能敵外國。於是，翻然有所覺悟，終輸入其物質之文明，改革國家組織，更變行政機關，進而於倫理道德之點，亦採用外國之所長。日本固有之文明，不期竟與西洋文明相調和，得所謂適者之資格。自是以後，次第見國勢之伸張，以至於今日。中國今日之狀態，恰如四十年前之日本。中國今日國勢之不振，即由於不能如日本之速改其國是，誠不得不爲中國悲也。然朝有明敏之兩宮陛下在，有識者次第知變法自强之要。下則派遣多數之留學生於日本，上則派遣皇族考察各國政治，此狀態恰與四十年前之日本相同。當時，日本派特派大使於海外，且遣數千之留學生，一面雇用無數之外人，如此輸入有形無形之新智識，以之調和於日本固有之文明，其結果乃得今日之國勢。今後之中國，亦可得如日本四十年間之成績。故兩國之關係相同，亟宜相親相提攜，以共保將來東洋之平和也。或云中國學生之爲學，何必限以日本？且歐美爲日本學問之本源，故不若直接學諸歐美，較爲有益云云。然其人種異、國體異，道德之根不同，歐美之學問實不能直接行之於中國，必須首先以之調和於中國固有之文明。故不如學於日本，蓋已與日本之文明調和，則施諸實際，必大顯其便利之處。因日本與中國不獨同文同種，且道德之本源亦同，係祖述孔子者也。既經日本咀嚼之西洋文物施之於中國〔二二〕，可毫無不合宜之處，況言乎道路，則不過一葦帶水，何必捨近而求遠哉！余甚希望日本學生亦留意此點，不誤所以對待中國學生之道也。

青木子爵演説之大略云：欲厚中日兩國交誼，則不獨求之於皇室或政府之關係，而兩國國民，尤不可互相親善〔二三〕。國民之親善，以兩者互相知爲要義。中國學生在日本，一面賴書籍以求學問，一面尤須勉知日本之國情。其道乃在親與日本學生相交接，互相啓發。故予於本會之設立，表多大之贊成，並望時時開如今日之大會，藉以互相接洽，敦厚交誼。而學問之道，以採他人之長，補我之短爲要義，是以切不可因其爲外國人而生猜疑之心，或直因以啓排外之思想，此乃尤須謹慎者也。中國學生須信日本學生，日本學生則須爲言語不通、習俗相異之中國學生助力，兩兩相待，互相補助，以爲益友而全睦誼，此乃予之所希望者也。晚間，皖省速成師範生殷葆田、徐方漢、劉昭膺、徐本森、汪樹德、張采臣、方新盧、衛南、莊化西、李克賢、吴承志、張海潮等開特别歡迎會，席亦設味蓴園。略商吾皖興學方法。

初五日，晴。午前，接見學生。子申偕横濱商人何堯階來。斐漪至寓，同往上野精養軒，訪相老不值。過勸工場一遊。晚，邀江、鄂、皖、晉諸生飲於成昌樓。

初六日，晴。午前，往芝離宫謁李、尚兩欽使，述學生事。又往公使館暨各監督處辭行。小宫、森田送物來。午後，皖、晉諸生十餘人來，六時乘火車行。

初七日，晴。九時四十五分抵神户，入江君迎於三ノ宫，投宿吉田旅館。午前，往美公司、十一番。德公司、十番。法公司、十二番。英公司、十四番。各家詢問船期。午後，發東京電。

初八日，陰雨竟日。巳初，乘火車往大阪，遊覽製皮革商廠及製玻璃商廠、毛織絨織工場，略觀大概，時已薄暮。麥少彭開餐會於留春别墅，正金銀行青木、安部兩君，三菱銀行木村君，住友銀行小倉君，三井銀行小野君，三十四銀行有村君，鴻池銀行桑原君，北濱銀行吉田君，浪速銀行松方君，棉花商志方勢七，鐘淵紡紗局長尾君，同文學校杜孫伯領事長，公傅、少運、胡子卿諸人同席，亥初散坐。青木君又邀往花潭常盤樓，安部、志方諸人暢飲，醉歸。

初九日，晴。晨起，即往大阪，訪造幣局長長谷川君。又至鐵工場、製造玩物工廠一遊。未刻，回神，往德公司購船票。

初十日，晴。午前大雪，不能出門。陳恩培約晚飲於花潭常盤樓，青木、松方諸君同席。

十一日，晴。午前，訪長壽卿、青木、安部諸君。戌初，登公司船，船名普魯斯。亥正二刻展輪。月明風静，穩渡周防。

十二日，晴。申正二刻，過門司，未停椗。

十三日，晴。辰初，抵長崎。巳初上岸，訪卞薇閣並晤梁君。現在奉調赴俄。未初回，舟即開。晚餐後，與同舟海軍大佐在柏林日本大使館附武官八代 六郎、遞信省技師松長規一郎、柏林使館隨員小村 俊三郎、山西譯書局總經理 大學堂附屬。竇樂安 英國人，住上海虹口靶子路五十三號。諸君共談。該船精潔異常，伺應亦周。食堂飯單、桌布，寢室手巾等物，皆每日一换。晚餐奏樂，一篕一曲。晚餐時，有一印度官，係留學東京畢業歸國者，始以日語接談，意甚親近。因見我服洋裝，操日語，遂認我爲日人。迨詢我之姓名，自不得不以直告，彼竟漸露慢容。彼印奴尚如此勢利，列强正不知如何耳。

十四日，晴。風平浪静。申初，過馬鞍山，又名花腦山。夜半抵吴淞口。

十五日，晴。巳刻，换坐小火船抵滬，和兒、梓姪已由蘇來迎，同宿晉陞棧。

稟陳督憲勸導日本留學生情形由

敬稟者：竊職道於去年十二月初四日，接奉憲台電調到滬，諭以日本留學生退學歸國風聲遠播，父老疚心。兹據蘇、皖、贛三省士紳公舉該道等前往察看情形，妥爲勸導等因。旋奉飭由上海道庫發給川資，遵即束裝起程，十二月十九日抵東，連日招集吾皖同鄉諸生，相與聚晤，桑麻話舊，杯酒言歡。祇得聯之以情，未便繩之以法，團結之而後用連絡，連絡之而後施勸導。此中委曲，具邀洞鑑，當亦毋庸贅陳。查皖生原有二百三十餘人，官費散見於各省所派，本省最少。地方公費只四十名，私費居其多數。此次歸國約五六十人，現在留學僅一百六七十人。當職道抵東時，聞各省同鄉會已四散。吾皖自應亟圖規復，無如舊有職員紛紛告退，遂不得不責以公理，曉以大義，再三勸勉，始允協力擔任，於是同鄉會散而復合。詢諸生以對待各黨派之意見及全體退學歸國之原因，據稱：皖生安分守己，共見共聞。值風潮最劇時，附和停課，不過數人，係新到之自費生，早已返里。其稍知自愛者，或守中立，或圖暫避，皆未嘗有挺身直犯學堂及公使情事。即就全體而論，八千餘衆，暴動僅數十名。事後，勢成騎虎，進退兩難。是以業經歸國之人，未必盡爲甘心退學之人，近日已有去而復返者。職道詳加訪察，均甚確實。此時，聯合會已漸衰，維持會無效力。有皖生出而發起調停會，爲學界所公認，全體贊成，乃決議東曆一月十五日，即中曆十二月二十一日，各學堂一律上課。越一星期，吾皖同鄉開特別歡迎會。職道演説此次退學之得失及將來留學之利弊，大意注重學生自治，衆論尚覺翕然。職道又於新正元旦，開特別懇親會。徧邀三省學生，爲提議創設兩江會館，並附屬學校事，意在聯絡省誼，不獨爲外界結團體，且欲爲内界泯爭端。是日，盡歡而散。又有留學諸生組織日華學生會，藉以聯絡兩國學界。是日，到會七千百餘人，日本學生多於我國。大隈伯爵、青木子爵、長岡子爵暨諸名教育家，皆莅會演説。此各學堂上課後數日之情形。刻已安静如常，職道於本月十一日附輪内渡，回甯銷差。除面稟外，合將勸導學生情形具報，並將往返川資雜用等款，據實開摺附呈，伏乞俯准核銷，實爲公便。

謹略者，頃奉鈞諭，飭將開報出洋往返川資摺内洋數合計銀數，自應遵照另摺開呈。又蒙飭向安藩司補領銀兩等因。仰見憲恩高厚，體恤周摯，欽感難名。惟職道籍隸皖省，此行有當盡之義務，本不應領川資。既領川資，爲數亦頗不少，更不應有不敷。緣因聯絡學生起見，酒食車馬，未免糜費，遂致稍有不敷，用款造報又不敢不據實開陳。原摺内已聲明，除不敷之數，當由職道籌墊，以盡鄉誼，毋庸補領等語。務求俯如前稟所請，據情飭知安藩司，毋庸補發。俾職道於心稍安，得有以對桑梓，實深叩禱感盼之至。

稟陳督憲皖省公費速成師範生留學情形懇請咨商皖撫憲設法維持並懇續派師範生由

敬稟者：竊職道此次到東，目吾覩皖諸生留學情形〔一三〕，有不敢壅於上聞者。查皖生現有一百六七十人，歸國約五六十名，仍陸續有去而復返。官費皆散見於各省所派，本省最少。地方公費自去年始，原來紳舉四十人前往日本留學，皆習速成師範，迨抵東後，改習長期十六名，僅存師範二十四名，現又歸國九名，其原定之經費，每人籌給銀三百兩。去年七月東渡，八月入學，應在今年暑假前畢業。不料風潮驟起，曠課至兩月餘。近來雖已上課，屆畢業時須否補習，誠不可必。惟學費刻已預支將盡。其預支時，公使館撥學費作川資，確皆整裝待歸，錢已用罄。現復留學，實屬艱窘。若屆期再補習，需費更多，僉以資斧不繼爲慮。職道訪察再三，實不得已之苦衷，若竟任其半途而廢，未免前功盡棄，殊覺可惜。職道愛莫能助，愧悚交深。惟有仰懇憲台，咨商皖撫憲，俯恤下情，始終成就，倘能酌加津貼，竭力維持，每人補給兩個月學費約五十元，由官籌給，以現在十五名計，祇須洋七百五十元，約合銀五百餘兩。若有歸國復往之人，准以此十五名兩個月學費勻撥，不能另籌補給。如此辦法，該生等畢業歸國，各盡義務，實受列憲之賜，地方蒙福，不僅該生感激已也。輒敢尤有所請者，興學之事，通省自應一體，若不廣派游學，恐難補救。目前現習速成師範十五人速成畢業，若科學向無研究工夫，亦祇足勝管理員之任。況此數員，縱令人盡成材，豈能擔任全省學務？今年暑假後，倘能續派若干名，分別長期、速成兩種，專習師範，無論官費、公費，但求按縣派生，甯多毋缺，選擇尤宜認真。將來畢業回皖，通省小學，或可同時並舉，教育程度亦可不謀而合，普及之效其庶幾乎。是否有當，伏候憲裁。

稟懇督憲提倡兩江留學生會館並附設學校由

敬稟者：竊職道此次到東，諸生開會歡迎，情殷桑梓。職道亦於新正元旦，設懇親會，徧邀三省學生，意在聯絡省界，不獨爲外界結團體，且欲爲内界泯爭端。衆志和融，羣心鼓舞。在他省人，頗羨我三省，聲氣相連，一時稱最。因與提議創立兩江留學生會館，並附設學校事，贊成者居最多數。查日本東京中國留學生總會館，係職道辛丑年冬與諸生組織而成。彼時，我國留學生僅二百六十七人。壬、癸、甲、乙四年間，職道復奉公東渡五次，目覩留學界之發達日勝一日，迨去歲冬，竟有八千餘衆，可謂盛矣！總會館是一大樞紐，各省人數既多，究竟仍屬散漫，非各省結成小團體，由小團體再結成大團體，斷不能成一堅固安穩之團體。此分會館之宜急設也。總會館所以轄全體，分會館所以聯省界，其勢實相輔而行。至附設學校一節，緣以現在游學諸生，無論官費、公費、私費，其中達材成德，固不乏人，然於普通科學，毫無根柢者，亦復不少。言語不通，造詣不同，遽入日本學校豫備普通科學，仍須先習語科，其計殊覺失當。今我中國各省學堂，如果設立豫備游學科，專習普通科學及各國語言文字，立法不難，成效甚難，教習尤不易聘，恐一時未能美備。是莫若就外國立一學校，祇須經理得人，規模定可完善，教習就地取材，任我選擇，修薪較聘至中國更廉數倍。此亦因時變通之法。然若奏歸官辦，其中窒礙甚多，惟附屬於會館，或可持永久而圖精良。普通班外，仍可附設小學，注重中文，准商家子弟入學讀書，亦足爲商界、學界聯絡之一端。獨是創始維艱，需款甚鉅，可否仰懇憲恩，登高一呼，衆擎易舉。倘荷咨商蘇、皖、贛三省撫憲，通力合籌，每省協濟銀五千兩，合之甯屬，可籌得兩萬金。再由職道商懇三省官紳，捐集兩萬金作爲開辦經費。俟學校成立後，按照學生名數，援日本之通例收費，以爲常年支用。此時，藉組織會館之名，爲補救學生之策，是誠學界善後最要要著。我憲台振興教育，胞與爲懷，諒邀俯察。倘蒙批准，遵即函致日本東京學生，酌議辦法，呈候鑑核，實爲公便。至該會館總長及學校校長、學監等職，應由學生公舉。主事可請憲台處選派。主事一職，官稱謂之提調，品行操守爲重，應不拘何省人及何項官職。合併陳明敬請。

校記

〔一〕辨　疑當作『辦』。
〔二〕『所』後疑脱『以』字。
〔三〕厚　疑當作『原』。
〔四〕『關』後疑脱『於』字。
〔五〕顃　疑當作『類』。
〔六〕被　疑當作『彼』。
〔七〕貽　疑當作『貽』。

〔八〕『條締』疑當作『條約』。
〔九〕無　疑當作『與』。
〔一〇〕年　疑有誤。
〔一一〕忘　疑當作『望』。
〔一二〕教　疑當作『數』。
〔一三〕便　疑當作『使』。
〔一四〕婉　當作『腕』。
〔一五〕撰　當作『選』。下同。
〔一六〕『與』上　疑漏一『人』字。
〔一七〕會　疑當作『曾』。
〔一八〕日　疑爲衍字。
〔一九〕化　疑當作『或』。
〔二〇〕二百八百　此處疑衍。
〔二一〕文物　疑有訛誤。
〔二二〕吾覩　疑當作『覩吾』。
〔二三〕不可　疑當作『不可不』。

東游紀念第八　勸募皖賑日記

江南省特派委員安徽教育總會副會長李宗棠

光緒丙午年冬十一月，奉江督端、皖撫恩先後札派勸募皖北義賑並飭赴日本、朝鮮一帶，廣爲籌集，如有樂輸鉅款者，准請專摺奏奬。又奉午帥派委密查事件。

十二月初六日，由上海乘春日丸起程。未正開行，天候嚴寒，陰雲密布。酉正出佘山口，風浪頗大。

同舟，山西學生張呈祥（陸軍改習鐵道。）挈眷東渡。又有農工學堂學生高崇忠、陳玉麟、宋維城、王經邦等三十五名。

初七日，陰雨，風色稍定。

初八日，風雨。辰正，抵長崎。登岸，遇大村町福島屋接客人，迎至旅館小憩。訪卞薇閣，談賑款，有難色。略坐告別。晚九時三十分，乘快車行。

初九日，晴。黎明，到門司候船渡海。七時，至馬關，登岸，在濱吉旅館早餐。復乘九時二十分快車行，夜十一時，到神户，住吉田旅館。

初十日，晴。午前，正金銀行訪問諸君，拜長壽卿領事，晤王紹賢。聞李子申來神驗收軍艦。晚六時，乘快車赴京。

十一日，晴。巳初二刻，抵新橋。茀丈來迎，偕至中央旅館投宿，客已滿席，無可通融，因往茀丈家借居。午後，謁楊公使不值。又至紅梅館視凱臣姪孫，堇館視渭漁甥，同往牛鳥館。晚餐後歸。

十二日，晴。午前，謁楊公使，述來事。午初，乘火車赴横濱，拜晤領事吳偉卿，留飯。飯畢，同訪商人曹卓軒、黄槐三諸君，商募賑事。廣帮允籌一萬五千元，三江帮允籌千元。晚車回京。松島處略坐，凱臣來。晚，繕寄午帥，稟述賑款及密查各節。

十三日，晴。凱臣、渭漁、弼臣姪先後來，帮同料理印刷繕發募捐册。午後，往某處探某某事，發電稟。

十四日，晴。午後，至留學生會館。館門外設書肆，專賣各種新書。到館中小坐，學生來此閒遊甚多，竟無一舊識者。又至神田美土袋町中國青年會，訪幹事王君治昌，議籌賑事。

十五日，陰。張呈祥、張聯魁、景定成、王傳琳等來見。午後，繕寄午帥稟。晚，接郵信。青年會擬定陽曆來月十一日開救濟音樂會，印入場券萬張，頭等每位二元，二等一元，三等五角。

十六日，雨。午前，謁公使，訪章静軒。（餘事另録）

十七日，雨。午前至静軒處，晤成城學生文鉅，同至寳亭午餐。飯後，至留學生會館。今日因勸皖賑開職員會，幹事長爲陳君，餘皆不相識。人數甚多，未能一一問名索片。（餘事另録）

十八日，陰。勸皖賑譯日文，倩人登各報紙。（餘事另録）

十九日，晴。午後，謁公使，即回寓。（餘事另録）

二十日，晴。晉省學生王傳彬等十餘人來寓。（餘事另録）

二十一日，晴。午前，寄南京電（餘事另録）。

傍晚，至新橋停車場，茀丈、意魯、弼臣、凱臣已先候於此，登樓西餐。戌初二刻，乘火車行，抵横濱，投宿高野屋。

二十二日，晴。午前，至神奈川一遊。午後，訪吴領事，詢賑款事。渠言款皆有着，惟曾少卿欲爭此款歸淮徐海；若欲另募皖賑，卻不易爲云。晚，繕寄午帥，稟述前情，請將横濱華商捐款指明向曾追索，撥歸皖賑，並請奏奬。

二十三日，昨夜陰雨，夜半大雪。早八時三十分，乘火車行，所過之地，雪積盈尺。晚九時四十分，抵神户。

二十四日，陰。午前，訪長壽卿、葉鶴齡，約在イスグホテル午餐。李子深寓此，過麥少彭處談，諏訪山温泉沐浴。晚寄韓國總領事馬拱宸函，告以不日親往勸募，託向商家先容。此間，粤商南北帮、神坂兩處至多二三萬元。同孚泰勸募日本人零捐一千五六百元。又有銀行物産各會社允爲合籌十萬元。

二十五日，陰。接午帥電，垂詢旅費。

二十六日。午，繕寫各信。午後，至商話别所晤粤帮、北帮諸商。又往布引温泉沐浴，見有蘇婦六人，偕往入浴，仍服蠻裝，衆皆側目。

二十七日，風雪。午後，訪長壽卿，託爲協勸，慨然允助。

二十八日，曇天。余明日朝鮮行，約一週間可回，函告神坂諸華商預籌定數，擬先電匯日商今早交來四萬九千二百元。

二十九日，風雪。午前七時，乘火車行。晚九時，抵馬關，頗疲倦，投宿春颿樓。泥濘載道，不克遊行。

三十日，晴。馬關遵奉新曆，不見年景。其鄉曲間，父老多有守舊曆者。晚八時，登壹岐丸。十時展輪，快飲酣眠。近十年來，客中度歲已成習慣。天涯地角，賓至如歸，頗得隨遇而安之趣。

丁未元旦。清晨，望釜山口。九時抵港，換坐小火輪赴草梁驛，約行十五分鐘。十一時，乘火車行。過龜浦勿、禁院洞、三浪津、密陽、榆川、清道、慶山、大邱、新洞、倭館、若木、金烏山、金梟、秋風嶺、黄澗、永同，時已申正。大雪一陣，深山幽谷之中，寒氣逼人。華攝窗口十九度，爐旁二十五度。道旁堅冰尺許，赤地數百里，不見一毛，其森林之廢弛，已可概見。又過深川、伊院、沃川、增若、太田、新灘、津芙、江島、致院、全義、小井里、天安、成歡、平澤、西井里、振威、烏山、餅店、水原、軍浦場、安養、始興、永登、浦鷺、梁津、龍山、南大門至西大門，即漢城附近。漢有新種植地，方圍甚闊，將來必成森林盛境。但道旁皆建有木牌，上書『大日本帝國軍用地』。緣聞從前日、韓密約，軍用地任聽指定，無限制云。入城投宿日本旅館櫻家。總領事館派巡捕三人迎於車站，送至旅館，遣其歸去，住三層樓上。夜深氣寒，較東京冷數倍。當就寢時，爐火正煖，漫無覺察。着皮小袄，覆以大被，又加狐裘外罩於其上。黎明夢醒，鬚下結一冰旒，厚近寸許。坐以待旦，喚侍女持圍爐燻蒸良久，凍始化去。此生平所未經，豈竟一寒至此耶！

初二日，晴冷。巳刻，往拜總領事馬拱宸觀察，並晤書記官于筱宋希璟、陳秉堃、沈明善。筱宋君二十年前在先君處辦文案，江南舊識，海外重逢，情意纏綿，益形親密。拱宸言賑事已爲預籌，日内即可定局。旋傳電話，告知仁川領事館，余明日午後到仁開會，預告諸商人。

初三日，晴。午前，乘火車至仁川，投宿怡泰棧。領事唐棣封恩桐、隨員孔慶璜來，備午餐。並晤棧東梁綺堂。飯後，答領事。即偕往華商會館，各帮商董到者六七十人。演説吾國天災流行，時事日岌，以期激發衆商祖國思想。此間商力甚微，難望籌集鉅款。傍晚，游行朝鮮街。仁川衆華商設晚餐會於棧中。

初四日，晴。午前，乘九時車回漢城，與拱宸一晤。駐漢衆華商公宴於華商總會，演説如前。此間本無會館，昨年馬領事發起集款創建。尚擬附設學校，規模亦甚謹飭。晚宿總領事館，與筱宋夜談。

初五日，晴冷。蚤起。六時，赴南大門停車場。七時四十五分起行，晚六時抵草梁驛。即换坐小火輪，登壹岐丸棧橋上。棧橋係跳板併合而成，中縫甚寬。遇狂風，不能立足，幾墮入海。登舟後，八時開行。波濤大作，行三四邁路即停椗，船身仍覺不穩。

初六日，陰。黎明開行，乘風破浪。晚五時，入馬關口，濱吉旅館小憩。晚九時，乘火車行。

初七日，陰。午正四十五分抵神户，所收賑款均囑交由領事館代收。訪詢只收一萬六七千元。

初八日，雪，即晴。壽卿、子申處小坐，源源號、廣昌隆、怡昌和公宴於品芳樓，同坐三席。

初九日，晴。日商交來賑款八千八百元。午後，諏訪山温泉沐浴。步走募粤商十數家，得洋七百十元，亦囑彙交領事館。

初十日，晴。午後落雪。子申來訪，同赴品芳樓。長壽卿、傅少連、王紹賢公約，同座有同文學校校長湯覺頓，鄂省派來驗收兵艦委員諸人，江、粤諸商二席。

十一日，曇天。接楊公使處轉來午帥電，開函，悉新帥忽有電，不願收受洋賑，其華商賑款可儘力籌勸等因。接電頗費躊躇，此次勸募義賑，悉憑個人交誼，與國際無甚關涉，何新帥之拘謹若是？須知華僑財力不敵洋商，華人團體遠遜外族。彼則一呼百應，實能集腋成裘；我則萬説千言，不過積銖累寸。今持大同主義，視環球爲同胞，範圍較廣，補助較多。日商十萬，已有成議，零捐不在此數。皖撫堅卻，余固未便强收。其已交來之五萬八千元，按户退還。零捐户數太多，斷無退理。

十二日，陰。巳刻，潘、鄭二君來，陪坐火車至鹽屋，赴鶴齡别墅之約。樓屋西洋建築，背山面海，天然畫圖。英商某君所造，押款抵償，今歸鶴齡執業。午餐洋食。浪速銀行小松岩彦、禰寢三次、商業興信所神户支店長山崎繁樹同座。酉初，回神。

十三日，晴雲。郵寄午帥稟及書報。（餘事另詳）

十四日，晴。午後偕壽卿、紹賢往觀新建領事館，在留春别墅之東。

十五日，晴。走訪粤商，催集捐款。吴錦堂開晚餐會於中華會館。雇音樂隊，招有日本藝妓、臺灣女優仍服華裝，海式。設檯唱戲。兵庫縣知事、警部長等二席，華客六席。賑捐，錦堂允助五千，少彭允助二千。

十六日，晴。章静軒由東京來，偕往杏香樓午餐。廣生號約晚酌。（餘事另詳）

十七日，晴。接馬拱宸文函並電。

十八日，晴。抄録經收賑款詳細清單，面託麥少彭代送各報館登報昭信。兹録其總數於後：

一、日本東京吴令春康經募日幣二百八十二元十錢。

一、日本東京留學生救濟音樂會捐助日幣一千八百元。

一、橫濱華商捐助日幣一萬三千五百五十元三十錢。

一、神户同孚泰號經募日幣一千五百五十二元。

一、神户三江帮商董吳作鏌捐助日幣五千元。

一、神户粤帮商董麥瑞圖捐助日幣二千元。

一、神户怡和號經募日幣五百元。

一、神户裕貞祥號經募日幣三百五十元。

一、神户文發號等經募日幣二百六十四元。

一、神户福建公所經募日幣七百六十元。

一、神户廣業公所捐助日幣三百元。

一、神户商人平江高氏捐助日幣一千元。

一、神户粤商葉鶴齡捐助日幣二百元。

一、神户粤商藍卓峯經募日幣三百七十八元。

一、神户廣生號經募日幣三百三十二元。

一、神户領事長福捐助日幣五十元。

一、神户領事館隨員二人捐助日幣三十元。

一、神户三江公所捐助日幣五十元。

一、大阪北帮公所捐助日幣一千二百元。

一、朝鮮華官華商公捐日幣六千元。

一、長崎三江帮經募日幣一千二百十五元。

一、長崎粤帮經募日幣三百五十五元。

一、長崎閩帮經募日幣二百三十元。

十九日，晴。發午帥、新帥電，並致上海義善源電。午後，壽卿處辭行。晤紹賢。款交合盛元匯滬轉甯。

二十日，晴。午前九時起行，乘春日丸回滬。

東游紀念第九　攷察鑛務日記

奏派總理江南銅冶山礦務江蘇候補道李宗棠

光緒戊申年春正月，稟陳督憲，自備資斧，即日東渡，視察鑛業，俟歸國後再議銅冶山礦務進行辦法。匋帥韙之，遂起程。

十二日，由金陵乘大通船起行。遇日本醫學士中村真妙，東京人，住四谷區南伊賀町四十番地。同舟夜談。

十三日，陰。未刻，抵滬。偕中村君投宿豐陽館，往正金銀行購日幣，又往古河鑛業會社乞紹介書，已由南京領事船津君，先致函晤荻野元太郎、上島清藏，招待殷勤。晚間，親送各信來寓，並邀飲於六三亭。

十四日，晴煖。巳初，登弘濟丸。荻野、上島兩君趨送。中村、横田兩君同行。

十五日，晴，微風。船客多暈臥，頗覺寂寞。

十六日，晴。辰初，入長崎港，投宿西洋旅館。訪領事，赴東京晤譯員陳君，略談數語。此地無事，歸檢行裝。未初刻，乘火車，取道浦上、道ノ尾、大草早、大村松、原川、南風崎、早歧、有田、武雄、北方、牛津、久保田、佐賀、神崎、島栖，換車過田代、原田、二日市，戌初抵博多，投宿高島屋旅館。入門，頗具禮貌。余固服歐裝，操和語，彼亦視爲同族。迨擇室，甫坐定，主人例持投宿人名簿請書。當即署名，注明先行地予之，其職業欄内寫明『清國游歷官』字樣，彼遂漸露慢容，詢問來歷極詳，並言支那人到境，例須立刻報知警察，語中似有譏刺。余怒斥之，復正告以外交，警察無論對待何國，若誤用强横手段，豈獨自失文明，且必遭意外之不測。我固深知貴國警察辦法，雖北海道極野蠻地，亦曾親往視察，近來民情馴順，旅館人甚敬余，余嘗佩服貴國人多受良善教育。又告以歷年足迹幾遍日本，今獲承教，實增閲歷。語畢，彼竟羞澀退去。然亦可見我國游歷官品類不齊，近年種種笑柄，屢見報端，致貽羞及全體，真可浩歎！

十七日，晴。巳初三十分，由博多買飯塚火車票起行，取道吉塚、箱崎、香椎、古賀、福間、賀川、折尾，換車，過中間、植木、直方，又換車，在待合所坐候甚久。折尾以上，山勢磅礴，松徑幽深。遥望其間，知有寶藏。然森林之發達，仍必在鑛産發現後，人力培植居多。鑛業之與林業確有實在關係。未初二十四分，抵小竹，即下車。因途遇嘉穗郡穗波村穗坡坑千業正初同車，略通寒暄，告以來意。渠云須從小竹下車，到停車場古河鑛業會社，已派法學士佐藤雄之助來迎，邀往社中駐節。婉言卻之，投宿鞍手郡勝野村花田旅館。佐藤君去而復來，言社長井上君今日始從東京歸，約訂明晨視察鑛場云。

十八日，晴。辰初，乘人力車行半里許，復步行。因沿途安置運煤軌道，人力車禁通行，距旅館約有華里二里。至鑛山古河會社，拜晤井上定次及佐藤君，備詢鑛事。嘉穗郡內本社炭坑現開三處：一爲潮頭，其方里勝野村五十五萬八千三百三十坪，大谷村十萬六千七百五十坪，香井田村九千四百五十坪。一爲下山田，其方里勝野村九十九萬九千貳百十四坪。一爲目尾，其方里勝野村四十三萬一百十六坪，笠松村一萬四千四百坪，大谷村五千一百九十坪，潁田村三十二萬二百七十八坪。潮頭坑深三十餘丈，目尾略同。下山田坑最深，約五六十丈。潮頭、目尾每晝夜出煤約四百墩；下山田則每晝夜出煤約八百墩。三處鑛夫現在約四千五六百人。此項炭坑，三菱會社明治二十八年始業。嗣由古河會社於明治三十八年承頂三菱產業，大加擴充，器械半屬舊置，惟下山田之器械多係新添。查古河家資本五百萬圓，除開辦足尾銅鑛已占多數外，共有炭坑八處：曰院內，曰阿仁，曰草倉，曰久根，曰不老倉及此嘉穗郡之三處。嘉穗所產較富，院內、阿仁等處暫停。今就潮頭坑外略觀，大概其安設吸水機、通風機，另有水洞置水管，風洞置風管，鍋爐設在坑外，運道皆用鐵軌。方斗車繫以鋼繩，直達窿底，從軸轤上拖放，與湖北大冶山頂軌道相同。扱取煤炭，輸送材料，悉由於此。坑外鐵軌與坑内鐵軌緊接，以便聯絡。九州鐵道其運費則特別規定。各場視察一週，見機器上有刻『三井物産會社』牌字者，詢之陪觀諸人，因未聞三井能造機器。據言，三井販賣品，多加刻一牌字。本山所用機器，英、德兩國多於美、法。本國現尚不能製造大件，只可修配零星。然機器上之技手，鑛山不可勝用也。

十九日，晴。清晨，往潮頭坑。佐藤君來迎，適見設有幼兒保育所。據言，專爲鑛夫保育幼兒，由會社雇託保姆三人經理其事。鑛夫請願家室偕來，男女自食其力，各勤工作。爲幼兒設保育所，人皆無内顧憂。鑛山多設此所，如銅鑛則每鑛山必設一學堂，更必設一醫院，以普教育而保生命云。偕至接待室，略憩息。陪觀者有六人，換穿藍布緊身衣，布韈草鞋，手提安全燈，入坑内，汽水、煤渣、汗穢極多，熱度盛處將及百度。坑深約四十丈，窿口磚砌，如城門洞式，寬二丈許，長三丈許，高約二丈。入内則皆尺圍粗松木作撑，間有石砌、磚砌，亦有用杉檜栗木搭架者。窿道斜形，其鐵坑下鋪枕木。貨則車載，人則步行。較走樓梯，自覺危險。行至二十餘丈，余忽失足跌倒，伏坐枕木上，脚骨折斷。聞警鈴，止運貨。衆勸余歸。余思遠涉重洋，所爲何事？若果從此殘廢，將終身不能開此眼界，豈不徒負此行。甯忍痛兩三時，决不半途而返。乞同人相扶助，勉作單足行，跳十餘丈至窿底，審查一徧，約三十分鐘。奇熱非常，仍循舊道出坑外，痛定始知思痛。遂急返寓，喚按摸人，儘通宵力按摸之。夜半，痛極欲哭。按摸人知骨筍尚未斷，遂停頓，將接續，仍用雙手推柔。嘗問：『此處痛否？』達痛處，忽曰『痛』，彼則强用力。然痛極時本麻木，只覺『格裂』一聲，而骨已投槽。彼乃促令起立，果爾活動自如。時將黎明，酣眠良久。

坑内採煤處，皆係人工鑿石、挖土、施藥、取煤，與我國土法相似。惟吸水内用水鑽，插入土石内，或横鑽，或斜鑽，繫以皮管，即象皮帶。引入水道，不致漫溢窿道。窿内人夫約三百餘人，運送夫占多數。鑛夫工價，有包工，有記工。包工係指定一處之事，記工須視出貨之多寡及做工之勤惰，量定數目，派有檢查專員。工價多者每人每日一元四角，少者日需八角。其僱傭勞役方法，與我國内地無異。但鑛夫之性格，其誠實者實能勝我百倍。彼投身於鑛場，若將誓以終老，絶無偷惰情弊。鑛山倉庫，儲蓄甚備。開門七件，無時或缺。百貨均由會社販賣，有專司取扱者。鑛夫持簿取用，或旬結，或月結，按款勾稽，絲毫不苟。鑛山除燈油、火藥公中濟用外，餘皆鑛夫自給。所住房舍，劃有定限，不容混淆。日出而作，日入而息。頗有熙熙皥皥之風，令人欣羡。

二十日，晴。晨起早餐，步履如常。按摸人尚未去，神乎技能，瞽者亦能濟世。酬以番佛四尊，復再三讓。飲以佳釀，鄭重而別。午初，復至鑛山。井上君聞余足疾愈，亦覺奇快，留午餐，偕至下山田。山坑外一切佈置，與潮頭相髣髴。惟坑内設瓦斯燈，同人因余前在坑内折足，堅勸勿入，遂徒作壁上觀，悵悵而返。縱談本邦炭産之前途，歷述世界鑛業之進步。大概列表如左：

明治三十六年，日本炭産出額約計九百六十五萬二千三百噸。

地方別	産額
福岡縣筑豐五郡	五一六四六八四（炭坑送出高）
三池郡三池	一、〇九七、八二二
糟屋郡	四七、六一二
朝倉郡	一、四四七

宗像郡	二二六
早良郡	六〇
筑紫郡	二〇
佐賀縣東松浦郡	四三一、一六九
杵島郡	三三九、三七二
小城郡	六六、五六二
西松浦郡	二〇、六一〇
長崎縣北松浦郡	二五五、三八四
西彼杵郡高島	一九七、六七八
西彼杵郡	三七、八七六
東彼杵郡	三、七八〇
熊本縣天草郡	四八、四三四
山口縣厚狹郡	一二六、九〇〇
美禰郡	三、九〇九
北海道	一、〇五三、八五二

茨木縣	九〇、二三八
長野縣	六、七二五
群馬縣	一、五〇四
富山縣	一、三八二
愛知縣	七二九
新瀉縣	三九二
栃木縣	三
福島縣	五二四、二七四
山形縣	五、二五〇
秋田縣	八四八
宮城縣	七九
和歌山縣	四〇、〇九八
島根縣	五、六五〇
香川縣	四一七
臺灣	七七、二七六

千九百一年世界鑛業生産額

	圓
石炭	三六、〇〇〇、〇〇〇、〇〇〇
鐵	一六、〇〇〇、〇〇〇、〇〇〇
石油	八〇〇、〇〇〇、〇〇〇
金	五三七、五〇〇、〇〇〇
金剛石及他之寶石	四〇〇、〇〇〇、〇〇〇
銅	三〇〇、〇〇〇、〇〇〇
銀	二六二、五〇〇、〇〇〇
錫	一二〇、〇〇〇、〇〇〇
鹽類	一〇〇、〇〇〇、〇〇〇
鉛	一〇〇、〇〇〇、〇〇〇
亞鉛	八〇、〇〇〇、〇〇〇
稀金屬及雜種	一〇〇、〇〇〇、〇〇〇
合計	八、〇〇〇、〇〇〇、〇〇〇

國別

北米合衆國	三、〇〇〇、〇〇〇、〇〇〇
英國	一、五〇〇、〇〇〇、〇〇〇
獨逸國	一、〇〇〇、〇〇〇、〇〇〇
俄羅斯國　並西比利亞	三五〇、〇〇〇、〇〇〇
法國	三〇〇、〇〇〇、〇〇〇
南亞非利加（一八九九）	二五〇、〇〇〇、〇〇〇
白耳義	二三七、五〇〇、〇〇〇
澳國	二一七、五〇〇、〇〇〇
加奈太	一五〇、〇〇〇、〇〇〇
智利	一三七、五〇〇、〇〇〇
墨西哥	一二五、〇〇〇、〇〇〇
西班牙	一〇〇、〇〇〇、〇〇〇
紐薩烏斯烏葉路斯	七五、〇〇〇、〇〇〇
西部濠州	一七五、〇〇〇、〇〇〇
日本	六二、五〇〇、〇〇〇

伊太利	六二、五〇〇、〇〇〇
英領印度	五〇、〇〇〇、〇〇〇
烏以庫托利亞	三七、五〇〇、〇〇〇
庫以斯拉敦	三五、〇〇〇、〇〇〇
紐濟拉敦	三二、五〇〇、〇〇〇
波利意亞	二五、〇〇〇、〇〇〇
白露	二〇、〇〇〇、〇〇〇
塔斯馬尼亞	二〇、〇〇〇、〇〇〇
庫倫比亞	一七、五〇〇、〇〇〇
瑞典 諾威	一七、五〇〇、〇〇〇
阿路濟利亞	七、五〇〇、〇〇〇
他之諸國	一〇〇、〇〇〇、〇〇〇
合計	八、〇〇〇、〇〇〇、〇〇〇

洲別	圓	比例
歐洲	三、七三七、五〇〇、〇〇〇	四六、七〇%

北米洲	三、二七五、〇〇〇、〇〇〇	四〇、六五%
濠洲	二八五、〇〇〇、〇〇〇	三、五六%
亞非利亞	二七〇、〇〇〇、〇〇〇	三、三八%
亞細亞	二二五、〇〇〇、〇〇〇	二、八二%
中央及南米洲	二一二、五〇〇、〇〇〇	二、六九%

又言，山東省青州府淄川縣及博山縣産炭甚富。據聞，芝芣領事報告〔一〕：現設華德礦務公司，係兩國合資創辦，正在敷設運炭鐵道，自費陽坡至張店一帶已完工云。

又言，英國出炭近年亦頗有增進。自一千八百八十二年至一千九百二年，二十年間比較，大概統計如左：

一八八二年	一五六、四九九、九七七
一八八三年	一六三、七三七、三二七
一八八四年	一六〇、七五七、七七九
一八八五年	一五九、三五一、四一八

一八八六年	一五七、五一八、四八二
一八八七年	一六二、一一九、八一二
一八八八年	一六九、九三五、二一九
一八八九年	一七六、九一六、七二四
一八九十年	一八一、六一四、二八八
一八九一年	一八五、四七九、一二六
一八九二年	一八一、七八六、八七一
一八九三年	一六四、三二五、七九五
一八九四年	一八八、二七七、五二九
一八九五年	一八九、六六一、三六一
一八九六年	一九五、三六一、二六〇
一八九七年	二〇二、一二九、九三一
一八九八年	二〇二、〇五四、五一六
一八九九年	二三〇、〇九四、七八一
一九〇〇年	二二五、一八一、三〇〇

一九〇一年　二一九、〇四六、九四五
一九〇二年　二二七、〇九五、〇四二
合計　三、八八八、九四五、四八〇

輸出之數日多，其價格亦漸高。約分三種：爲粉塊，爲切込，爲塊炭。消售上海者亦不少。上海所消售者，除英炭外，即開平、萍鄉各種。若日本炭，多則七十萬噸，少則六十萬噸。其石炭商以三井、三菱、泰茂洋行和布克斯達而商會四家爲最大。若裕信、治林等洋行及德昌號、義盛號，皆販賣家，消用處大概如左：

噸

各紡紗廠	一〇、〇〇〇
太古洋行	八〇、〇〇〇
招商局	八〇、〇〇〇
怡和洋行	六〇、〇〇〇
日本郵船大阪商船兩會社	四〇、〇〇〇
美路其耶斯其他漢口線廠	四〇、〇〇〇

大東招商各瀛船	四〇、〇〇〇
家宅用	四〇、〇〇〇
造紙廠及繅絲各廠	三〇、〇〇〇
船渠電燈鐵道各會社	三〇、〇〇〇
漢堡阿美利加會社	二〇、〇〇〇
自來火公司	二〇、〇〇〇
無契約臨時購用	二〇、〇〇〇
鎮江、漢口、蘇州、杭州等處轉輸	一〇、〇〇〇

又問我開平、唐山出産如何，余答以甲午居京、津時調查，唐山頭等炭，每年約出七八十萬噸。若將坑口擴充，或可多出兩三倍。開平頭等炭每年約出四五十萬噸，二等炭每年約出百餘萬噸，三等炭每年約出二十餘噸，近年有增無減。此炭實較九州炭成色遠勝數倍，現在正擬整頓，將來必駕乎英炭之上。

二十一日，微雨，大風。巳初，往潮頭。佐藤君陪至目尾坑外，諸機械如空氣壓榨機械、蒸氣起重機、膠泥調合機、循環鐵索運搬機、工場用機關瀛鎚、旋盤穿孔機、圓形帶形鋸機械、汽罐給水唧筒等類，與潮頭亦相似。鑛夫人數較少，所産煤色似不勝下山田及潮頭。因足疾不得入坑内，殊覺悵悵。所有坑所建屋假事務所一棟，坑夫休息所及素燒煅冶場一棟，假洋燈室一棟，倉庫六棟，分別油類、石灰類、火藥類，另有火藥取扱所、消防具倉庫各一棟，機械工場一棟，木工場二棟。此外，即沐浴室、小使室，非瓦葺即亞鉛，惟火藥庫係煉瓦土藏所造。社宅及役員合宿所、坑夫住屋，皆板屋居多數，惟辦事處西洋式樓數間耳。

二十二日，風雪。巳初，乘火車過直方、植木、中間、折尾、黑崎、大藏、小倉、大里，西正抵門司，投宿石田屋，訪杉本君不值。湯野保兵衛來答，略話寒暄，無可紀述。

植木道中，有三菱鑛業會社，社員鈴木貞一，附車將往東京，互通姓字，談論間具俠氣。於鑛業三折肱，年五十餘，曾游歐美，現膺三菱顧問。據言，世界金銀産之出額，英藍皮書歷年載有報告比較表。近數十年，支那産銀獨少，皆由阿美利加、墨西哥所輸入。銀産之富，以墨西哥爲巨擘。金産之富，應推濠洲。昨閱明治三十七年冬某領事報告，於最近之調查，尚稱符合，足供我輩辦鑛者之考據。因出示日記簿上表列如左：

國名	金	弗	銀（市價）	弗

合衆國	七三、五九一、七〇〇	二九、三二二、〇〇〇
墨國	一〇、六七七、五〇〇	三八、〇七〇、〇〇〇
加奈陀	一八、八三四、五〇〇	一、七〇〇、八〇〇
亞弗利加	六七、九九八、一〇〇	一八五、三〇〇
濠洲	八九、二一〇、一〇〇	五、二二八、七〇〇
露國	二四、六三二、〇〇〇	八二、〇〇〇
墺國	二、二四五、一〇〇	八七七、〇〇〇
獨國	七〇、五〇〇	三、一四四、一〇〇
諸威	二、七〇〇	一〇六、九〇〇
瑞典	三三、九〇〇	一八、四〇〇
伊國	二六、七〇〇	四三五、四〇〇
西國	五、四〇〇	二、二〇九、一〇〇
葡萄牙	一、三〇〇	
智利	六六六、九〇〇	一、四〇二、六〇〇
カラムビア	二、七二四、四〇〇	六〇九、五〇〇

ヱクアドル	二七四、四〇〇	
ブラジル	二、二七四、二〇〇	
ヴェ子ズエラ	八四、五〇〇	
英領ギニァ	一、六一一、三〇〇	
蘭領ギニァ	三七五、九〇〇	
佛領ギニァ	二、一〇一、五〇〇	
秘露	五九二、六〇〇	九四三、二〇〇
ウルダエー	五一、五〇〇	
中央亞美利加	一、八七五、三〇〇	一、一四二、七〇〇
日本	二、〇〇二、七〇〇	二九二、九〇〇
支那	七、三二四、七〇〇	
グリース		五七三、六〇〇
土耳其	二〇、七〇〇	二四七、八〇〇
フインランド	二、〇〇〇	五、二〇〇
佛國		四〇三、六〇〇

英國	七七、三〇〇	七九、〇〇〇
アルゼンチン	三〇、〇〇〇	五〇、〇〇〇
ボリヴィア	一、〇〇〇	四、八四三、六〇〇
韓國	三、〇〇〇、〇〇〇	
英領印度	二、四二八、九〇〇	
同東印度	一、一七六、二〇〇	
蘭領東印度	五〇一、五〇〇	
合　計	三二五、五二七、二〇〇	九二、〇三九、六〇〇

二十三日，陰。黎明渡海，至馬關。乘火車行華里約二千一百七十一里零，合日里三百二十九里。酉正，抵神户，投宿吉田旅館。此次，火車每點鐘行一百八十餘華里。

二十四日，晴。正金銀行訪青木君，領事館拜長壽卿，託致往友鑛業會社函。擬從足尾歸途往別子視察銅山。日本鑛業四十年前官辦居多，耗費鉅萬，於民生則深受其益，養活億衆；於府庫則未獲其利，籌給數年貲本。明治時代，准歸商家領辦，國家間有補助，近來成蹟卓然可觀。銅鑛最著首推古河，次即住友。據聞，三菱、三井現已廢業，煤鑛九州、北海道、筑豐五郡最旺，古河、住友皆兼營之。三菱、篠田亦獲效果。除此數家而外，無甚大貲本家。別子取道神户極便云。

二十五日，晴。昨晚乘火車，今晨九時到東京，住旭館。午後，正金銀行訪川島君，已調任横濱總行頭取。又至麴町八重洲丸ノ内古河會社，拜晤社長男爵中島久萬吉，告以來事，渠已接滬社電函，允即日派員，沿途招待，隨同前往。回寓後，電招弼臣、意魯。

二十六日，晴。中島男爵來答，派定大橋福松偕至足尾、上野，乘九時車行，午後三時，抵日光，投宿金谷ホテル。山中氣候寒冷，華攝二十八九度。室内爐火，晝夜不能少息。值此隆冬，絶無游客問津。店中晚間有陳設玩物於一室出售者，小竹器、小木器、畫片、票夾，皆係印成本山風景，無甚佳品。

車中，閱明治三十八年鑛業月報，内載三十四年以降至三十六年全國鑛山統計，列表如左：

試掘地數及坪數

年別	地數	坪數
三十四年	六、八五九	二、六八〇、三二八、六一九
三十五年	六、四六七	二、四八〇、九二八、六四六

三十六年	五、八五〇	二、二八〇、〇四〇、二二六

鑛區數及坪數

年別	區數	坪數
三十四年	五、七二四	六五四、九七五、三一五
三十五年	五、九〇八	七八八、〇九六、七八二
三十六年	五、八五八	七一九、一七二、六一六

鑛山變異死傷人員累計

	三十四年	三十五年	三十六年
變異回數	三四四	四七二	五四一
即死	二一九	三二八	三〇九
重傷	二二三	二〇九	三四〇
輕傷	三一	二七一	二二五
重傷不明	四	六六	三
死傷計	五七七	八七四	八七七

鑛産物輸出入價格調

年別	輸出	輸入	輸入超加
三十四年	三四、三〇五、六五八	四五、三六四、八八七	一一、〇五九、二二九
三十五年	三一、〇一三、一一六	四二、三〇六、九一〇	一一、二九三、七九四
三十六年	三八、六九二、三九八	四三、五一四、二五一	四、八二一、八五三

全國鑛産高

種別	單位	數量	價格
金	匁[二]	八三三、四七〇	四、三六七、三五〇
銀	同	一五、六二七、二四五	一、九六九、〇三三
銅	斤	五五、二一二、三四三	一七、二〇二、一三九
鉛	同	二、八七五、六〇一	二〇四、一六八
蒼鉛	同	二八四	九〇八
錫	同	三一、八八六	一九、八三三
鐵	同	九、〇一六、三八五	一、二六五、五四一
硫化鐵	同	四、二九八、九三二	二五、七九四

緑礬	斤	一四一、七九〇	一、二七六
紅殻	同	九七、四二〇	二、二二七
砒	同	一〇、四三一	八五五
水銀	同	三四三	四五五
安的母尼	同	九七七、二二八	一〇七、八二八
滿俺	同	九、三四四、四八二	三七、三七八
石炭	佛屯	一〇、〇八八、八四五	二八、九七八、八二九
亞炭	同	四九、八六二	六八、四六一
石油	石	一、〇六五、一一六	二、八一九、三六二
硫黄	斤	三八、一二三、一七五	五七一、八四八
黑鉛	同	一八九、六〇三	二一、九九四
土瀝青	貫	九五、〇〇〇	九五〇
燐	斤	一三六、八三四	五一七
計			五七、六六三、二四一

此表統計輸入之數，超加輸出諸鑛併計，各國皆然。日本全國鑛業，現正擴充，未

銀與石炭次之，硫黃又次之，惜產金尚不可限量。即就近來產物而論，銅居多數，見旺，造幣所用，仍購外國大半耳。

又有世界銅產額，列表如左：

國別	三十七年	三十六年	三十五年
	千噸	千噸	千噸
合衆國	三五〇	三一二	二九四
墨西哥	五三	四五	三六
西及葡	五〇	五〇	五〇
智利	三三	三一	二九
日本	三二	三一	三〇
濠洲	三〇	二九	二九
獨逸	二二	二一	二二
加奈陀	二二	一九	一七
露西亞	一〇	一〇	八
海峽殖民地	七	五	四

白露	七	八	八
諸威	六	六	五
伊太利	三	三	三
ニエーフアワンドランド	二	二	二
ポリペ	二	二	二
墺匈國	二	一	二
土耳其	二	一	一
其他諸邦	一	一	一
總計	六三二	五七九	五四二

此表何獨不載支邦雲南所産？豈尚不及取五捨四之數，抑或包括在其他諸邦之内？然所産亦微矣，殊難臆解。

又有本邦石炭鑛業統計，列表如左：

石炭試掘地數及坪數 三十六年十二月末調查

地方	地數	坪數

北海道	五一六	二六七、九一九、五八七
青森	六	二、〇五九、五八一
秋田	八	四、〇二五、二七一
岩手	二	四六五、九六〇
宮城	五	二、三五八、六一三
山形	一七	六、三三七、四九四
福島	六六	二九、六二四、四一八
新瀉	一八	五、八〇一、八四三
長野	七	二、八一〇、七八八
群馬	二	一、一九〇、二一六
栃木	一	二〇、七八九
茨城	一七	七、一〇二、五七七
千葉	七	三、七一九、一三八
埼玉	八	三、四七一、三八五
山梨	四	一、四五五、〇四二

静岡	一	三九三、七二五
岐阜	六	二、九一三、八九四
富山	一	二七六、四五六
石川	二	六七二、三三一
福井	二	三九九、三二二
三重	九	三、六一七、四三四
和歌山	五	二、一四二、二九八
奈良	一	三〇七、四五〇
大阪	一	三三〇、六三七
京都	一	三八三、九九三
兵庫	四	二、二四七、八四六
鳥取	三	一、〇八九、五二五
島根	六	二、五九〇、六九八
廣島	三	一、五八八、八六五
岡山	五	二、〇八九、八七九

香川	二	五五九、三四五
德島	四	一、四九三、五二四
高知	三	五一五、四九六
愛媛	二	一、一六六、七九七
山口	六一	二〇、七五二、三一四
福岡	二〇四	四六、五〇六、六二三
佐賀	八六	二八、九四三、四八四
長崎	八六	三一、六九七、一二六
大分	七	三、五七九、一七七
熊本	九二	三六、六五三、四二一
宫崎	一	五九三、三五七
鹿兒島	六	二、〇九五、五二六
合計	一、二八八	五三三、九六三、二三九

右表石炭試掘地以北海道爲最多，福岡縣則次之，熊本、長崎、佐賀、福島、山口等縣又次之，東京、神奈川、愛知、滋賀、冲繩一府四縣全無。

石炭鑛區券數及坪數 三十六年十二月末調查

地方	區分	券數	坪數
北海道	稼業	二三	二〇、八六七、六一六
	休業	九五	四三、七一五、三九四
青森	稼業／休業	二	二五四、五五五
秋田	稼業	四	一、一九三、三七九
	休業	一七	二、四九八、五九三
岩手	稼業／休業	一	二八九、三七四
宮城	稼業／休業	二	二一、〇六一
山形	稼業	三〇	四、二一三、六六三
	休業	一三	一、三一九、三五〇
福島	稼業	三八	九、四八二、七八九
	休業	五四	一三、七九七、一〇二
新潟	稼業	二	六六六、二六一
	休業	一一	一、九〇六、五五七
長野	稼業	二六	二、九五六、九三〇
	休業	一〇	二、一五四、三五〇
群馬	稼業	一〇	六二、五一五
	休業	六	五五、六九九

栃木	稼業	一	一〇、五〇〇
	休業	二	二〇五、九二一
茨城	稼業	二二	四、〇一二、五七五
	休業	二九	八、三六八、八三四
東京	稼業 休業	一	五三二、七八二
埼玉	稼業 休業	四	六二七、一三三
大坂	稼業 休業	一	一四、五八六
京都	稼業	二	二六三、五八七
	休業	一	三八七、三一六
兵庫	稼業	一	五八、八一二
	休業	五	二、三一一、四七八
島根	稼業 休業	二一	一、二二五、六一八
廣島	稼業 休業	三	六一六、〇六五
岡山	稼業	二	二八、〇一八
	休業	一〇	八六〇、九五五
香川	稼業 休業	二	五四五、七〇二

府縣	區分	數	金額
德島	稼甫		一六九、一六六
	休甫		七六六、〇四四
愛媛	稼業	二	一七八、三四八
	休業		
山口	稼業	七四	九、七三一、一二四
	休業	九四	九、五二九、四四〇
福岡	稼業	一八一	六七、七三六、一二三
	休業	六一五	八九、〇四八、七五三
佐賀	稼業	一二七	一七、七六一、〇二五
	休業	一六四	二九、七六八、二三四
長崎	稼業	一四九	一七、〇九一、〇六七
	休業	二〇八	三〇、七九二、一五八
大分	稼業	一	二三一、一二二
	休業		
熊本	稼業	二九	四、八六〇、四七七
	休業	七五	一五、三五七、六九〇
宮崎	稼業	三	四六〇、九七九
	休業		
鹿兒島	稼業	二	三八八、九五三
	休業		
沖繩	稼業	三	四九五、四七五
	休業		

合計	稼業	一、七七二	一六五、六九六、〇二〇
	休業	四七六	二六二、五三四、六九一
	計	二、二四八	四二八、二三〇、七一一

右表石炭鑛區數之最多者，惟福岡縣占全國三分之一，長崎、佐賀二縣次之，山口縣、北海道、熊本、福島、茨城等縣又次之。石炭鑛區坪數之最多者，亦惟福岡縣，占全國三分之一以上，北海道、長崎、佐賀二縣次之，若千葉、神奈川、愛知、奈良、鳥取、高知六縣，則全無石炭鑛區。

二十七日，陰。早餐甫畢，日光電氣精銅所派員津守豐怡來迎，旋偕大橋君冒風雪行，攝影於日光橋畔。乘人力車行一時許，約有華里六里，至精銅所。所長山口喜三郎晤談良久，留午餐。導觀各場，出示足尾場製煉之荒銅塊，外面黑色未脱，納入釜中，鎔成四角式，再入輾延機，分切長片、扁片，黑色皆未退凈。再將納入電氣分銅池，浸三十分鐘，黑色將可脱盡，遂成精銅。電氣分銅池約有十餘座，略分深、淺度數。再入大爐燒過，鎔化成漿，或做錠，或做塊，或做條，無論何式，有模便成。將燒紅銅漿傾入模中，數分鐘時，原模抛銅投水，堅結成形。做銅綫者入輾延機，俟輾延後入綫模，遂成銅綫。此項多係長扁片燒紅輾延者。鎔製精銅之次第，大略如此。閲畢，仍乘人力車，又行十五丁目，至細尾町發電所，即儲蓄電氣之所。此間電氣，全借瀑布之力，上下達華里六七十里。據言有一萬匹馬力，水量一百八十立方尺，水道高六百四十三尺。沿途水道，如木擱漏式，節節連貫。山勢本高，水流較遠，然皆人力撮合而成，我國不難仿造。不知長江省分廬山瀑布如何？現在日光、足尾兩町銅山應用電車、電燈、電話以及坑内通風、汲水各機，並製煉場、諸器械場應用之電氣力等類，均由此發出電氣云。又行二十一丁目，至細尾出張所，換坐山兜。山兜形如大籃，係腰圓式。中穿獨扛，二人肩之而行。坐者拳伏籃中，不能任意伸縮。山道紆折，積雪甚深。聞輿夫言，此間常年罕見晴曦，七八月亦常飛雪。華攝寒度今在二十度上下，身上蓋覆皮斗篷，雪落不化，積一尺餘。僅口耳間未被雪封，尚啖餅餌，絶不知有風雪之苦。由日光至足尾，森林茂盛，綿亘六七十里。十圍松柏，百尺梧桐，拔地參天，干霄蔽日，頗似佛書所稱麋鹿山、極樂國風景，幾疑置身天上，與神仙遊，是亦人生難得境遇。其杉檜之肥美，尤中土所罕見。據鄉人言，初植成林，略加肥料，三兩年後，根深蒂固，無賴培養，然杉檜非三十年必不能成大幹云。由細尾出張所行華里約十八九里，六時抵栃木平，時已黄昏。換坐鐵道馬車，七時抵足尾町之渡良瀨古河會社。銅山鑛業所副所長井上君已派員迎候於鐵道旁，沿途電傳某時行抵某處，早已達聞，預備供張，現訂鑛山俱樂部之東樓爲駐地。行至駐所，副所長暨各職員鵠立門外，延入客室。與井上公二，即副所長。接談。座客皆鑛社職員，挨次詢問姓氏，知爲預招陪飲者。主人先讓入浴，浴罷更衣赴宴。西餐盛色，勸酒尤殷。同座爲坑部課長木部一枝、電氣課長高橋本枝、製煉課長淺野幸作、工作課長藤林德柏、調度課長櫻井貢吉、庶務課長川地喜三郎、庶務係長西牧巽諸人。賓主盡歡，席罷時已亥初。派有專員茂野吉之助留宿，招待一切。大橋亦善周旋，又與圍爐夜談一小時，始各散。室内陳設雅潔，預備周全，衣服被褥，均係綢製，極綿軟且適體，與我國被服無異，真有賓至如歸之樂。尋常旅館無此被服。

二十八日，陰。井上君暨課長清晨即來。早餐後陪往坑所，先至工作課，閲工作機關場、鑄工場、冶工場，鍛煉、製造悉備，修整機械之用鑽削工場、旋工仕上場。鑛場需用材料及建築物，皆取本山所樹之木，工作各有專司，審查亦有專員。閲畢，偕往電氣課，看沈澱池及變壓所。器械購自西洋，員匠雇用本國。高橋即精究電學者，游學習成專門，歸來竟見實施。俸給並不甚豐，責任固覺頗重，但名譽上占優勝，故爾樂從。我國重官賤商，無怪游學雖衆，莫不以禄位爲目的；次則舉人、進士，亦足稱榮。未聞有從事工場、躬親技業之人，良可歎也！閲畢工作電氣，行數武即本山學校。該校爲鑛社創立兩級小學，專授鑛夫子弟。樓房上下十餘間，種種設置與村立學校同。學生約二百人，分四堂。又至精製煉場，研究鎔化之次第與選擇之種類。其鑛石含質較多，即以原鑛石入爐，取其精華，棄其渣滓。其鑛石含質較少，即以原鑛石搗碎，滌以净水，做成團餅，再分別煅煉。大概順序如左：

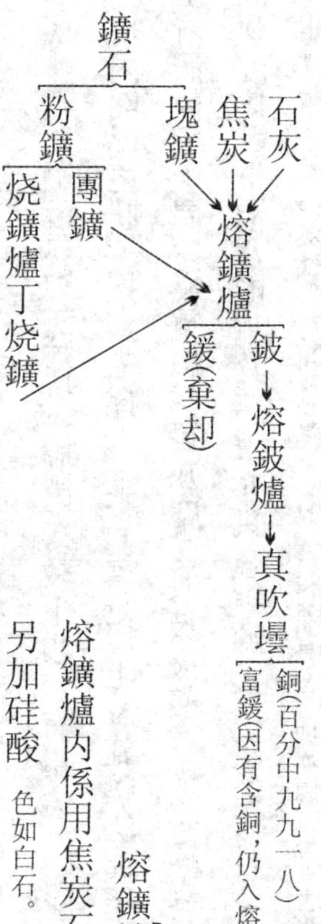

熔鑛爐内係用焦炭石灰石，另加硅酸色如白石。

至該處，鑛物及土石，另有解説書，惠贈一册，俟歸途再譯漢文。是晚，共飲於小瀧酒樓。室精雅美，且有教坊歌舞，幾忘乎身在深山幽谷中。暢飲，夜半始散。

二十九日，陰。九時，井上君及諸課長來，導觀選鑛機關場、搗鑛場、第二選鑛工場〔三〕、細鑛淘汰場、水選鑛場、手選鑛場、受鑛場、第一選鑛工場。最大樓有五階，頂上一層，後門通洞内，安置鐵軌，運鑛石出，即傾入斗箱内，落第二層，經手選分別粗細。或手選或水選，須漏至第五層，方能分別精質、粗質。精質即原質入爐，粗質則搗碎後，再用水選漏砂，團餅如糕形，曬乾或烘乾入熔鑛爐。水選之法，係將鑛質磨碎，漏入水池，已成細沙，有自來管在第五層，左右兩管，一邊漏出多銅質，一邊漏出盡廢砂。五層皆電氣力風輪，如中國水車式，漏石漏砂賴此旋轉之力。據言高百十尺，建設此廠，所費不貲。閱畢，時將薄暮，歸寓休息。用膳後與井上君談，出示本所事務章程、鑛夫傭傭勞役規則、鑛夫監督法、丁銅解説書、多見於鑛物土石解説書。銅山共救義會規則數册，歸途再譯。

二月初一日，陰。昨日感冒，今已小愈。井上諸君偕往通洞坑場，在事務所略坐，即通洞之坑口。小使檢呈藍布衣袴、青布韈、草鞋換著，手提安全燈，茶油綿心。乘電車，洞内鋪設鐵軌，安置電綫，車形如中國二把手小車，上置大木箱，長方式，只容二人伏坐其中。此車係運鑛石，並非備人乘坐。進光盛第一竪坑。洞内行數十步，有電燈，燈光甚小，不能如洞外之明。坑内開鑿之狀，採銅皆係人工，鑿石挖土及施藥法與中國同。洞内有假事務所，就洞内搭板屋，燃電燈，置几席。取扱火藥、稽察鑛夫員役，在此日夜换班。室内熱度達九十七八度，其窄狹亦只容十餘人。啜茗少息。井上君體胖，亦最畏熱，偏體汗已透。愈入内則愈熱，中途乘捲揚梯即鐵練，鑿四方形鐵板，四圍有練，從直洞放上放下。至四番坑。洞内有機械場，即通風汲水機器所、用電力發電之所。閱畢，復乘捲揚梯至五番坑。此間因上年被水損壞，正在修復。屋柱杉木、栗樹二種材料，甚大且堅。據言，第六番坑亦被水損壞，尚未修復，今已停工。閱畢，復乘此梯到最上層，由第一坑至第六坑計深六十丈云。坑内鑿岩機、汲水管與煤山同。仍由事務所乘電車出洞，漸交寒度，行至坑口，寒度二十七八度，洞外大雪。同人於坑口雪中撮影，以爲紀念。旋至事務所浴室沐浴更衣，圍爐飲酒，飯畢歸寓。檢閲鑛山坑内部圖，鐵軌皆通選鑛工場，運載悉用車輛。第一、第二兩工場選鑛，均由粗質分別塊鑛、粒鑛、粉鑛，其運道之形勢及鑛質之次序，大概如左：

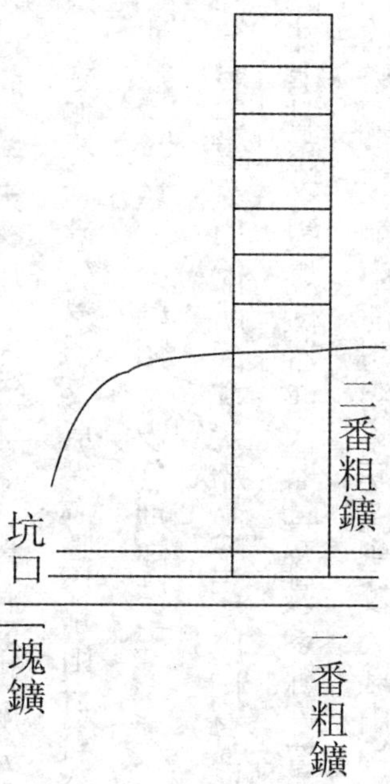

坑内
一番粗鑛
第一選鑛工場
二番粗鑛
第二選鑛工場

塊鑛
粒鑛

塊鑛
粒鑛
粉鑛

初二日，陰，雪。早餐後，井上君及諸課長來，偕至坑部課，視新建築大製煉場鐵架，爲楹高一丈五六尺，寬六七丈，深二丈餘。新置熔鑛爐較舊爐加大云。同行六人，合照一相。於風雪中見精神，饒有興趣。午餐後，覆勘製煉第三機關場、製煉送風場、製煉機關場、製煉汽罐場、野燒鑛場等處。又至倉庫内部參觀飲食日用諸品，儲積甚多。鑛夫購用，憑簿發給。另有取扱所，與販賣店無異。貨物價值俸給儘可抵償，絶無久賒逃欠之慮。另有儲積鑛山材料公用品之倉庫，如竹器、繩具、鐵具、油類、灰類、火藥類，皆分别儲積之。

託高橋君將電氣原働所内部機械及電氣應用各器畫圖見贈，允兩禮拜後郵寄南京。

又託井上君惠寄製煉機器運送器具及鐵索線安置各圖，允囑書記測繪。出示照片兩册，約略觀之，銅山消防組、病院學校、鑛山神社、銅山頂嶺之遠景，電氣原働所内部、電氣原働所水樋、高原木水源、薪揚之場、高原木之景，製煉第三機關場、製煉送風場、製煉機關場、製煉汽罐場、鎔鑛爐上下部、三野燒鑛場、燒鑛爐、京古内隧道、斜鐵道、製煉所、詰所、第二選鑛機關場、細鑛淘汰場、搗鑛場、選鑛機關場、水選洞鑛場、手選鑛場、受鑛場、坑部詰所、工作機關場、鑽削工場、旋工仕上場、鑄工場、冶工場、倉庫前之景，事務所内部、本山事務所、本口斜鐵道之景，本山中央之景，土水工場之景，足尾赤倉町之景，製煉所之景，古河橋之景，細尾出張所、細尾鐵索荷扱場、鐵索强勾配之景，鐵索線路、眺望日光之景，鐵索綫之景，地藏坂瀑布、地藏坂之景，又鐵索荷扱場，又機關場，又出張所，神子未成鐵道橋，又未成馬車鐵道綫路、小瀧支局、病院學校，又水車水源之景，銀山平及坑口之景，小瀧製煉送風場，又鎔鑛爐，又燒鑛爐，又撰鑛場〔四〕，又坑口小瀧橋，又坑口汽罐場，又壓榨機關場，又水車原働所，又支局之景，又中央之景，又製煉所之景，又表門古足尾町之景，鑛業便道唐風吕之景，鑛業便道原之景，原未成鐵道橋之景，中央之景，銅碑有木坑口，有木機關場，有木汽罐場，銅山川之景，通洞鑛業地之景，通洞坑口、通洞壓榨器械場、通洞出張所、簀橋出合坑口，及唐岩山之遠景，簀橋新口坑〔五〕、簀橋出張所、簀橋金龍山之景，足尾町之景，内籠開運橋、渡良瀨之景，間籐出張所、足尾間籐町之景，本山表門坑内開鑿之狀，計百餘種。持贈鎔鑛爐、鐵索線等圖十六片。又起業費處理心得，並科目表及各種統計報告表式樣。

初三日，陰。井上諸君偕往有木坑，明治四十年鐫。入坑洞審察鑛質。此坑質美而苗不旺，似較遜於光盛坑。足尾鑛質以深藍色而質脆者爲最上品。所謂塊狀硫化銅，含銅百分中之六十。其次則墨藍兼白點而質亦脆者，所謂黄銅鑛，塊狀，硫化銅夾紅銅質，含銅百分中約四十分。孔雀毛色，與此相等，表皮之一部富化黄銅，鑛質稍堅，紫、緑、黄、藍雜色，夾金星，含銅百分中之四十。再其次塊狀黄銅鑛，視之如黄金箔，微含紫、緑等色，含銅百分中約三十分。又結晶之黄銅鑛，約兩種：一則純黄色，小方塊，凝結石塊；一則老黄色，微夾紫、緑點，小方塊，凝結石塊，皆含銅百分中約三十分。表皮之一部富化塊狀黄銅鑛，五色，凝結成塊，含銅百分中約三十二三分。總之，藍色獨優，紫色、緑色略差，黄色含銅甚少。此等鑛質，本山各坑相同，惟光盛坑最旺。閱畢出洞，更衣沐浴。循洞口岩壁而行，追尋鑛脉，果見有白石一大片，中露帶形，現黄金箔色，所謂石英粗面岩，或謂母岩，即最近之鑛脉，爲可據之鑛苗，深淺厚薄仍不可測。

初四日，陰。井上諸君偕往小瀧坑口通洞處，更衣入洞，審察鑛質。其現在開鑿數處，採取鑛石，與我銅冶山鑛石成色髣髴。據言，平日鑿取，實屬此類較多，優者只有十分之一二。足尾地勢深厚，羣山環繞，鑛脉當必綿亘於地腹中。鑿者嘗於横處直追，是其慣技。泰西鑛學家嘗言，深處多於横處，未知孰是。出洞沐浴後，又至燒鑛爐、鎔鑛爐、撰鑛場研究原質，討論化功所用骸炭。其色有光，其質甚堅，與開平、萍鄉不同，或錬焦法較精，所用硅酸係黑白石。據技師説，此鑛質的係純銅，内含金一萬分之二，内含銀一千分之一云。回寓時，沿途注意鐵索線之佈置，即傳電法之擴充，由某處至某處，安置粗柱，繫貫鐵線，另用鐵索繩，加以鐵鉤，傳遞物件。每華里不過十餘柱，每里停頓三五次，以期穩妥。其停頓處置機軸於柱上，使之挫折，便自停頓。收放鐵索，係用電力設機關於荷扱場，雖崇山峻嶺間，亦可繞越阻障，瞬息交通。山道崎嶇，若遣足則見遠，若凌空則逼近。況此鐵索所經，皆取直綫而行，故覺神速。但只運貨，不能載人。若非聚匝之物，難於傳遞。木材、煤炭最便，小包亦可，分量不得逾二百斤。是固鑛山利用之機關耳。晚間，主人又設盛饌，同人暢飲。醉後紛紛乞書，大橋、西牧磨墨折紙，勉塗匾字六方，不值一笑。

初五日，陰。九時，偕大橋乘鐵道馬車行，井上、高橋、木部、淺野、籐林、櫻井、川地、西牧諸君送別，情意殷殷。巳刻，至枥木平。昨傳電話，預備山兜，人夫齊全，即刻就道。深山之中，仍飛雪花。午後，行抵細尾，換人力車，途中野店，竟得飽餐。行李小包，早從鐵索線遞至細尾出張所。未刻，抵日光古河出張所。即在鐵道旁休息半時，乘火車至上野，換坐人力車，夜十一時到旭館。寒熱大作，未能成眠。

初六日，晴。華攝三十五度，病勢頗劇。寫明片，招意魯、弼臣來。中島男爵過訪視疾。昨在車中閱報紙，載西曆一千九百五年各國所産銅數，與前見之表，稍有差異。因並録之，以備考核。

國別	萬千百十○噸
英國	五四五○
澳洲	三一四一○○
坎拿大	一九六三二○
南非洲	七五二三○
紐芬蘭	二七五三○
美國	三一六六三一○
西班牙	五六一五○○
墨西哥	四八九七六○
德國	二一七八二○
智利國	二九○八六○

日本	二三二四五〇
秘魯	九四九六〇
俄羅斯	八八一七〇
葡萄牙	六九〇八〇
義大利	四三一四〇
瑙威	四一八〇〇

此表挂漏甚多，原不止於支那。支那産銅之區，豈僅雲南？閉塞有年，正不何時發現於世界耳。

初七日，晴。病體小愈，走答中島。回寓，又覺感冒。作書致神户領事，轉達住友鑛社，今因病不能赴别子。晚，大橋福松來訪。

初八日，陰，微雨。中島男爵函邀晚餐，辭不獲允。傍夕遣車來迎，飲於瓢家。外務省珍田次官捨己、山座局長圓次郎、菅禮之助、神津助太郎、石井清同座。

初九日，陰。午前，往古河鑛業會社辭行道謝。午後三時，乘火車起程。中島男爵偕神津君至新橋送别。車中酣眠。昨日，腿際生一筋核，微痛，遂不著意。今夜漲大，上昇近於小腹。恐因感冒，觸發足傷。

初十日，晴，復陰。九時，到神户，宿吉田館。長壽卿偕王紹賢過談，延醫中川易太郎，診察問症極詳。據言，外感尚易清理，筋核恐是折足時，使按摸强接，惡血、滯氣凝結成核，亟宜消散。即日，乘筑前丸回滬。船長御水出重、事務長石川君似曾相識。船載千五百餘噸。

十一日，晴。譯録鑛山章程等件。閲日本報紙，載有明治十四年本邦鑛産額，録之如左：

種別		數量	價額	比較割合 數量	比較割合 價格
			圓	割	割
金	匁	七三五、七〇八	三、六五四、七〇二	減〇、七四	減〇、三七
銀	匁	二三一、五一九、一八九	三、八五二、〇四三	一、六七	一、八九
銅	斤	六三、〇六一、一五七	三〇、八〇〇、九六一	〇、七四	一、七一
銑鐵	貫	一一、六一〇、九九五	二、一三七、五八四	一、〇二	一、〇二
鋼鐵	貫	一、二二三、〇二三	三六三、二三八	四、三〇	四、三〇
鉛	斤	五、〇九〇、二四六	五〇二、九一六	一、一四	一、六二

錫	斤	五〇、〇七四	五二、三七一	二、五六	二、八〇
精制ワンモチニー	斤	三四三、二一〇		—	—
硫化ワンフチニー	斤	一六〇、七八〇		—	—
水銀	斤	九一二	一、一八六	五、〇〇	二、〇〇
硫化鐵鑛（貫）		九、六二〇、二七八	九、八二〇三	〇、〇〇	〇、一九
格魯漢鐵（貫）		一、五〇九、九二八	三一、四八二	二六、四〇二	六、四〇
滿俺	貫	二、七七二、二三六	一〇一、二八七	四、五一	四、五八
砒	斤	七、七一〇	五四〇	減二、五二	減二、五三
亞鉛鐵	貫	四、一二四、九八二	七三六、五二八	〇、九〇	〇、九〇
燐鑛	貫	三八七、三九〇	一八、四四七	—	—
黑鉛	斤	二九、八二六	一一、四四七	減四、九二減	四、九〇
石炭	噸	一三、七一六、四八八	五九、二九六、三七八	〇、五七減	〇、六四
亞炭	噸	六三、五五〇	一〇一、六八〇	減一、一〇減	〇、九八
石油	石	一、七七三、一九七	七、三九〇、六八五	二、八七	九、五〇
土瀝青	斤	八一〇、〇〇〇	八、九九三	二、五八	二、五六

硫黄	斤	四七、五一五、五三八	六三一、七五七	〇、三八 〇、四七
計			一〇八、四五七、八〇五	一 〇、四七

十二日，晴。清晨，抵長崎。舟中手譯章程及解説書，四時開行。

十三日，晴。洋面平穩，手譯之件未畢，夜以繼日，竟其功。

十四日，晴。午前十時到滬。古河洋行已得東京電，派員雇馬車在碼頭迎接，仍住豐陽館。

鑛物土石類解説書

解説書	
部	
類	
番號	
品名	
出品人	住所　栃木縣上都賀郡足尾町 職業　古河鑛業會社足尾鑛業所 　　　鑛業人古河勇之助代理 氏名　近籐陸三郎

一、產地及發見

足尾銅山在栃木縣下野國上都賀郡足尾町，位於北緯三十六度四十分，西經百三十九度二十七分。鑛區圍繞備前鍎高嶺，特許採堀坪計數一百八十八萬二千六百三十坪。當鑛山發見之年歷，明記不存，無可詳考。僅據口碑所傳，似在慶長十四年己酉，即距今二百九十九年前，爲土民發見。翌年，日光坐禪院座主隨申報。又翌年，經酒井雅樂頭納製銅於幕府，即以之創始。爾來爲幕府之直轄山。慶長十八年頃，設會所於江户、大阪、長崎，以擴張製銅之販路。計輸出蘭國者，總額五分之一云。後自寬文二年壬寅至七年丁未，六年間年年納丁銅九萬貫於江户淺草倉庫。自延寶四年丙辰至貞亨四年丁卯，十二年間設吹牀三十二座，年出丁銅三十五萬乃至四十萬貫，事迹可明徵焉。至斯，採堀之業遂連綿繼續矣。明治初年，尚爲日光縣之管轄地，同四年方屬民業，至十年始歸現鑛業會社古河市兵衛之稼行。是時，當山恰值極衰微之際，一年之産出額，不過僅一萬四千零四十貫。經本會社苦心經營，漸次改良施業之方法，大事擴張，賴有隆盛氣運，得成現時之狀態耳。

一、地質

構成本鑛區主要之岩石爲石英。粗面岩英、閃安山岩等之新火成岩圍繞之者，則爲屬於下部古生層之粘板岩、角岩及石灰岩。蓋二種之新火成岩，貫古生層而迸發，至後世紀，於其附近更有輝石安岩猛烈之迸發，隨成西方、赤城、袈裟、丸庚、申山諸峻嶺，及北方男體女貌白根山諸連峯，以此搆成本鑛區之岩盤，亦著受影響而龜裂。經幾番地殼之撼動，溶解鑛物之熱泉沿裂虧以上昇，壓力不減，鑛物隨爲沈積。是即當鑛山之富源所以搆成也。

一、鑛脉

鑛脉之生成。第一，沈積之鑛物爲石英。自其中之二尺變爲薄層，乃俗眼所不能見。第二，黄銅鑛溶液與硫化鐵鑛溶液多少相混，上昇於裂虧内。在下底，其溶液濃厚，且因壓力之大，鑛物之美，其晶生成極鮮。但稍稍與多量之黄鐵鑛密相混以上昇，溶解即形稀薄。因之壓力亦次第減少，鑛物之結晶稍爲完全。不僅屢屢發現晶洞，即其含銅品位亦屬純良。幅員狹少處，雖不過止其痕迹，至其膨大處，其原有達七八尺者。第三，含有硫化飫鑛〔六〕、輝亞鉛鑛、輝鉛鑛等鑛溶液填充於裂虧内，其範圍極少，至最終仍見石英溶液之再來填充於鑛脉空所，其痕迹可明徵諸實地焉。

現時採鑛之鑛牀，其數有五十餘，其他尚屬舊時之稼行。將來可望開鑿者，不勝枚舉。雖然，是等多數之鑛牀，其生成之起源，及鑛物分布之狀況，概同一轍，無甚差異。因其走向及傾角，可得其自別之二種脉聯：

第一種，一般走向六十一度内外者，即六十度鑛脉聯。屬此種者，其主要爲傾於西北方之著明横間步鑓，故即謂横間步鑛脉聯。

第二種，一般走向百度内外者，即百度鑛脉聯。屬此種者，其主要爲傾於南方之著明新盛鑓，故即謂新盛鐵脉聯。

於前記之鑛脉聯各所屬鑛脉聯中之主要者，揭如左：

第一種　六十度鑛脉聯

鑓名	走向	傾角	傾之方向
横間步鑓	北五十五度東	七十五度	西北
光盛鑓	同上	自上五番下部六十五度 同上部六十五度	東南 西北
神保鑓	北六十五度東	七十度	西北
弁天鑓	北七十度東	自有木上部八十度 同下部八十度	東南 西北
安兵衛鑓	北四十七度東	七十度	東南
判右工門鑓	北四十度東	同上	東南
小潼永盛鑓	北六十度東	六十五度	西北

蛭子鐂	北六十度東	自本口上部七十五度 自有木上部八十度 同下部七十五度	西北 東南 西北
中峯鐂	北四十八度東	自有木上部 同　下　部　各七十度	東南 西北
銀盛鐂	北五十七度東	七十度	西北
寶盛鐂	北六十五度東	七十度	西北
足倉鐂	北四十三度東	八十度	同上
足倉奥鐂	北五十五度東	七十度	西北
樅本鐂	北五十七度東	七十五度	東南
競盛鐂	北六十度東	七十度	東南
連盛鐂	北六十八度東	七十五度	西北
寶盛前鐂	北六十五度東	七十度	西北
旭盛鐂	北五十五度東	七十五度	西北
第一福盛鐂	北六十五度東	六十五度	西北
第二福盛鐂	北四十五度東	六十五度	西北
天狗二號鐂	北六十五度東	六十五度	東南

遠盛𨫤	北五十五度東	七十度	東南
七里𨫤	北六十五度東	七十五度	西北
光盛枝𨫤	北五十五度東	六十五度	西北
大鏥前𨫤	北七十五度東	七十度	東南
大鏥奥𨫤	北六十度東	六十五度	東南
通洞 二十五號𨫤	北六十五度東	七十度	西北
出會坑𨫤	北四十五度東	六十度	東南
通洞 六號𨫤	北四十五度東	六十五度	東南
持木𨫤	北五十五度東	七十五度	西北
直盛𨫤	北六十度東	九十度	無
通洞 廿九號𨫤	北三十七度東	五十度	西北
同 卅二號𨫤	北六十度東	七十五度	西北
簀橋 四號𨫤	北七十六度東	七十五度	東南
同 五號𨫤	北六十九度東	八十度	東南
出會坑下磐𨫤	北六十度東	九十度	

簀橋　第一上磐⿰金通	北四十五度東	七十度	東南
同　第三上磐⿰金通	北六十七度東	四十二度	西北
同　第四上磐⿰金通	北四十三度東	五十六度	西北
第二種百度鑛脉聯			
本山永盛⿰金通	北九十度東	六十度	南
新盛⿰金通	北百十度東	六十五度	同
真盛⿰金通	北百十度東	六十五度	同
天狗一號⿰金通	北九十度東	六十五度	同
天狗⿰金通	北九十五度東	六十五度	同
卯酉⿰金通	北八十五度東	六十度	北
中⿰金通	北八十度東	六十五度	北
太盛⿰金通	北百度東	六十五度	南
中盛⿰金通	北百度東	六十五度	南
大切⿰金通	北九十五度東	六十五度	同
豐盛⿰金通	北八十度東	六十八度	同

排水𨫤	北八十五度東	七十度	同
中玄入一號𨫤	北八十七度東	八十度	同
中玄入五號𨫤	北百度東	六十五度	同
前卯酉𨫤	北八十五度東	六十五度	北
奧卯酉𨫤	北八十五度東	六十度	北
光盛前𨫤	北九十五度東	六十五度	南
出會坑第二上磐𨫤	北九十五度東	六十八度	同
出會坑上磐𨫤	北百五度東	六十八度	同

於左在鑛區内之山腹或溪谷露出之鑛脈，可因方面列舉其露頭之數如下：

方面	鑛脈露頭數	方面	鑛脈露頭數
本口澤	七二	唐澤	一一
外山澤	二六	鈴手澤	二一
水汲澤	三六	天狗澤	三六
笹山澤	二四	持木澤	四
作久澤	二九	有越澤	二〇

文象澤	五〇	合計	三二八

二、鑛石

主鑛爲富良之黄銅鑛，鑛脉中若塊狀，無晶銅狀，又在脉石中，爲散布之小粒，其純良銅鑛之品位如左：

銅	三三〇〇
銀	〇〇二五
鐵	三四九一〇
硫黄	三一一六〇
不溶解物	〇五五〇
合計	九九六三五
比重	四一九〇

然一般産出之鑛石，非盡如斯之純良，要皆與多少之硫化鐵相混合。黄銅之外，又有銅鑛所産者，爲自然銅、赤銅鑛、黑色酸化銅鑛、輝銅鑛、孔雀石等，但其量甚少。

伴隨鑛物之主者爲石英、黄硫鐵鑛，但白硫鐵鑛、赤硫鐵鑛、硫砒鐵鑛、輝亞鉛鑛、輝鉛鐵、方解石等次之，又少量之螢石及燐灰石，稀有産出藍鐵鑛者。當山所産之銅鑛，多少皆含有銀分，其品位自十萬分之五達於一萬分之五。又輝鉛鑛及輝亞鉛鑛，亦含有銀分，往往近於千分之一。銅鑛中亦含有金，其量幾不可測定。

三、採堀法

（子）採堀　在當山之採鑛方法，採鑛又開坑之外，併用階段法及拔堀法。採鑛者爲探索鑛牀之存在，則開鑿立入坑道。開坑者爲便於採堀已發見之鑛牀且使運搬容易，則開鑿縱横坑道，用普通高七尺、巾四尺之架焉。階段法者，其幅員高六尺、巾二尺五寸以上，採收鑛脉中鑛石之全部。拔堀法，此無一定之架，僅採其鑛脉中良好之鑛石焉。坑夫現在人員三千餘，其使役則由請負法，常一晝夜而三交代之。請負法有二種：一、考量鑛物及其品質分量，如何方便於採堀，而規定其代價，以之買上者。一、可採堀之岩石，其岩石之堅軟，通氣之難易，相離之遠近，一一詮考。因開鑿進行之工程，而支予賃銀者。坑夫所持之鑿鎚及叺等皆爲自辦，鑿徑自六分至八分，長自一尺至二尺五寸，槌重量約四百目，叺容量十一貫目。

爆發藥、通常火藥與（ダイナマイト）併用。但因時如ブラスチンダゼラチン等亦用之。（丑）鑿岩機　於主要坑道及竪坑堀下等則用鑿岩機。就此機之成績，當鑛山既多年熱心研究，或（シユラム）式空氣鑿岩機，或（シーソンス）電氣鑿岩機等，皆常試用。輓近（ライナー）式空氣鑿岩機之發明，隨即購入而實驗之。其堀進之迅速，一交代之鑿程，可優得二十個三尺之鑿穴。加之此機之特長，正鑿時注入鑿中之冷水，以可防碎石粉末之飛翔，附從之役夫，其便不可勝數，其優秀要非前二機所得同日而語者。是以目下專用此機，而以（リツトルウヲンダー）式鑿岩機參用之。機體輕小，運轉簡易，以之堀進隘處，整均枷體，頗爲至便。今揭目下備用諸鑿岩機之種類及其數量如式，但（シユラム）式以下，現時皆不用矣。

鑿岩機	數量
（ライナー）式鑿岩機	二六召
（リツトルウヲンダト）式鑿岩機	一〇召
（シユラム）式鑿岩機	一四召
（シヨー）式（エセーハムマー）	一召
（シユラム）式（ロツクテリヲアー）	一召

計　　　　　　五二

（寅）坑道　自方面略述坑道之主要如式。

（1）本山方面

有木坑道，以縱十尺、横十尺之加脊開鑿，爲本山主要之運搬坑道。此坑道拔出海面自二千五百八十六寸之處，沿横間步鏂開堀坑内之軌道，軌隔半美它路，用十八封度軌條布設復線，而備曳引鑛物之電車。

自坑口於西方二千五百二十六尺之處，爲横間步第二竪坑，更進西方二千百九十三尺，爲横間步第三竪坑，深五百十六尺，達於通洞。坑道有木及通洞，兩坑道之間通七階之横坑道，有多數採鑛場，次去横間步第一竪坑西方千八百七十尺，有横間步第三竪坑，深五百四十尺，串通於通洞坑道，即在通洞之同竪坑之上部。然目下於此方面無甚需要，其在有木坑道之捲揚機，唯在通洞坑道下部，供採堀物運搬之使用焉。

本口坑道始以縱七尺、横八尺之加脊開鑿，較有木坑道高二百九十八尺之處有坑口，同有木坑道沿横間步鏂而開鑿，當有木坑道未貫通時，坑道往來頻繁，乃於坑内布設單線或復線軌道，自坑口西方二千六百三十二尺爲本口捲下竪坑。自是至上部備前鏥山頂，於千四百四十尺之間有二十餘階之横坑道，下部通四階之横坑道，達於有木坑道，而從事採掘。

（2）小滝方面

小滝坑道，縱十尺、横十尺之加脊開鑿，以始在有木坑道之西南隔備前鏥，位於其背面，沿光盛前六十丈鏂天狗鈚，及光盛鏂而開鑿之横坑道。現在小滝主要運搬坑道之坑口，較有木坑已低凹十五尺。然於終點則與有木坑口連絡，在坑内布設復線軌道，藉電車以搬運鑛物。於此坑道之上部八十二階，下部六階，具設横坑道，有數多之採掘處。自坑口於東方二千百三十八尺之處，開鑿文象竪坑，連絡下部通洞坑道。此竪坑深四百三十尺，是處有上下五階之横坑道。

（3）通洞方面

通洞坑道，按縱十一尺、横十二尺之加脊而掘進。於備前鏥之東南有越山麓渡良瀨川沿岸有坑口，較有木坑道低四百七十七尺。明治十八年方從事開鑿，向西北方掘進約一萬尺。二十八年中，達於本山主要鑛脉之横間走鏂，是爲當山現時最低之疏水坑道。且以深鑛於各鑛脉下部之目的而開鑿時，其進行中鑛脉爲所串通者五十條之多，更付於此等諸鑛脉，爲現時從事探掘之盛者。

自坑口五千九百四十尺，會於二十三號鏂。沿同鏂左行二千六百八十尺，有光盛第一竪坑，現時深達六百二十尺，尚從事下掘。而目下於通洞坑道以下，設五階之橫坑道，光盛、天狗、連盛、光盛前鏂等諸鑛脉，皆在採掘。自光盛第一竪坑，沿光盛鏂東北行二千零七十尺，有光盛第二竪坑，現時深達三百七十尺，尚從事下掘。目下，通洞坑道以下設三階之橫坑道，專從事於光盛鈚東部之採掘焉。

自坑口八千九百二十二尺，會於新盛鏂。沿同鏂左行千四百八十二尺，達於橫間步鏂，尚沿此左行三百四十三尺，有橫間步第三竪坑，現因其深達三百二十尺，通洞坑道以下設三階之橫坑道，專從事於橫間步鏂新盛鈚等諸鑛脉之採掘焉。

簀橋出會坑縱七尺、橫五尺，較通洞坑口高三百五十五尺，在作久之沢中腹，於其下部設四階之坑道，連絡通洞，於上部則有六階坑道。然該坑口近以不便密閉，自此二百七十一尺之上部，即於九番坑道開口，而交通坑內僅於前相向。位於南方，即稱南坑口。位於北方，即稱本番坑口。

以上就全山中主要之坑道而記述之者，今即其延長因方面而分類如下：

坑道之延長

方面

本山

小滝

通洞　計

（卯）竪坑　主要竪坑之位置，既已如所記載，但其數通全山有七，列舉如左：

個處	名稱	長尺	巾尺	深尺
本山	橫間步第一竪坑	九、三	九、二	五一六
同	同第二竪坑	通洞地並以上九、三 通洞地並以下二一、○	同六、○ 同六、二	六一○
同	本口捲下竪坑	九、二	六、○	二八二
小滝	文象竪坑	一三、七	四、六	四三○
通洞	光盛第一竪坑	一八、四	六、○	六二○
同	同第二竪坑	一二、九	一○、五	三七○
同	橫間步第三竪坑	九、二	六、○	三三○
同	新梨子竪坑	一一、○	九、○	一一○

但其長及其幅用梓內之寸法。

新梨子竪坑　表中之通洞新梨子竪坑，去通洞坑口西方約二百尺，於有越山麓，有坑口，與通洞第二選鑛場皆爲新築。櫓悉鐵製，其高六十尺。竪坑分二區於（ケージ），一台鑛車，二輛裝置，可載以行。自通洞坑内産出之二番粗鑛，及一部之廢石，由電車自通洞坑道來此竪坑下，以是捲揚而至選鑛場。

（辰）斜竪坑　前記竪坑之外，在本山斜竪坑有一所，在通洞有二所。

在本山者，自坑口沿同坑道行約二千五百尺，於其處有一斜竪坑，在下底即稱爲本口。斜竪坑於頂上設捲下機，因之搬出此部之採鑛物於本口坑道。

在通洞者，一自光盛第一竪坑，沿西南三百三十尺，大黑鏈開掘者，即稱爲大黑鏈斜竪坑。一自通竪坑口六千五百尺會於二十五號鏈，沿同鏈左行九十六尺，即稱爲二十五號鏈斜竪坑，具有電氣捲揚機，自其方面下層産出之粗鑛，搬出之粗鑛口而供用焉。

今於左列記斜竪坑之大及其深：

個處	名稱	長尺	巾尺	傾斜尺	深尺
本山	本口斜竪坑	七、〇	三、〇	六〇	三〇〇
通洞	大黑鏈斜竪坑	八、八	三、〇	七五	四三六
同	廿五號鏈斜竪坑	一三、五	五、八	七〇	六六

但其長及其幅用椊内之寸法。

以上爲既設之竪坑。然就浸浸進步之事業，其增設將不待贅言。即於通洞，目下工事中，已有二處：一光盛前鏂竪坑，一簣橋竪坑。

光盛前鏂竪坑，將來發展之方面，處處皆然。但最重要通洞坑道以下，西部光盛鏂、光盛前鏂、天狗鏂、大黑鏂等爲特殊。今光盛第一竪坑，專當此方之用。但來日頻繁之使用此竪坑，終不能堪。雖有光盛第二竪坑，但距離較遠，頗爲不便。於是去光盛第一竪坑東南百七十九尺，定其位置，以永遠掘進之目的而設計焉。目下，同時於通洞一番、二番、三番之四坑道，孜孜起工，從事開鑿。其大椊内長二十三尺四寸，幅六有ケージ，室四人，道一。俟竣成，與光盛第一竪坑併用。已決意向此方面發展矣。

簣橋竪坑　自通洞坑口沿坑道行四千三百六十三尺，左折七十二尺，爲簣橋竪坑。目下，正從事開鑿。支柱此竪坑，椊内長十三尺，同幅六尺，因二區（ケージ）台一區人道而成。上九番坑，即本番坑地，並在計劃開鑿。於簣橋方面搬出已採掘全般之粗鑛而供支用。

竪坑之外，有許多坑井，連絡坑道間。是等爲利用之採掘迹，每約百尺而設置焉。其幅四尺，長十五尺，劃分三區：一人道，一鑛物捲揚所，一廢石及二番粗鑛落置地。

（巳）支柱　坑内以普通兩磐之堅牢，即無明支柱困難之感，施於横坑道之支柱末口，用七八寸之留木，即爲片留打込三椊合掌等。坑井之支柱椊組或打込，不拘何等，皆可張板於内面竪坑者。切普通尺角之材應岩質，每三尺乃至五尺束一椊而支之。支柱用材，栗、楢、松等及其他雜木。從事於支柱之使夫員數約達千人。

（午）鑛物之運搬　於坑内採掘之鑛物及廢石，沿近傍之坑井，藉轆轤轉上或落下，皆從小滝坑道出而積載於鑛車，依軌道藉人力以運搬於各所屬之大竪坑。於竪坑設置電氣捲揚機或捲下機。若向主要坑道搬出，鑛車則有電氣機關車，連結十數輛鑛車，以向坑外曳引，鑛石則輸送於選鑛場，廢石則輸送於堆積場。

於本山有木坑道、小滝坑道及通洞坑道，有設備運搬之電車。其在本山及小滝者，起工於明治三十年。在通洞者，成於明治三十四年。在電車使用以前，各所皆用馬匹，今已盡廢。所存者，僅通洞一部而已。

鑛車爲木製，容量十五立方尺，重量百五十貫。可供搭載車體，合供可達二百三十貫。坑内各所使用之車輛數如下：

所名	輛數
本山	三七〇

小滝　一六〇
通洞　三九五
計　九二五

鑛物運搬主要之機械如下：

（方面）	（使用處）	（機械名稱）	（大）	（數量）	（一名所要馬力）	（摘要）
本山	有木坑道	電氣機關車	長七尺十寸 巾二尺六寸高三尺	四	一五	
同	横間步第一竪坑	複胴電氣捲揚機	捲胴聖六尺八寸 巾三尺二寸	一基	二五	一日最大捲揚回數一二〇
同	同前第二竪坑	同前	同前	一同	五〇	同二〇〇
同	本口橋下竪坑	自働捲下機	同七尺 同六尺	一同	〇	同前捲下回數二七〇
同	本口斜竪坑	同前	同前	一同	〇	同前六〇
小滝	小滝坑道	電氣機關車	長七尺十寸 巾二尺六寸 高三尺	六	一五	

同	文象竪坑	複胴電氣捲揚機	捲胴聖六尺八寸 巾三尺二寸	一基	五〇	一日最大捲揚回數 二六〇
通洞	通洞坑道	電氣機關車	長七尺十寸 巾二尺六寸 高三尺	七召	一五	
同	光盛第一竪坑	リツジマーウード式複胴電氣捲揚機	捲胴聖四尺六寸 巾二尺八寸	一基	一〇〇	同前回數 四〇〇
同	同前第二竪坑	同前 同前	同聖四尺 同巾二尺四寸	同	七五	同前 三〇〇
同	横間步第三竪坑	複胴 電氣捲揚機	同聖六尺八寸 巾三尺	同	五〇	同前 三五〇
同	新梨子竪坑	同前 同前	同聖八尺 巾一尺	同	四五	同前 二五〇
同	大黑鏀斜竪坑	同前 同前	同聖三尺 同巾二尺	同	二五	同前 一五〇
同	廿五號鏀斜竪坑	同前 同前	同聖二尺 巾一尺五寸	同	一〇	同前 六〇〇

其他轆轤小形電氣及空氣捲揚機等，可得移動者多用之。

（未）排水　坑内各所之坑水，盡集於有木、小滝及通洞三大坑道而排出坑外。然最低疏水道於通洞坑道以下或其上部，同坑道未串通之部分而涌出於採掘場者，則集於其附近之坑道而排之以喞筒焉。

使用於此之喞筒如左：

方面	使用所	喞筒名稱	筩經	衝程	一分間衝數	揚高	一分間揚水量	所要馬力	摘要
本山	橫間步第二竪坑八番坑通	田中製喞筒	七寸	十寸	三五	二〇	一六四	一五	常用
同	同	同	同	同	同	同	同	同	豫備
通洞	光盛第一竪坑一番坑通	セントワフユーガル喞筒	羽根同十二寸	同巾二寸	一二五〇	二〇	五〇	五〇	常用
〃	〃	〃	〃	〃	〃	〃	〃	〃	豫備
〃	〃四坑番通	〃ードラー式喞筒	十寸四分ニ七寸八分ユ	一六寸	八五	四五〇	七〇	一〇〇	常用
〃	〃	〃	〃	〃	〃	〃	〃	〃	豫備
〃	〃	〃	十寸八分ニ七寸十六分ヨ	十五寸四分ヨ	一〇〇	三五〇	〃	七五	同上
〃	〃五番坑通	ィルス式喞筒	八寸	八寸	四二	三〇〇	二八	二五	常用
〃	〃	〃	〃	〃	〃	〃	〃	〃	豫備

〃	光盛第二竪坑三番坑通	ブレキ式唧筒	七寸	十二寸	七六	三〇〇	三五	五〇	常用
〃	〃	イルス式唧筒	六寸	八寸	四二	二五〇	一六	一五	豫備
〃	〃	スペンャル式唧筒	六寸	十二寸	一三二	一五〇	二六	三〇	常用
〃	横間歩第二竪坑一番坑	ヤントリフユガル唧筒	羽根至十二寸	同巾二寸	一二五〇	一一〇	一一〇	五〇	同
〃	〃二〇〇	ディレ式唧筒	七寸二分ニ	十寸	九〇	二五〇	六〇	五〇	同
〃	〃	イルス式唧筒	八寸	八寸	四二	三〇〇	二八	二五	同
〃	〃	イルス式掘下唧筒	四寸二分ニ	四寸	一五〇	一五〇	八四	五	同
〃	〃	〃	〃	〃	〃	〃	〃	〃	豫備

尚通洞坑道以下，因開掘之擴張，涌水亦大增量，姑不待言。故目下刻刻預防，更於此方面增設一分間，揚水量五十立方尺，揚高四百七十尺之（セントリヒユーガル）唧筒二台。一分間揚水量三十立方尺，揚高量二用五十尺之（セトリフエーガル）掘下ポンプ二台，及五馬力（ノールス）式掘下ポンプ等以備之。

以上主要排水器之外，一般使用於坑內者，爲乎動（ポンプ）（ブレーキ式空氣ポンプ掘下ポンプ等但略之。

（申）坑內送電裝置　使用於坑內之捲上機ポンプ等，悉因電力之運轉，自電氣原働所來一方ポンプ之電氣，以供給電力。同時如有故障，自通洞發電所送電於簀橋，依通洞坑內之指揮而使運轉焉。

交流電氣之疏送五百（ボルト）線、二千（ボルト）線，皆用英國製鋼線鎧裝及無鎧裝鉛被覆紙絕緣電纜等，其延長實達七千尺。

（酉）沈澱銅採收　沈於鑛水中之鐵片，採收其可溶性之銅分。操斯業始於明治三十一年，實施於當山，爾來頗著良好之成蹟。供其採者，如古鐵或如屑鐵等之廢物，視爲原料而利用之，恆得極有價值之銅末。今且略述其方法：通過坑內外鑛物存在之場，集收其滴下之鑛水，於適宜之場以鐵片通過充滿之水槽中可溶性之硫酸銅，直起化學之變化，使還元銅付著鐵片上，以之經數日磨搔之，則有細微之銅末剥落，可沈澱於槽底。

今試揭每月產出之沈澱含銅量，及日月從事於斯之職工如左：

個所	一個月平均產出含銅量	使役職工之數	
		男	女

本山	一九一〇	六五	二〇
小滝	一二九〇	六〇	二〇
通洞	一〇五五	五一	一
計	四二五五	一七六	四一

（戌）通氣　通氣一任自然，無須别有機械。但於坑内各所裝置板户，調整其通氣之方向及其速度。又於他不相連之坑直懸設風樋或起其板張上下其坑道而區劃之。

（亥）點燈　坑道中以瓦斯有爆發之虞，皆點燈用（ガンララ）之，裸燈燈油專用種油，且又於主要坑道坑内見張所竪坑及捲揚工場等嘈雜處皆設電氣燈。

四、選鑛法

自坑内各所之採掘物運來之粗鑛有二：一稱爲一番粗鑛，於各採鑛物所得純良之富鑛，含銅品百分中不下十一二者。一稱爲二番粗鑛，混於脉石中之微細鑛片或浸入於岩脉中之鑛物小塊等之混合物，含銅品位百分之内外者。前者依一定之規律，若買上是等之鑛物者，坑夫以之入於叺中，即以刻入己名之木札付之，搭載於鑛車，而送於選鑛場。二番粗鑛，即如斯裝載於鑛車，送於選鑛場。又除此二等者，即稱爲廢石，可徑用之以填充坑内之掘迹，餘則搬出坑外，棄於堆積而已。

今將三十九年中各種粗鑛産出之量，提示於左：

種別	鑛量（貫）
一番粗鑛	一一四九七一二三
二番粗鐵	四六四九一二三八
廢石	三九八四八八七三

以上之粗鑛，若自有木、小滝及通洞之三坑道搬出者，選鑛場亦自有三處。選鑛法依産出物之增減，技術進步亦恆有多少之變遷。就現在實施之選鑛法，更系之以圖，揭示如左：

選鑛場操業順序圖六種

本山第一選鑛場操業順序

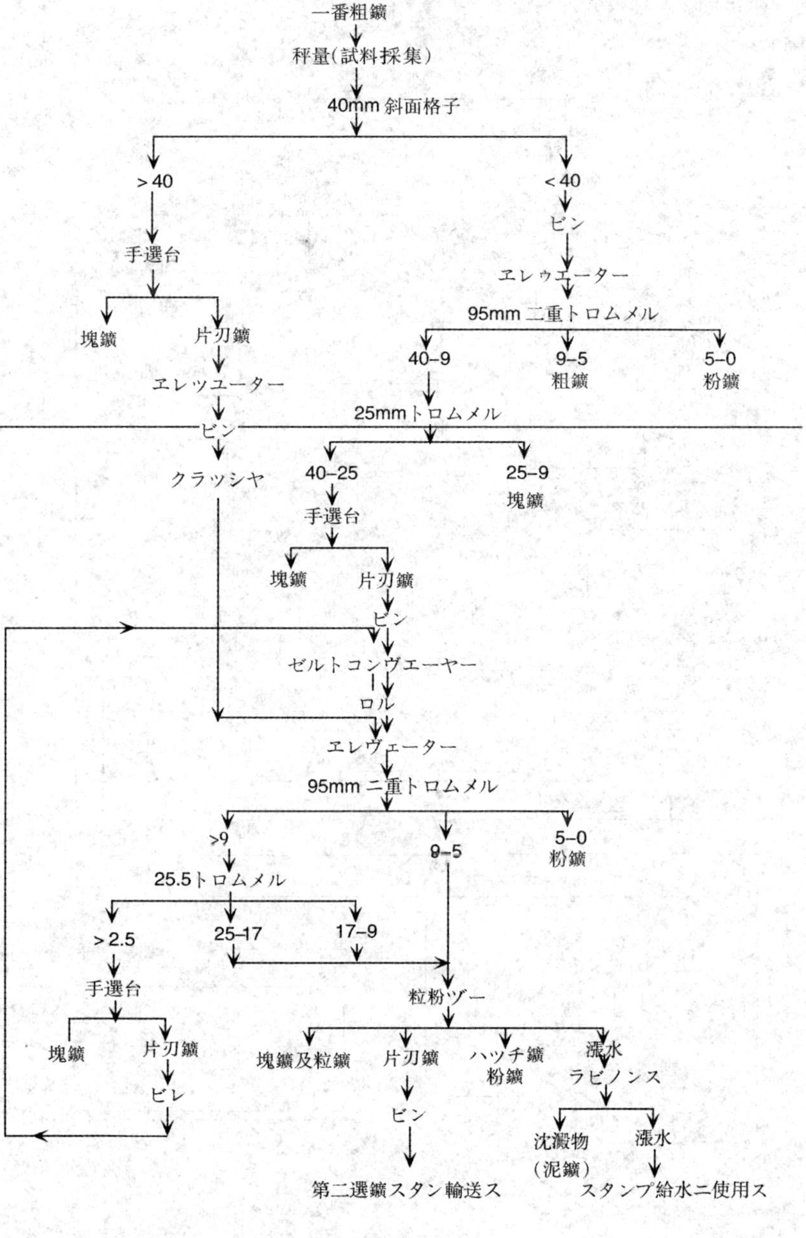

本山第二第三選鑛場操業順序

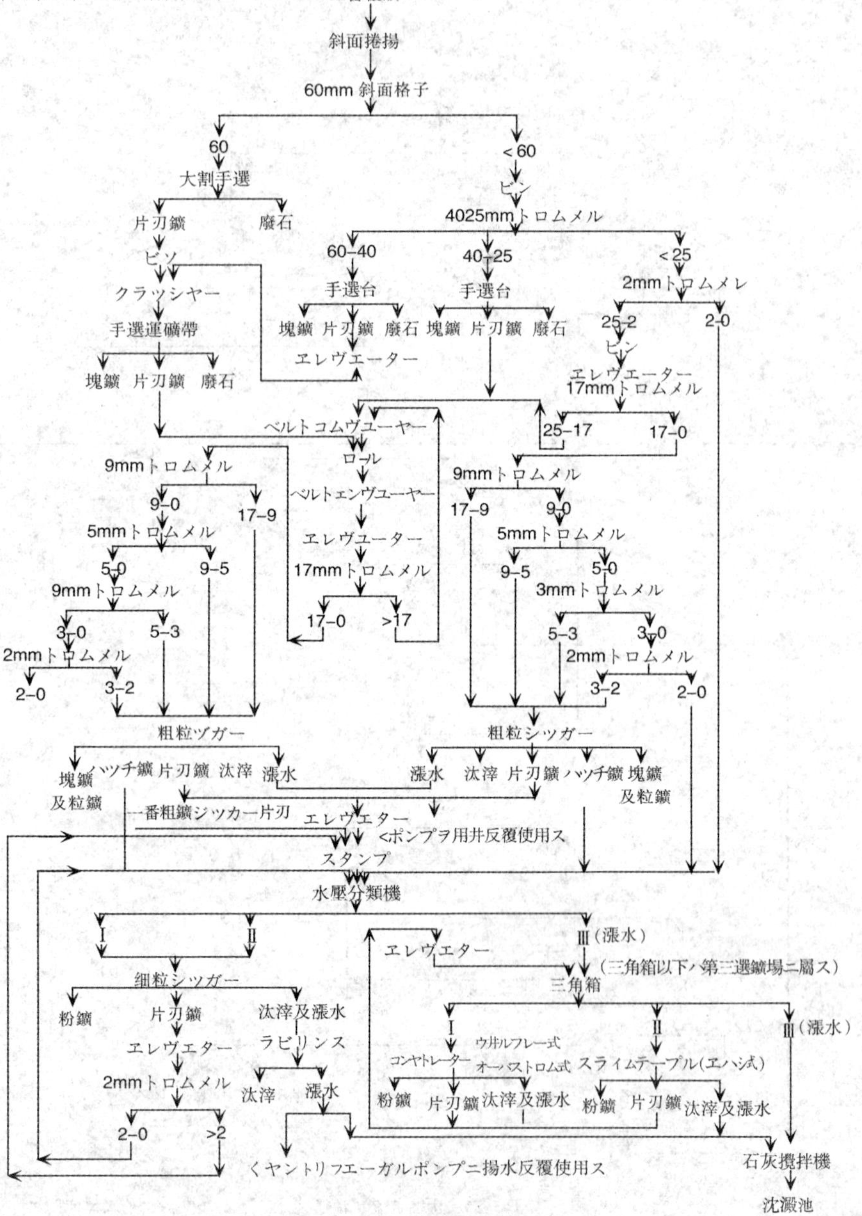

通洞第一選鑛場操業順序

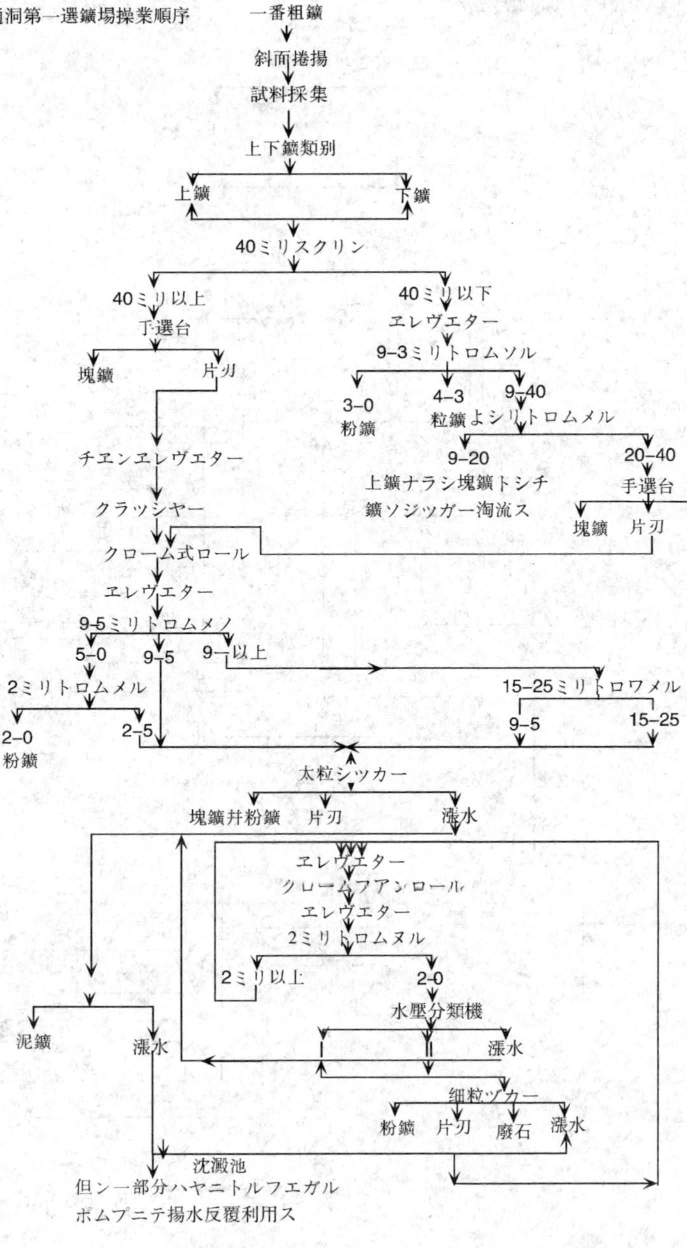

通洞第二選鑛場操業順序

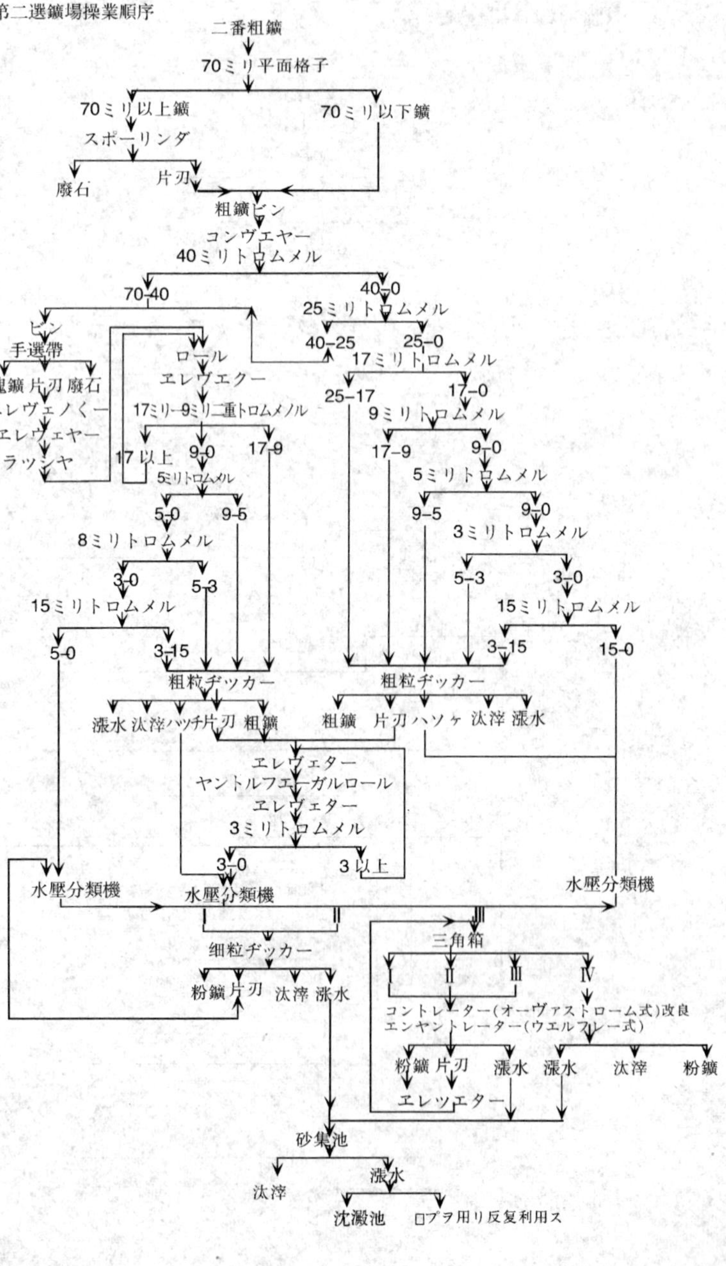

小滝第一第二選鑛場操業順序

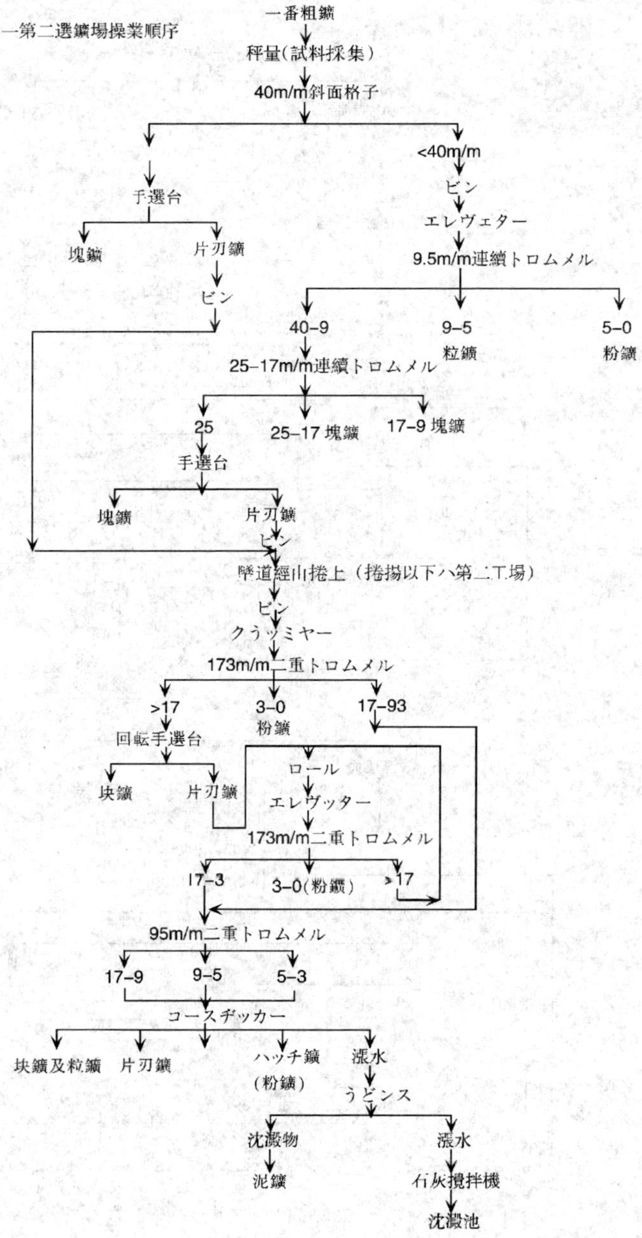

小滝第二第三選鑛場操業順序

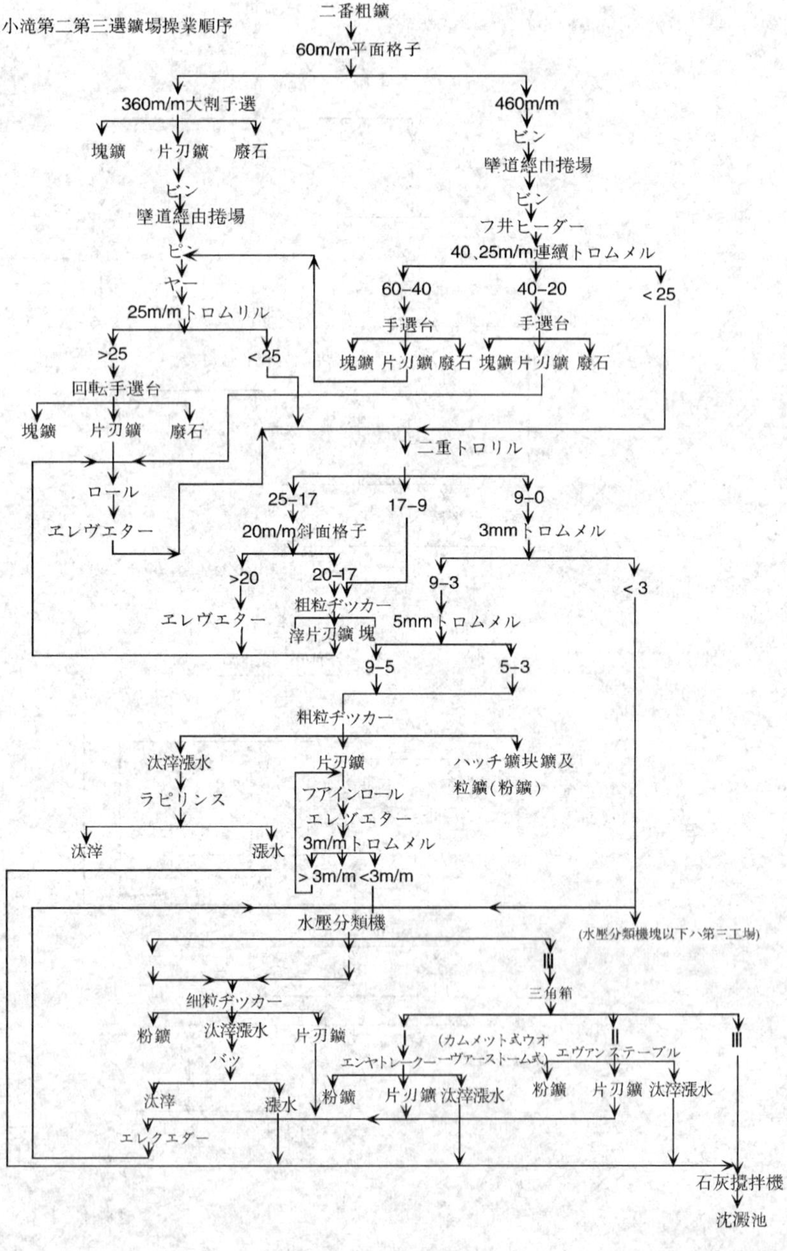

坑内所出之粗鑛運搬於選鑛場，或爲對於選鑛方法上作適當高度之捲揚，設竪坑或斜面捲揚機。

自本山有木坑口，在南方約二十間之山麓，有斜面捲揚所，一以供自坑内出來之二番粗鑛之捲揚。在小滝者，於第二選鑛場有竪坑，一自坑内一番粗鑛及二番粗鑛中所出之一部片刃鑛，因工場適當之高度而搬運之。在通洞者，自坑於東方約十五間之處，有斜面捲揚所，一自坑内搬出之一番粗鑛，更爲向第一選鑛場捲揚而使用之。今就是等竪坑斜面捲揚所之大及捲揚機等表記之如左〔七〕：

個處	竪坑粹内大〔八〕（竪坑又斜面捲揚所）又斜面路巾	竪坑深及斜面長並傾斜	捲揚機	捲胴	機數	一台所要馬力	一日最大捲揚回數
本山坑外（斜面捲揚所）	路巾一二五尺	斜面長七〇尺 傾斜四二度	電氣捲揚機	經六尺 巾五寸	一台	八	二八〇
小滝第二選鑛場 竪坑	長一二〇尺 巾六〇尺	深六〇尺	同	經六尺 巾一尺	一台	一五	三〇〇
通洞第一選鑛場（斜面捲揚所）	路巾九〇尺	斜面長九三尺 傾斜四五度	同	經三尺六寸 巾一尺七寸	一台	一五	二〇〇

從事於選鑛之鑛夫員數如左：

個所	男工	女工	合計
本山	一三八	八九	二二七
小滝	九七	六三	一六〇
涌洞	二〇〇	一〇九	三〇九
計	四三五	二六一	六九六

男工晝夜交代，或於比較勞力需要之場所而使役之；女工因手選之業而使役之。選鑛機械之運轉，恆依電氣力。今揭在各選鑛場原動機之種類如左：

場所	原動機	一台馬力	台數	摘要
本山選鑛場第一工場	電動機	一七	一	常用
第二工場	同	五〇	二	〃
〃廢石運搬用輕便鐵索	同	一二	一	〃
〃第三工場	同	八	一	〃

小滝選鑛場第一工場	同	六	一	〃
〃第二工場	ペルトン求水車	一〇五	一	〃
〃第三工場	同	一六	一	〃
通洞選鑛場第一工場	電働機	六五	一	〃
〃第二工場	同	一一〇	一	〃

用於各選鑛場之機械名稱及數量如左：

場所	名稱	數量
本山選鑛場	斜格子	六
同	手選台	八
同	手選運鑛帶	一
同	運鑛帶	三
同	(クラッシマ)	二
同	(ロール)	二

同	（エレヴェーター）	一六
同	（トロムメル）	三四
同	粗粒（ジッガー）	二二
同	（スタンプ）一台五杵	五
同	水壓分類機	九
同	細粒（ジッガー）	一八
同	三角箱	四
同	（ウ井ルフレー）式淘汰盤	五
同	（オーパストロム）式淘汰盤	一
同	（ヱヴハン）式淘汰盤	四
小滝選鑛場	斜格子	二
同	水平格子	三
同	（トロムメル）	一九
同	回轉手選台	二
同	手選台	七
同	（ヱヴッーター）	一一

同	（クラッシマー）	二
同	（ロール）	三
同	粗粒（ジッガー）	一四
同	細粒（ジッガー）	一六
同	水壓分類機	四
同	三角箱	六
同	（ヱヴアン）式淘汰盤	五
同	（カムソット）式淘汰盤	一
同	（オーヴアーストロム）式盤	四
通洞選鑛場	斜格子	三
同	水手格子	一四
同	調帶運鑛機	四
同	（クラッシヤー）	一
同	（ロトル）	四
同	（トロムメル）	三一
同	手選台	三

同	手選運鑛帶	二
同	粗粒（ジッガー）	二五
同	細粒（ジッガー）	三三
同	水壓分類機	九
同	三角箱	二
同	（ヱレヴエター）	一四
同	（オーヴアーストロム式淘汰盤	六
同	（ウ井ルフレー）式淘汰盤	二

選鑛用水，前列操業順序圖系已表明其一班。如一番粗鑛，即富鑛用水洗淘汰法爲極少。但在二番粗鑛與多量之粘土及岩屑相混，故必不可不以多量之清水以洗滌淘汰也。

今揭使用於各選鑛場之水量如左：

場　所	每分時所要水量
本山選鑛場	一六七立方尺
小滝選鑛場	一五一立方尺
通洞選鑛場	二五〇立方尺

計　　五七八立方尺

明治三十九年下半季中，各種精鑛産出之量揭示如左：

種別	鑛量（貫）	品位（%）	含銅量（貫）
塊鑛	五、六七九、一一五	一五、七二	八九三、三八八
粒鑛	一、七一五、七四九	一二、五二	二一四、九一五
粉鑛	六、〇二八、一〇九	一一、四三	六八八、九九六
泥鑛	一七四、九五七	五、九四	一〇、三九六
合計	一三、五九七、九三〇	一三、二二	一、八〇七、六九五

坑部近來之改良事項：

於坑内擴張鑿岩機之應用，新設光盛前鎚竪坑及簀橋竪坑，是等擴張下底之運搬設備，就中如光盛前鎚竪坑，其規模頗壯大，（ケージ）間有四區，更備最新式之電氣捲揚機，每分有一千尺之速度，爲最適鑛車之捲揚者。又如他坑内之捲揚機，爲三十五年以前之舊式複胴電氣捲揚機，綱之伸宿甚爲困難，其後換現今之（リッジヤーウード）式機，搬運鑛石於竪坑，其機敏甚著。

坑内外諸機械之働力，從來仰給渡良瀨川直流電氣，至冬季河水涸渴，屢見働力之欠乏。昨三十九年，日光水力發電所之完成以來，竟得潤澤之供給，操業上便益日多。於選鑛場泥鑛之處理，至採用（ウィルフレー）式泥鑛淘汰盤，不可不謂改良之顯著矣。然於將來有偉大之改良，即是選鑛方法。由來凡大規模之工業，熟練難得，因人力之所得有限，應用器械力，其成事則簡便敏捷，最爲易於進步。但如當山之選鑛，殊不謂然。現今通洞選鑛之設立，其秩序井然，採用機械精巧，實足稱選鑛場之模範。然就時事之進步與當事者之研究，益促其改良而不容緩。即如手選法之可廢，適當碎其鑛石，附於淘汰機。次，又以出於淘汰機之鑛滓中，多少尚含有銅分者，更粉碎之，再就而精選焉。因種種精細之試驗，調查其利害得失，將工事之改良有以起發。若至該工事之竣工，當山選鑛場之面目規模更可一新也。

五、製煉法

現今施業製煉法如左：

（一）納鑛石於熔鑛爐中，與煤熔劑而熔解之以製鈹。

（二）再熔鈹於熔鈹爐，因（ベヤマー）法而製出精銅。

（一）原料鑛之種類，爲塊鑛、粒鑛、粉鑛、泥鑛。沈澱銅、塊鑛及粒鑛，直可據生鑛熔鑛法熔解之。粉鑛之狀，衝風即飛散，故須與約一割之泥鑛相混和團結，必使乾燥；其一部未乾者，可儘包之以熔鈹而使乾燥，共他鑛石並煤熔劑加燃料，即以長方形水筒式熔鑛爐行生鑛鎔解法。

現行所用之長方形水筒式熔鑛爐有四種：其最大者於羽口帶内經，長十七尺，巾三尺三寸，高八尺，一座。其次，同長十三尺，巾二尺八寸，高八尺，二座，備焉。其最大者，適應生鑛鎔解法，係建設之物。

送風之壓力與爐有多少之差異，但三十噸以上四十噸以下者，裝入物總量有七萬貫目，於此所得之鈹之含銅品位百分之三十五卅五% 内外。

鈹凝固後，自循環連鎖捲揚機送於煉銅工場熔鈹爐之裝入場，鍰碎爲水，入於鍰溜，藉斜面捲揚機，依電力直立於百六十尺之高處而捲揚之，更依搬運於高原木堆積場。

（二）鈹於羽口部入於長經五尺、短經三尺、高七尺之橢圓形之鎔鈹爐，以約百分之七之骸炭熔解之。熔鈹依覓注入於外經四尺七寸、高七尺三寸之（コンヴァーター），直直送有五百二十耗壓力之壓榨空氣，使鈹中之硫黄及鐵皆被酸化，加幾分之硅酸，分數回排出其鍰，則成精銅。及受之於容器，鑄入於鑄型，即成丁銅。沈澱銅，可即團結，經投入於（コンヴアーター）中，亦製爲精銅。

精銅之成分如左：

金	〇、〇〇二六
銀	〇、一一五七三
銅	九九、一六七
鐵	〇、〇五二
鉛	〇、〇二一
（ニッケル）及（コバルレ）	〇、〇二四九
砒素	〇、〇二九
安的母尼	痕迹
硫黄	〇、〇一〇
（ゼシニューム）及ラルリユーム	〇、一五九
計	九、九五七、八八九

製造用品

現今製煉之主要爐及器械如左：

堆燒爐　拾座

乾燥爐	拾捌座
專賣鈹團鑛機	貳台
鐵搗團鑛機	壹台
長方形熔鑛爐	六座
（ルーツ）式六番形送風機電力	六座
水壓昇降機	壹台
循環連鎖捲揚機	壹台
（コンヴァーター）	四個
同　豫備	四個
空氣壓榨機（電力）	壹台
同（水力）	壹台
（コンヅヶーター）回轉機（汽力）	四台
同　豫備	壹台
排煙扇風機（電力）	貳台
鑄型機	貳台

六、浄水及關於脱硫之作業

木作業屬於庶務課，水煙係以明治三十年五月二十七日政府之鑛毒豫防命令爲基，管掌除害操業之業務，其主要之事項如左：

一、關於鑛水處理之事。

二、關於硫煙處理之事。

三、關於沈澱泥砂處理之事。

一、鑛水處理

坑水選鑛排水及脱硫塔排水等，加石灰乳攪拌其裝置，成於自動給灰機、混和機及攪拌機，因電働力二馬力，使運轉不絶，製出石灰乳以攪拌混和於鑛水中，於水中溶解之硫酸及金屬之硫酸鹽類，成爲硫酸石灰及水酸化物。導此於砂集池、沈澱池，使固形物沈澱，更使通過濾過池而放水焉。故放水澄清，即呈化學的（アルカリ）性或中性。

今示各所鑛水量及鑛水混合石灰量如左：

但昨三十九年度之平均量：

方面	種別	一分間鑛水量（立方尺）	一時間石灰混合量
本山	坑水	五二	
	選鑛水	四〇	五十六貫目
	脱硫塔排水	四三	
小滝	坑水	二三	
	選鑛水	五六	八貫目
通洞	坑水	二七三	
	選鑛水	八〇	三十二貫目

專用於除害之石灰，爲調度課製出之性質佳良者。

浄水裝置之主要物如左：

方面	名稱	員數	容積（立方尺）
本山	砂集池	三	九、〇七二
	沈澱池	六	一九六、三二〇
	濾過池	三	四二、八五三
	乾泥地	五	一七四、二三九

小滝	沈澱池	三	一五三、一七二
	濾過池	四	六二、二二六
	乾泥池	二	九五、一九九
通洞	上段沈澱池	二	八九、七五六
	沈濾池	四	二三一、〇八五
	濾過池	三	九六、一〇〇
	乾泥池	四	一四四、六一三

二、硫煙處理

自製煉工場各爐發生之瓦斯（硫煙）入於大煙道，通過脱硫塔，長五十八尺、幅十六尺、高四十二尺，爲煉瓦造成，分劃四區於内部，使瓦斯分岐於各區。於塔上之建屋設石灰攪拌機，造石灰乳注之於注水盤，面有相等小孔八百十個，使之向塔内下滴，接觸煙氣時，其亞硫酸瓦斯及硫酸被吸入其中，排出塔外，使合於有木坑水及選鑛排水中，更經石灰乳之攪拌，導於沈澱池，使固形物沈澱於脱硫塔。使用之石灰量，平均每一時間四十貫。

三、沈澱泥砂處理

自各浄水池産出之泥砂，不拘如何，皆搬運於一定之泥砂堆積場。堆積場非僅選安全之地，倍更用石垣或土坡，以使堆積泥砂之不外漏。

今將對於以上之操業，三十九年度延工數、沈澱泥渣運搬量，及濾過池使用洗砂量揭示如左：

延工數

脱硫	男工	四、二一〇人
浄水	男工	二六、三七五
	女工	四、六二七
	計	三五、二一二

沈澱泥渣運搬量：

本山	六〇六、五四〇立方尺
小滝	三八九、三一〇
通洞	七七、四九〇
計	一四八、七一九

七、工作事業

本事業爲處理於工作課者：（一）於當山各所掌新設工事之施行。（二）應機械器具之製作、修繕及定購者。

本課之位置，劃字下間藤之坦地，搆内敷地五千五百坪於此内，除事務所一棟外，木工場、冶工場、製罐工場、鑄工場、機關工場、旋工場、仕上場、試驗室等皆具備焉。於旋工場新設德國製（ライネッケル）式齒切盤，大小各種齒車皆以之製作。工場内之働力併用電力及蒸氣力。今因電氣機即如汽力鐵槌，亦可藉壓榨空氣而使働。故將廢汽力之使用焉。

前記各工場之外，於本山、小滝、通洞、製煉及渡良瀨設五處。派出所於沢入及根利二所置派出員，以便修繕及製作等事。

八、電氣事業

於當所設電氣課，使掌關於電氣一般之事業。於字下間藤設置事務所、電話交換所、電氣試驗室、電機製作修繕工場、電車修繕工場、電機乾燥室等必要之機關，無弗備焉。

働力之供給

當山原働力於舊來夏期，利用渡良瀨川之流水，至冬期更應補助汽力之需用，事業發展需用亦加增，歲歲河川水涸，不能不仰他所之供給。年來之計劃，企圖天惠之大谷川水可爲利用。自三十七年來，著手工事，日光細尾發電所全部將見落成，現今之總原動力，概舉如左：

第一、水力發電

工場	落差	水車種類	水車馬力數	發電機個數	發電機種類	キロワット	配電個所
細尾發電所	三六八尺	(インハルス)(クービン)式	一二五〇	二	(ツーメンス)式(二相交流一萬)(ウオルト)發電機	一〇〇〇二	足尾方面全部
〃	六三八		一二五	一	(シーメンス)式複巻直流發電機	八〇一	勵磁用
別倉發電所	一九五	(イオイト)(ヌービン)式	九〇〇	一	(シーメンス式)三相交流一百(ウオルト)發電機	七〇〇一	細尾發電所豫備
渡良瀨發電所	三二〇	(ペルルトン)式	二五〇	一	交流三相式	二二〇一	本山方面
通洞發電所	七八	〃	一五〇	一	直流式	六〇二	通洞方面
〃	七八	〃	一五〇	一	〃	八〇一	同上
計			四〇七五	七		三二〇〇八	

第二、水力直働

落差	水種類	車馬力數	個數	配電個所
六四	ペルトン式	一六〇	一	小滝選鑛用
〃	〃	四〇	一	同
一六一	〃	一四五	一	製煉工場空氣壓榨機用
一六一	〃	四〇	一	同送風機用
一四一	〃	〃	〃	細尾栃木手間鐵索通用
九〇	〃	四〇	一	沢入山地間索通用
六〇	〃	四〇	一	細尾地三坂間索通用
計		五〇五	七	

如是，則自足尾發電所輸送之線路，起伏蜿蜒以走山巔深溪十二里。對此，設三處變壓及變流所於足尾方面，共他諸發電所，以起交流二〇〇〇、五〇〇、二〇〇、一〇〇及直流四〇〇、二〇〇諸電壓於鑛業用諸機械而供給働力、電燈。於當山事務所工場役宅鑛夫飯場長家等，其大部設置電燈於須要之街路，又主要坑道坑内機械室，及見張所等

處，亦點電燈。於近來細尾發電所之落成，以其生働力之餘裕，今後更普及電燈於全山，以使便益。因是於本年一月以來，電燈使用數共三千五百十七盞。其細數別舉如左：

種別	本山方面	通洞〃	小滝〃	栃木平〃	合計
弧光燈	二〇	—	—	—	二〇
終夜百卅燭光白熱燈	四	—	—	—	四
終夜五十燭光白熱燈	四〇	—	一六	—	五六
同十六燭光白熱燈	五七三	五一四	二八八	三六	一、四一一
同十燭光白熱燈	八六八	五〇八	六二六	二四	二、〇二六
合計	一、五〇五	一、〇二二	九三〇	六〇	三、五一七

電話　不問坑内外鉅離之遠近，凡事業上必要之處，皆設電話器。於下間藤及日光字清滝二處設交换所。於下間藤者，鑑於鑛山電話使用之情態，特種自働表示器，百人付複式交换機二座設焉。共圖事務進步之敏活，乃製坑内專用特種電話器，得良好之結果。昨春於當地電話交换所之開始，加入特設電話於事務所、調度課、工作課三處，其他於

總鑛業專用電話規則下，則屬於當鑛業所之作業。

今舉其電話工作物之詳細如左：

線路亘長　九〇里半

〃延長　七六五里

電話器 目下使用者　一九六台

內 下間藤交換所加入者數　一七八（平均一日交換度數　四八五〇）

清滝交換所加入者數　二〇（同上　三六〇）

九、調度事業

爲處理本事業而置調度課，今分其事如左之三項：

第一　關於根利平川之林業。

第二　關於物資之仕入仕拂。

第三　關於貨物之搬運。

（1）當山使用之木材，其數量亦甚多。以樹種之有限制，一般仍應求於市上，乃於當所附隨之業務，併營伐木之事業，以期應日月使用之需。即受國有林千二百七十二町步之豫約，拂下於群馬縣利根郡赤城根村大字根利，自明治三十五年來已輪伐之。更自昨三十九年，併同郡東村大字平川之私有林五千六百九十町步，及其土地而購入焉，開始伐採。爾來，以根利平川之木材，應鑛業用之需要，但於前記之林業不得採收之樹種，今尚於各地購求焉。

（2）於當山應要之物資，購入以應必需。而每回開付之日，常使用之物，分一月或數月而購入一次，其購入地要爲東京宇都宮栃木邊等處。至如機械則向外國定購之時，亦不少於物資供給上稍可特筆者。對於從事鑛業之社員，並勞働者日常食料品，因原價而供給之，係因當山爲僻陬，非公共交通之便地，物價自不低廉。但一面利用鑛業專用之運搬機關，則運賃可低減於同時。爲購入多量之物資，其比較之廉價，可得而分其需要者。

昨三十九年當山使用主要貨物之數量如左：

白米	三九、二九三石
味噌	一五八、二一メ
種油	一、六〇一石
八角タガネ	九、七二五メ

ユークス	二、九三七、八二四	メ
石灰石	四、一九四、五四五	メ
ダイナマイト	八、七六八	メ
三番雷管	七七一、七一五	
鐵管	三四、〇〇〇	尺
鐵材	七六、五六〇	ヌ
木炭	一六五、〇〇〇	ヌ
薪	七、九〇〇	捆
角材及板類	五〇、〇〇〇	尺
丸太及坑木	三〇、〇〇〇	リ
石灰粉	九六〇、〇〇〇	ヌ

（3）當山出入貨物之搬運，由最近三年間之調查，一年平均曰十萬〇三百廿七噸哩。此等貨物之搬運，併用專設輕便鐵道及架空索道。鐵道係馬車鋪鐵軌，索道係粗電柱繫鐵索線。輕便鐵道創設於明治四年中：（一）原始日本鐵道起日光駅而至細尾。（二）自地藏坂乃至栃木縣而至掛水。（三）自掛水經濯川切幹至於西方群馬縣勢多郡東村大字沢入皆爲

幹線以上外，尚有四條分岐線〔九〕：一、自掛水經古河橋至於本山。二、自古河橋經製煉場構内至於京子内鐵索場。三、自切幹分路至簀橋。通諸線延長達二十五里餘，如是，稽貨物之狀況，考線路之緩急，馬匹之外，牛及電車亦用之。於足尾方面，別設客車，於定時及臨時而發車，以便賓客及社員之往復。

欲利用細尾峠索道，而不能載之重量品及容積長大之物，始則由兩毛線大間間駅經水沼花輪輸入於沢入。

索道於日光口有二線，共起點於細尾，一至地藏坂，一終點於栃木平，皆爲明治二十三年中之創設。當初，各搬器之搭載量限十五貫目，一晝夜之運搬量不過二萬貫。爾來，索條之選擇，支柱之增設，聯結搬器之應用等諸般改良之結果，一晝夜之運搬量至出四萬貫之上。今以十年前之運搬力與現在之運搬力，對照列表如左：

個所	年次	索條直全	働力 馬力	搬器數	一晝夜回転數	貨物一ケノ最大重量	一晝夜搬運量	延長里
細尾地三坂索道	十年前	六分	一五	九六	七	一五ヌ〇	一〇三二〇	二、三九四
	現在	七分	一五	一八〇	八	二〇〇	一五〇〇〇	
細尾栃木平索道	十年前	六分	四〇	一一二	八	一五ヌ〇	一三、三〇〇	二、八七八
	現在	七分	四〇	二〇〇	八	一〇〇ヌ〇	二五、一六〇	

右兩鐵索之外，於平川根利採收之木材可供運搬。於平川砥沢間架設（ホドソン）式罫線索道，於根利平川採伐之木材先集於砥澤，更自砥澤至於銀山平延長七里設（ベライヘルト）式索道，向銀山平搬送。更以搬運廢石於小滝銀山平間之目的，隨利用架設之索道，爲運搬粘土及石材等於京子内銀山平間，則利用創設之索道。在本山方面，使用之木材及在小滝、通洞方面使用者，自京子内鐵索經小滝索道，聯絡於輕便鐵道。

當山製煉熔解劑使用之石灰，地方上之採掘者，亦曾購入。去三十二年，於羣馬縣山田郡梅田村字山地買入石灰岩層於山地沢入間，以創設四里之罫線式架空索道，使聯絡輕便鐵道。爾來，年年採掘之石灰石，已近五百萬貫。

於是供本山選鑛廢石之輕便索道，使用自在運搬機（アウトマチックトラベリングホイスト），是爲當社技師玉村勇助之創案。其延長一千餘尺，中間有二基之支柱，張一寸之索條於左右兩側爲軌道，於此上相對有四輪以懸搬車。附經十六分之五寸索條，藉電働機六馬力，使交走之搬車。至於選鑛所之上，自直高約五十尺之下，引上九十貫之廢石，達軌道於平衡點，巧妙機械之作用，搬器自然移於軌道上，直走一條鐵線，而至山神沢，自輕覆容器之自働之裝置，一時間之搬送量約有五噸。

十、産出額

最近五年之鑛物産出高如左：

年次	一番粗鑛	二番粗鑛	犿石
三十五年	一一、五九五、七三二	二七、八七三、一三六	二八、六六一、四七六
三十六年			
三十七年			
三十八年			
三十九年			

十一、褒賞

於明治二十三年第三回内國勸業博覽會，及同二十八年第四回内國勸業博覽會，皆有出品鑛業上之功績被獎賞焉，特受名譽金牌於三十五年内國勸業博覽會。

十二、審查請求主眼

産額及一般之操業法。

校記

〔一〕苿　當作『罙』。

〔二〕匁　疑爲『兩』俗字。

〔三〕二　疑當作『一』。

〔四〕撰　疑當作『選』，下同。

〔五〕口坑　應爲『坑口』。

〔六〕飫　疑爲『鉄』之訛。

〔七〕大　疑當作『大小』。

〔八〕粹　疑當作『梓』。

〔九〕四　下僅列舉三條，疑有錯漏。

鑛夫監督法

緒言

今若調查鑛夫監督法，則不可不知鑛夫種類。鑛夫有二類，須鑑別之：一因其業務不同處，一因其使役法不同處。而就其業務不同處之種類，記於調查第一項中，兹略之；就其使役法不同處之種類言之，此類分爲二種：一直轄鑛夫（一類鑛夫），一屬於承辦組頭鑛夫（二類鑛夫）。此外，管理鑛夫法則分爲管理作業者，及居住動静者爲二。管理作業事項，以鑛業所執事人當其責任。獨二類鑛夫使組頭當其責任，管理居住、動静事項，由鑛業所所定章程，及鑛業所准行飯場聯合章程及條規，由頭役、組頭當其責任。會社指揮監督，使保護、管理鑛夫完全而無缺漏，乂與頭役、組頭共協力行之，詳細情由述之於後。

第一　監督鑛夫作業

（甲）管理坑内鑛夫作業

坑内鑛夫作業種類：坑夫、支柱夫、進鑿夫、坑内運搬夫及學習夫、坑内線路夫、坑内沈澱夫、車夫手子及石工，因其使役及採用法則分爲直轄鑛夫（一類鑛夫）及屬於承辦組頭鑛夫（二類鑛夫）。如坑夫中支柱夫、進鑿夫、坑内運搬夫、石工、坑内線路夫，全部均屬於直轄鑛夫。而車夫及手子，有屬於承辦組頭者，有不然者，因一類鑛夫及二類鑛夫管理各有不同之處，如一類鑛夫作業時，鑛業所執事人直接管理，頭役、夫頭等輔助之；二類鑛夫使承辦組頭當其責任，鑛業所執事人直接管理組頭，不能直接管理鑛夫。

管理鑛夫分爲二種：一由會社中派人管理，一由鑛夫中選人管理。其執事員數、職務詳下：

（壹）由會社中派人管理者

（子）管理者役名及其責任

管理坑内作業執事人及其責任大概如左：

坑部課長　坑部課長，係管理本山通洞、小滝各坑場採鑛、選鑛各種業務執事者。

坑場長　坑場長係分掌一坑場採鑛及選鑛事務。坑場長之下有採鑛係長、選鑛係長，均輔佐坑場長，各掌採鑛、選鑛事務。現今採鑛係長並未派人，而選鑛事務執事人由管理坑外作業者行之。今其細則録於管理坑外作業條中，兹從略。

採鑛係員　採鑛係員分爲採鑛方、見張方二類：

採鑛方　係管理坑内作業。各坑場均分四區，每區由採鑛方派五名或十名執事人（各區派一人掌管之，稱爲區長），各由其所派區内管理採鑛、開坑、運搬、排水等一切坑内事務，並掌理坑内保安等事。

見張方　見張方之詰所，稱爲見張所，即稽查所。本山坑内設四所，通洞坑内設四所，坑口設二所，小滝坑内設三所，坑口設一所。各所派稽查一名或五名。見張方者，普通稱爲判座員，整理鑛夫鑑札以及過時入坑、未至時出坑等事，究詰其理由，以警戒其將來，取締出入坑内等事。

（丑）管理員名數

	本　山	通　洞	小　滝	計
坑部課長一名				

坑場長		一	一	一	三
採鑛係長		無	無	無	無
採鑛係員	採鑛方	三〇	五三	三六	一〇九
	見張方	六	一二	七	二五
計		三七	六六	四四	一三七

以上所述，如坑場長、採鑛係長、採鑛方執事人，或由帝國大學，或由高等工業以及工手學校卒業生，並有多年採鑛經驗者選用之人，又採鑛方執事人，或由坑夫、支柱夫、進鑿夫、運搬夫等以及多年經驗而有相當之技能者，且品行方正而有管理鑛夫才具者選用之。

（貳）由鑛夫中選爲管理者

（子）管理者役名及其責任

由鑛夫中選爲管理者，爲頭役及夫頭，輔佐會社派出管理者，以及監督鑛夫作業。

頭役　專掌部下坑夫、支柱夫、進鑿夫、運搬夫之作業及情形，每月有十五天以上入坑，督率鑛夫作業，並通會社與鑛夫各種情事，係當折衝之任。而頭役之責任，不獨輔佐管理坑内人之責任，亦須掌坑外鑛夫居住動静，均詳列於管理鑛夫居住動静條内。

組頭　屬組頭部下，有車夫、手子。但車夫、手子如前所述，有爲一類鑛夫，有爲二類鑛夫。而屬其部下鑛夫中，有管理一類鑛夫等事，由會社派出管理人當其責任。故二類鑛夫由其承辦等事，是以管理上不可不常時入坑。

夫頭　頭役及組頭，其屬下有三十名至百名。内外頭役及組頭，管理坑外鑛夫作業，以及居住動静等各事，並且有保護鑛夫責任。夫頭不然，不過單受領其部下工錢與鑛夫輪流入坑，輔佐會社派出管理者，並管理坑内作業。

（丑）管理員名數

役名	本山	通洞	小滝	計
頭役	二一	二五	二一	六七
組頭	一〇	一〇	九	二九
夫頭	八	九	四	二一
合計	三九	四四	三四	一一七

以上所述，頭役、組頭、夫頭，由多年鑛夫中擇其勤慎且精於事務者，及品行方正

且有信用，能勝管理鑛夫之任者任用之。此係機關管理組織上所觀察管理作業之情形。凡關於管理坑内作業，大概如此。今述其稍關於管理坑内作業，採用防坑夫所得工價不等之處，（鑛夫所得工價不依本番賃金，而依承辦金 即受負法 定之。）當行如何手段。

鑛業所直轄鑛夫中，坑夫以外者，全部均依本番工價。獨坑夫，動則以承辦法而使役之。因此，工價中往往有不等之處，不可不參考之。今試據鑛夫賃金表中所載：坑夫一日工價，最多二元八角一分七釐，最少一日工價八釐，平均八角三分六釐。承辦作業場所定之方法，據抽籤法：每月十五日及月末，集各坑場長，於抽籤前豫指個所，定其高低價格。當日使頭役爲坑夫代表者入會，坑場長爲現場員行之。如此，不無有坑夫技能之高下及勤怠，自然生仕事之多少；又不然，而因高低價格，其基礎如磐石之情形，或鑛物之價值爲之生變動者。此即鑛業所移動高低價格，因此而生高下，今不可不研究高低價格當有更變與否。現今，在本山坑場採用絶對不許變更之方針；在通洞、小滝坑場，審察之上可許有高低更變。現今並用以上二法，其成蹟無大差。

（附記）採鑛石鑑定方法及其係員

坑夫採掘鑛石，鑑定品位，此係選鑛員之責任，自屬坑外作業，今就便宜上記述之。鑑定採鑛鑛石品位法，則以選鑛員眼力鑑定之。立會係員記載於採鑛帳中，稱此方法云（步讀）。此類鑛石，由坑内搬出，交與選鑛員，秤其輕重。選鑛員取其一二塊鑛石爲様本，豫算産出輕重，次日命頭役持計算表告知鑛夫，且鑑定之現場，許鑛夫隨意到場。

（乙）管理坑外鑛夫作業

坑外鑛夫作業種類：選鑛夫、坑外沈澱夫、車夫。此外，屬調度課、工作課、電氣課、製煉課、庶務課之類。

使役及採用坑外鑛夫法，則如坑内鑛夫，分爲直轄鑛夫（一類鑛夫）、屬於承辦組頭鑛夫（二類鑛夫）二種。

直轄鑛夫與管理坑内鑛夫稍異，依業務之種類，分設各係係員指揮而監督之。不似坑内管理法，由鑛夫中選爲管理者，而監督鑛夫作業，獨頭夫由鑛中選出，補佐係員之不足。

管理二類鑛夫，專由承辦組頭爲之。鑛業所係員，不過關於工業上直接管理承辦組頭。若管理鑛夫，必由承辦組頭管理之。

管理鑛夫，有會社側、鑛夫側之區别，約分二種：

（壹）由會社中派人管理者

（子）管理者役名及其責任

各課課長、各係係長，坑外管理與坑内管理不同之處，容易行之，兹不記載。

（丑）管理員名數

	坑部	製煉	工作	調度	電氣	庶務	合計
課長	一	一	一	一	一	一	六
坑場長	三	無		無	無	三	三
係長	三	一	二	一	一	一	七
役員	一九	二八	二四	一〇〇	二五	六	二〇二
計	二六	三〇	二七	一〇二	二七	八	二二〇

（貳）由鑛夫中選爲管理者

（子）管理者役名及其責任

由鑛夫中出爲管理鑛夫者，分爲組頭、夫頭二種。屬於組頭鑛夫分爲一類鑛夫與二類鑛夫。其管理對於一類者，不過照應作業，並無管理之責；對於二類者，不獨照應作業，並且於各種作業上，均有管理責任。

凡關於鑛夫居住、動静，不問一類二類，凡屬其部下，均有監督責任，與坑内組頭、頭役當其責任毫無分別。

夫頭輔佐會社中派出係員，而從事管理部下鑛夫。

（丑）管理員名數

	坑部	製煉	調度	工作	電氣	庶務	合計
組頭	五	八	二七	二五	無	無	二六
夫頭	二	無	一三	三	三	四	二五
計	七	八	四〇	二八	三	四	九〇

右述組頭、夫頭由多年鑛夫中有經驗而有信用者選任之。

第二、監督鑛夫居住及動静

前述監督鑛夫作業事項中，頭役及組頭監督本屬下鑛夫作業，但鑛夫居住及動静亦不可不監督，其頭役及組頭屬下，如有獨身無家室者，使居住飯場；又，有家室者，使居住長屋，共保護及監督之。

爲維持風化計，現在各飯場定立各種章程，以實行之。

飯場申合規約拔萃

犯左各項規約，不准居住飯場，並申告鑛業所，請求解傭。

一、放蕩無賴而怠於業務者。

二、爭鬭及其他不良行爲者。

三、不守組合及其他規約者。

四、不遵頭役等命令及訓戒者。

五、不在本室内居住者。

會社管理以上各種事項，另行制定規則，以期鑛夫及會社互相關係，嚴行頭役、鑛夫間之監督。

頭役使用細則（參照）

第一條　頭役應遵守鑛業所之指揮，並保護及監督鑛夫。又，代鑛夫爲代表，互通意思，疏通業務，以期實行。

第二條　頭役除遵守前條，盡自己責任外，不可不謹慎品行，保持威信。

第三條　頭役應鑛業所之命，命募坑夫及引薦坑夫，並爲坑夫保證。

第四條　頭役有代該飯場爲飯場聯合加盟諸義務。

第十三條　頭役每月當入坑十五天，察看部下坑夫就業情形及監察其勤惰。

第十四條　頭役如有不得已事故不能入坑，當報知鑛業所斟酌情形，始准託人代理。

第十五條　支柱夫、進鑿夫、坑内運搬夫等諸頭役，悉當遵照此章。

此外，會社亦因風化之關係，於庶務課長所管之下，設立巡視部。其中，巡視部長三人，巡視員三十二人。其責任，巡視長屋飯場察看鑛夫等生活狀態及其動静，如鑛夫有不良之行爲時，命飯場頭役戒飭改正。又，有集會及出不穩之言動，巡視部察其時機，相當處置。

又，鑛夫長屋中，如有坑夫及他人來宿泊者，當即時告知飯場頭役，轉告事務所。如有不告知事務所者，巡視員當常時稽查户口，庶知鑛夫及其家族同居者增減。坑外衛生役場，於鑛業所内設有衛生組合。本組合以會社之役員、準屬員（巡視員）與頭役、組頭組織之。因役宅、長屋、飯場所在地，本山分爲十五區，通洞分爲五區，小滝分爲七區。每區之廣狹，大約配布衛生管理役員一人及四人，常使役衛生夫掃除糞尿、塵埃，管理家屋内外之掃除等事。此外，本會社因衛生上選鑛夫集合處設浴場六所，使其入浴便利。又布置飲料水道，下水道現已如上水道，今甚完備，可無遺憾。

若有傳染病時，設立傳染豫防委員，以防病毒蔓延。

足尾鑛業所事務章程

第一條　足尾鑛業所置六課如左：

一、坑部課

二、製煉課

三、工作課

四、電氣課

五、調度課

六、庶務課

第二條　於坑部課置本山坑場、小滝坑場、通洞坑場調查係，於各鑛場置採鑛係、選鑛係，使分掌左之事務：

一、關於開鑛、採鑛、探鑛、保坑、排水、通氣、運搬等事項。

二、關於選鑛之事項。

三、關於沈澱銅及廢鑛採取之事項。

四、關於廢石處理之事項。

五、關於坑內測量之事項。

六、關於屬於坑道堀鑿等起業工事之設施事項。

第三條　於製煉課置鎔鑛係、煉銅係，使分掌左之事務：

一、關於燒鑛、團鑛、鎔鑛、煉銅之事項。

二、關於煙煤及鍰處理之事項。

第四條　於工作課置土木係、機械係，使分掌左之事務：

一、關於家屋道路、橋梁、鐵道、鐵索、樋管、溝渠、堤防等築設修繕之事項。

二、關於機械、器具之製作、修繕等事項。

三、關於土砂捍止之事項。

四、關於測量之事項。

第五條　於電氣課置配電係、電機係，使分掌左之事務：

一、關於線路之保全事項。

二、關於預備原働所及水路保管之事項。

三、關於變壓、變流所之監督事項。

四、關於電燈、電話之事項。

五、關於電働機之運轉及製作、修繕等事項。

六、關於電車之修繕及監督事項。

第六條　於調度課置第一倉庫係、第二倉庫係、運輸係及日光出張所、根利出張所，使分掌左之事務：

一、關於鑛業用品及日用貸下品之仕入、仕拂及調製、保管等事項。

二、關於薪炭、石灰石、石灰粉、煉化用材等之採收、製造事項。

三、關於森林之伐木、製材、植樹等事項。

四、關於搬運之事項。

第七條　於庶務課置庶務係、會計係、分析係、水煙係，使分掌左之事務：

一、關於所員及諸雇人之進退、賞罰並給與、徵收之事務取扱等項。

二、關於諸規則令達契約之事項。

三、關於通信往復及受付之事項。

四、關於保管重要文書、秘文書及圖書等事項。

五、關於官衙公署之文書、願届及訴訟並他方交涉事件等項。

六、關於來賓之事項。

七、關於請願巡查、巡視所内，取締及消防等事項。

八、關於教育、衛生、醫局、户籍諸事項。

九、關於役宅、合宿所、長屋、飯場諸事項。

十、關於土地、建物之賣買、借貸、保管諸事項。

十一、關於所日報、月報事業成績，其他統計、編纂等項。

十二、關於所預算、決算之編製及整理諸事項。

十三、關於金錢之出納及銀票事項。

十四、關於諸預金之事項。

十五、關於財産、臺帳之事項。

十六、關於試金分析之事項。

十七、關於鑛物、燃材、鎔材等之秤量、取採、取標本之事項。

十八、關於檢查權衡器之事項。

十九、關於氣象觀測、天氣預報之事項。

二十、關於處理鑛水、煙氣等事項。

二一、關於脱硫塔、沈澱池、濾過池等之操業及整理之事項。

二二、屬於其他臨時事務及各課專管諸事項。

第八條 各課自第二條至第七條所定事務之外，各於其所管内掌理所屬之事務如左：

一、保管營造物機械器具等項。

二、關於使役及管理鑛夫與職夫之事項。

三、關於需用品之受拂保管及鑛職夫之日用貸下制限等事項。

四、關於預算、決算等事項。

五、關於日報、月報事業成績及其他統計諸事項。

六、關於文書、簿册之整頓、保管其他庶務諸事項。

七、關於工場及其他課内之保安、衛生諸事項。

第九條 各課對於課長直隸之若干所員屬於各係之雜務，可得處理之。

第十條 於足尾鑛業所置職員如左：

一、所長 一員

二、副所長　一員

三、課長　六員

四、坑場長　三員

五、技師　若干名

六、係長、出張所長　二十二員

七、所員　若干名

但醫員及學校教員，得如所員待遇。

第十一條　所長依已定之成規，則受社長之指示，處理一切所務，任監督部下各員之責任。

第十二條　所長就左之事項，專行之後得報告於社長：

一、對於官衛公署定例之願屆（即稟牘等）所關之事項。

二、於預算内營業行爲，並經費之支出及決算等所關之事項，但不動産之買入重要諸機械及向外國定購不在此限。

三、關於月給二十圓未滿之所員進退、賞罰及課長、坑場長以下各員分掌之任務諸事項。

四、其他於成規令達特委任專行之事項。

第十三條　副所長於全班所務相關補翼所長，所長遇有事故，則應爲所長之代理。

第十四條　課長承所長命，掌理所管事務。

第十五條　課長就左之事項，專行後應報告於所長：

一、經營事務之執行。

二、關於採鑛開坑之定目間代等事項。

三、關於準屬員以下之分掌任務等事項。

四、關於賃金六角錢未滿鑛職夫之進退及懲戒諸事項。

五、於其他制規令達所達等特委任專行之事項。

第十六條　遇所長與副所長皆有事故，可使次席者暫代理之。

第十七條　坑場長及技師，從所長之命令及課長之指揮，擔當所管事務。

第十八條　係長、出張所長，受上司之指揮、監督，掌其任務。

第十九條　所員因上司之指揮而從事於業務。

附　則

第二十條　本章程自明治三十八年七月一日施行。

足尾鑛業所鑛夫僱傭勞役規則

第一章　通　則

第一條　分鑛夫爲左之二種：

一類、直接使役鑛夫。

二類、屬包工組頭鑛夫。

依事業之便宜上直接二類鑛夫時，準一類鑛夫之規定。

第二條　鑛夫之職別，依別表之規定。

第三條　應操業上之必要，置頭役、組頭及夫頭之職頭。

第四條　所有頭目就支柱夫、進鑿夫、坑夫及坑内運轉夫同職中選拔有信用者充之，爲組内一般之取締，依別定之規程，支給資費及酬勞金。

第五條　所有組頭就一類、二類組内鑛夫中有信用者選任之，爲組内一般之取締。

二類鑛夫之組頭，自己難操作時，定代表者聽受許可。

第六條　夫頭由一類鑛夫中當該工場名簿上名別最前者任之，率部内鑛夫，使其各從事業務。

第七條　職頭之任免用辭記。

第八條　鑛夫應遵守爆發藥取締之規則別定之。

第九條　鑛夫因操業負傷、罹疾病及死亡等事，依別定扶助規則扶助之。

第十條　一類鑛夫俱有加入別設之共救義會之義務，但女工不在此限。

第十一條　鑛夫須守本規則及當所之規則命令，從主務管理員之指揮，誠實服其職務，自不待言，更須向當所員及來賓遵守相當之禮節。

對於五年以上，動蹟〔二〕、品行方正、職務忠實之鑛夫，審查上可附與善行證明書。

第二章　僱傭

第十二條　鑛夫年齡不滿十三歲以上及身體不强健者，例不採用。

女工及十五歲未滿之男工，不使其從事坑内或勞働過劇之職業。

第十三條　欲當一類鑛夫者，有相當之紹介人，依第一號書式呈請之。

第十四條　依前條之呈請要僱入時，須調查其來歷，如無不妥當之處，試驗後就合格者採用所需人員。

第十五條　依前條接閲採用之報告者，須有二名以上之確實保證人，可呈上第二號書式之誓約書。呈上誓約書時，登録於鑛夫名簿，使本人自蓋印章而後交付鑑札，迨需用時須使其撮影以便識認。

第十六條　二類鑛夫雇入之際，自其組頭呈請之，須依第三號之書式。承認前項之呈請時，登録於鑛夫名簿，交付鑑札。

第十七條　一類鑛夫欲請解僱時，保證人連署名備具其事由呈請之，聽受許可。二類鑛夫解僱時，自其組頭呈請之。

第三章　就　業

第十八條　鑛夫一日就業之時間，爲八時間至十二時間。據別表規定之，但依工場之便宜，臨時或有短縮。

第十九條　鑛夫就業之際，呈交鑑札於主務管理員。其終業時，當收回而後退場。前項規定時間外，若臨時使役時，以時間割合，須增賃金，可給發之。

第二十條　鑛夫就業中發病或因不得已事故欲退場時，須其管理員之許可。

第二十一條　鑛夫之休業日，例定一年中共二十七日，揭示如左：

月次	定日休暇	輪番休暇日數
一月	一日、二日、三日	一日

二月	紀元節（十一日）	一日
三月	一日	一日
四月	三日、三十日	○
五月	山神祭（十一日、十二日）	○
六月	一日	一日
七月	一日	一日
八月	舊曆七月十六日相當日	一日
九月	一日	一日
十月	一日	一日
十一月	天長節（三日）	一日
十二月	一日、三十一日	一日

第二十二條　鑛夫因患疾病或其他事故難就業時，須具事由書報告之。但疾病涉三日以上者，須使其呈驗醫局診斷書。

第二十三條　鑛夫因事故得許可他行，經十日尚不歸山者，鑛夫名簿削除其名。

第四章　賃　金

第二十四條　鑛夫依其等級，給別表所定之賃金。技倆優等之鑛夫爲特等，各本業之一等賃金以上漸次至五割增給之。

第二十五條　鑛夫包工使役之賃金不拘前條，從其業務之性質及工程隨時定之。

第二十六條　專包工使役之鑛夫，不定其等級，若直接使役時，隨時定其賃金。

第二十七條　賃金每一個月決算之，自翌月十一日至二十日之間，就其職別，依所定日之順序支給之。但對解僱者，可不拘何時支給之。

第二十八條　鑛夫生計上必要之物品，依本人之願，認爲確實時，後別定之手續〔二〕，可貸與之。於此賃金支給之際，扣除代價，使納還之：

第五章　賞　罰

第二十九條　分鑛夫之賞與爲：定期賞與、臨時賞與及勤績賞與三種。定期賞與及勤績賞與，依別定之規則給與之。臨時賞與就左開各條相當者，審查後應其功勞之程度給與之。

一、報告事業上有益事件，確有裨補之效力者。

二、冒危險救人命；又當非常之際，有拔羣之功者。

三、防危變於未然；又探知報告爲一般事業上妨害之事件者。

四、平常謹直誠實、精勤業務，足以爲他人之模範之篤行者。

第三十條　鑛夫如有左開各條行爲，依其輕重爲減給、降等、解僱諸處分：

一、背諸規則、命令或不從管理員、職頭或其他特命監督者之指揮制止，又有暴行、强迫、駡詈等類。

二、因故意或怠慢毁損當所之機械、造營物，成爲事業上之妨害者。

三、詐稱職名關於鑑札納受規定違背之者，又其他就業之際有欺罔之事者。

四、濫入指定以外之處所採掘鑛石，又未得許可持去鑛物或工場用品者。

五、在工場爭論、鬬毆，或其他有不良之行爲者。

六、違背火藥類取扱規定者。

鑛夫就業表

鑛　夫	交替方法	就業時間	備　考
進鑿夫 坑　夫	三交替	八時間	一、三交替者，一晝夜分三等。自夜半至翌朝爲第一方，晝間之時間爲第二方，自夕刻至夜半爲第三方，各組每五日，其方則順次變更。
坑内車夫 坑内轉運夫	三交替或	八時間至	二、二交替亦準右方。

手子 製煉夫	二交替	十二時間
支柱夫 坑内線路夫	交替無	八時間
坑内沈澱夫 坑内石工	交替無	八時間
其他之鑛夫	同	九時間至十二時間
女工及滿十五歲以下之男工〔三〕	同	九時間至十二時間

三、交替無者，一日之中就業時間則惟晝間，一日之中設交替組云。

鑛夫職別等級賃金表

凡例　一、日給額欄内之數錢係單位。一、各職名欄内之數分別等級。

職名＼日給額	八〇	七五	七〇	六五
支柱夫 進鑿夫 坑夫	一	一	二	三
運轉夫（内坑）	一	一	二	三
同上（外坑）	一	一	二	三
製煉夫 煉銅夫 分銅夫 伸銅夫	一	一	二	三
車夫			一	一
選鑛夫 水煙夫 沈澱夫				
手子				
雜夫				
電氣夫 機械夫	一	一	二	三
大工	一	一	二	三
石工（内坑）	一	一	二	三
同上（外坑）	一	一	二	三
録路夫（内坑）	一	一	二	三
同上（外坑）	一	一	二	三
工作夫	一	一	二	三
運搬夫				
土工 鳶夫				
山林夫	一	一	二	三
鐵索夫 倉庫夫			一	一
女工				

六〇	四	四	四	四	二	一			四	四	四	四	四	四	四			四	二
五七			五						五	五		五		五	五	一	一	五	三
五六	五	五		五	三	一		一			五		五						
五四			六					一	六	六		六		六	六	一	一	六	四
五三	六	六		六	四	二					六		六						
五二			七					二	七	七		七		七	七	二	二	七	五
五〇	七	七	八	七	五	三		三	八	八	七	八	七	八	八	三	三	八	六
四七			九					四	九	九		九		九	九	四	四	九	七
四六	八	八		八	六	四					八		八						
四五			一〇				一	五	一〇	一〇		一〇		一〇	一〇	五	五	一〇	八
四三	一見習	九	二	九	七	五	一	六	二	二	九	二	九	二	二	六	六	二	九
四一	二	一〇	三	一〇	八	六	二	七	三	三	一〇	三	一〇	三	三	七	七	三	一〇

三九	三七	三四	三三	三〇	二八	二六	二四	二二	一九	一七	一六
三	四	五	六	七	八	九	一〇				
一一	一二	見習一	二	三	四	五	六	七	八	九	一〇
一三	一四	一五	一六	見習一	二	三	四	五	六	七	
一一	一二	一三	一四	一五							
九	一〇	一一	一二								
七	八	九	一〇	一一	一二	一三	一四	一五			
一二	四	五	六	七	八	九	一〇	一一	一二	一三	一四
八	九	一〇	一一	一二	一三	一四	一五	一六	一七	一八	一九
一三	一四	一五	一六	見習一	二	三	四	五	六	七	八
一三	一四	一五	一六	見習一	二	三	四	五	六	七	
一一	一二			見習一	二	三	四				
一三	一四	一五	一六	見習一	二						
一一	一二					見習一	二	三	四	五	
一三	一四	一五	一六	一七	一八						
一三	一四	一五	一六	見習一	二	三	四	五	六		
八	九	一〇	一一	一二	一三						
八	九	一〇	一一	一二	一三	一四	一五	一六	一七	一八	
一三	一四	一五									
一一	一二	一三	一四	一五	一六	一七	一八	一九	二〇		
		一	一	二	三	四	五	六	七	八	九

一五							一五	二〇	九										一〇
一四								二二	一〇										一二
一三								二三	一二										一三
一三								二三	一二										一三
一二								二四	一三										一四
一〇								二五	一四										一五

備考

一、支柱夫　從事坑内支柱業者。

一、進鑿夫　使用鑿岩機，從事開鑿之業者。

一、坑　夫　從事開坑採鑛者。

一、選鑛夫　從事選鑛者。

一、水煙夫　從事水煙之除害操業者。

一、製錬夫　從事燒鑛、團鑛、鎔鑛、錬銅等業。

一、運轉夫　從事水力機、蒸氣機、電氣機，或其他機械之運轉者。

一、沈澱夫　從事沈澱銅之採取者。

一、車　夫　從事坑部課所屬鑛車運搬事業者。

一、手　子　在坑内從事鑛石之選別、運搬及其他雜役者。

一、機械夫　從事鍛冶、製罐、鑄物仕上 即造成意 旋盤木型及電氣機械之製作修繕者。

一、電氣夫　從事電線路慟力、電燈、電話等作業者。

一、線路夫　從事鐵道、鐵索、水路等之線路建築修繕者。

一、工作夫　造磚者 原名煉瓦職、泥瓦匠 原名左官、造房者 原名屋根職、漆匠 原名ペンキ職、疊職 鋪地蓆者、裱糊匠 原名建具職 等類。

一、鐵索夫　從事索道運搬貨物之裝卸及線路之保全等事。

一、倉庫夫　從事第一種倉庫品之庫入及庫出等事。

一、運搬夫　從事鐵道、鐵索及牛馬車物品之運搬及貨物之裝卸者。

一、山林夫　從事用材、薪材伐採、造材、製炭及山林内之運搬等事。

一、雜　夫　從事前記以外之雜役者。（内含衛生夫、測量大、分析夫、閽者、巡山、馬夫、牛夫、燒磚夫、常用夫等類。）

第一號書式

使役願

府縣 國 市町郡村 大字 番地

族籍職業 何 某

生年月日

竊投

貴所願充使役，蒙試驗後録用。所有貴所規則命令，自當敬謹遵守，勉盡職務。如有不妥當之行爲，任憑貴所開除。又，依於當所之便利上，雖不關於民法六百二十七條之規定，亦聽開除。就本人身上各事項，一切惟紹介人是問。因此連名署印，特申此志願也。

年 月 日

本人 何 某印

何組何夫 何 某印

紹介人 何 某印

古河鑛業會社足尾鑛業所御中

第二號書式

誓約書

府縣　國　市郡　町村　大字　番地

士族平民

當山何組何夫

何　某

生年月日

竊照

今蒙録用立誓約條項如式：

一、貴所鑛夫雇傭勞役規則，並其他諸規則、命令，謹當遵守，勉勵業務，不得懈怠。

一、使役中非有萬不得已之事，不得以自身便宜任意解役。

一、對於貴所如有不法行爲，任憑開除。又，依於貴所便宜上，雖不關於民法第六百二十七條之規定，亦聽開除，決無異議，且速退山。

一、凡貴所生計上必要品，不得私自轉賣他處，亦不得與他處物品私相交易。

一、貴所所發職業必要之爆發藥，當嚴守火藥類管理規則，謹慎辦理。其用剩之藥，每日必須繳還。如管理員有隱藏或使用於職業以外諸事，或持往他處等情，均聽候貴所處置。

一、貴所機械、器具及其他造營物，自當小心看管，不得任意毀損，亦不得採取竹木並副産物等。

一、不得誘導本所職工投往他處。

一、本人逾支工食或損害賠償之義務相生等，均歸保證人清償，不得關礙貴所。

一、以上數條誓約，如有相悖之事，任憑貴所處置，決無異議。

右以熟覽貴當所諸規則，遂立以上各項誓約，倩保證人連名署印，以誓約書奉呈。

年　月　日

何組何夫

本人何某　印

本籍身分何組某某

保證人何　某　印

何組職頭

保證人何　某　印

古河鑛業會社足尾鑛業所御中

第三號書式

使役承認願

本籍身分職業

何　某

生年月日

同

何　某

生年月日

同

何　某

生年月日

右爲私組内使役承認願，既蒙採用，於規則等自當堅守，特此奉申。

何何組頭

年　月　日

何　某　印

古河鑛業會社足尾鑛業所御中

鑛夫扶助規則

第一條　鑛夫自己並無過失，實因操業負傷、罹病或有死亡，均依本則扶助之。

第二條　分死傷疾病爲左之六等：

一等　死亡者（内含即死者及治療中死亡者）。

二等　終身不能自營生活者。

三等　自己雖能働作，終身不能就業務者。

四等　雖能就業務，但毁傷身體，不能復舊者（失一指以上又準此殘廢者）。

五等　治療中不能就業者。

六等　治療中不得就業者。

第三條　扶助料分爲治療費、療養費、扶助費及葬祭料四種。依死傷疾病之等級，照左表給與之：

鑛夫扶助規則第三條付屬表（一類鑛夫）

種類 / 等級		治療費（診察料 施術料 入院料 藥價テ含ム）	療養料	扶助料（遺族扶助料（一等傷ニ適用ス）本人扶助料（二等傷乃至四等傷ニ適用ス））勤續五年以上(四)	同五年未滿	同三年未滿	同一年未滿	葬祭料
一等	死亡（即死者 治療中死亡者）	實額（施療）	休業中賃金二分ノ一以上	賃金三百日分以上	賃金二百五十日分以上	賃金二百日分以上	賃金百五十日分以上	十五圓以上
二等	終身自用ヲ辨ズルコト能ハサル者	同	同	同	同	同	同	
三等	自巳ノ働作ヲ爲シ得ルモ修身業務ニ就クヿ能ハサル者	同	同	賃金二百五十日分以上	賃金二百日分以上	賃金百七十日分以上	賃金百二十日分以上	
四等	業務ニ就タヿヲ得ルモ身體ヲ毀傷シ舊ニ復スルヿヲ得サル者	同	同	賃金二百日分以上	賃金百五十日分以上	賃金百二十日分以上	賃金百日分以上	
五等	治療中就業スルコト能ハサル者	同	休業中賃金十分ノ四					
六等	治療中就業スルコトチ得ル者	同						
備考	二類鑛夫準本表支給相當金額							

第四條　重傷患者，許其在自宅治療時，代入院料一日金十五錢以上，二十五錢以下，給與之。

第五條　醫局已許就業，圖自己之便宜，仍續行休業者，對其休業日數之療養料，不給與之。

第六條　因醫局之診定或本人之希望，許可轉地療養者之治療費，斟酌負傷、疾病之輕重，施治之難易等，在一日金十五錢以上，五十錢以下之範圍内，定其額數。

第七條　療養料、扶助料及葬祭料，參酌負傷、疾病之輕重及其原因，並平素勞役之成績等，於規定額之範圍内，定其多寡。

第八條　依等級賃金表不能算出鑛夫之療養料及扶助料，依前三十日間之就業平均賃金算出之。

第九條　療養料及第四條之料金，每一個月分計算之，於翌月十日支給之，本人之扶助料於全瘉後支給之。

第十條　轉地療養者之治療費及療養料，歸山之時支給之。但認其事情爲不得已時，前給其一個月分之費用。

第十一條　辭雇役欲療養之者，依醫局之診斷，豫定負傷、疾病之等級及療養日數，積算其相當之扶助金，一時支給之。

第十二條　遺族扶助料及葬祭料第一配遇者及第二配遇者(五)，無時依其死亡者之户籍内親族周係之順位支給之。但有尊族親及卑族親時，以卑族親爲先，在同一順位者以男子爲先，在同姓者以年長者爲先。無親族時或親族因異其住所，於相當之期間内不能引取死體爲埋葬時，不拘前項之葬祭料，現爲埋葬之頭役、組頭或與本人有緣故者支給之。

第十三條　終身不能就業之不具疾病者，無引受人時，第三條扶助金之外，特追給其扶助料，又爲臨時之扶助。

第十四條　當非常事變，爲拔羣之勞働，因而致於死傷疾病者，應其狀況，第三條扶助金之外，特增給其療養料、扶助料，又葬祭料。

附　則

第十五條　本則自明治三十八年十月一日實施。

火藥類管理規則[六]

第一條　火藥管理員每日於其管理區内，豫算其翌日使用之火藥量，自調度課之倉庫管理員支取之，納於火藥假貯藏所保管之。

第二條　火藥類鑛夫就業之際，於監查所收其鑑札，引換發於各鑛夫一日分應需之重量。

第三條　火藥類鑛夫退場之際，嚴重監查其隱蔽攜帶與否，而後方准其通行。

第四條　受取火藥類之鑛夫退場之際，不問其火藥類殘存與否，均須將火藥函納於所管之監查所，引換收回本日所存置之鑑札。

第五條　鑛夫除現用火藥時之外，不得將火藥自函内移於他處攜帶之。

第六條　鑛夫行爆發時，須豫先警告其附近之人。若其地爲大道或其附近時，須警告其通路之各方面。

導火線點著後避於安全之地方，且依前項於其警告所有之地方，爲通行遮斷之警告。

於裝入後火藥悉爆發時，須通告附近之人。

第七條　鑛夫、鑛業警察規則中，關於火藥之規定，務須嚴守，摘録如左：

第三十一條　當營鑛業使用火藥類之時，左之規定適用之：

一、略。

二、略。

三、鑛夫使用火藥類之後，有殘餘時，直將其還付於所管之火藥管理員。

四、鑛夫不得以鐵製込棒裝藥。

五、鑛夫除粘土及其他不能引燃發火物之外，不得使用易引火之注入物。

六、鑛夫導火線點着之後不爆發時，不過十五分間不得近於其地方。且當此時，不得濫將火藥類掘出之。

第三十六條　違背本則之規定者，又依本則之規定所發之命令不從者，處二十五日以下之罰金。

鑛夫賞罰施行細則

第一條　鑛夫不受處罰，一定之期間勤務之者，據別表第一給與定期賞與金。

第二條　前條之賞與，對於受第十二條之處罰者，亦得給與之。

第三條　鑛夫據别表第二給與勤績賞與金。

第四條　賞與金給與之際，凡既被解傭者，概不給與。

第五條　其行爲該當左記之一者，處以解傭、三等以上之降等，又三人工以上减給之罰。

一、法律命令並當所所定諸規則、命令之違背者，又不肯受所員職頭及其他監督者之指揮制止者，又對是等有暴行、强迫、罵詈等之行爲者。

二、故意妨害事業，又惹起危險或有不穩之舉動者。

三、故意毁損當所之機械器具及造營物等，又與妨害於通信、運輸之機關者。

四、運搬中之貨物，又在作業場之物品，擅自指定或備付場所之外持去者。

五、火藥類持往作業場以外者。

六、自己所採之鑛石，以他人之名義，或他人所採之鑛石，以自己之名義，使受鑛者或爲其媒介者。

七、保管品供其私用者。

八、盜伐樹木，又伐採指定以外之樹木者。

九、不爲事實之申告，而使當所採用自己或他人者。

十、將當所之鑛夫周旋於他所或爲其媒介者。

十一、失火者。

第六條　該當左記各號之一者，處罰三等以下之降等，或一人工以上、三人工以下之減給。

一、因怠慢過失，紛失、毁損當所之機械、器具、造營物等，或向通信、運輸之機關加妨害者。

二、在作業場爭論、鬭毆者。

三、業務上因怠慢或過失，與當所以損害者。

第七條　該當左記各號之一者，處罰二等以下之降等，二人工以下之減給。

一、受注意譴責，不知改悛者。

二、於非採鑛場之地方，採取鑛石者。

第八條　該當左記各號之一者，處一人工之減給：

一、故意在自己指定值班以外之作業場就業者。

二、就業當時納入鑑札，但不就業而俟至退業當時，來領取鑑札者。

三、半個月間不請准假，而休業五日以上者。

第九條　該當左記各號之一者，處二分之一工之減給：

一、就業定時，雖納入鑑札，然不就業且不來受領鑑札者。

二、雖認爲作業者，但不在自己值班作業場者。

三、毀棄或紛失火藥函，又向指定場外持去，或退業之際不納入者。

四、不將火藥類放入所定之箱内者。

五、火藥函納入轉託他人者。

六、以他人名義就業者。

七、將鑑札貸與他人者。

八、濫乘電車者。

九、馬丁虐待馬匹者。

十、馬丁於徐行區域内故意疾行者。

十一、無故立入國有林、其他之林野内，又不制止家族之立入者。

第十條　該當左記各號之一者，處四分之一工之減給：

一、鑑札之納受託他人或被他人託者。

二、毀棄或紛失火藥函，不攜帶之證，又退業之際，不將此證納入者。

第十一條　該當左記各號之一者，處八分之一工之減給：
一、不請假休業者。
二、未得許可，定刻前退業者。
第十二條　該當左記各號之一者，處十六分之一工之減給〔七〕：
一、遺失或紛失鑑札者。
二、就業之際不納入鑑札者。
三、不請假於就業定時遲到者。
第十三條　本則雖無明文認其爲不法舉動時，爲相當之處分。
第十四條　調唆者與實行者同一處分之，帮助者比主使實行者之處分減等。
第十五條　犯數條規定之行爲，擇其重者處罰之。
第十六條　據本則可處罰之行爲，而與損害於當所時，尚使其任賠償之責。
第十七條　據本則減給處罰二類鑛夫時，使組頭任其責。

附　則

第十八條　本則所謂一工賃額者，坑夫以八十錢，坑夫見習以五十六錢爲標準。
關於一類鑛夫及見習之賞罰，據其當時之賃額。

關於二類鑛夫之處罰，其一工賃額，各據其標準賃額。

第十九條　勤績賞與金之勤績年數，在坑夫、進鑿夫，自明治三十五年正月起算。在其他之鑛夫，自明治四十一年正月起算。

別表第一

職名	賞與額	條件
一　支柱夫（坑内）　進鑿夫　製煉夫　坑夫　運轉夫	二人工賃額	兩個月間，除定假外，休暇限定在二日以内。
二　運轉夫（坑外）　車夫　手子　水煙夫　脱硫及攪拌石灰等事	一人半工賃額	同
三　揭他各號一類鑛夫	一人工賃額	同
四　沈澱夫　沈澱女工	一人工賃額	一個月内限定沈澱銅採收量，達其豫定量以上者，除定日休暇外，准休業一日。如超過其採收量，其豫定量在一割以上者，每一割增給二分之一工賃額宛（沈澱工），或一人工賃額宛（沈澱女工）。
五　選鑛女工	二人工賃額	一個月間，除定日休暇外，祇准休業一日。

備考

一、本表勤務日數之計算，以一、三、五、七、九、十一月之各一日爲起算點。

二、見習與其所屬夫同。

別表第二

勤續年數	支柱夫 進鑿夫	坑夫	運轉夫（坑內車夫、手子、坑內石工及沈澱夫、線路夫、機械夫、電氣夫 製煉夫、水煙夫、脱硫及攪拌石灰者、撰鑛夫、）	
一年	三圓	二圓	一	一
二年	五	三	一	一
三年	一〇	四	三圓	二圓
五年	一〇	七	五	三
七年	一五	一〇	七	五
十年	三〇	二〇	一五	一〇

備考

一、本表之勤續年數以月計算，以一月爲起算點。

二、本表四種別之鑛夫，自某種之鑛夫轉於他種之鑛夫地方，例如運轉夫、坑夫，其轉勤後，當以事數算定勤續年數及當與金額〔八〕。

足尾銅山共救義會規則拔萃〔九〕另譯全本，拔萃從略。

第一條

第四條

第六條

第十二條　一、二、三、四、五

第十八條　一、二、三

第二十條　一、二、三、四、五、六

（一號表）

（二號表）

（三號表）

（四號表）

（五號表）

足尾銅山共救義會規則〔一〇〕

第一章　總　則

第一條　本會爲當山諸職工共同醵金而成，以救恤會員中負傷、疾病者，又死亡者之遺族爲目的。

第二條　本會稱爲足尾銅山共救義會。

第三條　本會事務取扱所置於足尾鑛業所構内。

第二章　會　員

第四條　會員爲當山稼業之鑛夫及職夫，共爲一類、二類之職工。但三類爲一家勞働之主，得加入。

第五條　總之，欲入會者添金二十錢，與本會醫員或當鑛業所囑託醫之健全證明書，並署名且捺印於本會所備之入會誓約名簿或入會誓約書，但有照應役之代印亦可。於遠隔之地，無囑託醫時，可於出張所或派出所首席者，與以健全證明書。

第六條　會員由每月所得之賃金每十錢爲醵金，其會員已滿十年，繼續醵金時，以後醵金則不及。

第七條　本會會員之證，交附會員票於加入者。但無會員票者，無論何時皆不得有會員之資格。

第八條　會員票遺失之時，認其事由，於書面可請照應役連署再交附焉。但此時，宜納手數料五十錢。

第九條　會員已解當鑛業所之使役及由本會已除名者，同即失會員之資格。此時，會員已醵之金，無論如何，概不退還。

已滿十年之繼續金，如以事失會員之資格，可依當鑛業所之便，經理事會之決議，得給與以相當之金額。

第十條　會員有不得已之事故不能出金者，可依常務挂及照應役之證明，稍從猶豫。

第十一條　會員平常離山一週以上不歸山者，又請假願濟後，逾期一月不歸山者，即爲脱會，會員名簿除名。但三個月以内歸山，於照應役之證明添補不在山時之醵金額，乃認其相當之申出，可特回復其會員之資格。

第三章　資金補助

第十二條　本會之資金，於會員醵金外，作爲補助金如左：

一、自會社之寄贈金，年額六百圓。

二、自鑛業所員之寄贈金，各員月給額千分之三以上，千分之十。

三、贊成本員之旨趣，被寄贈之慈善金。

四、自當所縱覽人及行商人之義捐金。揭示金額、姓名，發七號書式之領收書，尚登載記録，永爲本會之記念。

五、自當鑛業所補助之雜收入金。

第四章　會務員

第十三條　於本會置左之事務員：

會長　一名

副會長　一名

理事　十五名

監查　三名

幹事長　一名

幹事　若干名

醫員　若干名

常務挂　若干名

世話役 即照應人　若干名

理事十五名之内，六名監查。三名之内，一名爲自世話役中之囑託者。

第十四條　於會長請當鑛業所長，於副會長請當鑛業所副所長。理事、監查、幹事長、幹事、醫員、常務挂、世話役等自所員。又，會員中會長以之囑託之。

第十五條　規定本會會務員之職務如左：

一、會長總理會務，於公私向本會代表。

一、副會長於會長不在時，則代理之。

一、理事對於本會重要之事項，應會長之咨詢。

一、監查關於本會之會計監查事務。

一、幹事長助會長整理會務，會長、副會長遇有事故皆出席，則代理之。

一、幹事受會長、幹事長之命，掌理會務。

一、醫員掌關於本會醫事上一切職務。

一、常務挂從事於本會之常務。

一、世話役分掌關於組内會員之事務。

第十六條　會員皆無報酬。

第五章　救　恤

第十七條　總之，會員自得會票之日，即有受救恤金之資格。

第十八條　依本則分受救恤金者爲三種如左：

一、由傷痍、疾病而成廢疾者。

二、以負傷之故休稼業，至五日以上而受醫療者。

三、以疾病休稼業，至七日以上而受醫療者。

第十九條　爲傷役、疾病而請救恤者。總之，皆據本會醫員當鑛業所囑託醫或爲當所認可醫員之診斷。

第二十條　會員中有疾病死傷時，可依左之區分：

一、對於疾病、負傷者治療日數間，依第一號表相當之療養日數救恤之。

二、疾病、傷痍涉二百日以上尚未全愈者，依第二號表救恤之。

三、傷痍、疾病許其歸家鄉療養者，依第三號表以一時金救恤之。

四、當於第十八條第一項者，其療治中療養日當給與外，以第四號表扶助金救恤之。

五、於死亡者其療治中，第一號表日當給與外，以第五號表遺族扶助金救恤之。

六、得當鑛業所之認可，於歸省中許可日限内死亡之時，限於有其地之醫師及市町村户籍役場之證明者，給與遺族扶助金。

第二十一條　無受第二十條第五項扶助金之遺族之時，則給與其最近親族。無最近親族時，則於本會以該給與金而行葬祭、建墓碑。若有餘貲，寄附於寺院，作爲行永遠祭祀之資。

第二十二條　依第二十條乞救恤金者，以第二號或三號、四號、五號書式之書面，可於全愈或死亡後十五日以内發之。但十五日以上長病中途而乞救恤金者，依醫員之證明給與之。

第二十三條　會員怠忽稼業，流於游蕩而仍釀負傷、疾病者，則可不給與救恤金。於爭鬭而死傷者，不給救恤金。

第二十四條　依第十條醵出金猶豫中死亡，又負傷、疾病等於受救恤金之時，於入會後三月數除其相當救恤金額，於猶豫日數扣除其一個月分乘得之金額，而給與其殘額。

第二十五條　雖無死傷疾病，而罹不慮之災，其事情可憫諒者，於幹事調查上，得會長之承認，可特救恤之。

第二十六條　爲流行病或事變死亡、負傷、疾病者等多數之時間，則於臨時會經會衆決議，而變更救恤額。

第六章　會　議

第二十七條　會議分通常會、臨時會。

第二十八條　會議會長即充議長，整理議事。

第二十九條　通常會及臨時會以左之會務員組成：

會長、副會長、理事、監查、幹事長、幹事、醫員（均全員）、常務員（若干員）、世話役（二十五名）。

第三十條　每年三月及九月開通常會，關於前年度共救金收支決算、會務狀況之報告及將來之會務而會議之。

第三十一條　臨時會，於會長認爲必要時開會。

第三十二條　本會之議事，因多數而決可否。若可否皆同數，則從議長而決。

第三十三條　本會規則中要當改正之事項，由通常會之決議。於有至急之事時，則開臨時會而決議之。

第七章　會　計

第三十四條　本會之會計年度，分爲上下二季。上季自正月一日至六月三十日，下季自七月一日至十二月三十一日。

第三十五條　係於本金之資金，現金之出納，總託於當鑛業所。本會之會計，僅爲帳簿上之振換勘定。

第三十六條　每年收支決算上若有餘金，隨預利付保護於當鑛業所，計其資金之增殖。

附　則

第三十七條　本會事務取扱順序別定之。

第三十八條　本則自明治四十年十月一日施行。

一號表 傷痍并疾病者療養日當表

醵金年數	一年未滿	一年以上二年未滿	二年以上四年未滿	四年以上七年未滿	七年以上十年未滿	十年以上
金額	十錢	十一錢	十二錢	十三錢	十四錢	十五錢

二號表 傷痍疾病者二百日以上療養日當並日數表

醵金年數	一年以上	二年以上	三年以上	四年以上	五年以上	六年以上	七年以上	八年以上	九年以上	十年以上
救恤日數	三十日	六十日	九十日	百二十日	百五十日	百八十日	二百十日	二百三十日	二百七十日	三百日
金額	七錢	八錢		九錢			十錢			十一錢

三號表 傷痍疾病者一時金表

醵金年數	一年以上	二年以上	三年以上	四年以上	五年以上	六年以上	七年以上	八年以上	九年以上	十年以上
金額	三元	六元	九元	十二元	十六元	二十元	二十五元	三十元	卅五元	四十元

四號表 療疾者扶助金表

醵金年數	一年未滿	一年以上	二年以上	三年以上	四年以上	五年以上	六年以上	七年以上	八年以上	九年以上	十年以上

金額	十元至三十五	十二至四十元	十五至四十五	二十至五十元	二十五至五十五	三十至六十五	卅十五至七十五	四十至八十五	四十五至九十五	五十至一百十	五十五至百三十元

五號表　死亡者遺族扶助金

醵金年數	一年未滿	一年以上	二年以上	三年以上	四年以上	五年以上	六年以上	七年以上	八年以上	九年以上	十年以上
金額	十五元	二十元	二十五元	三十元	三十五元	四十元	四十五元	五十元	六十元	七十元	八十元

一號書式

入會誓約書

今般竊投貴會，因有入會志願，如蒙許可，自應遵守規則，特此奉申。

現住所　本人　世話役

明治　年　月　日

足尾銅山共救義會御中

二號書式

醵出金猶豫願

會員票第何號　何課組名職名

何月分醵出金（自何月至何月）何月間　何　某印

右御猶豫相願度候也。

明治　年　月　日　右　何　某印

右世話役何　某印

足尾銅山共救義會御中

三號書式

共救金給與願

會員票第何號

明治何年何月加盟　何課組名職名

（傷痍疾病）明治何年何月何日（負傷發病）　何　某

明治何年何月何日全愈

療養日數何日間

右救恤金御給與被下度候也。

明治　年　月　日　右　何　某印

右世話役何　某印

足尾銅山共救義會御中

四號書式

共救金給與願

會員票第何號

明治何年何月何日加盟　何課組名職名

（傷痍疾病）明治何年何月何日負傷發病

明治何年月何日死亡　故何　某

療養日數何日間

右扶助金御給與被下度候也。

明治　年　月　日　右遺族何　某印

證　人何　某印

右世話役何　某印

足尾銅山共救義會御中

五號書式

共救金給與願

會員票第何號

明治何年何月加盟　何課組名職名

（傷痍疾病）明治何年何月何日（負傷發病）　何　某

若干日全愈

仍須歸國療養

右救恤金御給與被下度候也。

明治　年　月　日　右　何　某印

證　人何　某印

右世話役何　某印

足尾銅山共救義會御中

六號書式

會員票第何號

明治何年何月何日加盟　何課組名職名

（傷痍）明治何年何月何日（負傷）（發病）　何　某
（疾病）明治何年何月何日廢疾

療養日數何日間

右扶助金御給與被下度候也。

明治　年　月　日　右　何　某印

證　人　何　某印

右世話役何　某印

足尾銅山共救義會御中

七號書式

第　號

一金

番號

住所

惠贈人

年月日

記事

領收證

一金

右爲翼贊本會旨趣之惠贈金，領收致候也。

明治　年　月　日

足尾銅山共救義會

殿

鑛業法摘録　明治三十八年法律第四十五號

第五章　鑛　夫

第七十五條　採掘權者，制定關於鑛夫之雇傭及勞役之規則，須受鑛山監督署長之許可。

第七十六條　鑛業權者，從命令之所定，須將鑛夫名簿備置於鑛業事務所内。

第七十七條　鑛業權者，解雇鑛夫時，因其請求，可給以記載雇傭之期間業務之種類、技能、賃金及解雇之事由證明書。

第七十八條　鑛業權者，每月一回以上，定期日以通貨支給其鑛夫之賃金。

第七十九條　農商務大臣以命令得制限鑛夫之年齡及就業時間，並婦女、幼者、勞役者之種類。

第八十條　不因鑛夫自己重大之過失，操業負傷、得病，又死亡時，鑛業權者從命令之所定，須扶助其鑛夫或其遺族。

鑛業警察規則摘録

第十八條　自動車道及捲揚車道所使用之車輛，除管理鑛夫之外，他人不得乘車。但準第十六條之規定，於從事危險豫防之設備時，不在此限。

第二十八條　採掘權者置保安管理員，使掌關於作業之保安事項。

第二項（略）

保安管理員認其作業有危險之虞時，可中止其作業，且遮斷其通行，即刻報告於採掘權者。當此際更爲檢查，若不認其爲安全之後，則不得開始作業及解其遮斷。

保安管理員以適當之施設，可遮斷作業休止場所之通行。

鑛夫不得立入通行遮斷之地方。

末項（略）。

第三十一條　當爲鑛業使用火藥類時，適用左之規定：

第一號（略）。

二、火藥管理員不得發給鑛夫比一日使用預算分量之多量火藥類。

三、四、五、六。詳見前篇火藥類管理規則。

第三十六條　詳見前篇，同上。

飯場組合規程　飯場申合規約

於當鑛業所承認之飯場組合規程及飯場申合規約，揭示如左：

本山（通洞 小滝）坑夫飯場組合規程

第一條　本組合得足尾鑛業所之承諾設立之。

第二條　本組合以屬於足尾銅山本山坑場之坑夫支柱夫、進鑿夫及坑内運轉夫之各飯場之頭役組織之。

第三條　本組合稱爲坑夫飯場組合。

第四條　本組合將事務所設置於本山坑場第（何）號飯場内。

第五條　本組合規定各飯場之取締方，各飯場所屬坑夫之處理方，又對鑛業所代表各飯場所屬坑夫疏通相互之意思，使業務執行圓滑爲目的。

第六條　本組合爲欲達前條之目的，實行左之各件：

一、制定飯場申合規約，使各飯場遵守之。

一、代表組下各飯場所屬坑夫之利害，對鑛業所爲申告及請願之事。

一、謀當所飯場組合之聯絡，協心、竭力互相輔佐之事。

第七條　本組合置左之職員：

一、組合長　壹人

一、相談役　四人

一、事務員　壹人

但事務員以外皆爲名譽職。

第八條　組合長自組合員之内選舉之。

組合長之任期爲六個月，但不妨再選。

第九條　相談役、組合員順次交替，當其任相談役之任期爲兩個月。

第十條　本組合職員之任務如左：

一、組合長對於公私代表組左招集相談役會，又組合總會爲其議長，執行組合之常務任免事務員。

一、相談役輔佐組合長，應組合長之招集，審擬其咨問事項。

一、事務員受組合長之指揮，處理雜務。

第十一條　本組合員因爲充本組合經常及臨時費用之故，應各飯場所屬坑夫之人員，每日醵出一定之金額。

第十二條　本組合之經常費，爲左之三項：

一、交際 費奉願帳、死者弔祭金，寄附帳。

二、事務員手當 即月薪。

三、諸雜費。

第十三條　本組合於每半季之始，開組合總會。組合長於組合總會報告前半季間之組合事務，提出會計收支決算，經其認諾。

第十四條　組合總會選舉組合長，議決關於組合之重要事項。於組合總會議決之事項，組合長有執行之義務。

第十五條　本則規定之外，爲欲達組合之目的，必要之規則別定之。

第十六條　本規定之更正，欲達本組合之目的，故新制定之諸規則，均須要經鑛業所之承認。

本山坑夫飯場申合規約

第一條　各飯場相互以親睦爲宗旨，雖新來鑛夫，亦須叮嚀懇切待理之。

第二條　各飯場公同一致，對於坑夫誘拐者，常須警戒之。

第三條　各飯場所屬之坑夫，該當左之各項者，自飯場除其名，申告於鑛業所，請求其解傭：

一、放蕩無賴怠業務者。

一、喧譁爭論或其他不良之行爲者。

一、破壞組合其他之規約者。

一、背頭役之指揮，又不守其訓戒者。

一、在外住宿不歸所者。

第四條　各飯場所屬坑夫之課飯場割合，就坑夫一人每月金一圓，見習坑夫一人金七十錢，不得超過此數。

第五條　飯場割合充左之諸費：

一、組合費（山中交際金）。

二、香奠、餞別、慰問金、交際、祝禮。

三、飯場電燈、家租、疊料、裱糊料、諸器具料。

四、諸雜費、紙燭、燈籠。

五、給料、薪資、禮金。

六、薪炭。

第六條　對飯場所屬坑夫，第四條飯場割之外，無論以何等名義，不得另課賦金。

第七條　於作業場叺入鑛石之納付人不明時，以組合之名納付之，其收入金爲組合所得。

第八條　第五條所揭之香奠及慰問金，以左之割合給與之。對飯場所屬坑夫之救助金，以左之割合給與之。

一、病症慰問十五日以上至六十日止，一日米五合。

一、死亡。

一、本人之時，五圓以下。

一、妻及其他家屬時，三圓以下。

第九條　飯場食料定價如左：

一、上等食料：每一人月金六圓。

一、普通食料：每一人月金五圓四十錢。

前項之食料汁三，食代及埶子二個，料金在外。

第十條　於飯場所賣之副食物及日用品之代價專備，鑛業所貸下品之價格别定之。

校　記

〔一〕動蹟　疑當作『勤績』。

〔二〕後　疑當作『從』。

〔三〕下　疑當作『上』。

〔四〕續　疑當作『績』。

〔五〕遺　當作『遺』。兩『遇』字疑當作『偶』。

〔六〕管理　總目爲『取扱』。

〔七〕乏　疑當作『之』。

〔八〕續　疑當作『績』。

〔九〕足尾銅山　四字總目中無。

〔一〇〕足尾礦業所礦夫顧傭勞役規則附關於礦夫諸規則及法令總目中，總共收録了八個方面的内容（其中飯場組合規程和飯場申合規約應合二爲一）。由於各章節内容相近、序號相似等因素，原版在裝訂時發生顛倒或錯置。如礦夫賞罰施行細則之第四頁與飯場組合規程、飯場申合規約之第四頁倒置，且因兩個第四頁均爲末頁，所以未被發現。又如，足尾銅山共救議會規則自第五章第十九條至第七章包括附則共四至九頁内容前置於礦夫賞罰實施細則第十九條後。由於前後兩節錯置都發生在第十九條，模糊了内容界限，亦未被發現。整理者在校點時，先是發現了兩個第四頁倒置，在校對過程中，又發現了上述訛錯，一並訂正，特此説明。

附　安徽古籍叢書已版書目

舊聞隨筆
定本莊子故
張籍集注
文學研究法
桐城文學淵源考·撰述考
包拯集編年校補
康輶紀行·東槎紀略
北山樓集
桐城耆舊傳
疑庵詩
三餘札記
方望溪遺集
爾雅翼

識小録·寸陰叢録
東萊詩詞集
明太祖集
王侍郎奏議
程氏家塾讀書分年日程
朱楓林集
敬孚類稿
施愚山集（四册）
吴敬梓吴烺詩文合集
張孝祥詞箋校
竇山公家議校注
翠微南征録·北征録合集
阮大鋮戲曲四種

老子注三種
杜詩説
朱書集
論語解注合編
郭祥正集
皖人詩話八種
唐詩評三種
左傳微
績學堂詩文鈔
鈍齋詩選
老子注譯
莊子詮詁
説文假借義證

劉銘傳文集
包世臣全集（三册）
戴震全書（七册）
田間易學
莊屈合詁
田間詩集
田間文集
古事比（二册）
安徽出土金文訂補
秋崖詩詞校注
道聽途説
蘭茗館外史
青泥蓮花記
舌華録
明語林

夜雨秋燈録・續録（二册）
包拯集校注
毛詩後箋（二册）
劉文典全集（四册，列入特輯）
壹齋集（二册）
孟子講義
楊仁山全集
弢翁藏書年譜（列入附輯）
不得已附二種
歙事閑譚（二册）
惜抱軒詩集訓纂
張孝祥詩文集
吴汝綸全集（四册）
朱子全書（二十七册）
姚瑩年譜（列入附輯）

明實録安徽經濟史料類編（列入附輯）
青溪集
藏山閣集
田間詩學
俞正燮全集（三册）
皖人戲曲選刊・鄭之珍卷
詠懷堂詩集
所知録附四種
文選箋證（二册）
歙紀
方孝標文集
七頌堂集
劉文典全集補編（列入特輯）
程瑶田全集（四册）

皖人戲曲選刊·方成培卷
皖人戲曲選刊·龍燮卷
凌廷堪全集（四册）
黄生全集（四册）
東輶紀程
蕭雲從詩文輯注
程文炳文集

程恩培集
方盦山詩集（二册）
趙紹祖金石學三種
小爾雅義證
勉行堂詩文集
貴池唐人集

龍眠風雅全編（十册）
無爲集
杜詩提要
分篇水經注（二册）
李宗棠文集·東游紀念
李宗棠文集·奏議輯覽初編